...uniz et faire entretenir garder et observer...

...contrevenir ny permettre qu'il y...

...Car tel est nostre plaisir et...

...ferme et stable a tousjours nous avons fait...

...Donné a Fontainebleau au mois d...

...six cens quatre vingt cinq et de nre regne...

Louis

Visa
Le Tellier

Le LAROUSSE des ROIS de France

Le LAROUSSE des Rois de France

LAROUSSE

21, rue du Montparnasse 75298 Paris cedex 03

Les auteurs

Anne-Hélène Allirot
Louis VIII, Louis IX, Philippe III, Philippe IV, Louis X, Charles IV, Philippe V, Philippe VI, Jean II, Charles V.

Antoine Auger
Louis XV, Louis XVI.

Fanny Cosandey
Charles IX, Henri III, Henri IV, Louis XIII, Louis XIV.

Bruno Dumézil
Les Mérovingiens, les Carolingiens.

Stéphane Guégan
Louis XVIII, Charles X, Louis-Philippe Ier, Napoléon III.

Didier Le Fur
Louis XI, Charles VIII, Louis XII, François Ier, Henri II et François II.

François Menant
Hugues Capet, Robert II, Henri Ier, Philippe Ier, Louis VI, Louis VII.

Guillaume Picon
Le métier de roi, « Vive le roi pour l'éternité ! », « Malheur à la ville dont le prince est un enfant », Intimes du roi, Le nerf de la guerre, Au service du roi, À la gloire du roi, « Montjoye Saint-Denis ! », Les amours royales, Le roi en sa demeure, Des mariages très arrangés, De par le roi, La cour, Dans l'ombre des rois, Quand le roi visite ses sujets, L'opposition au roi, Entrer dans l'histoire, À la tête de ses armées, « L'État, c'est moi ! », Tuer le roi, Le « roi-cochon », « Le roi est mort ! Vive le roi ! », Le roi mécène, Charles VI, La royauté en République.

Vincent Rolin
Du peuple souverain au souverain empereur.

Pierre Savy
Philippe II Auguste, Charles VII.

Direction éditoriale
Carl Aderhold

Édition
Brigitte Bouhet

Direction artistique
henri-françois Serres Cousiné

Conception et réalisation graphiques
Bernard Van Geet

Iconographie
Valérie Perrin, Agnès Calvo

Lecture-Correction
Service Lecture-Correction Larousse

Fabrication
Martine Toudert

ISBN : 978-2-03-584172-8

Pages 8 et 9
Gisant de Clovis Ier, provenant de l'abbaye de Sainte-Geneviève, 1220-1230.

Pages 22 et 23
Gisants de Philippe V, Jeanne d'Evreux et Charles IV, marbre.

Pages 104-105
Monument funéraire de Louis XII et Anne de Bretagne : priants du roi et de la reine, marbre, commandés en 1516 par François Ier au sculpteur Giovanni di Giusto Betti.

Pages 216-217
Louis XVI et Marie-Antoinette en priants, commande de Louis XVIII en 1816 à Edme Gaulle et à Pierre Petitot, marbre.

Pages 270-271
Napoléon Ier reçoit à Saint-Cloud le Senatus Consulte qui le proclame Empereur des français, 18 mai 1804. Peinture de Georges Rouget.

Pages 284-285
Le roi Louis Philippe prête serment de maintenir la charte de 1830 en présence des chambres réunies dans la salle provisoire du Palais Bourbon, le 9 août 1830. Peinture de Eugène Deveria, 1836.

Pages 310-311
Retour de Napoléon III après la Campagne d'Italie. Peinture de Georges Achille de Magrath, XIXe siècle.

Pages 318-319
François Mitterrand devant la garde républicaine, juin 1993.

Mérovingiens et Carolingiens

les Capétiens

les Valois

les Bourbons

De la République
aux Bonaparte

Restauration et
monarchie de Juillet

République et
second Empire

Mérovingiens et Carolingiens

is regit · A secando uero curru
telorum muniuntur incu
c diuersitate secernitur quod
THORACOMACHVS
XPOSITIO · THORACOMAC
nter omnia que ad usum bel
chum quoq; mira utilitate
leuamen corporis armorum

Une dynastie de guerriers et d'administrateurs

Guerrier mérovingien.
Grâce à leur supériorité militaire, les Mérovingiens se rendent maîtres de la majorité de la Gaule vers le milieu du VIe siècle. Le royaume des Francs représente alors la principale puissance politique et militaire de l'Europe occidentale. (*Notitia Dignitatum*, VIIe siècle.)

En 481 ou 482, un adolescent nommé Clovis monte sur le trône des Francs Saliens. Son premier geste est alors de présider à l'enterrement de son père Childéric. Cette sépulture, mise au jour à Tournai, en Belgique actuelle, offre la meilleure image de ce que furent les rois des origines. Parmi le mobilier funéraire, on remarque d'abord une épée longue, à la poignée constellée de grenats. Childéric est un guerrier, comme tant de ses contemporains. Pour autant, il serait faux de voir en lui un simple chef barbare : jusque dans la tombe, il reste en effet revêtu du grand manteau de pourpre des généraux de l'Empire romain. À son doigt, il porte également un anneau sigillaire frappé d'une inscription latine qui lui permettait d'identifier ses actes officiels. Certes, le père de Clovis est encore un païen. Un tumulus monumental recouvre sa dépouille et plus d'une dizaine de chevaux ont été sacrifiés en son honneur. Pourtant, les textes nous apprennent que le roi Childéric a fait des donations aux églises catholiques et qu'il a gagné l'amitié de sainte Geneviève, la mère spirituelle des Parisiens. Dès la fin du Ve siècle, les principes d'une monarchie guerrière, administrative et chrétienne sont déjà énoncés.

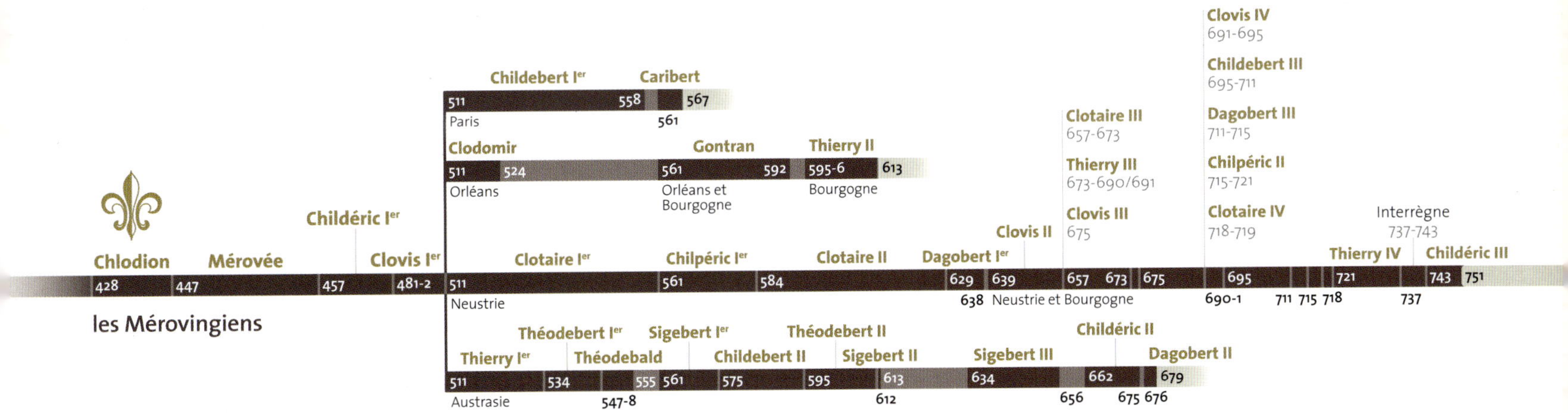

Des rois « chevelus »

« Qui a été le premier roi des Francs ? » Le chroniqueur Grégoire de Tours, écrivant dans les années 580, se pose la question, pour finir par avouer qu'il ignore la réponse. Aujourd'hui encore, on n'explique que très mal l'apparition soudaine, vers le milieu du Ve siècle, d'un système monarchique chez les Francs, ce vieux peuple germanique vivant dans la basse vallée du Rhin. Une dynastie voit pourtant le jour, qui tire son nom d'un ancêtre semi-légendaire, Mérovée. Bientôt, ses membres prennent le nom de « Mérovingiens ».

Les rois des Francs ne sortent certainement pas de nulle part. Leurs ancêtres ont vraisemblablement servi l'Empire romain tardif comme alliés et mercenaires : de grands généraux des IVe et Ve siècles comme Mérobaude ou Ricimer portent dans leur nom le même radical « -mer » et pourraient être apparentés aux Mérovingiens. Lorsque l'Empire a commencé à s'affaiblir et à devenir un employeur peu solvable, ces hommes sont alors retournés auprès de leur peuple d'origine, basé sur le territoire de la Belgique actuelle. Profondément acculturés à la civilisation méditerranéenne, les anciens mercenaires barbares de Rome copient les institutions impériales pour construire la royauté franque. Pour renforcer leur charisme auprès de leurs sujets, les Mérovingiens s'inventent des origines grandioses. Certains affirment descendre des héros de la guerre de Troie. D'autres revendiquent un ancêtre divin, en la personne d'un animal fantastique, qui serait sorti de la mer du Nord pour s'unir à une reine franque. Au quotidien, les Mérovingiens mettent surtout en valeur un attribut physique qui leur permet de se distinguer, à savoir une longue crinière soigneusement peignée qui leur vaut leur surnom de « rois chevelus ».

Profondément intégrés à la culture romaine, les Mérovingiens continuent de servir l'Empire d'Occident tant qu'il existe. Le premier roi de la dynastie dont l'existence soit assurée avec certitude est Chlodion, qui apparaît en 450 : de son temps, les Francs aident Rome à vaincre les armées d'Attila à la bataille des Champs Catalauniques (451). Deux générations plus tard, Childéric reçoit le titre de « gouverneur de la province de Belgique Seconde ». Et lorsque le pouvoir de Rome disparaît en 476, les rois des Francs continuent de se reconnaître les sujets de l'empereur byzantin de Constantinople. Clovis, fils de Childéric, cultive tout particulièrement les traditions romaines. Bien que païen, il soigne également ses relations avec l'Église. En 486, il accepte ainsi de restituer un calice que ses troupes ont raflé au cours d'un pillage. Comme un soldat franc refuse de perdre ce beau butin, Clovis profite de la première occasion pour lui fracasser le crâne d'un coup de hache. Pour les contemporains, l'histoire du « vase de Soissons » n'est pas une démonstration de la barbarie du roi, mais au contraire la preuve de sa bienveillance envers la religion catholique. Le baptême de Clovis, qui se déroule quelques années plus tard, vers 500, concrétise ce rapprochement entre la monarchie franque et l'Église. Les élites indigènes apprécient ce roi romanophile et catholique et, avec leur appui, Clovis se taille un immense royaume allant de la Thuringe à l'Aquitaine. En 511, le conquérant réunit à Orléans un grand concile où viennent les évêques représentant toutes les provinces soumises à son autorité. La vieille entité géographique que l'on appelait « la Gaule » disparaît alors, pour être remplacée par le royaume des Francs.

L'administration de l'État franc

Même s'ils ne reconnaissent plus la tutelle impériale à partir du milieu du VIe siècle, les Mérovingiens demeurent les héritiers de Rome sur un plan institutionnel. Le souverain dispose ainsi d'une capacité législative intacte et d'un important pouvoir de justice : les causes importantes, tout comme les procès en appel, sont présentés devant son tribunal. Le roi profite également des revenus d'une fiscalité performante. Les taxes sur le commerce sont notamment d'un excellent rapport. L'impôt foncier s'avère parfois plus complexe à collecter et le souverain doit souvent consentir à de considérables remises. Mais les Mérovingiens peuvent se montrer généreux. Ils disposent en effet de vastes terres publiques, appelées les « fiscs », dont les revenus suffisent à entretenir leur train de vie.

Si le monde franc ne possède pas de véritable capitale, il existe de nombreux palais à travers tout le royaume. Le souverain circule de l'un à l'autre, au gré des besoins politiques ou militaires. La haute administration participe à cette vie itinérante. Ses premiers officiers sont alors le chambrier (qui s'occupe de la « chambre », c'est-à-dire du Trésor royal), le référendaire (chef de l'administration, qui rédige les actes officiels) et le connétable (« comte de l'étable », responsable de la cavalerie).

L'administration locale n'est pas négligée. Dans chaque cité du royaume, on trouve un comte, qui est chargé de rendre la justice, de percevoir l'impôt et de réunir l'armée. Les zones frontalières sont plutôt confiées à des ducs. Comtes et ducs demeurent toutefois des fonctionnaires, car il n'existe pas d'hérédité des charges. Le souverain peut nommer, déplacer ou révoquer tous les agents de l'État.

Sous les Mérovingiens, l'autorité publique existe donc toujours, mais elle est devenue, d'une certaine façon, la propriété personnelle du roi. À ce titre, le territoire et son administration peuvent être partagés entre les héritiers à chaque succession. Une première partition a lieu en 511, lorsque l'immense royaume de Clovis est divisé entre ses quatre fils, Thierry Ier, Clodomir, Childebert Ier et Clotaire Ier. Cette patrimonialité du pouvoir royal se trouve toutefois contrebalancée par deux principes. Tout d'abord, l'ensemble de l'espace gouverné

Le baptême de Clovis est un événement dont les circonstances demeurent obscures et la date imprécise (25 décembre de l'année 498 ou 499, voire 508), mais l'on sait que Clovis a fait de sa conversion un acte de propagande, qui contribue probablement à la réussite de sa politique de conquête et de pacification. (*Chroniques de Saint-Denis*, XIVe siècle.)

Le trône de Dagobert. Fabriqué selon la légende par Saint Éloi, qui prouva ainsi son habileté et sa fidélité, il date en réalité de 800. Au IXe siècle, Charles le Chauve fit ajouter le dossier et les accoudoirs. (Bronze en partie doré, fin VIIe-IXe siècle.)

Childerbert Ier. Deuxième des trois fils nés de l'union de Clovis et de Clotilde, Childebert reçoit les villes de Paris et de Rouen, la future Normandie, le Maine et des cités en Aquitaine. (Vitrail, XIXe siècle.)

Au VIe siècle, le maire du palais (en latin, *major domus*) n'est guère plus qu'un intendant de la Maison du roi. La multiplication des minorités royales dans la famille mérovingienne fait toutefois évoluer sa fonction. Dès les années 610, il apparaît comme une sorte de Premier ministre, placé à la tête de l'administration centrale. Une génération plus tard, il assume presque automatiquement la régence en cas d'incapacité royale. L'aristocratie régionale voit également en lui son représentant naturel. Peu à peu, les maires du palais gagnent en indépendance et en viennent à contrôler l'exercice de tous les pouvoirs régaliens. Le titre devient héréditaire dans la seconde moitié du VIIe siècle. Pépin le Bref est le dernier à le porter avant de supprimer la fonction lors de son accession au trône. (*Ébroïn, maire du palais fait martyriser saint Léger. Chroniques de Saint-Denis*, XVe siècle.)

par les différents rois mérovingiens forme toujours le « royaume des Francs ». Fictivement, une « nation » unique existe, malgré l'évolution de la géographie politique. En second lieu, les assassinats dynastiques sont fréquents. Ils permettent de réduire le nombre des héritiers potentiels et évitent ainsi une pulvérisation du territoire.

En éliminant ses parents ou en profitant de leur disparition opportune, un roi parvient parfois à réunifier le « royaume des Francs ». Tel est le cas de Clotaire Ier, qui reconstitue le territoire entre 558 et 561. À sa mort, ses fils – Caribert Ier, Gontran, Sigebert Ier et Chilpéric Ier – réalisent un nouveau partage. Ces quatre rois se livrent alors à une guerre impitoyable. Gontran met à profit la disparition successive de tous ses frères pour prendre l'avantage dans les années 580. Roi bienveillant envers l'Église et moins belliqueux que ses contemporains, il reçoit les éloges appuyés des hommes d'Église. Mais Gontran n'a pas de fils et il ne contrôle que la Burgondie. En Austrasie, Brunehaut, veuve de Sigebert Ier, conserve le pouvoir au nom de son fils Childebert II, et en Neustrie, Clotaire II, fils de Chilpéric Ier, garde son indépendance grâce au soutien de son aristocratie. En 587, Gontran tente d'opérer une réconciliation en signant le pacte d'Andelot, qui fait de Childebert II son héritier et exclut tacitement Clotaire II de la succession. La démarche n'est qu'un demi-succès. De plus, à la mort de Childebert II en 595, ses deux fils, Théodebert II et Thierry II, commencent à s'entre-déchirer. Ces désordres facilitent le retour en force de Clotaire II qui élimine tous ses concurrents et réunifie le royaume en 613.

Des aristocraties menaçantes

Malgré le déchaînement de violence qui l'accompagne, la victoire de 613 fait entrer la dynastie mérovingienne dans la période la plus brillante de son histoire. Le royaume est en paix sous le sceptre de Clotaire II jusqu'en 629, puis sous celui de son fils Dagobert Ier jusqu'en 639. Paris devient la véritable capitale du royaume, vers laquelle affluent les ambassadeurs, les marchands et les lettrés.

Cet âge d'or apparent ne doit pas cacher la fragilité croissante de la monarchie franque. Quarante ans de guerre civile et de minorités royales ont laissé des traces, dont la plus inquiétante est le régionalisme croissant des aristocraties. Les grands de Neustrie, d'Austrasie et de Burgondie exigent notamment de conserver un palais régional, dirigé par un « maire du palais ». Les Austrasiens revendiquent même le droit de disposer d'un prince mérovingien à résidence. Ce régionalisme peut aller très loin : lorsque Clotaire II tente de nommer un duc neustrien en Burgondie, ce dernier est

La Gaule du Ve au VIe siècle

Trois royaumes pour un peuple. Le fractionnement de l'espace franc à chaque succession amène à la constitution de trois royaumes. Ces entités politiques sont également des aires culturelles ayant leur identité propre. Entre la Meuse et le Rhin, l'Austrasie – le « pays de l'Est » – s'organise autour des villes de Trèves, Reims et Metz. C'est une terre d'aventures, où les rois doivent sans cesse batailler contre les peuples voisins, Saxons, Frisons ou Slaves. Moins vaste et plus abritée, la Neustrie s'étend de la Meuse à la Loire. Soissons et Paris y jouent successivement le rôle de capitale et les Mérovingiens y fondent de grands monastères. Quant à la Burgondie, elle est formée des terres de l'ancien royaume burgonde, conquis par les Francs en 534. Lyon et Orléans en sont les capitales traditionnelles. Sur ces terres à forte tradition romaine, les souverains francs doivent composer avec un pouvoir épiscopal jaloux de son indépendance.

aussitôt assassiné. Pour réduire la crise, les Mérovingiens acceptent, en 614, de ne plus nommer un fonctionnaire en dehors de sa région de naissance. Cette mesure ne fait que conforter les grands, qui s'enracinent localement, accroissent leur puissance et oublient les solidarités nationales.

Alors que les aristocrates se renforcent, la dynastie mérovingienne s'affaiblit. Par piété et par souci de conforter son image, elle offre en effet ses « fiscs » aux églises et aux monastères. Sous Clotaire II et Dagobert Ier, cette distribution de terres publiques ne prête pas encore à conséquence : le roi est assez autoritaire pour prélever efficacement l'impôt et l'armée rapporte chaque année de riches butins. Mais lorsque ces ressources se tarissent, la monarchie mérovingienne entre peu à peu en crise.

Des rois fainéants ou impuissants ?

Les hasards biologiques sont toutefois les véritables responsables de l'affaiblissement des Mérovingiens. À sa mort en 639, Dagobert Ier laisse deux fils, très jeunes, qui doivent se partager le royaume. Sigebert III reçoit l'Austrasie tandis que Clovis II devient maître de la Neustrie et de la Burgondie. Les aristocrates profitent de ces minorités royales pour accroître leur indépendance. Certains se sentent même assez forts pour saisir la régence.

En Neustrie, le maire du palais, Erchinoald, dirige les affaires et parvient à faire épouser au jeune Clovis II une esclave saxonne, Bathilde. Celle-ci s'avère toutefois être une personnalité indépendante, qui s'efforce de restaurer le prestige de la monarchie. Pour ce faire, elle fonde une série d'abbayes royales, où l'on prie pour le souverain tout en relayant son idéologie. Ces créations coûtent cependant cher en argent et en terres. Ce n'est qu'au prix de ce nouvel appauvrissement que le Mérovingien parvient à restaurer son image.

L'Austrasie n'échappe pas à la crise. Dès le règne de Sigebert III, le pouvoir véritable est confisqué par une grande famille, celle des Pippinides, qui contrôle de façon presque héréditaire la fonction de maire du palais. Vers 680, son chef se nomme Pépin de Herstal. Au nom d'un souverain à qui il n'obéit plus, il déclenche une guerre contre la Neustrie dont il triomphe à la bataille de Tertry en 687. Pépin de Herstal s'empare alors de la « mairie » des trois royaumes et devient le véritable maître de l'ensemble du monde franc.

L'institution royale continue alors d'exister, mais avec des pouvoirs réduits. Dorénavant, le maire du palais choisit le souverain au sein de la famille mérovingienne, mais le remplace à la moindre incartade. De là vient la légende des rois fainéants, soigneusement entretenue par les propagandistes des Pippinides : il est en effet facile d'accuser de mollesse et d'inaction des rois souvent très jeunes, à qui l'on a retiré tout moyen d'action.

Certains Mérovingiens tardifs comme, notamment, Childebert III (694-711) parviennent pourtant à s'accrocher à leurs prérogatives traditionnelles, en administrant la justice et en protégeant les monastères. Mais Charles Martel, fils de Pépin de Herstal, brise ces dernières résistances. À la mort de Thierry IV en 737, il ne nomme pas de nouveau roi et demeure pendant quelques années le maire d'un palais vide, où il se réserve tous les pouvoirs. En 741, le trône est à nouveau occupé par un certain Childéric III. Mais il ne reste plus aux Mérovingiens que leurs cheveux longs, attribut d'une autorité depuis longtemps disparue. Le fils de Charles Martel, Pépin le Bref, élimine cet ultime symbole en faisant tonsurer Childéric III en 751.

En quête d'une légitimité chrétienne

Le 25 DÉCEMBRE 800, Charles, roi des Francs, est en prière dans la basilique Saint-Pierre-de-Rome, lorsque le pape Léon III s'approche de lui par surprise et le coiffe de la couronne impériale. Pour tous les observateurs, un tel triomphe n'est que justice. En effet, si l'Empire n'existe plus en Occident depuis 476, Charles a grandement œuvré à son rétablissement pendant les trente-deux premières années de son règne. Comme un véritable héritier d'Auguste et de Constantin, il a promulgué des lois, encouragé la renaissance des lettres latines et protégé l'Église. Ses armées ont également conquis de vastes territoires jadis soumis à l'autorité de Rome et le royaume franc s'étend désormais de la Bretagne à la moyenne vallée du Danube et de Hambourg à l'Italie du Sud. Même Byzance redoute la puissance de Charles. Pourtant, en sortant de Saint-Pierre, le nouvel empereur affiche publiquement son mécontentement. Sans doute aurait-il voulu se couronner lui-même, plutôt que de laisser le pape conduire la cérémonie. Oublions cette petite déception. Charles reste l'un des seuls souverains à voir l'épithète de « Grand » (en latin, *Magnus*) attachée à son nom : *Carolus Magnus* restera dans l'Histoire sous le nom de Charlemagne.

Charlemagne couronné empereur. Les nombreuses conquêtes de Charlemagne firent de lui le souverain le plus puissant d'Occident, le seul capable d'y restaurer, par son couronnement, un Empire disparu depuis 476. Il devient le 25 décembre 800 « Charles, sérénissime, auguste, couronné par Dieu, grand et pacifique empereur gouvernant l'Empire romain, par la grâce de Dieu roi des Francs et des Lombards ». (*Grandes Chroniques de France* de Jean Fouquet, XVe siècle.)

Pépin le Bref 751–768
Charlemagne 768–814
Louis Ier le Pieux 814–840
Charles II le Chauve 843–877
Louis II le Bègue 877-879
Louis III et Carloman 879-882
Carloman 882-884
Charles le Gros 884-887
Eudes 888-898
Charles III 893-923
Robert Ier 922–923
Raoul 923–936
Louis IV d'Outremer 936–954
Lothaire 954–986
Louis V 986–987

Chronique d'un coup d'État

En 656, le maire du palais, Grimoald, lointain parent de Charlemagne, avait tenté de saisir le trône, en vain, trahi par l'aristocratie franque. Ses héritiers retiennent la leçon : les Mérovingiens détiennent aux yeux de leurs sujets un charisme presque magique. Pour évincer ces rois chevelus, il faut trouver une légitimité nouvelle à leur opposer. Or, seule l'Église dispose d'arguments permettant de justifier un changement de dynastie.

Très tôt, les maires du palais pippinides font le pari de se poser en défenseurs du pape, dont le prestige est croissant en Occident depuis la fin du VIe siècle. Dans les années 690, Pépin de Herstal, neveu de Grimoald, offre son assistance aux missionnaires envoyés par le Siège apostolique. Son fils, Charles Martel, poursuit son œuvre. En 732, il repousse un raid musulman lancé vers la Loire et la victoire remportée à Poitiers obtient un retentissement européen. Les Pippinides prennent désormais le nom de « Carolingiens », c'est-à-dire de « descendants de Charles ».

Le fils de ce dernier, Pépin le Bref, hérite en 741 du titre de maire du palais. Après avoir conforté sa position, il envoie une ambassade à Rome pour demander au pape quel homme doit détenir le trône dans le monde franc. Le pontife, qui a compris le sens de cette question, répond « qu'il vaut mieux appeler roi celui qui en a la puissance, plutôt que celui qui est dénué du pouvoir ». Rome autorise le coup d'État. Pépin dépose alors le dernier roi mérovingien et se fait couronner roi à Soissons, en 751.

Pour cette occasion, un nouveau geste d'intronisation fait son apparition. Au cours d'une messe solennelle, Pépin reçoit une onction à l'huile sainte, à l'image des rois de l'Ancien Testament. Ce sacre renforce son aura chrétienne et permet de faire oublier le charisme des Mérovingiens. Trois ans plus tard, alors que le pape Étienne II vient dans le monde franc pour réclamer une assistance militaire contre les Lombards, Pépin renouvelle la cérémonie. Dans la basilique Saint-Denis, au début de l'année 754, l'évêque de Rome sacre pour la seconde fois le Carolingien. Selon une source, Étienne II interdit alors aux Francs de se choisir à l'avenir un roi qui ne serait pas issu de la race de Pépin. La nouvelle dynastie se trouve désormais établie.

Le roi le plus puissant d'Occident

À la mort de Pépin le Bref en 768, Charles et son frère cadet, Carloman, montent conjointement sur le trône. Selon les usages francs, le royaume est divisé en deux. La mort précoce de Carloman permet à Charles de réunifier le territoire dès 771.

Le nouveau souverain se révèle rapidement un guerrier d'exception. Son génie est de savoir alterner les opérations rapides, qui impliquent des groupes de cavaliers extrêmement mobiles, et les grandes expéditions, auxquelles participent plusieurs dizaines de milliers de fantassins. D'année en année, les succès s'accumulent. En 769, Charles parvient à mettre au pas l'Aquitaine. En 773, il intervient en Italie du Nord et, en moins d'un an, le royaume lombard est conquis. Charles rétrocède toutefois quelques cités au Siège apostolique, qui deviennent la base des États pontificaux. Toutes les campagnes ne sont pas aussi heureuses. En 778, une opération en Espagne musulmane s'achève ainsi sur un échec.

Le roi des Francs sait aussi se consacrer à des entreprises de longue durée. L'une des plus rentables est l'annexion progressive de la Bavière, dont le duc Tassilon refusait son autorité. Plus au nord, Charles multiplie également les efforts pour s'emparer de la Saxe. En 772, ses soldats abattent un arbre sacré des Saxons ; ceux-ci répliquent en détruisant des monastères. La réaction franque est terrible : en 782, Charlemagne fait massacrer 4 500 otages saxons et déporte des familles entières.

Après avoir fait parler les armes, Charles sait toutefois imposer son autorité par des moyens plus subtils. Partout où il le peut, le roi des Francs réorganise les zones annexées en comtés, dont il confie parfois la direction à des notables locaux ouverts à la collaboration. De nouveaux diocèses viennent également quadriller les pays conquis. Pour Charles, la religion chrétienne constitue en effet le principal marqueur de la soumission des vaincus. Dans les zones les plus sensibles, il organise des campagnes de baptêmes forcés et punit de la peine de mort ceux qui persistent dans le paganisme.

« Couronné par Dieu... »

Le clergé est réservé face à de telles entreprises, mais Charles passe outre aux critiques. Ses lectures de saint Augustin l'ont amené à développer une pensée politique originale selon laquelle le roi n'est pas seulement un prince temporel, mais également le véritable chef de l'Église. Lui seul peut interpréter la volonté de Dieu et assurer la médiation entre le Christ et les hommes. Le couronnement impérial de l'an 800 ne fait que conforter Charles dans sa volonté de faire triompher ici-bas la Cité de Dieu. Dans la chapelle de sa capitale, Aix, il fait installer son trône sur une tribune : cette localisation à mi-chemin entre le Ciel et la Terre matérialise la théocratie impériale. Et lorsque le pape tente de protester, Charles le rappelle promptement à l'ordre : les clercs sont là uniquement pour prier.

Il est vrai que le souverain s'emploie avec ardeur à l'édification de ses sujets. Presque chaque année, il diffuse les capitulaires, de grands textes législatifs qui visent à la fois à administrer le territoire et à promouvoir les vertus chrétiennes. Partout, l'ordre doit régner : la moralité des clercs est surveillée, tout comme l'honnêteté des fonctionnaires. Vengeances privées et parjures sont sévèrement réprimés.

Charlemagne lors de ses conquêtes. L'armée carolingienne est une armée de conquête et de bataille rangée. Son point fort est sa cavalerie, armée d'un bouclier, d'une lance, d'une épée longue, d'une épée courte et d'un arc. Son importance ne cesse de croître au cours du règne de Charlemagne : ainsi, dans son expédition contre les Avars, il lève plus de 15 000 cavaliers. (*Charlemagne s'embarque sur un navire* [en haut] *et guide ses armées* [en bas]. Miniature tirée du manuscrit franco-italien *Entrée d'Espagne*, XIIIe siècle.)

La Chanson de Roland. En allant combattre en Espagne, Charlemagne a brûlé la ville de Pampelune. Pour se venger, les Basques attaquent son arrière-garde au passage des cols pyrénéens, le 15 août 778 ; parmi leurs victimes, on compte un obscur marquis de Bretagne appelé « Roland ». À partir de cette mince trame historique, un poète anonyme de la fin du XIe siècle développe une chanson de geste de quatre mille vers. Roland devient le neveu adoré de Charlemagne et ses ennemis sont les Sarrasins du roi Marsile. Pour avoir trop longtemps refusé de sonner le cor qui lui aurait permis d'appeler l'empereur à la rescousse, Roland finit par mourir héroïquement dans le défilé de Roncevaux. Sur la trame d'une société carolingienne largement fantasmée, le poète projette en effet les valeurs propres à l'âge féodal : l'honneur chevaleresque, la fidélité du vassal à son seigneur et la guerre sainte menée contre les infidèles. (*Mort de Roland.* Enluminure extraite de la *Chronique du monde* de Rudolf von Ems, XIIe-XIVe siècles ; Olifant de Roland.)

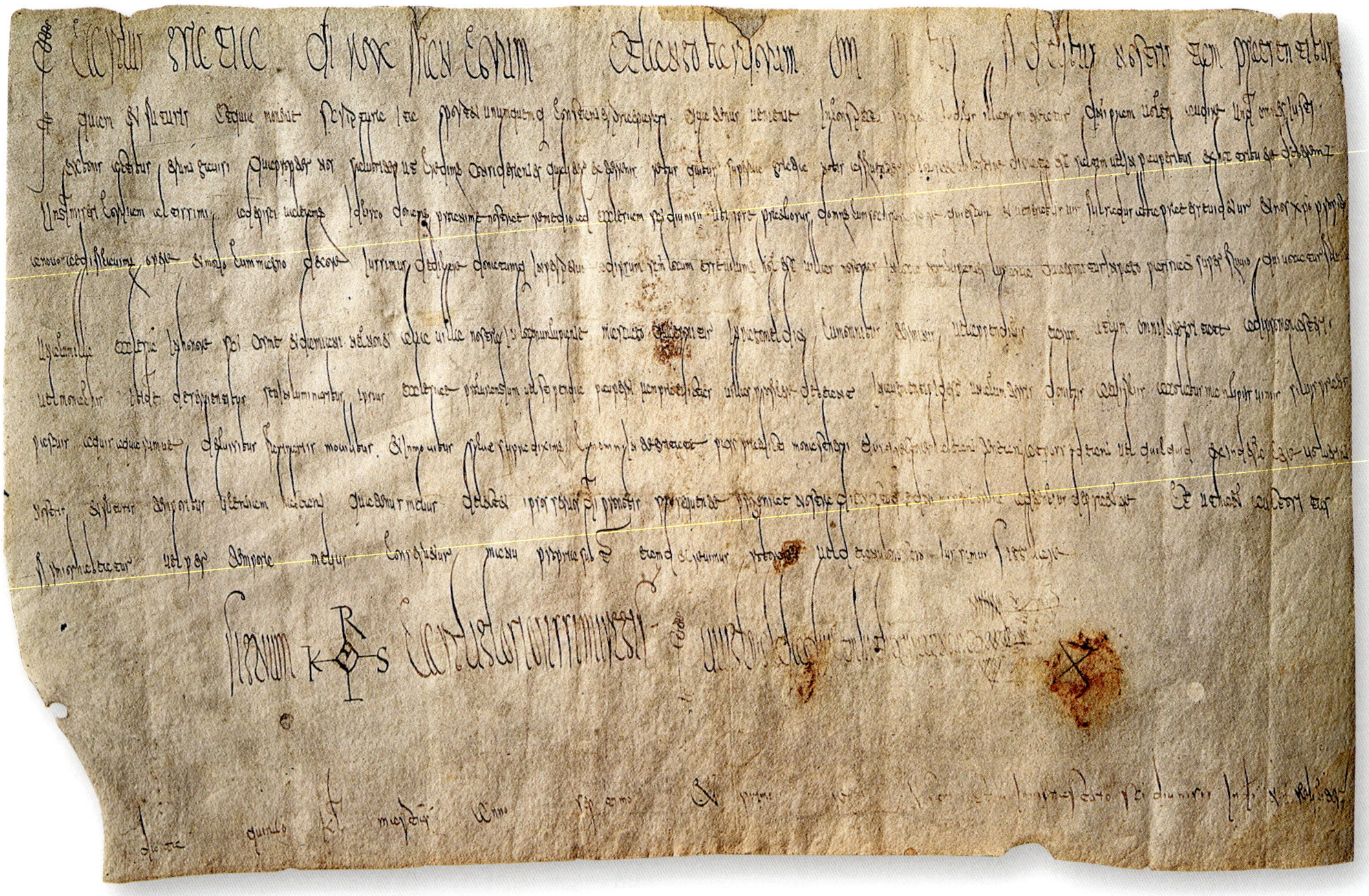

Pour démultiplier son pouvoir de contrôle, Charlemagne envoie dans tout son Empire des enquêteurs itinérants, les *missi dominici* (les « envoyés du maître »). Ces agents vont généralement par deux, un clerc et un laïc, et ils vérifient que les capitulaires royaux sont bien appliqués par les comtes et les évêques. Réputés incorruptibles, ces *missi dominici* assurent une certaine cohérence à l'Empire.

Louis le Pieux : l'imagination au pouvoir

Le 28 janvier 814, Charlemagne disparaît. Des trois fils qu'il a eus de ses épouses officielles, un seul est encore vivant. Il s'appelle Louis, surnommé « le Pieux » en raison de sa grande religiosité.

Dès le début de son règne, le nouvel empereur renonce à la théocratie impériale que son père avait tenté d'instituer. Il affiche sa soumission aux hommes d'Église et invite le pape Étienne IV à venir le couronner empereur, à Reims, en 816. Six ans plus tard, à la demande des évêques francs, Louis accepte même de faire une pénitence publique pour expier l'exécution d'un rebelle. Curieux personnage que cet empereur qui s'intitule « Notre Médiocrité », et non « Notre Majesté » ! Louis le Pieux n'est pourtant pas sans talent. Renonçant aux coûteuses expéditions militaires, il privilégie une diplomatie de paix. Et plutôt que de poursuivre les conversions forcées, il envoie des missionnaires vers les nations païennes.

Le véritable drame de Louis le Pieux est son incapacité à régler sa propre succession. D'un premier mariage, il conserve trois fils, Lothaire, Pépin et Louis. Mais en 818, il se remarie avec Judith, une belle et autoritaire aristocrate. Celle-ci donne bientôt naissance à un petit prince, Charles. Dès lors, Louis est tenaillé entre sa volonté personnelle de sauvegarder l'unité de l'Empire et de fortes pressions familiales l'invitant à réserver une part d'héritage pour chacun de ses fils. Les testaments se succèdent jusqu'au tourbillon. Les trois fils aînés, de plus en plus mécontents, entrent en révolte. En juin 833, ils parviennent à capturer leur père et l'obligent à se retirer dans un monastère. Heureusement pour l'empereur déchu, les trois frères sont incapables de s'entendre. Dès 834, Louis le Pieux parvient à revenir au pouvoir. Son autorité sort toutefois amoindrie de la mésaventure et, malgré la mort de Pépin en 838, la crise successorale reste ouverte. Lorsque l'empereur meurt le 20 juin 840, la guerre civile se déchaîne entre Lothaire, Louis et le jeune Charles.

Un empereur sans Empire

Après trois ans d'un conflit meurtrier, les frères ennemis acceptent de négocier un partage. Réunis à Verdun en 843, leurs négociateurs dessinent une nouvelle carte de l'Europe. Lothaire, l'aîné, reçoit le titre impérial et un territoire s'étirant entre Aix-la-Chapelle et Rome. Le cadet, Louis « le Germanique », obtient tout l'est du monde caro-

Diplôme de Charlemagne, donné le 27 mars 779 à Herstal. Par l'écrit de 779, le roi exempte l'abbaye de Saint-Germain-des-Prés de tout tonlieu dans son royaume « tant au sud qu'au nord de la Loire, en Bourgogne, en Provence, aussi bien en Francie qu'en Austrasie ».

Charlemagne a inventé l'école... longtemps après sa mort. Un jour, Charlemagne visite l'école d'un monastère. Il réprimande les fils de l'aristocratie qui négligent leurs leçons, mais félicite les enfants pauvres qui travaillent avec ardeur, leur promettant de leur donner de bons postes dans l'administration lorsqu'ils seront grands. Le récit provient des *Gesta Caroli Magni* rédigés entre 883 et 887 par Notker le bègue, moine de Saint-Gall. L'œuvre a été commandée pour égayer l'humeur morose de l'empereur Charles le Gros et on doit y lire moins une collection de souvenirs authentiques qu'une rêverie nostalgique sur un âge d'or déjà disparu. Toutefois, ce programme de promotion par l'école a semblé superbe aux contemporains de Jules Ferry et les manuels d'histoire de la IIIe République ont tous repris l'anecdote. (Gravure coloriée parue dans *le Petit Journal Illustré*, 1892.)

lingien. Quant au plus jeune, Charles « le Chauve », il devient roi d'un territoire appelé pour l'heure la « Francie de l'Ouest ».

L'Empire de Charlemagne est bien mort et la « Francie de l'Ouest » se donne rapidement des airs de France féodale. En effet, si Charles le Chauve est parvenu à obtenir une portion de l'héritage paternel, il le doit au soutien de son aristocratie. En 843, les grands laïcs et ecclésiastiques se réunissent pour lui faire payer le prix de leur fidélité. Et l'addition est lourde. Le roi doit notamment accepter la disparition de la fonction publique, puisque les offices de comte et de duc sont désormais viagers. En outre, la royauté devient contractuelle : si le souverain attente à la sécurité des patrimoines aristocratiques, les grands se donnent le droit de l'abandonner.

Charles le Chauve occupe la majeure partie de son règne à tenter de revenir sur ces concessions. Mais en vain. En 858, certains grands de la région de la Loire s'estiment ainsi dépossédés par leur roi. Ils se révoltent contre lui et aident Louis le Germanique à envahir la Francie de l'Ouest. Seul le soutien de l'archevêque de Reims Hincmar permet à Charles de rétablir la situation.

Au milieu du IXe siècle, le royaume subit en outre de nombreux raids vikings, qui menacent les côtes et les vallées fluviales. L'armée carolingienne, efficace en bataille rangée, se révèle incapable de défendre le territoire. Le roi doit accepter de se reposer sur son aristocratie, qui commence à construire des fortifications privées. Les grandes familles en profitent pour gagner en indépendance.

Vers une royauté féodale

En 875, le pape Jean VIII propose à Charles le Chauve la couronne d'empereur d'Occident. Le titre n'a plus de signification, mais aucun héritier de Charlemagne ne saurait le refuser. Son détenteur se trouve toutefois dans l'obligation de protéger l'Italie et Charles épuise ses dernières forces à guerroyer contre les Sarrasins qui dévastent le sud de la péninsule. Il meurt le 8 décembre 877. Lui succède sur le trône de Francie de l'Ouest son fils, Louis II le Bègue, dont le règne est aussi court que désastreux. À sa disparition, le 10 avril 879, ses enfants Louis III et Carloman se partagent le pouvoir.

Louis III ne manque pas d'énergie. À Saucourt-en-Vimeu, en 881, il obtient une victoire significative contre les Vikings. Mais il meurt l'année suivante et Carloman devient roi unique. Sous son règne, le palais compose un ultime capitulaire, avant que la royauté n'entre dans un long sommeil législatif jusqu'à Philippe Auguste.

Le 6 décembre 884, Carloman disparaît, sans héritier. Les grands de Francie de l'Ouest élèvent alors sur le trône de Francie de l'Ouest un fils de Louis le Germanique, Charles le Gros. Comme celui-ci se trouve être le seul Carolingien légitime en âge de régner, l'Empire de Charlemagne semble reconstitué. Dans les faits, le pouvoir véritable est partout tombé aux mains des aristocraties régionales. Charles le Gros s'éteint à son tour, le 13 janvier 888. Les derniers Carolingiens sont dès lors confinés à une existence crépusculaire, tandis que de nouvelles dynasties émergent dans les rangs de la noblesse. En Francie de l'Ouest, Eudes, lointain ancêtre des Capétiens, est sacré roi à Compiègne, le 29 février 888.

les Capétiens

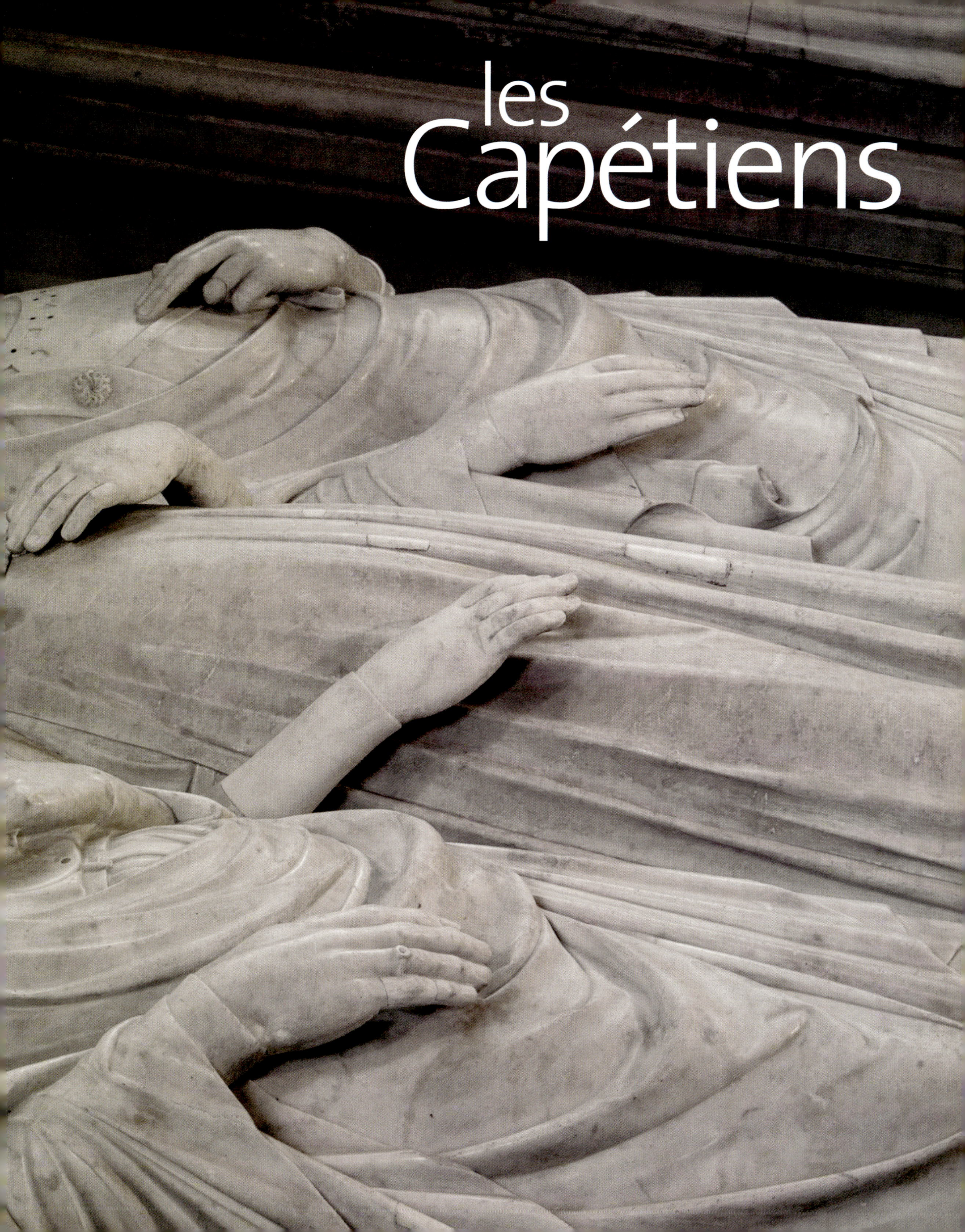

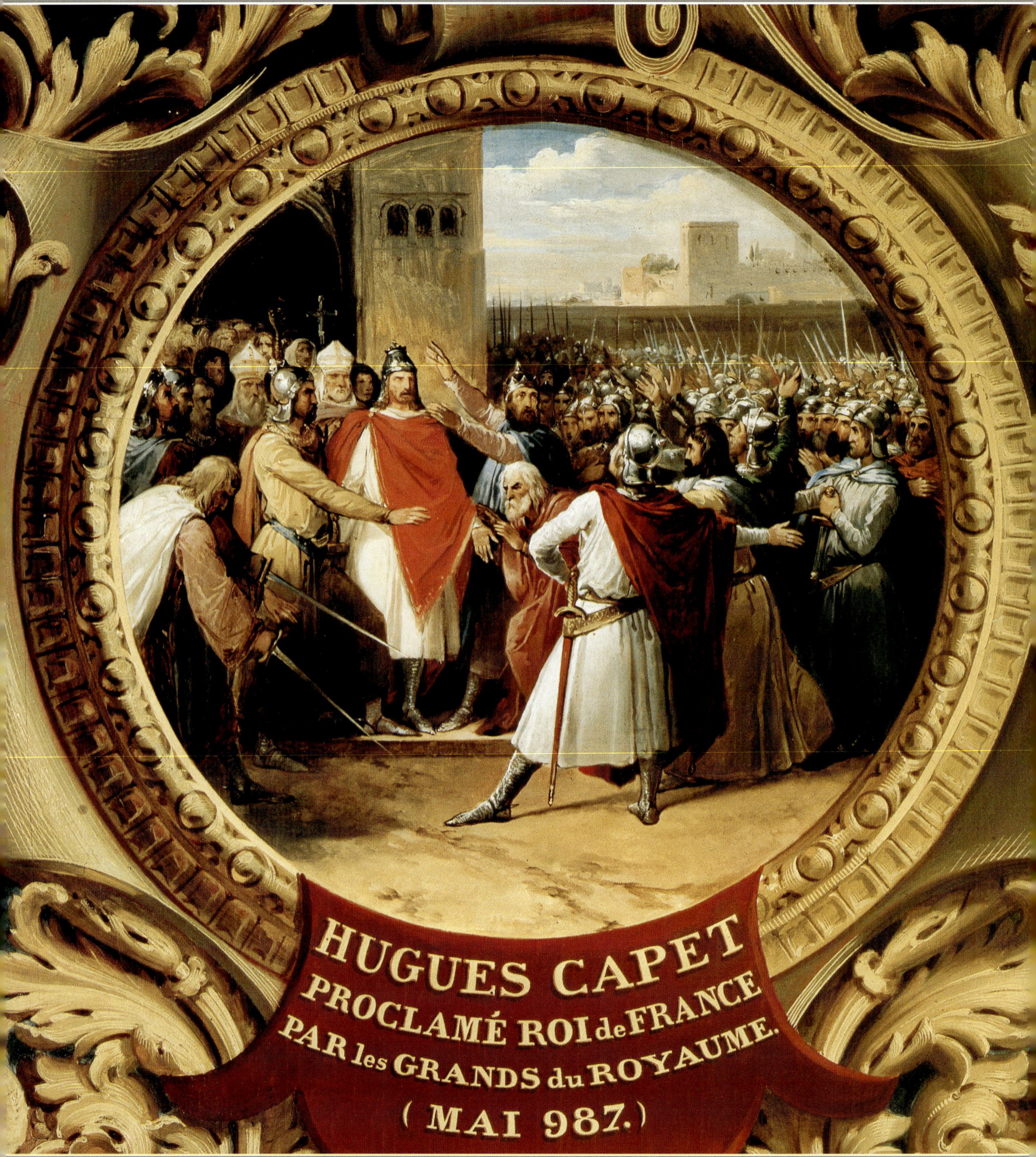
HUGUES CAPET
PROCLAMÉ ROI de FRANCE
PAR les GRANDS du ROYAUME.
(MAI 987.)

« Couronnez Hugues, l'illustre duc »

L'avènement au trône d'Hugues Capet a été un peu négligé dans la construction de la mémoire de la dynastie au Moyen Âge : telle généalogie le passe carrément sous silence au début du XIVe siècle, et une légende tenace le veut de vile origine – il aurait été fils de boucher. Le XIXe siècle, dans ses évaluations des mérites respectifs des rois de France, considérés comme les pères de la nation, a redonné une bonne place à l'éponyme des Capétiens, comme en témoigne cette évocation de Jean Alaux. (*Hugues Capet proclamé roi.* Huile sur toile de Jean Alaux, dit le Romain, XIXe siècle.)

« LE TRÔNE NE S'ACQUIERT POINT par droit héréditaire, et l'on doit mettre à la tête du royaume celui qui se distingue par la noblesse corporelle et par les qualités de l'esprit… Décidez-vous plutôt pour le bonheur que pour le malheur de l'État. Si vous voulez son malheur, créez Charles souverain ; si vous êtes attaché à sa prospérité, couronnez Hugues, l'illustre duc. Donnez-vous pour chef le duc, recommandable par ses actions, par sa noblesse et par ses troupes, le duc en qui vous trouverez un défenseur de l'État aussi bien que de vos intérêts privés. » Le 23 ou 24 mai 987, cette harangue restée célèbre de l'archevêque de Reims Adalbéron emporte l'adhésion des grands du royaume qu'on appelle alors « Francie occidentale » – et qui sera la France. Écartant le candidat carolingien, Charles de Basse-Lorraine, ils mettent sur le trône le premier roi d'une dynastie qui va durer huit cents ans. L'élection d'Hugues n'est pas véritablement une surprise, mais l'aboutissement d'une montée en puissance du nouveau roi, appuyé sur la présence déjà séculaire de sa famille au plus haut niveau de l'État.

Duc des Francs

Le surnom de « Capet », parfois donné aussi au père d'Hugues, venait peut-être de la cape, *capa*, le manteau de saint Martin coupé par celui-ci pour vêtir un pauvre : Hugues était en effet abbé laïc de Saint-Martin de Tours. Mais l'appellation de Capétiens, commode pour désigner ses descendants, n'a rien d'un nom de famille au sens actuel : lorsque les juges de Louis XVI, épris d'égalité jusque dans l'onomastique, le désignent comme Louis Capet, ils commettent un anachronisme.

Pendant un siècle (888-987), les descendants de Robert le Fort vont être tour à tour roi, en alternance avec les derniers Carolingiens, et second personnage du royaume ; le titre de « duc des Francs » qu'ils portent correspond à ce rang supérieur à celui des autres grands seigneurs ; ils sont aussi marquis de Neustrie – la Neustrie étant l'ancien royaume mérovingien qui couvrait le quart nord-ouest de la France actuelle.

Son fils aîné, Eudes, se couvre de gloire à son tour en défendant Paris contre les Normands lors du long siège de 885-886. Après la mort de Charles le Chauve (877), les royaumes qui formaient l'empire commencent à se donner des rois non carolingiens, choisis par les grands seigneurs. En 888, Eudes est élu roi de Francie occidentale de préférence à Charles le Simple, petit-fils de Charles le Chauve, qui lui succède à sa mort (898). Le frère d'Eudes, Robert, sera à son tour roi brièvement en 922-923. Hugues le Grand, fils de Robert, préfère mettre sur le trône un Carolingien, Louis IV d'Outremer (936) et exercer sur lui une influence privilégiée, sinon sans heurts. Hugues et Louis ont épousé les deux sœurs de l'empereur Otton Ier. À la mort d'Hugues le Grand en 956, Hugues Capet, l'aîné de ses fils, né entre 939 et 941, est encore tout jeune. Il retrouve auprès de Lothaire la place de second dans le royaume qu'occupait son père auprès de Louis IV. Les divergences politiques ne manquent cependant pas, en particulier dans leurs conceptions des rapports avec l'Empire germanique, la grande puissance du temps : Lothaire a des ambitions territoriales sur la Lorraine qui enveniment les relations avec Otton II, et conduisent même à une guerre malheureuse en 978.

Le choix des grands du royaume

Nous connaissons en détail le déroulement des événements de 987 grâce au chroniqueur Richer, un moine de Saint-Remi de Reims qui était peut-être sur place et est en tout cas très bien informé : l'élection d'Hugues Capet se trouve être un moment exceptionnellement bien documenté, dans une époque où beaucoup de faits importants restent obscurs. Richer raconte donc qu'une assemblée des grands avait été convoquée à Compiègne en mai 987 pour examiner le cas de l'archevêque de Reims Adalbéron, que le roi accusait de menées en faveur de l'empereur et d'Hugues Capet lui-même. Mais le roi Louis V, un descendant de Charlemagne qui ne règne que depuis un an, meurt de façon totalement inattendue dans un accident de chasse. Hugues prend la direction de l'assemblée, qui acquitte Adalbéron et se consacre aussitôt au choix du nouveau roi. L'archevêque, d'accusé, devient le personnage-clé de l'élection, dont son discours va décider.

Deux candidats se présentent, Charles, duc de Basse-Lorraine, frère du défunt, et Hugues Capet. Le premier peut certes invoquer le principe héréditaire, mais n'étant pas descendant de Louis V, il ne s'impose pas de manière incontestée. L'archevêque, qui craint ses visées sur la principauté très autonome que constitue son archevêché, insinue en outre qu'il a fait un mariage hors de son rang, inacceptable pour un futur souverain. Il presse l'assemblée de lui préférer Hugues parce que celui-ci a les qualités d'un roi et qu'il en joue déjà le rôle en tant qu'homme fort du royaume. Gerbert d'Aurillac, le meilleur intellectuel de son temps, alors écolâtre (directeur des écoles) à Reims, allait jusqu'à écrire quelque temps avant : « Le roi Lothaire n'est le premier en France que par son titre. Hugues l'est, non par le titre, mais par ses faits et gestes. » Hugues fait aussi figure d'ami de l'empereur, le personnage le plus puissant

La pratique successorale, entre derniers Carolingiens et premiers Capétiens. Après la mort de Charles le Chauve, l'hérédité du pouvoir s'estompe, et les grands seigneurs de chaque royaume, laïcs et ecclésiastiques – censés représenter le peuple tout entier – se remettent à élire les souverains. Ils se laissent guider dans leurs choix par les liens de parenté, les promesses des candidats, le souci du bien public (qui suggère de choisir le candidat le plus efficace), et aussi la crainte de se donner un roi trop fort (qui pousse dans une direction inverse). L'élection d'Hugues Capet met en jeu cet écheveau d'idées et de sentiments, parfaitement exprimé par le discours d'Adalbéron.
Les Capétiens vont réduire l'élection à une simple formalité, grâce à l'association au trône de leur fils, et grâce aussi au hasard qui permet que ceux-ci ne soient plus des enfants à la mort de leur père.
(*Ordre de la consécration et du couronnement des rois de France*, XIIIe siècle.)

Robert le Fort, le grand ancêtre. On a appelé « Robertiens » les ancêtres d'Hugues Capet, d'après Robert le Fort qui a fondé leur fortune au milieu du IXe siècle. Issu d'une famille comtale de Rhénanie, Robert rejoint en 840 Charles le Chauve, roi de Francie occidentale. Il reçoit les comtés d'Anjou, de Vendôme, du Maine, et le territoire entre Laon et Orléans, avec Paris. En 852-853, il est *missus*, envoyé spécial du souverain doté de larges pouvoirs, dans plusieurs comtés de l'Ouest. Il est apparenté aux Carolingiens par son mariage. Il reçoit en 861 le titre de duc, avec le commandement de la région entre Seine et Loire qu'il est chargé de défendre. Il bat d'abord les Bretons, puis les Normands, mais est tué en 866 lors de la bataille de Brissarthe, près d'Angers.
Ses victoires donnent un immense prestige à ses descendants.
Le tableau d'Henri Lehmann, un élève d'Ingres qui a peint quelques œuvres d'histoire sur commande, a été réalisé pour le musée de l'Histoire de France voulu par Louis-Philippe à Versailles, et inauguré en 1837.
(*Mort de Robert le Fort au combat de Brissarthe*. Huile sur toile d'Henri Lehmann, 1837.)

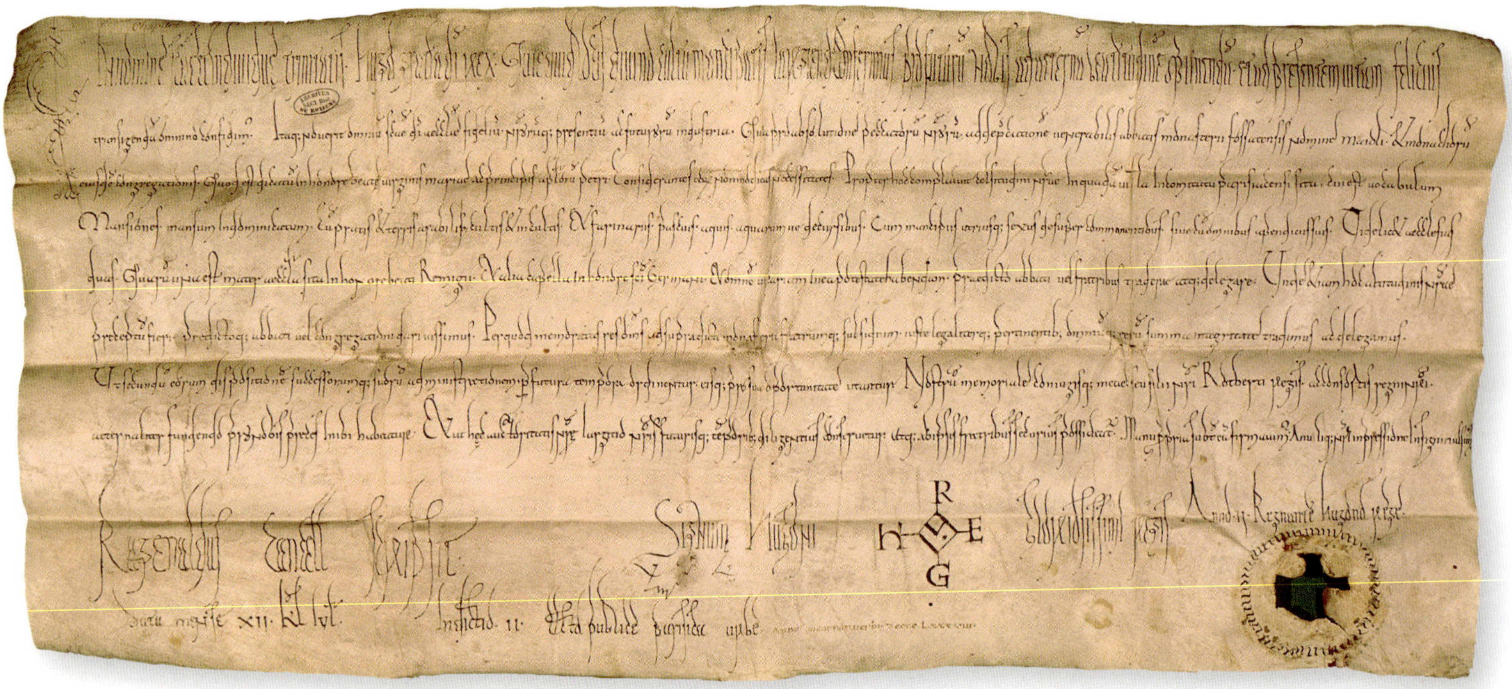

Hugues Capet cède le domaine de Maisons-Alfort. Par ce diplôme du 20 juin 989, le roi dote l'abbaye de Saint-Maur-des-Fossés d'un domaine. Très pieux, Hugues Capet se montre très généreux envers l'Église, pour « gagner la béatitude éternelle et pour jouir dans le présent d'une vie plus heureuse », comme il est écrit dans ce document, le seul acte conservé d'Hugues Capet dont on peut voir le monogramme en bas à droite.

de la chrétienté. Il est allé trouver Otton II à Rome en 981, et reste lié à l'entourage de son successeur, le petit Otton III. Au contraire le duc de Basse-Lorraine est en conflit d'intérêts avec l'Empire et entretiendrait certainement, comme roi, l'hostilité ouverte que manifestait Lothaire. Enfin Hugues, réputé pour sa piété et sa générosité envers les monastères, a la préférence des grands ecclésiastiques.

Un prince parmi les princes

Hugues Capet a un peu par hasard laissé une trace dans la mémoire collective bien plus forte et durable que ses successeurs. Il n'a pourtant régné que dix ans, bien moins longtemps qu'eux : âgé de 45 ans à son avènement, il avait déjà dépassé l'espérance de vie de ce temps. La rareté des sources confirme que, pour les contemporains, son règne n'a rien eu de marquant : on n'a pas de biographie de lui. Seul des chroniqueurs contemporains, Richer s'intéresse à ses faits et gestes. Et on n'a conservé qu'une douzaine d'actes émis par sa chancellerie, ce qui confirme à la fois la quasi-inexistence de celle-ci et la faiblesse du roi, car les actes royaux de ce temps sont avant tout des privilèges qui prennent des monastères sous la protection du souverain : nul ne se soucie de demander la protection d'un roi incapable de l'assurer. Les destinataires de cette poignée de privilèges se groupent de surcroît en France du Nord. Le roi est parfaitement ignoré au sud de la Loire, bien qu'il ait épousé une princesse aquitaine, et sa seule velléité d'intervenir dans le Midi tourne court en dépit de l'urgence : lorsque Barcelone est pillée par les musulmans, le comte appelle à l'aide Hugues, à peine couronné, mais celui-ci, aux prises avec ses propres difficultés à s'imposer, se dérobe ; on voit mal de toute façon comment il aurait pu organiser une expédition à si longue distance et contre un tel ennemi.

L'exiguïté de ses possessions enlève d'autre part à Hugues toute possibilité d'exercer une autorité réelle sur ses grands vassaux. Il ne reste à peu près rien du domaine royal carolingien, en dehors d'une dizaine d'évêchés – Orléans, Laon, Sens, Beauvais, Paris sans doute... – dont le roi nomme les titulaires et, exerçant son droit de régale, perçoit les revenus pendant la vacance, ressource non négligeable. Les vassaux de ces évêchés forment le noyau de son armée, aux côtés des cavaliers qui vivent sur une terre royale. Hugues Capet dispose aussi d'abbayes qui constituent des appuis économiques et politiques importants, sans parler du rayonnement spirituel qu'elles peuvent lui conférer, car il veille à leur bon état matériel et moral : Saint-Martin de Tours, Saint-Benoît-sur-Loire, Saint-Germain-des-Prés, Saint-Maur-des-Fossés, Saint-Riquier. Quant à ses domaines propres, ils sont fort réduits par rapport à ceux de ses ancêtres : ils s'éparpillent entre Paris et Orléans, et se composent de quelques villes (Senlis, Étampes, Melun, le port de Montreuil...) et de seigneuries rurales. Le roi, accompagné d'une suite de quelques dizaines de chevaliers, de clercs et de serviteurs, se déplace d'une ville à l'autre ; Senlis et Orléans sont ses séjours préférés.

Hugues se fait remettre les clés de Laon. Le 3 juillet 987, Adalbéron procède au sacre d'Hugues Capet dans la cathédrale de Noyon. Les grands vassaux acceptent dans le calme le changement de dynastie, mais les Carolingiens ont encore des fidèles. Devant ces réticences, Hugues saisit le prétexte d'une expédition lointaine pour associer au trône son fils Robert. Ici, Hugues Capet se fait remettre les clés de la ville de Laon par l'évêque Ascelin et chasse Charles de Basse-Lotharingie, dernier prétendant à la couronne des Carolingiens, qui avait réussi à s'emparer de Laon avec la complicité d'Arnoul, devenu plus tard archevêque de Reims. (*Grandes Chroniques de France* de Jean Fouquet, XVe siècle).

Le domaine royal est entouré de principautés vassales qui sont plus puissantes que lui. Certaines sont résolument hostiles, comme le comté de Vermandois, qui couvre une partie de la Champagne, et le comté de Blois, qui a été enlevé au domaine royal par un vassal peu scrupuleux, avec les villes qu'il était supposé garder pour son seigneur : Chartres, Tours et Châteaudun. Encore bien plus puissants, mais moins hostiles, sont le comte d'Anjou, le duc de Normandie et celui de Bourgogne. Quant au comte de Vendôme, Bouchard, qui est aussi comte de Paris, c'est un fidèle du roi.

Une dynastie de huit siècles

Hugues trouve surtout ses appuis chez des évêques et quelques grands abbés, qui représentent à la fois des puissances temporelles non négligeables, et les seuls intellectuels qui puissent élaborer une théorie du pouvoir. Pour eux, le roi, en dépit de sa faiblesse, est l'héritier légitime d'une autorité supérieure, seule capable de maintenir l'ordre et la paix dans la société chrétienne. L'abbé de Fleury – aujourd'hui Saint-Benoît-sur-Loire –, Abbon, reprend des textes carolingiens pour définir les domaines où doit s'appliquer l'autorité royale : il offre ainsi une référence prestigieuse à ce roitelet, et exprime l'espoir que placent en lui les grands ecclésiastiques. La rédaction d'un *ordo*, c'est-à-dire un manuel de la cérémonie du sacre royal, est un autre trait inattendu de confiance dans la royauté, qui souligne aussi son caractère religieux.

Dès son avènement, Hugues se saisit de cette possibilité de s'insérer dans la tradition royale pour pérenniser la présence de sa famille sur le trône. Le 30 décembre 987, il fait sacrer roi son fils Robert, à Orléans, et assure ainsi la transmission de la Couronne. Quelques mois plus tard, il le marie à la veuve du comte de Flandre, fille du roi d'Italie Bérenger. Quant aux partisans des Carolingiens, ils cessent de tenter une restauration après 995. Lorsque Hugues meurt en novembre 996, Robert lui succède sans difficulté. Autre manifestation de l'enracinement familial : Hugues est inhumé à Saint-Denis, parmi les tombeaux des Carolingiens, mais aussi ceux de ses propres ancêtres, patrons du monastère. La nécropole des rois de France est ainsi désignée dès le début de la dynastie.

Les rois de l'an mil

Lorsque les barons français partent pour la première croisade, en août 1096, le frère du roi, Hugues de Vermandois, est un de leurs chefs, mais le roi Philippe lui-même ne prend pas part à cette expédition mémorable. Il a été excommunié l'année précédente par le même concile de Clermont qui a lancé la croisade. Près d'un siècle plus tôt, Robert II l'avait déjà été, pour des raisons analogues : une union réprouvée par l'Église. Dans les deux cas, le royaume reste plusieurs années en interdit, c'est-à-dire privé de sacrements et de liturgie, avant que le roi ne se soumette. En dépit de ces passages difficiles, de la faiblesse de leurs ressources, de la concurrence de grands vassaux souvent plus puissants qu'eux, les trois rois du XIe siècle, servis par une remarquable continuité biologique et par une politique avisée, maintiennent le peu d'autorité que possède la monarchie. Surtout, ils lui fournissent les bases modestes mais solides sur lesquelles elle se développera au XIIe siècle.

Ce tableau célèbre de Jean-Paul Laurens a été présenté au salon de 1875 avec son symétrique, *l'Interdit*, qui représente les conséquences de l'excommunication du roi pour ses sujets. Il s'agit pour Laurens, républicain convaincu, de dénoncer l'emprise de l'Église sur la société médiévale. Il reprendra le thème à travers des épisodes de l'Inquisition. (*L'Excommunication de Robert II.* Huile sur toile de Jean-Paul Laurens, 1875.)

Robert II le Pieux — **Henri Ier** — **Philippe Ier**

Hugues Capet — Louis VI le Gros — Louis VII le Jeune — Philippe II Auguste — Louis VIII — Louis IX (Saint Louis) — Philippe III le Hardi — Philippe IV le Bel — les « rois maudits »

987 | 996 | 1031 | 1060 | 1108 | 1137 | 1180 | 1223 | 1226 | 1270 | 1285 | 1314 | 1328

Robert II le Pieux, un roi modèle

Robert II (996-1031) est associé au trône et couronné dès le mois de décembre 987. Il gouverne pour de bon à la mort de son père, en 996, et pendant trente-cinq ans : c'est le premier d'une série de règnes dont la durée est un atout important dans la permanence de la famille sur le trône. Cette stabilité, à peu près unique en Occident, va bien faciliter l'affirmation de la monarchie.

Robert a reçu une éducation exceptionnelle pour un laïc de son temps, et qui le préparait plutôt à la cléricature qu'à la royauté. Il a étudié à Reims avec Gerbert d'Aurillac, futur pape, et conserve un intérêt prononcé pour les questions théologiques. Il est également très pieux – son surnom n'est pas usurpé –, et multiplie les actes de dévotion et de charité. Sa sainteté s'exprime par le fait qu'il est le premier roi de France à guérir des malades en les touchant : il s'agit sans doute déjà des écrouelles, une inflammation des ganglions lymphatiques (scrofules) due aux bacilles de la tuberculose que les rois de France vont guérir jusqu'à Charles X ; mais dans le cas de Robert il peut s'agir aussi de la lèpre. En tout cas Jacques Le Goff a pu voir en lui un précurseur de Saint Louis.

Nous avons une vie de Robert II, écrite par Helgaud, un moine de Fleury, l'actuel Saint-Benoît-sur-Loire, qui est alors le centre de la mémoire royale. Robert est le seul des premiers Capétiens dont un contemporain ait jugé bon de rédiger la biographie, et cela a sans doute à voir avec ses qualités exceptionnelles, davantage qu'avec ses réalisations bien modestes : vie de saint, plus que de roi. Helgaud trace en effet de Robert un portrait hagiographique, lui accordant toutes les qualités, et nous lui sommes en partie redevables de l'image un peu sulpicienne que nous avons conservée de lui. Mais les autres chroniqueurs du temps s'accordent pour dire que c'est un bon roi, un homme de bien, un excellent chrétien et de surcroît un savant.

Une touche plus humaine est apportée à ce portrait, décourageant de perfection, par ses problèmes avec les femmes : Robert a été toute sa vie profondément épris d'une femme qu'il n'a pas pu garder, et son mariage de raison avec une autre lui a apporté une vie conjugale intenable, outre quelques ennuis politiques. Après un premier mariage éphémère (un an seulement) avec la veuve du comte de Flandre, il est tombé profondément amoureux de Berthe, veuve du comte Eudes de Blois – ennemi mortel des Capétiens –, et l'a épousée dès la mort d'Hugues Capet, qui s'y opposait. Mais leur union est victime des règles canoniques qui commencent à devenir plus strictes : ils sont cousins au troisième degré, et Robert est parrain d'un des enfants de Berthe. D'abord approuvé par des évêques, le mariage est interdit par le pape Grégoire V. Celui-ci reste inflexible, bien que Robert aille très loin dans les concessions politiques pour lui complaire – il destitue même Gerbert, devenu archevêque de Reims, pour rendre le siège à Arnoul, son prédécesseur qui avait trahi Hugues Capet. Excommunié, placé en interdit avec tous ses sujets, Robert finit par se soumettre et épouse Constance d'Arles, dont il aura cinq enfants. Selon les chroniqueurs, c'est une mégère qui lui fait une vie infernale et suscite maints problèmes à la cour. Elle s'immisce même dans la succession au trône en cherchant à écarter son propre fils Henri – devenu héritier à la mort de l'aîné, Hugues –, qu'elle n'aime pas. Le sacre d'Henri a lieu malgré tout, à Reims, en 1027 : la pratique d'association au trône se poursuit ainsi, et le sacre trouve son cadre durable, Reims.

Le tournant de l'an mil

N'oublions pas que le règne de Robert chevauche l'an mil : certes les « terreurs de l'an mil » ont disparu, si elles n'ont jamais existé, et les historiens ne croient plus beaucoup à la « mutation de l'an mil » qui aurait brutalement transformé les structures sociales. Il reste que cette période est lourde de transformations durables : le *Poème au roi Robert* composé par l'évêque de Laon Adalbéron en 1025-1027 n'a rien d'un panégyrique de son royal dédicataire. C'est une terrible analyse de la société de ce temps, où les paysans sont en voie de soumission aux guerriers et aux clercs qui leur prennent tous leurs surplus et les réduisent à une existence de labeur et de misère. Adalbéron indique la cause de l'injustice que manifeste cette exploitation : il la trouve dans les carences du pouvoir royal, et presse le roi de rétablir les équilibres sociaux en voie de subversion.

Mais le roi n'a guère les moyens d'imprimer sa marque à la société : il fait son travail de roi, consciencieusement mais à l'échelle que lui permettent des moyens très modestes. Une politique matri-

Monnaie de Robert II le Pieux. Le droit de battre la monnaie est indissociable de la notion de souveraineté. Charlemagne, vers 780, définit en argent la nouvelle monnaie de compte. Mais la restauration monétaire carolingienne demeure précaire : le morcellement de l'autorité étatique entraîne une multiplication des ateliers monétaires. Seigneurs, petits et grands, évêques, abbayes et villes battent monnaie.

L'hérésie d'Orléans. C'est peu après l'an mil que se manifestent les premières hérésies, absentes de la chrétienté occidentale depuis plusieurs siècles. C'est précisément à Orléans, résidence royale habituelle, que sont révélées en 1022 les opinions hétérodoxes d'un groupe d'ecclésiastiques de haute volée, chanoines de la cathédrale, professeurs , et même le propre confesseur de la reine. Ces hommes de grande influence intellectuelle ne croient plus à la vertu surnaturelle des sacrements – dont certains sont encore, rappelons-le, en voie de définition. Le roi convoque une assemblée d'évêques qui les envoie au bûcher. Une telle répression est rarissimeà cette époque, et il ne fait pas de doute que sa rigueur doit beaucoup à l'intervention du roi. Au xve siècle, les *Grandes Chroniques de France* en conservent le souvenir, et au xvie siècle, Robinet Testart, miniaturiste de Charles d'Angoulême, après plus de quatre siècles de répression de l'hérésie, n'a pas de peine à trouver les éléments pour l'illustrer. (*Robert le Pieu chantant les heures avec des chanoines d'Orléans. Grandes Chroniques de France.*)

moniale active maintient de bons rapports avec les grands vassaux, comte de Flandre et duc de Normandie surtout, et il garde le duché de Bourgogne, confié à l'un de ses fils. Mais il ne peut empêcher Eudes II de Blois, chef d'une famille hostile, d'obtenir la succession du comté de Troyes (1023) : ainsi se forme le comté de Blois-Champagne, qui va prendre en tenaille le domaine royal. Un voyage de Robert au sud de la Loire – le seul que fera un roi jusqu'à Louis VI – ne doit pas faire illusion sur la portée de son entregent : il va jusqu'à Toulouse, mais c'est un pèlerinage pour vénérer des reliques, et il n'a aucune conséquence politique. Les princes méridionaux ne l'estiment guère, comme le duc d'Aquitaine Guillaume V qui va jusqu'à parler dans une lettre de la « nullité du roi » (*vilitas regis*). Et en effet, le pouvoir royal semble atteindre à la fin du règne son niveau le plus bas, auquel il restera jusque vers 1077.

Henri Ier, un roi « fantôme »

Cette expression de Jan Dhondt situe bien notre manque d'information sur le règne d'Henri Ier (1031-1060) : pas de biographie, quelques mentions stéréotypées chez les chroniqueurs, et seulement 62 actes de chancellerie conservés en vingt-neuf ans. C'est le plus mal connu des Capétiens, et aussi le plus faible, les deux allant de pair. Une certaine réévaluation est certes en cours aujourd'hui, fondée sur une analyse renouvelée de ses actes, mais elle ne peut pas faire d'Henri Ier un grand roi.

Couronné du vivant de son père, Henri lui succède sans difficulté. Il épouse successivement une nièce de l'empereur Conrad II, puis, resté veuf, une princesse russe de Kiev, Anne (1051), qui lui donnera trois fils. Ses forces sont absorbées, tout au long du règne, par les affrontements et les négociations avec le duc de Normandie et les comtes de Flandre, d'Anjou, de Blois, qui sont plus puissants que lui. La Normandie et la Flandre sont en train de créer une administration – certes encore rudimentaire, mais elle s'épanouira au xiie siècle –, alors que le domaine royal reste gouverné sur une base féodale et domaniale traditionnelle. La Normandie constitue le danger principal : les relations, bonnes au début, se dégradent ensuite, et Henri est battu trois fois par Guillaume – le futur Conquérant –, qu'il avait pourtant aidé à mater ses vassaux lors de ses débuts difficiles et qui lui avait permis à son tour de reprendre l'offensive contre une coalition de vassaux. En revanche, les ensembles territoriaux qu'avaient rassemblés les comtes Geoffroy Martel d'Anjou et Eudes de Blois-Champagne se défont d'eux-mêmes, après maints combats entre eux et contre Henri, soulageant d'autant la pression sur le domaine royal. Pendant tout le règne, le roi se comporte exactement comme l'un de ces princes, les combattant alternativement en s'alliant avec d'autres ou avec l'empereur, et avec des résultats mitigés.

L'arbre de la société médiévale. Dans la France du bas Moyen Âge et de l'époque moderne, les ordres constituent l'un des fondements idéologiques et juridiques de l'organisation sociale. Ils trouvent leur origine dans une vision du monde qui s'affirme aux alentours de l'an mil et qui divise la société en trois catégories d'hommes : ceux qui prient, ceux qui combattent, et ceux qui travaillent – l'Église, la Noblesse, et le Tiers État (désignation qui n'apparaît qu'à la fin du XVe siècle, époque où la distinction de la société en ordres s'est définitivement imposée). Ici, au sommet de l'arbre, le pape règne sur l'ensemble de la chrétienté médiévale ; au milieu, le roi de France trône, entouré de la noblesse en armes ; en bas se trouvent les prêtres, suivis des paysans. (Miniature, XVe siècle).

Ces grands vassaux ne fréquentent plus la cour. À partir des dernières années du règne de Robert II, l'entourage du roi, tel que le reflètent les listes de témoins de ses actes, compte de moins en moins de comtes et d'évêques, et de plus en plus de châtelains ou de simples chevaliers. La faiblesse de la production diplomatique ne peut cependant pas être utilisée comme indice d'un déclin politique : les chancelleries princières, celle des ducs de Normandie par exemple, multiplient elles aussi les témoins de rang médiocre, et ne sont pas plus actives que celle du roi. Celle-ci s'avère en outre de meilleure qualité, et manifeste dans ses formulations, sous Robert II en particulier, un sens élevé de la dignité du souverain ; elle retrouve même des expressions carolingiennes qui attestent à la fois la culture des clercs qui entourent le roi, et leur volonté de magnifier la fonction royale.

Philippe Ier, une image en débat

La succession d'Henri Ier démontre la solidité qu'a acquise la dynastie : il n'a que 7 ans à la mort de son père ; la minorité de l'héritier est un cas récurrent dans les successions de cette époque, et elle entraîne généralement des troubles, voire des contestations du jeune souverain. Rien de tel à cette occasion : Philippe (1060-1108) a été sacré l'année précédente à Reims – la tradition s'installe –, en présence des principaux grands vassaux ; seul manquait le duc de Normandie, en guerre contre le roi comme il l'était la plupart du temps à cette époque. Après une régence assurée par le comte de Flandre, Philippe est adoubé chevalier à 13 ou 14 ans en 1066 ou 1067, selon l'usage, et devient du même coup adulte et roi effectif. Le lien entre l'adoubement et le couronnement deviendra courant par la suite.

Ainsi débute un règne bien plus long encore que ceux qui le précèdent ou le suivent – près d'un demi-siècle –, dans une période de profondes transformations et de grands événements en tous domaines : la croisade, la réforme grégorienne, la conquête de l'Angleterre par Guillaume de Normandie, et aussi l'essor urbain, les premières communes, la naissance de l'ordre cistercien et des autres nouveaux ordres monastiques… Par contraste avec cette époque bouillonnante, le règne de Philippe a été généralement jugé de façon très négative : la royauté reste faible, et le roi lui-même aurait été peu actif et dépourvu de qualités. Comme bien souvent pour cette période, le jugement des historiens a été profondément influencé par l'opinion des chroniqueurs du temps. Autant l'image de Robert le Pieux, reflétée au miroir de son hagiographe Helgaud, était immaculée, autant celle de Philippe Ier nous est transmise par des témoins sévères : les clercs contemporains, qui le citent souvent dans leurs chroniques, sont prévenus contre lui par les problèmes que ses affaires matrimoniales et ses interventions dans les élections épiscopales lui ont créés avec l'Église grégorienne, réformatrice et rigoureuse. Comme pour les souverains précédents, cette image traditionnelle est sensiblement modifiée aujourd'hui par l'analyse renouvelée de ses actes, qui constituent l'autre grande source sur son règne. Ils sont un peu plus nombreux que par le passé : 172, ce qui donne cependant encore une moyenne annuelle dérisoire. Surtout, ils manifestent une réelle attention prêtée à l'administration – c'est alors qu'est créé le formulaire de mandement, qui permet au roi de s'adresser à un de ses officiers sous une forme simplifiée – et une intensification de l'effort de mémoire dont témoignait la chancellerie sous les rois précédents, avec une allure carolingienne accentuée.

Les listes de témoins, qui restent la source essentielle pour connaître l'entourage royal, confirment que les grands vassaux continuent à bouder la cour royale ; ils ont d'ailleurs leurs propres cours, qui font preuve d'une organisation administrative plutôt plus efficace que celle du roi. Mais l'entourage royal commence à se peupler de personnages dont les descendants vont, pendant des générations, assurer le service rapproché du souverain et la direction des grands services qui vont peu à peu constituer l'administration centrale : Garlande, Le Bouteiller de Senlis, Dammartin, Montlhéry, Montmorency, Montfort, Beaumont, Rochefort.

Les charges de ces grands officiers se trouvaient déjà auprès des Carolingiens : le sénéchal commande l'armée, le connétable est également un chef militaire, le chambrier garde le trésor et filtre les accès au roi, le bouteiller veille à l'approvisionnement de la cour et à la gestion domaniale. Au demeurant, les missions de chacun sont souples, et varient en fonction des choix du roi. L'essentiel est que ce sont tous des hommes de confiance ; ils sont issus de familles de châtelains ou de simples chevaliers d'Île-de-France, et doivent entièrement leur ascension à leur fidélité. Le chancelier, chargé des écritures, est un clerc, généralement un évêque ou futur évêque. Quant aux terres du roi, leur administration est confiée à des prévôts qui le représentent et assurent le prélèvement de ses revenus ; mais les prévôts n'ont aucune autorité en dehors des terres royales,

Les investitures épiscopales. Les rôles sont désormais bien partagés entre temporel et spirituel : le roi donne l'autorisation de procéder à l'élection de l'évêque ou de l'abbé et en fixe la date, ce qui lui permet de percevoir les revenus de l'évêché ou de l'abbaye. Il reçoit le serment de fidélité du nouvel élu avant de l'investir des biens et des pouvoirs temporels attachés à sa charge. Le pape, quant à lui, l'investit de l'autorité spirituelle. Ce régime fonctionnera à la satisfaction générale au XIIe siècle, l'intervention du roi dans le choix des chanoines ou des moines se bornant à recommander un candidat, sans l'imposer. La France a ainsi échappé au long et violent conflit qui a opposé l'Empire à la papauté sous Henri IV et Henri V, du milieu du XIe siècle jusqu'au concordat de Worms de 1122. (*Philippe Ier entouré d'évêques. Chronique versifiée de Saint-Martin-des-Champs*, XIe siècle.)

et l'administration du domaine ne diffère pas de celle des autres seigneuries bien gérées. Le domaine, bien exploité et situé dans des secteurs alors en pleine expansion économique, semble en tout cas fournir des revenus abondants – c'est une hypothèse, car nous sommes dépourvus d'informations précises à ce sujet avant la fin du XIIe siècle.

Réduire la puissance normande

L'action de Philippe se déroule à toute petite échelle, mais non sans efficacité. Il s'agit de transférer sous l'autorité directe du roi des terres qui sont tenues de lui en fief, et sur lesquelles il n'exerce en fait à peu près aucune autorité. L'achat et la conquête militaire – généralement entraînée par quelque méfait d'un châtelain – sont les deux moyens principaux de cette expansion.

Au temps de Philippe Ier, elle reste bien modeste : elle consiste surtout à créer en Île-de-France et à ses abords un tissu continu de terres royales, en absorbant les espaces interstitiels qui relevaient d'autres seigneurs. Par de minuscules conquêtes de châteaux et de petites villes, Philippe assure ainsi la continuité du domaine royal le long de deux axes de communication essentiels : de Paris à Orléans, au Sud, et à Montreuil-sur-Mer, au nord-ouest. Il conquiert aussi le Vexin français, autour de Mantes et de Pontoise. Il franchit même la Loire en achetant Bourges au seigneur local, ruiné par son départ en croisade. Les trois mille livres que débourse alors le roi attestent la solidité de ses finances. Les destinataires des diplômes royaux reflètent l'élargissement des entreprises capétiennes : de Normandie comme du sud du royaume, on recommence à demander la protection royale.

La monarchie reste cependant au niveau militaire et politique de ses principaux vassaux, qui sont à cette époque le duc de Normandie et le comte de Flandre, tous deux à la tête de régions en pleine expansion : l'armée royale essuie quelques défaites face aux troupes flamandes et normandes. Mais la Flandre est en général un allié et un partenaire économique proche. C'est surtout la puissance normande qui devient inquiétante. Depuis la conquête de l'Angleterre, les ressources du royaume anglo-normand sont bien supérieures à celles du petit domaine royal, et l'acquisition du Vexin français par Philippe a créé une frontière commune : elle va être pendant plus d'un siècle le théâtre d'affrontements constants. Ils commencent dès 1087, avec la prise de Mantes par Guillaume. Seule la mort de celui-ci et les problèmes successoraux qui s'ensuivent suspendent pour un temps la menace. En dépit de ces perspectives inquiétantes, le règne de Philippe Ier, surtout à partir de 1077, manifeste un certain renouveau de l'autorité royale, une consolidation administrative et financière, et un début d'agrandissement du domaine.

Adultère et bigame

La fin du règne est cependant assombrie par les difficultés que crée le remariage du roi. Philippe a d'abord épousé Berthe de Hollande, et en a eu un fils, Louis, et une fille. Il l'a répudiée et s'est épris en 1092 de Bertrade de Montfort, l'épouse du comte d'Anjou Foulque le Réchin, qu'il a épousée grâce à la complaisance de deux évêques, alors même que les deux nouveaux époux étaient encore mariés chacun de leur côté. Il en aura trois enfants, mais se heurte à l'intransigeance d'Yves, évêque de Chartres, qui prône une interprétation rigoureuse du droit de l'Église sur le mariage. Celui du roi est plusieurs fois condamné par des conciles, et, en 1095, ses sujets sont même mis en interdit, comme sous Robert II. Ce long conflit s'achève en 1104 par la soumission de Philippe – Bertrade reste pourtant auprès de lui –, et le pape Pascal II accepte même de se rendre en France en 1107 pour conclure un accord sur les élections épiscopales. Celles-ci sont alors le grand sujet de discorde entre la papauté et les souverains, et Philippe lui-même a imposé ses candidats aux sièges épiscopaux, en leur demandant rétribution – ce qui est de la simonie, trafic de biens spirituels ou de charges ecclésiastiques, violemment dénoncée par les réformateurs.

Philippe, l'âge venant, passe progressivement la main au futur Louis VI : dès 1092, il est chargé de commandements militaires. En dépit des intrigues de sa belle-mère Bertrade, il est associé au trône, entre 1098 et 1100, et joue un rôle croissant à mesure que son père abandonne le pouvoir. Cette dernière phase du règne offre donc une tonalité bien particulière. D'un côté, graves démêlés avec la hiérarchie ecclésiastique, au moment même où le pape prêche la croisade parmi l'enthousiasme général. De l'autre, passage du pouvoir aux mains du jeune Louis VI, accompagné d'un regain d'ardeur dans l'action politique et militaire, doublé de l'orientation vers un sage compromis avec la papauté. Tout cela sur un fond de rassurante stabilité administrative : les changements et les problèmes n'ont d'effet ni sur la production de la chancellerie, ni sur la composition de l'entourage royal. Arrivant sur le trône, Louis VI va trouver un outil de gouvernement encore élémentaire mais déjà bien rodé et solide.

Martin remanet regis seclus ut pce sanet ;

Nc uidet henric . quis . qualis . quant amic

Sit sibi martin iacet inq parte supinus .

Qui sic custodit martin . n ds odit .

Tantu zelotipus bonitatis amore philipus

Non op hoc sputt . s fr in uiuere erguit .

Fermes devotidē q habebat p dia pdē .

Martino sedē dedit hic sansonis in ede .

Necsola sedē sed tota tradidit ede

Ad disponendu sui qd libet adfaciendu

Le métier de roi

À l'époque médiévale et au-delà, le gouvernement royal se caractérise par une pratique personnelle du pouvoir. Les qualités ou les lacunes du roi ne sont pas sans conséquence sur le royaume. Nécessaire, l'éducation du prince est donc un enjeu crucial. Elle est d'abord organisée autour d'enseignements d'ordre religieux et moral, sans que soit négligé le maniement des armes. Elle prend par la suite une dimension politique. Reste qu'une telle formation ne saurait être complète sans l'expérience qui prépare aussi au métier de roi.

1.

LES JEUNES PRINCES mérovingiens et carolingiens ont été élevés au palais parmi les fils de la haute aristocratie franque ; ils ont parfois fréquenté une école monastique. Ce souci de confier l'éducation de l'héritier du trône à des moines se retrouve avec les premiers Capétiens : Robert II a fait ses classes à Fleury, l'actuel Saint-Benoît-sur-Loire, Louis VI et Louis VII sont passés sur les bancs de Saint-Denis.

Le XIIIe siècle marque un tournant. Désormais, l'éducation du prince a lieu à demeure sous la férule d'un précepteur choisi parmi les grands esprits du temps [1]. Le prince Louis, fils de Philippe Auguste, reçoit une éducation individuelle, dispensée par Amalric de Bène, maître de l'université de Paris.

Le contenu de la formation donnée au jeune prince nous est connu par un genre littéraire médiéval qui a fait florès, les *Miroirs*, qui ne sont rien moins que l'exposé du comportement que doit adopter le bon prince. Avec Jean de Salisbury, ces traités se dégagent du strict moralisme issu de la Bible pour s'engager sur la voie de la réflexion politique. Si la priorité du roi est de toujours agir dans le plan de Dieu, il se doit aussi d'être cultivé : « Un roi inculte est comme un âne couronné. » De plus, il n'ignore pas le droit en plein essor et connaît l'art de la guerre.

Dans son *Gouvernement des princes* à destination du futur Philippe le Bel, Gilles de Rome témoigne de la montée en puissance de l'État monarchique. L'art de gouverner est une science qui s'enseigne ; lieutenant de Dieu sur terre, le roi détient un pouvoir absolu.

Poursuivant les *Miroirs*, de multiples écrits viennent nourrir cette littérature *ad usum delphini*, le plus célèbre d'entre eux étant les *Mémoires* de Louis XIV. Les leçons de politique que Mazarin dispense quasi quotidiennement à son royal élève [4], ne doivent pas occulter les autres disciplines enseignées. L'image du roi « sage », c'est-à-dire savant, se met en place dès la fin du Moyen Âge – Charles V le Sage en est évidemment l'archétype. Avec la Renaissance, le prince se doit d'être cultivé ; cette culture passe par la connaissance du latin et des langues étrangères, l'italien d'abord, pratiqué par presque tous les rois de Louis XI à Louis XVI, l'espagnol ensuite, en raison des liens entre les deux royaumes. L'histoire, la géographie, les sciences et le dessin ne sont pas négligés [6]. Les traités ne manquent pas – il n'est

1.
Le futur saint Louis apprend à lire et à écrire sous l'œil de sa mère Blanche de Castille. (Enluminure extraite des *Heures de Jeanne de Navarre*, XIVe siècle.)

2.
Le dauphin Charles et les députés des trois états. (Miniature extraite des *Grandes chroniques de France*, XIVe siècle.)

3.
Antoine de Pluvinel enseigne l'équitation au jeune roi Louis XIII. (Gravure de Van de Passe le Jeune, XVIIe siècle.)

4.
Louis XIV enfant et le cardinal Mazarin. (Gravure.)

2.

3.

4.

5.
La bataille de Fontenoy, le 11 mai 1745. (Gravure, XVIIIe siècle.)

6.
Portrait du dauphin *Louis de France, fils de Louis XV, dans son cabinet d'études.* (Huile sur toile de Louis Tocque, 1739.)

5.

que de citer l'*Abrégé de l'histoire de France* écrit par le cardinal de Fleury pour Louis XV ; la géographie est enseignée depuis la fin du XVIe siècle : le futur roi est tenu de connaître son royaume, l'Europe sinon le monde, et Louis XVI apprend la géographie à partir de cartes muettes que son maître lui fait remplir, ce en quoi il excelle ! Les sciences ont une place plus réduite, et ce sont leurs applications pratiques qui sont avant tout enseignées : principes d'architecture, art des fortifications et de la guerre de siège (poliorcétique). Les lettres évidemment ne sont pas ignorées, mais elles sont toujours dominées par un enseignement religieux et moral. Face aux nécessités politiques du temps, celui-ci peut vite trouver ses limites. La lecture du *Télémaque* et d'autres œuvres inspirées de Fénelon tendent à faire oublier au futur Louis XVI qu'il sera, l'heure venue, d'abord roi et souverain avant d'être le bienfaiteur de ses sujets… Distorsion qui participe de l'affaiblissement de la monarchie.

La formation dispensée au futur roi n'est pas exclusivement livresque. Les exercices militaires préparent le prince à aller sur le champ de bataille à la tête de ses armées. La chasse, l'équitation [**3**] et la danse sont autant d'exercices physiques permettant au prince d'acquérir la prestance qui vient, elle aussi, asseoir son autorité.

Diverse, l'expérience concrète vient compléter heureusement cette formation. Les premiers Capétiens, afin d'assurer au mieux leur succession, associent leur fils aîné au pouvoir ; leurs forces déclinant, les fils prennent en main les affaires des pères. Souvent doté d'un apanage, le fils du roi dispose là d'une première expérience de gouvernement et d'administration d'un territoire – ce fut le cas des fils de Philippe le Bel, puis du futur Louis XI en Dauphiné, apanage depuis 1349 du fils aîné du roi de France. Lieutenant du roi puis régent durant la captivité de Jean II, le futur Charles V est confronté aux revendications des états d'un côté [**2**], aux menées de Charles de Navarre et d'Étienne Marcel de l'autre.

L'apprentissage militaire occupe une place importante, ainsi que celui de la gestion administrative : le Dauphin fils de Louis XV est présent à Fontenoy (1745) [**5**] comme aux différents conseils où, d'abord discret, il prend peu à peu de l'assurance pour voir ses avis écoutés. L'un comme l'autre ont fait défaut au futur Louis XVI…

6

Cy comãcẽt les chappitres du vaillãt lo
ys le gros. Le p̃mier cõment le roy loys
le gros fut courõne a orleans. Et des mes
saiges de leglise de rõme qui venoient
pour contredire le couronnement.

« Protéger les clercs, les pauvres et les orphelins... »

Louis VI le Gros marque une étape décisive dans l'affermissement de la monarchie capétienne. Il renforce son autorité sur le domaine royal, et sait jouer des forces économiques nouvelles et de l'accélération de la croissance urbaine pour faire reculer l'autorité féodale exercée sur les villes. (*Grandes Chroniques de France* de Jean Fouquet, XVe siècle.)

En dépit de sa corpulence, qui devient gênante dès la quarantaine, Louis « le Gros » est un guerrier intrépide, débordant d'énergie, « athlète incomparable et gladiateur éminent » (Suger). L'excellente biographie qu'a rédigée son ami et conseiller Suger n'est qu'une suite de chevauchées et d'assauts de forteresses où il se comporte en héros, risque sa vie et récolte maintes blessures. Après une éducation à Saint-Denis et une jeunesse rendue difficile par l'antipathie de sa belle-mère Bertrade de Montfort, il se lance dès l'adolescence sur les champs de bataille. Bertrade tente une dernière fois, à la mort de son père, de l'écarter du trône au profit de son fils Philippe de Mantes. Louis, qui se trouve à Saint-Benoît-sur-Loire où Philippe a souhaité être inhumé, s'empresse de se faire couronner à Orléans, le 3 août 1108. Il est le seul roi de France, entre Hugues Capet et Henri IV, à ne pas être sacré à Reims. Il a alors 17 ans. Guerrier déjà reconnu, il possède aussi un sens élevé de la fonction royale, qu'illustre un précepte qu'il donnera à son fils : « Protéger les clercs, les pauvres et les orphelins, en gardant à chacun son droit. » En revanche, il manque d'habileté politique. Mais l'époque demande plutôt des coups d'épée, dont il est expert.

Louis VI le Gros

Hugues Capet 987
Robert II le Pieux 996
Henri Ier 1031
Philippe I 1060
Louis VI le Gros 1108
Louis VII le Jeune 1137
Philippe II Auguste 1180
Louis VIII 1223
Louis IX (Saint Louis) 1226
Philippe III le Hardi 1270
Philippe IV le Bel 1285
les « rois maudits » 1314
1328

Réduire à l'obéissance les hobereaux

Son œuvre principale est la mise en ordre du domaine royal, par la réduction à l'obéissance de dizaines de hobereaux retranchés dans leurs châteaux : ce sont pour la plupart de simples tours de bois sur une motte de terre, mais les plus riches seigneurs construisent déjà des donjons de pierre. Ses principaux adversaires sont deux redoutables brigands, Thomas de Marle, un seigneur de la région de Laon, et Hugues du Puiset, dont le château se trouve entre Paris et Orléans. L'armée royale n'intervient pas moins de trois fois contre chacun. La cause habituelle des expéditions royales est la protection des biens de l'Église contre des seigneurs laïcs : Saint-Denis, mais aussi les évêques d'Orléans, de Reims, de Laon, et bien d'autres sont ainsi secourus. Ces interventions forgent l'amitié entre le roi de France et les clercs, dont les bases ont été posées avec l'accord de 1107 sur les investitures. Le rétablissement de la paix auquel il s'active est au cœur de la fonction royale et de l'attente de ses sujets. La « paix du roi » prend grâce à lui le relais de la « paix de Dieu » et de la « paix des princes » qui suppléaient à l'incapacité de ses prédécesseurs, la première surtout dans la moitié sud du royaume, la seconde en Flandre et en Normandie. La « paix du roi » va s'étendre à mesure de l'extension de l'autorité des successeurs de Louis VI, et culminera avec Saint Louis.

On a sans doute trop étendu cette image d'un roi attentif à son peuple, en voulant voir une politique particulièrement libérale dans son attitude envers le mouvement communal qui se propage alors dans les villes. Louis manifeste à son égard une attitude plutôt réservée, ne serait-ce que parce que le clergé éprouve une défiance certaine envers les communes. Nous connaissons bien l'épisode de Laon, grâce au chroniqueur Guibert de Nogent : en 1112, les habitants veulent acheter leur liberté au roi, mais l'évêque Gaudri, seigneur de la ville, offre davantage et l'emporte. Les Laonnois se révoltent et le massacrent – dans le tonneau où il s'était caché,

Louis VI visitant l'abbatiale Saint-Denis. Grâce à sa politique d'appui à la papauté, Louis VI bénéficie du soutien de l'Église, en la personne de Suger, abbé de Saint-Denis, qui est son principal conseiller. Louis VI voit dans l'abbaye de Saint-Denis le « chef de son royaume ». Après la mort de Louis VI, Suger continue de guider le jeune roi Louis VII. (*Grandes Chroniques de France*, XIVe siècle.)

l'épisode est célèbre. Trois ans après, alors que le mouvement communal semble résorbé, l'armée royale châtie les anciens révoltés. Le roi leur concède ensuite une « institution de paix » qui accorde une certaine autonomie.

Le mouvement communal agite d'autres villes situées aux franges septentrionales du domaine royal. Celles-ci sont gouvernées par des évêques : Noyon, Amiens, Beauvais, Soissons, et les petites villes abbatiales de Corbie et Saint-Riquier. Partout le roi confirme les libertés octroyées par les évêques ou abbés. Sans être procommunale, la politique royale est donc suffisamment prudente et libérale pour ne pas s'aliéner cette force montante que constituent les villes.

Mais il n'est pas question de laisser des communes s'installer dans les villes du domaine royal : le cas emblématique est Paris, qui n'aura jamais de commune, mais dont la progression vers l'autonomie commence grâce au privilège accordé par Louis VI en 1121 à la hanse des marchands de l'eau, c'est-à-dire l'association des marchands qui commercent sur la Seine : c'est de ce privilège – commercial et non politique – que naîtra la municipalité parisienne. Orléans, Étampes, Bourges, et plusieurs autres villes du domaine reçoivent des chartes qui leur accordent des libertés concernant le statut des personnes et la fiscalité, mais pas du tout une autonomie politique.

Un redressement limité

Cette manifestation exceptionnelle d'unanimité « nationale » ne doit pas dissimuler que Louis VI reste sans autorité sur ses grands vassaux ; il a comme ses prédécesseurs très peu de rapports avec les principautés les plus éloignées, celles du Midi notamment. Il continue cependant à étendre – bien modestement, il est vrai – son autorité au sud de la Loire, en intervenant au gré des circonstances dans de petites seigneuries : comtés d'Auvergne et de Nevers et seigneurie de Bourbon. Avec les comtés qui entourent le domaine royal les relations restent à peu près d'égal à égal, comme au siècle précédent. Le comte Thibaud de Champagne, longtemps ennemi du roi, se réconcilie avec lui et retrouve une place d'honneur à la cour, où sa famille jouera un grand rôle dans les décennies suivantes. Mais les comtes d'Anjou entament une expansion qui va s'avérer dangereuse, et la frontière normande est un champ de bataille presque permanent pendant des années, avant que la paix ne s'instaure à la fin du règne. La seule intervention royale d'envergure suit l'assassinat du comte de Flandre Charles le Bon (1127) ; nous la connaissons bien grâce à un très bon chroniqueur, Galbert de Bruges. Le but premier de l'expédition est de punir les meurtriers du comte, ce qui est fait. En revanche, le nouveau comte que Louis a imposé, Guillaume Cliton, est rapidement chassé par les villes et par une partie de la noblesse, et c'est son rival, Thierry d'Alsace, qui l'emporte sans que le roi puisse réagir ; il finira par le reconnaître après la mort de Guillaume. Cette affaire marque bien les limites du redressement que Louis VI a apporté au pouvoir royal.

Un sénéchal encombrant

La cour est dominée par les cinq frères de Garlande jusqu'à 1127. Ce sont de simples chevaliers, qui ont commencé à s'imposer dès la fin du règne précédent. Étienne est le plus influent, un chroniqueur l'appelle « second personnage du royaume ». C'est un clerc – et qui plus est un mauvais clerc, arriviste, corrompu et sans scrupules. Il est chancelier dès 1106. Après la mort de trois de ses frères qui se sont succédé dans la charge, Étienne devient même sénéchal, chose inouïe pour un clerc. Le dernier frère est bouteiller. En 1127, le roi destitue Étienne et son frère de leurs charges, car ils semblent sur le point de rendre héréditaire le sénéchalat : les offices se transmettaient en fait déjà dans les mêmes familles, mais sous contrôle

Les armoiries d'un grand vassal. Cette magnifique plaque émaillée, posée à l'origine dans la cathédrale du Mans, évoque un des grands vassaux dont la puissance dépassait celle du roi. Comte d'Anjou et du Maine (1128), Geoffroy épouse Mathilde, fille et héritière d'Henri Ier, roi d'Angleterre. À la mort de celui-ci en 1135, il s'empare de la Normandie malgré l'opposition du roi de France, et Mathilde part à la conquête de l'Angleterre. Leur fils Henri II héritera de l'ensemble. Le bouclier et le casque de Geoffroy portent ses armoiries « d'azur à six lionceaux d'or ». Les armoiries, nées vers 1120, se répandent dans la haute aristocratie, puis dans toute la société au XIIIe siècle. L'emblème des rois de France est la fleur de lys, dont usaient déjà les Carolingiens. Elle apparaît sur le sceptre de Robert le Pieux, puis au revers des monnaies de Louis VI et du sceau royal. (Plaque tombale en cuivre émaillé de Geoffroy Plantagenêt, XIIe siècle.)

royal. Ils entrent en rébellion, il faut les pourchasser pendant trois ans et assiéger leur château. Étienne, pardonné, redeviendra chancelier de 1132 à 1137, et les descendants de ses frères conserveront des fonctions à la cour pendant plusieurs générations et s'allieront même à la famille royale.

Suger, un grand conseiller royal

Après 1127, les deux principaux conseillers – de meilleur aloi que les Garlande – sont Raoul de Vermandois, cousin du roi, qui devient sénéchal, et Suger. Né dans une famille de chevaliers vers 1080, Suger, qui décédera à l'âge de 70 ans, entre à Saint-Denis encore enfant, et y étudie avec le futur Louis VI. Petit et fragile, il est remarquablement intelligent et volontaire, doué à la fois pour la réflexion et l'action. Il fait une carrière rapide dans le monastère. Il a lui-même rédigé une sorte de compte rendu de son œuvre, intitulé *Mémoire sur mon administration*. Il dirige successivement deux domaines de l'abbaye de Saint-Denis, où il rétablit la gestion et travaille dans les archives. Lui sont aussi confiées des missions auprès du pape. En 1122, il est élu abbé de Saint-Denis sans l'avoir demandé. Depuis 1127, il est un conseiller privilégié de Louis VI, puis de Louis VII, et assure la régence pendant que le roi est à la croisade (1147-1149). Sa biographie de Louis VI et le début de celle de Louis VII sont des sources exceptionnelles pour les historiens.

L'influence de Suger s'avère très importante pour confirmer la royauté dans des tendances qui vont lui valoir une excellente image : le roi est pour lui avant tout le protecteur des faibles et des églises opprimées par les tyranneaux laïcs, et il l'invite à soutenir le clergé réformateur. La dévolution des évêchés et des prébendes dans les chapitres cathédraux soulèvent néanmoins un certain nombre de litiges, le roi ne relâchant pas volontiers son influence sur la nomination des évêques et des titulaires de bénéfices ecclésiastiques.

Sous l'influence de Suger, la politique royale prend une ampleur nouvelle, qui la prépare à déborder les étroites frontières de l'Île-de-France où elle s'enfermait pour l'essentiel jusque-là. L'élargissement du champ politique se manifeste aussi par l'appui décisif qu'apporte Louis VI à la papauté dans ses ultimes démêlés avec l'empire à propos de la querelle des Investitures, close par le concordat de Worms en 1122 : le roi de France se trouve être l'époux de la nièce du pape Calixte II (1119-1124), Adélaïde de Savoie, et entretient avec lui des rapports privilégiés. Il soutient ensuite énergiquement Innocent II, qui l'emportera, lors du schisme qui l'oppose à Anaclet II, son rival pour le pontificat (1130). En août 1124, l'empereur Henri V menace d'envahir la France, probablement par vengeance ; il ne met pas son dessein à exécution, mais cela donne l'occasion à Louis de mobiliser l'armée, où accourent les contingents de tous ses vassaux.

« Austère comme un moine »

Le jeune Louis VII est représenté sur son contre-sceau, apposé au revers du sceau principal, comme un chevalier en plein galop : beaucoup de seigneurs se faisaient représenter ainsi sur leurs sceaux. Par la suite, le roi de France tenant à se distinguer des grands seigneurs, le sceau dit en majesté l'emporte. (Sceau, XIIe siècle).

SELON LES CHRONIQUEURS, un drame a transformé la personnalité de Louis VII alors qu'il avait une vingtaine d'années, en 1143 : faisant campagne en Champagne, il voit brûler sous ses yeux une église où se sont réfugiées plus de mille personnes. Traumatisé, le jeune roi entreprenant, pour ne pas dire hyperactif et un peu brouillon qu'il était, devient, selon sa première épouse Aliénor d'Aquitaine, « austère comme un moine », retrouvant en somme l'état religieux auquel il était à l'origine destiné : très pieux, il sera désormais attentif aux avis de l'Église, et passablement terne et timoré. Cette personnalité un peu effacée a de surcroît souffert, pour la postérité, d'avoir régné entre deux souverains de premier ordre, Louis VI et Philippe Auguste. Les acquis bien réels de son règne ont ainsi été négligés tandis qu'étaient soulignées les immenses conséquences politiques du divorce d'avec Aliénor, et les échecs essuyés face à Henri II Plantagenêt.

Aliénor d'Aquitaine, l'énergique insoumise. Héritière du vaste duché d'Aquitaine, Aliénor (v. 1122-1204) est une femme courtoise et aimant la culture. Mariée à Louis VII, elle ne s'entend pas avec cet homme austère. Ils divorcent peu après le retour de la croisade, à laquelle elle a participé et où leurs divergences se sont envenimées. Elle épouse aussitôt le jeune Henri II Plantagenêt (1152), dont elle aura huit enfants. Elle passe une grande partie de son temps dans son duché qu'elle gouverne avec énergie, et tient une cour brillante à Poitiers. Elle est emprisonnée après avoir mené avec ses fils une révolte contre son mari en 1173. La mort d'Henri II (1189) lui permet de donner toute sa mesure politique, mais celle de Richard Cœur de Lion, son fils préféré, ruine ses espérances, et elle meurt en assistant à la débâcle suscitée par l'incapacité de Jean sans Terre. Elle repose à Fontevraud auprès d'Henri et de Richard. (Fresque.)

Un «quasi-moine» contre «l'enfer de la cour». On ne saurait imaginer de personnalités ni de modes de gouvernement plus contrastés que ceux de Louis VII et d'Henri II Plantagenêt. Henri construit en quelques années «l'empire Plantagenêt», un ensemble territorial immense : il hérite de l'Anjou, du Maine et de la Touraine, acquiert l'immense duché d'Aquitaine par son mariage (1152), et devient roi d'Angleterre et duc de Normandie à la suite d'une succession inattendue (1154). Mais le contraste joue aussi sur leurs caractères, leurs styles de gouvernement, leurs modes de vie. Louis, austère et dévot, règne sur un domaine royal encore bien étroit, mais améliore patiemment et sans grand éclat l'outil administratif reçu de son père. Henri accorde lui aussi grande importance au perfectionnement de l'administration. Les deux cours présentent le même contraste. Une fois Aliénor partie, celle de Paris n'est pas bien gaie. Autour d'Henri et d'Aliénor, à Londres, Poitiers ou ailleurs, se pressent en revanche les poètes et les intellectuels, se croisent la poésie des troubadours et la légende arthurienne d'où va naître le genre romanesque, fusent les chansons et les histoires comme en témoignent *les Divertissements des courtisans* de Gautier Map. (Gisant d'Henri II Plantagenêt, XIIe siècle.)

Un jeune roi hyperactif

Second fils de Louis VI, Louis, dit le Jeune, est né en 1120 ou 1121. Étant le cadet, il n'est pas à priori destiné à régner, et étudie donc aux écoles de Notre-Dame de Paris, peut-être en vue d'une carrière ecclésiastique. Mais le 13 octobre 1131, son frère aîné Philippe meurt accidentellement. La destinée de Louis est aussitôt transformée : il est associé au trône, et dès le 25 octobre, il est sacré à Reims par le pape Innocent II lui-même, qui s'y trouve alors en concile. En 1137, il épouse Aliénor d'Aquitaine, qui lui apporte un immense domaine.

Les premières années du règne de ce très jeune roi le voient beaucoup s'agiter, pour des résultats incertains. Bien qu'il ait conservé à peu près les mêmes conseillers que son père – sauf Suger, bientôt écarté au profit d'un autre clerc, le chancelier Cadurc, de bien moindre valeur –, il commet des maladresses en heurtant la hiérarchie ecclésiastique sur les choix des nouveaux évêques et abbés, et en arrive même à être excommunié ; puis il entre en guerre contre Thibaud de Champagne que Suger avait pourtant réussi à réconcilier avec Louis VI. En 1144 cependant, l'apaisement intervient de tous les côtés, en partie à cause du changement de caractère du roi depuis l'affaire de l'incendie de 1143. Une brève guerre en Normandie s'apaise également.

La « première guerre de Cent Ans »

Les choses vont devenir beaucoup plus sérieuses au retour de la croisade : celle-ci a certes, en dépit de son échec, renforcé le prestige et l'autorité du roi, mais le divorce d'avec Aliénor et son remariage avec Henri II Plantagenêt créent un formidable adversaire sur le flanc occidental du royaume. Cela a beaucoup été reproché à Louis VII, qui cependant n'avait sans doute pas d'autre choix : il était dépourvu d'héritier mâle, et les soupçons d'infidélité pesant sur la reine laissaient planer un doute sur toute naissance ultérieure. C'est d'ailleurs Aliénor qui demande l'annulation du mariage. L'Aquitaine s'avérait d'ailleurs bien difficile à gouverner, et sa perte ne suscita pas trop de regrets.

Dès l'été 1152 commence la guerre contre Henri II, qui va en 1154 devenir une guerre anglo-française et ne s'achèvera vraiment qu'en 1259 : on parle parfois de la « première guerre de Cent Ans ». Elle se déroule sur la frontière normande, en Bretagne, dans le comté de Toulouse et ses environs, et ne s'achève, de façon temporaire, qu'en 1177, par la paix de Nonancourt. Louis a finalement bien résisté, en dépit de nombreux échecs militaires et diplomatiques : son autorité s'est renforcée au fil des ans alors que celle d'Henri s'épuisait dans les courses à travers des territoires trop vastes et des périphéries mal soumises, de l'Irlande à l'Aquitaine. La révolte de ses fils, soutenus par leur mère Aliénor (1173), lui porte un coup particulièrement dur.

La deuxième croisade.
À Noël 1144, les musulmans reprennent Édesse, une grande ville conquise lors de la première croisade en 1098. Ils menacent d'envahir la Terre sainte. Le pape appelle à la croisade, et Louis VII décide d'y participer. En juin 1147, une grande armée se rassemble à Metz sous les ordres du roi et de plusieurs grands vassaux. L'empereur Conrad III part à la tête d'une autre armée. Après un long pèlerinage aux lieux saints, Louis rentre par voie de mer, avec une escale à Rome, en 1149. Échec militaire indéniable, cette croisade royale a cependant conféré de l'éclat à la dynastie et confirmé la solidité institutionnelle : la régence assurée par Suger n'a pas rencontré de problèmes graves. (*Chroniques de Saint-Denis*, XIIe siècle.)

La promesse d'une paix de dix ans

Les hostilités récurrentes n'empêchent pas Louis d'affermir progressivement son autorité, dans le droit fil de l'œuvre de son père. Le conseil royal fonctionne et commence à se professionnaliser avec la présence de juristes et à prononcer de véritables sentences judiciaires. On voit pour la première fois apparaître des agents locaux, les baillis, qui vont incarner l'administration locale pour des siècles ; les finances semblent bonnes. L'influence royale s'étend de plus en plus vers le sud et le sud-est du royaume, en dépit de la perte de l'Aquitaine. L'autorité du roi est telle qu'il peut proclamer, lors de l'assemblée de Soissons (1155), une paix de dix ans dans tout le royaume, et s'en porter garant. Une telle décision traduit à la fois que le roi commence à commander dans tout le royaume, et non plus seulement dans le domaine royal, et aussi qu'il légifère à nouveau, après une très longue parenthèse législative. C'est le meilleur indice montrant que, au-delà de ses apparences ternes et de ses échecs, le règne de Louis VII a renforcé en profondeur la construction de l'État.

Louis VII poursuit aussi l'œuvre de son père dans ses rapports avec l'Église : il y a maintenant vingt-cinq évêchés « royaux », dans lesquels il exerce avec modération le droit de régale et investit l'évêque après avoir autorisé l'élection. Habilement, il parvient à y placer des clercs qui lui sont acquis – son frère, son beau-frère... –, tous d'ailleurs de grande valeur. Sa piété se manifeste par un attachement particulier à fonder ou à réformer des monastères et des collégiales de chanoines réguliers, qu'il dote généreusement.

Louis VII apporte également son soutien au mouvement d'émancipation des villes en pleine croissance : il contribue à l'essor économique en faisant remise aux habitants de taxes de toutes sortes, sur le commerce surtout, et en créant marchés et foires. Étampes,

La naissance de Philippe Auguste. Fils unique de Louis VII et d'Adèle de Champagne, Philippe reçoit l'épithète de « conquérant », puis celle d'« auguste », peut-être par référence au mois de sa naissance, le mois d'août, plus sûrement pour célébrer l'accroissement considérable du domaine royal sous son règne. Il a « augmenté la chose publique » selon l'expression des chroniqueurs de son temps. (*Grandes Chroniques de France* de Primat, XIIIe siècle.)

Orléans, Melun, et bien d'autres villes du domaine, sont ainsi traitées avec faveur. C'est l'époque où apparaissent les organisations de métiers, comme les changeurs et les boulangers de Paris. En revanche, les mouvements communaux sont impitoyablement réprimés à Orléans, Poitiers et ailleurs : souvent les exemptions de taxes sont d'ailleurs une compensation à cette rigueur. Le roi intervient même hors du domaine, à Reims – où il autorise la commune avant de se raviser –, Auxerre ou Vézelay, pour défendre les prérogatives des seigneurs ecclésiastiques contre les habitants. Paris enfin, en pleine expansion et où le roi réside de plus en plus longuement, est l'objet de toutes ses attentions.

Le privilège de Louis VI pour la hanse des marchands de l'eau est confirmé et augmenté en 1170-1171. C'est l'époque aussi où les écoles, désormais installées sur la rive gauche après avoir quitté les alentours du palais épiscopal sur l'île de la Cité, prennent leur essor décisif : Paris devient le premier centre intellectuel d'Europe, dépassant Chartres et les autres écoles de France du Nord. Abélard, arrivé à Paris en 1098, installé sur la montagne Sainte-Geneviève en 1108, et mort en 1142, contribue beaucoup à ce rayonnement. Les maîtres jouissent alors d'une grande liberté, avant que l'Université ne se structure à la fin du siècle.

C'est donc un pouvoir solide et un royaume prospère que Louis laisse à son fils lorsque, sa santé déclinant, il lui abandonne le gouvernement en septembre 1179. Ce fils, Philippe Dieudonné, est né en août 1165 de l'union avec sa seconde épouse Constance, fille d'Alphonse VII de Castille, après bien des années d'attente. Les manifestations de joie spontanées qui éclatent dans tout le royaume à l'occasion de cette naissance traduisent bien à la fois l'identité que commence à acquérir celui-ci, et l'importance de la succession héréditaire enracinée dans la dynastie.

Le vainqueur de Bouvines

La bataille de Bouvines.
Le 27 juillet 1214, Philippe Auguste est victorieux à Bouvines contre une coalition réunissant l'empereur Otton IV, le roi d'Angleterre Jean sans Terre, le comte de Flandre Ferrand de Portugal et le comte de Boulogne Renaud de Dammartin. Cette bataille assure l'hégémonie capétienne en France et en Occident. Elle marque durablement les esprits, et la légende la consacre comme la victoire du bien sur le mal. Oubliée un temps, elle connaît aux XIXe et XXe siècles une exploitation politique très importante : en 1870, l'esprit de revanche et les mouvements nationalistes l'érigent en symbole. (*Grandes Chroniques de France*, XVe siècle.)

LA BATAILLE FAIT RAGE au pont de Bouvines, sur la Marcq, près de Lille, le dimanche 27 juillet 1214. L'empereur germanique Otton de Brunswick et ses hommes sont résolus de tuer le roi de France Philippe Auguste. « Dans leur fureur teutonique, écrit le chroniqueur Guillaume le Breton, ils ne cherchaient que le roi seul », et des hommes de pied parvinrent même à jeter Philippe « à bas de son cheval avec des crochets et des lames minces » ; il ne fallut pas moins que « la main de Dieu », « une armure incomparable » et la bravoure d'un petit nombre de chevaliers entourant le roi pour faire échouer *in extremis* le projet des troupes impériales. Pour finir, l'armée du roi infligea une défaite totale à celle, sans doute numériquement supérieure, des coalisés – Otton, Renaud de Dammartin, Jean sans Terre et d'autres encore. Ce fameux « dimanche de Bouvines » reste comme l'une des grandes batailles de l'époque médiévale et un jour glorieux de l'histoire de France. Une gloire qui tient d'abord à l'importance de la victoire, remportée grâce aux contingents envoyés par les communes, dont le rôle donne à l'événement une dimension fondatrice. Mais une gloire qui tient aussi à un livre célèbre, *le Dimanche de Bouvines*, où Georges Duby reconstituait la société du temps à partir de cet événement retentissant, qui eut la particularité de se tenir un dimanche, un jour où, d'ordinaire, les chrétiens ne faisaient pas la guerre. Ce moment incarne un des aspects majeurs du règne de Philippe Auguste : la victoire.

Le couronnement de Philippe Auguste. Philippe Auguste est le fils longtemps désiré du roi Louis VII, qui n'a eu que des filles de ses deux premières épouses. C'est en 1165 qu'Adèle de Champagne donne enfin naissance à un garçon. Philippe Auguste est sacré du vivant de son père, frappé de paralysie, le 1er novembre 1179. Il est tout juste majeur. Ici, entouré de prélats et de grands du Royaume, le roi reçoit l'onction sainte. Le peintre Fouquet a tenté de rendre la perspective. (*Grandes Chroniques de France* de Jean Fouquet, XVe siècle.)

Philippe Dieudonné Auguste

Philippe est né le 21 août 1165, à Gonesse – à moins que ce ne fût à Paris. On avait attendu près de trente ans la naissance de cet héritier mâle (le premier mariage de Louis VII remonte en effet à 1137), si bien que, lorsque enfin Adèle, la fille du comte de Champagne, donne un fils au roi, la famille royale et tout le royaume sont soulagés : le « miracle » de la continuité dynastique capétienne est perpétué, et l'on prénomme donc « Dieudonné » le petit Philippe. Voilà pour ce deuxième prénom ; mais pourquoi « Auguste » ? Il ne s'agit pas d'un prénom, mais d'un surnom, qui lui fut donné de son vivant par le chroniqueur Rigord, qui deviendra son biographe. L'explication en est simple : « Auguste » fait référence au mois d'août, celui de la naissance de Philippe, et aux empereurs romains, ces Augustes à l'instar desquels Philippe fit preuve d'une grande capacité d'accroître son pouvoir et son domaine – « *Augustus* » renvoyant alors étymologiquement à l'idée d'augmentation.

À l'âge de quatorze ans, le prince est associé au trône : son couronnement a lieu à Reims, le 1er novembre 1179, au soir de la vie de son père, âgé et malade. Aussi, quand meurt Louis VII, le 18 septembre 1180, Philippe, qui est majeur et qui a épousé en avril Isabelle de Hainaut, est institutionnellement et symboliquement prêt à succéder à un homme qui a régné plus de quarante ans. Ces premiers Capétiens ont la vie longue, Hugues Capet excepté : il suffit de cinq rois,

Le gouvernement de Philippe Auguste. Philippe sut s'entourer d'hommes fidèles, souvent issus de milieux plus modestes que ne l'étaient dans le passé les membres du gouvernement royal. Il permet à des hommes comme Gautier le Chambellan et Ours le Chambellan, frère Haimard ou Henri Clément de jouer un rôle important. Se détachent surtout les noms des deux principaux collaborateurs du roi, bien représentatifs de cette manière nouvelle de gouverner : Barthélemy de Roye, issu de la petite noblesse du Vermandois, et, plus encore, « frère Guérin », qui garda le titre et l'habit de l'ordre de l'Hôpital tout au long de sa carrière. Il fit la preuve de sa fidélité sans faille, de son énergie intense et de ses compétences les plus diverses : chancelier sans le titre, prenant soin des naissantes archives royales, combattant de première valeur à Bouvines, il remplit des missions nombreuses mais mal définies, notamment dans le domaine judiciaire. Ses services lui valurent d'être grassement récompensé par le roi et de devenir sur le tard évêque de Senlis. (Parchemin portant le sceau de Philippe Auguste.)

de Robert le Pieux à Louis VII, pour couvrir presque deux siècles d'histoire ! Le miracle capétien est double : il désigne bien la continuité dynastique, mais aussi la longévité des rois, dont, aux XIe-XIIe siècles, les règnes durent en moyenne pas loin de quarante ans. Philippe II Auguste ne fera pas exception, dont le règne s'étend de 1180 à 1223. Autant que les sources permettent d'en juger, l'homme est robuste, vif et énergique ; pas plus cultivé que cela, et pas spécialement remarquable pour ses qualités de stratège, mais intelligent et surtout habile, astucieux, parfois manipulateur, extrêmement volontaire.

Les Champagne, une famille trop présente

Guerres, victoires et conquêtes : si quelques mots devaient résumer ce règne long et riche, ce seraient bien ceux-là. De nombreuses guerres, qui pour la plupart d'entre elles se soldent par des victoires, et qui permettent d'accomplir de notables conquêtes. Cela s'accomplit sans véritable rupture chronologique dans le règne, sinon celle des succès éclatants – la chute de Château-Gaillard et la prise de la Normandie en 1204, la victoire de Bouvines en 1214 – qu'entachent de sérieux revers, dans les années 1190.

Parmi les principaux opposants, on trouve, dès le début du règne, les grands du royaume et les « barons » – même si déjà l'action décisive de Louis VI et de Louis VII a laissé à Philippe II un domaine royal largement débarrassé des turbulences des « sires ». Les conflits sont précoces et nombreux, et le fil des événements qui permit à Philippe d'intégrer à son domaine de très nombreuses terres est bien emmêlé. Dès 1181, il rencontre l'opposition du comte de Flandre, Philippe d'Alsace, dont il a épousé la nièce Isabelle, et de quelques membres du clan des Champagne, qui constituent, en mai, une sorte de ligue.

Les Champagne et les Flandre, en effet, ont pesé lourd sur les premières années du règne. En 1180, Philippe éloigne du pouvoir sa mère, la reine Adèle. Il doit dans les premières années combattre certains membres de la famille maternelle, notamment Étienne, comte de Sancerre. En 1186, Philippe écarte les Champagne de la réalité du pouvoir. Mais Adèle retrouve de l'importance en devenant régente du royaume, en 1190, lors de la croisade. Elle partage la régence avec son frère, Guillaume aux Blanches Mains, archevêque de Reims, qui a sacré Philippe en 1179, et que sa parenté et surtout sa fonction désignent pour cette mission. Adèle et Guillaume ont pour frères Henri le Libéral, comte de Champagne, sénéchal jusqu'à sa mort, en 1191, Thibaut V, comte de Blois, et Étienne de Sancerre. Le roi se plie donc à la tradition en plaçant le pouvoir royal entre les mains des grands et, plus particulièrement, du clan champenois, mais il se méfie de cette partie de sa famille.

La troisième croisade. Le pape Clément III fait prêcher la troisième croisade (1188-1192) par son légat Henri d'Albano. Elle est motivée par la perte de Jérusalem, tombée aux mains de Saladin en 1187. Les principaux souverains d'Occident y prennent part. Philippe Auguste débarque à Acre assiégée le 20 avril 1191, où le roi d'Angleterre Richard Cœur de Lion le rejoint le 8 juin, après avoir conquis Chypre sur un usurpateur byzantin. Les croisés obtiennent la levée du siège, la restitution de la « vraie croix » et la libération de prisonniers chrétiens. Philippe Auguste regagne alors la France, et commence à intriguer avec Jean sans Terre, frère de Richard, pour s'emparer des possessions françaises des Plantagenêts. Richard comprend qu'il a été dupé et reprend la route de son royaume. (Miniature, XVe siècle).

Les guerres s'étendent sur plusieurs années. Le roi de France parvient à briser ces alliances et même à profiter des rivalités entre clan flamand et clan champenois pour obtenir un règlement favorable de la succession d'Élisabeth de Vermandois, l'épouse de Philippe d'Alsace, décédée en 1183 : c'est le traité de Boves, en juillet 1185, que modifiera le traité de Péronne, en janvier 1200. À la mort d'Élisabeth, restée sans enfants, ses biens devaient revenir à sa sœur Éléonore ; mais Philippe d'Alsace avait mis la main sur l'héritage. Le roi parvient en 1185 à le récupérer : ainsi, au terme de la guerre, ajoute-t-il une partie du Vermandois et l'Amiénois à l'Artois, qui constitue la dot de la reine Isabelle de Hainaut. Si les aristocrates du royaume auront maintes occasions de s'opposer aux progrès du Capétien, la grande affaire du règne reste le conflit avec les Plantagenêts. Pourtant, à Gisors, en juin 1180 (et donc du vivant de Louis VII), Philippe était bien convenu d'un accord avec Henri II, roi d'Angleterre. Et il bénéficie pendant quelques années de la bienveillance du Plantagenêt. Mais, sur le fond, rien n'est réglé, et l'essentiel du règne de Philippe est marqué par cet effort de soumettre le roi d'Angleterre et de disloquer l'« empire Plantagenêt ». La guerre se poursuit jusqu'à la mort d'Henri II, le 6 juillet 1189 : la fin du premier acte laisse les deux adversaires sur des positions arrêtées, et elle est marquée par la dureté et l'opiniâtreté des combats, menés pour la plupart sur la « frontière » du Vexin normand et dans le Berry.

Richard Cœur de Lion : un adversaire de taille

Quand Richard Cœur de Lion succède au vieil Henri, c'est pour Philippe un adversaire jeune et autrement redoutable qui monte sur le trône d'Angleterre. Les deux hommes s'engagent pourtant l'un et l'autre dans la troisième croisade, qui interrompt provisoirement

Le roi Jean sans terre. Cinquième fils d'Henri II, frère et successeur de Richard Cœur de Lion, Jean sans Terre est cité par Philippe Auguste devant la Cour des pairs pour avoir enlevé Isabelle d'Angoulême. Déchu de ses fiefs français, il perd la Normandie et la Touraine. En 1214, ses alliés sont vaincus à Bouvines. Il est lui-même défait à la Roche-aux-Moines par Philippe Auguste. L'année précédente, il avait dû inféoder son royaume au pape. Ces échecs provoquent une vive opposition en Angleterre, et la révolte des barons le contraint à accepter la Grande Charte. (*Grandes Chroniques de France*, xive siècle.)

l'affrontement et les contraint tous deux à mettre sur pied, le temps de leur absence, une régence. Mais de nombreuses querelles éclateront entre les deux rois en Terre sainte. Après quelques mois d'attente en Sicile, Philippe arrive, le 20 avril 1191, à Acre, devant laquelle les croisés ont mis le siège. Bien vite, malade, soucieux sans doute de contrôler le déroulement de la succession flamande et lassé des querelles l'opposant au roi d'Angleterre, il prend le chemin du retour, laissant à Richard la gloire des prouesses croisées. Il passe par Rome et rentre à Paris le 27 décembre 1191.

Il ne peut empêcher que Baudouin, comte de Hainaut et père de la reine Isabelle, s'impose comme comte de Flandre, mais il met la main sur de nouvelles terres situées au nord du royaume, dans un contexte où la mort de sa femme, en 1190, et celle de Philippe d'Alsace, devant Acre, en 1191, lui ont ouvert des possibilités avantageuses. Il profite en outre de ce que Richard est retenu en croisade puis prisonnier du duc Léopold d'Autriche pour négocier avec son frère cadet, Jean sans Terre, qui ambitionne de ceindre la couronne d'Angleterre : Jean prête hommage à Philippe en 1193 et, l'année suivante, il lui cède une partie de la Normandie. Mais, Richard libéré, les combats reprennent et les défaites du roi de France s'enchaînent à partir de la bataille de Fréteval, le 3 juillet 1194. Philippe doit concéder la paix de Gaillon, en janvier 1196. Les défaites continuent, comme à Courcelles le 28 septembre 1198, et les combats ne cessent qu'en janvier 1199, quand on convient que le prince Louis épousera la nièce de Richard, Blanche de Castille, afin de sceller l'apaisement des relations entre le Capétien et le Plantagenêt. À cette date, les progrès accomplis par Philippe ont pratiquement été annulés par les victoires de Richard : mais la mort de ce dernier, le 6 avril 1199, des suites d'une blessure reçue à un siège une dizaine de jours plus tôt, change profondément la donne.

La défaite des Plantagenêts

Dès lors, Philippe accomplit de nombreuses conquêtes, qui vont déboucher sur le règlement définitif du problème Plantagenêt. Il n'hésite pas à renverser parfaitement sa position envers Jean : fort habilement, comme il avait joué de Jean contre Richard, il entreprend désormais, pour la succession de Richard, de défendre Arthur de Bretagne, un Plantagenêt lui aussi, fils de Geoffroy, frère de Jean et Richard, contre son oncle Jean. Il reçoit donc son hommage au printemps 1199 et il impose, le 22 mai 1200, le traité du Goulet, qui lui est favorable. Les combats ont tôt fait de reprendre. La noblesse d'Aquitaine se désolidarise de Jean et en appelle au suzerain, Philippe, qui prononce le 28 avril 1202 la commise des fiefs du félon Jean sans Terre – soit la confiscation des terres qu'il lui a concédées en fief. Arthur est pris par Jean et assassiné en avril 1203. L'année 1204 est celle du triomphe sur les Plantagenêts : le 6 mars, Château-Gaillard, l'énorme forteresse édifiée par Richard en 1197, tombe enfin, et Philippe peut l'emporter en Normandie, qui est rattachée au royaume de France. Il conquiert l'Anjou et les autres possessions de la dynastie Plantagenêt autour de la Loire. Sur ces positions fortes, il obtient une trêve, à Thouars, en octobre 1206. L'une des clefs du succès de Philippe fut l'utilisation des divisions du clan ennemi, imputables à leur respect du modèle lignager prônant le partage, là où les Capétiens pratiquent déjà une forme plus moderne et durable de privilège des aînés.

Croit-on qu'il reste à Philippe Auguste une vingtaine d'années de règne au calme ? Nullement. La guerre cesse durant quelques années, non les turbulences : des difficultés surviennent avec les comtés de Boulogne et de Flandre – Renaud de Dammartin, comte de Boulogne, s'oppose au pouvoir toujours plus grand du roi – et dans les affaires impériales – le rival de Philippe, Otton de Brunswick, est couronné empereur en octobre 1209. En fait, ce sont les succès nombreux de Philippe Auguste qui lui valent l'opposition des puissances occidentales. Elles se coalisent contre lui en 1212 autour du comte de Boulogne, qui a de son côté Jean sans Terre et Otton de Brunswick, sans oublier Ferrand, comte de Flandre, et le pape Innocent III. De 1212 à 1214, les chocs se font toujours plus nombreux et plus violents, jusqu'à la confrontation décisive, qui a manqué d'avoir lieu à la Roche-aux-Moines le 2 juillet – modeste victoire sur Jean sans Terre – pour se tenir finalement le 27 à Bouvines, où Philippe remporte une victoire éclatante – parmi les prisonniers, Renaud de Dammartin et Ferrand de Flandre, comte félon qui passera treize ans en prison.

Outre le prestige qu'elle vaut au roi, qui rentre triomphalement à Paris, les conséquences de cette victoire sont considérables en termes d'affirmation de l'hégémonie capétienne en France et en Occident : dans l'Empire, Frédéric II s'impose contre Otton IV ; la Flandre est clairement intégrée au royaume ; enfin, Jean sans Terre se retire de façon définitive en Angleterre (où il meurt en 1216), ce qui marque la fin des problèmes territoriaux occasionnés par la présence « anglaise » sur le continent… du moins jusqu'à la guerre de Cent Ans. Le traité de Chinon, du 18 septembre 1214, qui instaure une trêve de cinq ans, sanctionne l'agrandissement du domaine royal, qui représente désormais le tiers du royaume, une part énorme en comparaison avec ce que l'expression heureuse de Marc Bloch désignait comme l'« axe de la monarchie » des premiers temps capétiens.

La croisade des albigeois

Avant de devenir Louis VIII, le prince Louis s'engage, en 1216-1217, dans une ambitieuse expédition en Angleterre : soutenu par des barons insulaires, il entend s'imposer comme roi en faisant valoir les droits de sa femme. Mais il mène l'opération, qui finit par échouer, sans l'implication directe de Philippe Auguste. Celui-ci termine son règne de façon assez pacifique, auréolé de la gloire de sa victoire. Renforcé au Nord, il s'implique davantage dans une autre « croisade » : la « croisade des albigeois », menée dans le midi de la France, avec le soutien des barons et de l'Église, pour réduire le catharisme, qui y est particulièrement vivace – au point qu'on désigne souvent ceux que l'historiographie postérieure appellera les « cathares » comme les « albigeois ». En même temps que l'imposition de l'orthodoxie chrétienne, il s'agit d'une véritable entreprise de conquête militaire. Elle a certes commencé en 1208, mais, menée par le prince Louis, elle se fait plus décisive à partir de la fin des années 1210. Cela dit, les succès royaux attendront : la croisade de 1217-1219 échoue, Philippe doit envoyer une autre expédition en 1221, et, pour finir, ce n'est que durant le règne de Louis VIII que viendront les premiers succès.

Pour le reste, le royaume vit en paix, conformément aux dispositions du traité de Chinon, qui est reconduit en 1220. C'est de façon pacifique que Philippe, éternel « agrandisseur » du domaine, fait main basse sur une pièce de choix : la Champagne, sur laquelle il assure sa pleine suzeraineté féodale, et d'autres terres qui rejoignent le domaine royal – notamment le Ponthieu. Le royaume est alors prospère, comme nous l'indique le budget de 1221, réalisé par l'administration française pour inventorier les recettes et dépenses du royaume. Ce document précieux montre, outre le savoir-faire archivistique et comptable de l'administration capétienne, la bonne santé économique de la France et la solidité de son gouvernement, qui épargne environ le tiers de ses revenus annuels. Le roi, en revanche, est malade : il rédige un testament en septembre 1222, et meurt le 14 juillet 1223, à Mantes, alors qu'il rentrait à Paris. On l'enterre rapidement, vêtu des *regalia*, à Saint-Denis, dans la nécropole royale.

Du suzerain féodal au roi souverain

La mutation que connaît le royaume sous le règne de Philippe Auguste est à la fois territoriale et administrative. Sur le plan territorial, les choses sont claires : le domaine royal a été multiplié par quatre durant le règne, au point de constituer un ensemble territorial plus vaste désormais que le plus grand des fiefs – ce qui était loin d'être le cas à l'avènement de Philippe, en 1179 ; l'autorité royale est respectée sur tout le territoire. Si l'on change d'échelle, et que l'on considère l'Occident tout entier, on voit que le royaume capétien, qui était presque une principauté comme les autres dans le panorama de l'Occident médiéval, en est devenu l'une des premières puissances.

L'administration royale change en profondeur : une manière d'État royal entreprend de se constituer, plus efficace, plus nombreux et nettement plus centralisé. L'habileté de Philippe est de parvenir à concilier cette création d'une monarchie administrative avec l'instauration d'une monarchie féodale, qu'il est le premier à réaliser au moyen d'une politique inlassable de soumission des vassaux et de l'usage maîtrisé d'instruments féodaux comme la commise ou l'exercice d'une justice d'appel. Cette évolution va d'abord dans le sens d'un pouvoir royal accru au sein des rouages administratifs. Philippe fait ainsi disparaître, en 1191, l'office de sénéchal, que ses attributions considérables rendaient trop puissant. Il s'assure, au moyen d'une politique parfois cynique

Philippe et les femmes.
Le 28 avril 1180, Philippe se marie avec Isabelle de Hainaut, dont la dot est considérable. Une tentative de divorce est surmontée en 1184, et la reine donne à Philippe un fils en 1187. Les choses se compliquent avec la mort d'Isabelle, en 1190 : le 14 août 1193, Philippe se remarie avec Ingeburge de Danemark, mais il se sépare d'elle le lendemain du mariage ! Il fait annuler l'union et, le 1er juin 1196, il épouse Agnès de Méran – son rang paraît modeste, mais la position matrimoniale confuse du roi explique cette mésalliance. Le pape Innocent III refuse le remariage et prononce l'interdit sur le royaume le 13 janvier 1200. Philippe organise une cérémonie de réconciliation : il obtient la levée de l'interdit, mais son statut ne sera réglé qu'avec la mort d'Agnès, en juillet 1201. Têtu, il relance la procédure d'annulation du mariage. Enfin, en 1212, il cède à la volonté du pape : Ingeburge est reine, et Philippe obtient la légitimation des deux enfants qu'Agnès lui a donnés. (*Mariage de Philippe Auguste et d'Isabelle de Hainault. Chroniques des empereurs* de Loyset Liedet, XVe siècle).

et changeante (ainsi vis-à-vis des Juifs, qu'il expulse du royaume en avril 1182, non sans confisquer leurs biens, et qu'il rappelle en 1198), de revenus importants pour le trésor royal. Surtout, il mène une politique de réforme volontaire, pour renforcer l'autorité royale. C'est ainsi qu'il institue la « Quarantaine le roi », qui impose quarante jours de délai à deux familles sur le point de mener une « guerre privée ». Son autorité, il la pense, le premier peut-être, dans un cadre profondément territorial : le départ en croisade est l'occasion de la rédaction d'un texte célèbre, l'ordonnance de 1190, connue également, selon l'expression de Rigord, le biographe du roi, comme son « testament ». Par ce texte, qui commence par une définition concise mais significative de « l'office des rois », qui « est de pourvoir en toutes manières au bien de leurs sujets et de faire passer le profit commun avant le leur propre », Philippe, soucieux de prévenir les problèmes que risque de poser son absence, généralise l'institution des baillis, ces agents royaux pour l'heure dépourvus d'ancrage local et révocables par le seul roi. La fonction a été instituée en 1185, à l'imitation des shérifs anglais ; ils rendent une justice d'appel, tiennent des assises et jugent en première instance les cas graves ; ils remplissent aussi des fonctions fiscales (contrôle de la rentrée des revenus) et surveillent les prévôts.

Baillis et prévôts sont les éléments de base de ce système administratif plus développé et plus exigeant, largement inspiré du modèle normand Plantagenêt, et où le pouvoir d'agir pour le roi est confié à des hommes rétribués par de bons salaires, gages sûrs de leur fidélité. On peut espérer que, puisqu'ils doivent tant au roi, ils lui seront dévoués. C'est ainsi qu'il faut comprendre le rôle joué par ces officiers royaux issus souvent de la petite noblesse et même de la bourgeoisie.

Philippe Auguste reçoit les clés de Rouen. Évêché dès le IIIe siècle, Rouen devint l'une des principales villes du duché de Normandie (Xe siècle). Importante ville drapière et grand port fluvial au Moyen Âge, elle est rattachée au domaine royal de 1204 à 1419. Ici, en 1204, Jean sans Terre perd la Normandie dans la guerre qu'il mène contre Philippe Auguste. Ce dernier reçoit donc les clés de la ville de Rouen. (*Chroniques de Normandie*, XVe siècle.)

La France à la mort de Philippe Auguste. La puissance capétienne s'affirme réellement à l'aube du XIIIe siècle, lorsque Philippe Auguste réussit à quadrupler la superficie du domaine royal par les moyens les plus divers : acquisitions matrimoniales (Artois) ; commise féodale en 1202 des terres d'un vassal félon, le roi d'Angleterre Jean sans Terre ; occupation progressive des dernières par la force des armes (Normandie avec la prise de Château-Gaillard, Maine, Anjou, Touraine, Poitou, Terre d'Auvergne). Philippe II Auguste consolide ses conquêtes, affaiblit de manière décisive la dangereuse puissance des Plantagenêts à l'intérieur du royaume de France, et affirme la sienne à l'égard des autres grands vassaux : l'avenir de la dynastie est assuré.

Le toponyme « Louvre » apparaît dans les années 1180-1190. Il désigne une église nouvelle, Saint-Thomas du Louvre, érigée à l'ouest de Paris, sur la rive droite. Lorsque Philippe Auguste lance la construction de l'enceinte de sa capitale en 1190, il décide d'établir, entre l'église et la nouvelle enceinte, un château qui protégerait Paris d'une attaque par la Seine. Le nouvel édifice prend à son tour le nom de Louvre. La « grosse tour du Louvre » devient vite le symbole de la suzeraineté du roi. C'est d'elle que tous les fiefs mouvants de la couronne sont supposés relever. Paris ne faisant guère l'objet de menaces au XIIIe siècle, le château sert surtout d'arsenal et de prison. (*Philippe Auguste fait élever la grosse tour du Louvre vers 1200.* Huile sur toile de Jean-Baptiste Mauzaisse, XIXe siècle.)

La France à la mort de Philippe Auguste

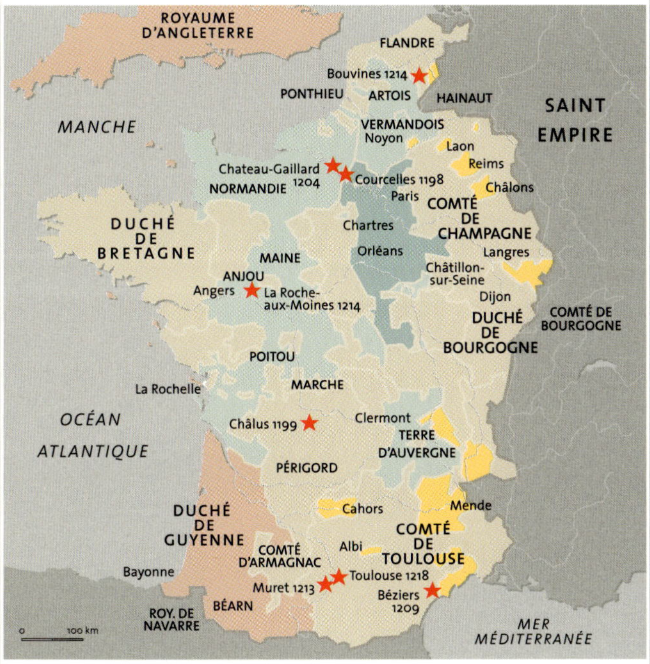

Domaine royal en 1180
Domaine royal en 1223
Possessions anglaises en France à la fin du règne de Philippe Auguste
Fiefs mouvants de la couronne de France
Seigneuries ecclésiastiques
Batailles

Vers une idéologie capétienne ?

Le règne de Philippe est celui de la naissance d'une idéologie capétienne, permise par des sources exceptionnelles – à commencer par l'historiographie : les textes de valeur exceptionnelle de Rigord, moine de Saint-Denis qui entreprit en 1186 d'écrire en latin l'histoire de Philippe Auguste, et de Guillaume le Breton, un clerc, proche du roi, qui poursuit l'œuvre de Rigord avant de rédiger la *Philippide*, chronique en vers épiques célébrant le monarque.

Des vecteurs forts de cette idéologie voient alors leur fonction renforcée, voire instituée : Saint-Denis, la nécropole ; Reims, le lieu du sacre ; ou encore Paris, la capitale, que Philippe soigne particulièrement, puisqu'il la fait en partie paver et qu'il y fait édifier la forteresse du Louvre (où sont gardés archives, comptes et trésor) et une enceinte nouvelle autour de la ville – sans compter la concession de privilèges à l'université naissante et la centralisation dans la ville des organes centraux de gouvernement.

Le roi règne désormais sur un espace, ainsi qu'en témoignent la territorialisation des charges administratives, et, plus encore, l'usage fugace, dans un document de 1204, de la formule *rex Franciae*, « roi de France », au lieu de *rex Francorum*, « roi des Francs » : est ici esquissé le passage d'une royauté exercée sur des hommes, « les Francs », à une royauté territorialisée, soit exercée sur un espace, « la France », dont les habitants seraient tous sujets dudit *rex Franciae*...

Surtout, le roi est la clef de voûte d'un système idéologique qui commence à se dessiner, et que le règne de Louis IX (1226-1270) et les derniers siècles du Moyen Âge continueront de préciser : le roi y est largement sacralisé, au moyen d'une abondante littérature insistant sur ses fonctions, telle la défense de l'Église – on trouve déjà sous Philippe Auguste le titre de « Très-Chrétien », qui ne devient fondamental dans la titulature qu'à partir de Charles V et Charles VI –, sur les vertus du sang royal et sur le prestige de sa lignée. Enfin, un cérémonial toujours plus fort met soigneusement en scène les principales étapes de son existence, de la naissance et du baptême aux funérailles en passant, bien sûr, par le sacre.

Quelle réussite ! Philippe fut incroyablement victorieux. Exception faite de quelques demi-échecs et de rares défaites, sa vie est pleine de succès : les Plantagenêts sont abaissés, l'autorité royale affirmée dans le royaume, la France est la première puissance d'Occident. La fortune historiographique du règne est certes grande ; chacun admet qu'il est, avec Louis IX et Philippe IV, l'un des principaux Capétiens. Mais sans doute la figure écrasante de son petit-fils – Louis IX, justement – éclipse-t-elle un peu son souvenir, lui dont l'importance dans l'édification de la monarchie capétienne est pourtant considérable.

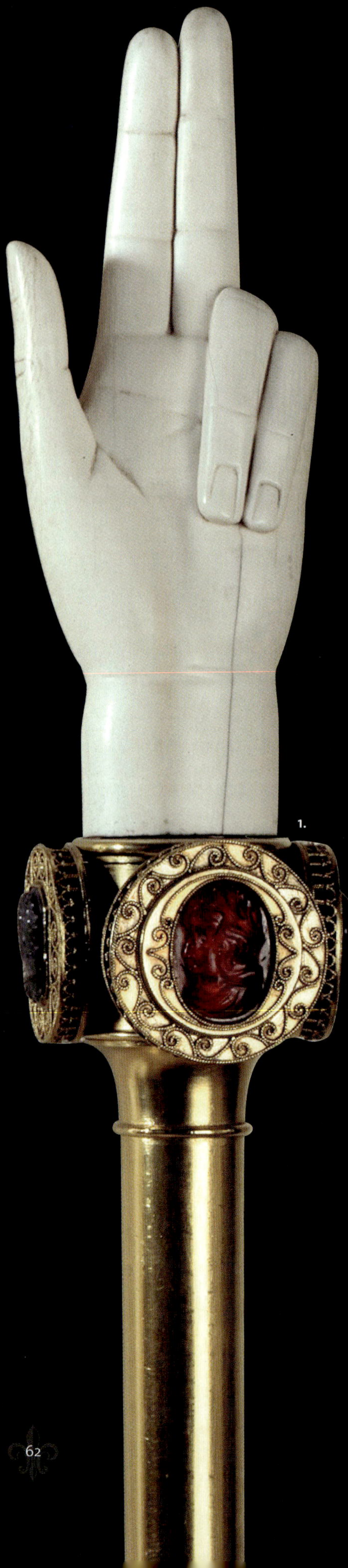

1.

2.

3.

1.
Main de justice.
(IXe siècle.)

3.
Jeton commémorant le sacre d'Henri II.

2.
La couronne de Louis XV dite aussi couronne personnelle de Louis XV, créée pour le sacre. (Trésor de l'abbaye Saint-Denis. Modèle d'Augustin Rondé, d'après Claude Rondé.)

4.
«Joyeuse» ou épée de Charlemagne, l'épée du sacre des rois de France. (Trésor de l'abbaye Saint-Denis. Orfèvrerie [acier, argent, or, pierres précieuses et verre], Xe-début du XIVe siècle.)

« Vive le roi pour l'éternité ! »

Plus de dix siècles séparent le sacre de Pépin le Bref (751) de celui de Louis XVI (1775). Le premier est en quête de légitimité. Il décide de doubler la proclamation des grands qui l'ont fait roi à Soissons d'un rite religieux, le sacre, célébré par Boniface, apôtre de la Germanie, et par les évêques francs. Le second entend être fidèle à ce rituel pluriséculaire qui participe du prestige de la royauté. Inspiré par la mode de l'époque, le jeune roi veut que soit célébré à Reims un sacre « fastueux comme un opéra ».

4.

Depuis le XIIe siècle, la ville de Reims est indissociable du sacre des rois de France. Rien ne la prédisposait à jouer un tel rôle, sinon l'ambition d'un de ses archevêques, Hincmar, qui, à la fin du IXe siècle, rapprocha habilement le sacre des rois du baptême de Clovis où une colombe aurait apporté une fiole contenant le chrême destiné à oindre le nouveau catéchumène. Cette huile consacrée, arrivée par voie de divine providence, précieusement conservée, est utilisée pour le sacre des rois.

Jusqu'au XIIIe siècle, le sacre possède une portée juridique évidente : la seule hérédité ne suffit pas à faire le nouveau roi qui puise alors dans cette cérémonie un regain de légitimité. Les premiers Capétiens ne datent leurs actes administratifs qu'à partir du sacre, et non comme cela se fait à partir de Philippe III (1270) de la mort de leur prédécesseur. Le déroulement du sacre nous est connu par des manuscrits tardifs (XIIIe siècle), les fameux *ordines*. Il s'articule autour de trois temps forts :

-10.

-10. De gauche à droite
t de haut en bas :
.
e roi se prosterne
our écouter les litanies
écitées par l'évêque.
.
e roi reçoit ses
haussures de soie
u grand chambellan
t ses éperons d'or
u duc de Bourgogne.
.
e roi prononce
on serment.
8.
Le roi reçoit l'onction
sur le front.
9.
Remise de l'anneau
au doigt médicinal
de la main droite.
10.
Le couronnement.
(Miniatures extraites
du *Couronnement*
et consécration des rois
de France, XIIIe-XIVe siècle).

le serment, l'onction et le couronnement [5 à 10]. Par le serment, le roi s'engage à défendre l'Église, et à bannir du royaume les hérétiques. Suivent deux temps mineurs : l'assentiment du peuple, exprimé par un évêque, geste sans grande conséquence qui n'est qu'un lointain reflet de l'élection du roi franc, et la remise des insignes de la chevalerie (éperons, épée, casque...).

Arrive l'onction, où le chrême de la sainte ampoule est déposé en sept points du corps du roi, et qui fait de ce dernier le semblable des prophètes et rois de l'Ancien Testament. Vient la remise des insignes royaux, les *regalia*, apportés à Reims par l'abbé de Saint-Denis : sceptre, main de justice [1], couronne [2], épée dite de Charlemagne [4], anneau, symbole de l'union du roi et du royaume... Enfin le roi est couronné par les douze pairs de France – six laïcs et six ecclésiastiques. Peut alors résonner sous les voûtes gothiques de la cathédrale la formule consacrée trois fois répétée, « *Vivat rex in aeternum !* » « Vive le roi pour l'éternité ! »

À partir d'Henri II (1547) sont jetés dans la cathédrale des jetons commémorant le sacre [3] ; ils représentent le plus souvent, sur l'avers, le roi sacré et, sur le revers, une main ou une colombe apportant la sainte ampoule.

À l'issue du sacre, le roi thaumaturge touche les écrouelles, ces lésions dues à une forme d'adénite tuberculeuse qui connaît d'heureuses rémissions : « Le roi te touche, Dieu te guérit ! » Robert le Pieux au XIe siècle est le premier Capétien à avoir été crédité de ce don. Jusqu'à Charles X en 1825, tous les rois de France se sont pliés à ce rituel [11].

À partir de la fin du XIIIe siècle, il est avéré que le sacre ne fait pas le roi. Cette cérémonie n'en demeure pas pour autant figée dans sa forme médiévale. Des ajouts qui ne

11.
Henri II guérissant les écrouelles. (Miniature extraite des *Heures d'Henri II.*)

12.
Le couronnement de Charles X (1757-1836) dans la cathédrale de Reims le 28 juin 1825. (Peinture à l'aquarelle pour un projet de guéridon de Jean Charles Develly.)

changent rien au dispositif général témoignent des préoccupations du temps. Sous Charles V, sur fond de guerre de Cent Ans, la clause d'inaliénabilité du domaine royal est ajoutée au serment. En 1594, le sacre d'Henri IV célébré à Chartres, Reims étant tenue par les ligueurs, place cette cérémonie et ses enjeux sur le devant de la scène. Dans un contexte politique chaotique où les penseurs de la Ligue réinvestissent le sacre au bénéfice de l'élection du roi, au détriment donc de l'hérédité, Henri IV, récemment converti au catholicisme, comprend la

11.

12.

force de ralliement que lui confère l'onction du sacre, en faisant du roi un intercesseur entre Dieu et les hommes.

Louis XIV avait bien saisi la place du sacre dans une monarchie de droit divin, lorsqu'il écrit dans ses *Mémoires* destinés au Dauphin : « Le sacre encore qu'il ne nous donne pas la royauté [...] la rend plus auguste, plus inviolable et plus sainte. » La force symbolique du sacre paraît donc intacte, à ceci près qu'avec la Révolution la personne royale perd son caractère sacré.

C'est seulement avec Charles X que le sacre (1825) [**12**], définitivement perçu comme obsolète, nuit plus à son promoteur qu'il ne lui apporte de retombées politiques positives. Il n'en fut pas question pour Louis-Philippe, et certains inconditionnels de l'entourage de Napoléon III l'y pousseront. En vain.

Trois ans, trois mois et trois semaines

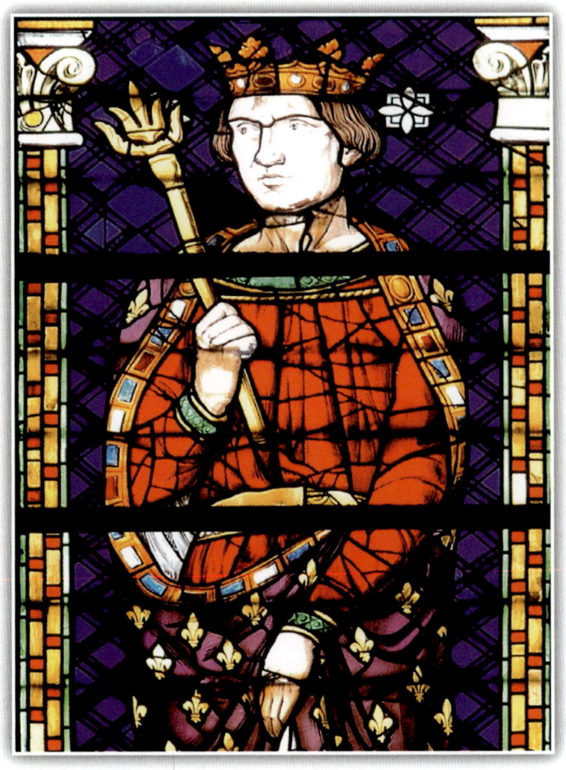

Louis VIII. Le surnom de « Cœur de Lion » est donné à Louis VIII après sa mort, à la suite de la diffusion d'une prophétie attribuée à Merlin et interprétée dans un sens politique : le roi est identifié au « lion » mentionné dans l'un des versets prophétiques. (Vitrail, XIXe siècle.)

SELON UNE PROPHÉTIE née à l'abbaye de Saint-Valéry, dans le pays de Caux, la royauté n'aurait été accordée à Hugues Capet et ses descendants que pour sept générations. Philippe Auguste serait donc le dernier des Capétiens. Pour conjurer cette malédiction, dès le XIIe siècle, des chroniqueurs comme André de Marchiennes ont tenté de démontrer l'existence de liens de filiation entre Capétiens et Carolingiens. L'épouse de Philippe Auguste, la reine Isabelle de Hainaut, est elle-même d'ascendance carolingienne. La naissance de leur fils Louis, en 1187, concrétise donc cette idée. Aux alentours de 1206, on murmure dans l'entourage d'Almaric de Bène, l'un des plus célèbres maîtres de l'université de Paris, que Louis est un futur souverain promis à un destin particulièrement glorieux. Il pourrait devenir le « roi immortel de l'âge du saint Esprit », celui en qui s'accomplirait finalement le retour aux racines carolingiennes. L'ascendance carolingienne est ainsi progressivement intégrée à l'idéologie royale capétienne. Lorsque Saint Louis réorganise les tombes royales à Saint-Denis, en 1260, celles des rois carolingiens sont placées à droite, celles des capétiens à gauche. Louis VIII, lui, est placé au centre. Ainsi proclame-t-on en lui l'union des deux lignées royales, au profit du prestige et de la légitimité de ses successeurs.

Un prince sous étroite surveillance

Né le 5 septembre 1187, Louis est le fils de Philippe Auguste et d'Isabelle de Hainaut. Pour la première fois sous la dynastie capétienne, le prince héritier n'est pas immédiatement associé à la Couronne du vivant de son prédecesseur. Le jeune homme doit donc se plier aux volontés de son père, qui sont d'autant plus pesantes que le roi Philippe va régner encore longtemps. Louis a ainsi tout le loisir de recevoir une longue éducation, à la fois chevaleresque et lettrée. Il est initié aux arts libéraux par son précepteur, Amalric de Bène. Il partage son goût pour les lettres avec sa compagne d'enfance qui devient ensuite son épouse, Blanche de Castille, fille d'Alphonse VIII de Castille et d'Éléonore d'Angleterre, sœur du roi d'Angleterre. Leur mariage est décidé en 1200, pour consolider la paix entre Philippe Auguste et Jean sans Terre. Le chroniqueur anglais Mathieu Paris estime que Blanche prend très vite un grand ascendant sur son époux : « Femme par le sexe, elle fut virile dans le conseil. » Louis la soutient dans sa volonté de créer un centre littéraire important à la cour. Elle y invite notamment le trouvère champenois Gace Brulé qui transpose avec talent en langue d'oïl la *fin'amor* des poètes occitans.

Par son physique comme par son tempérament, Louis, dit-on, ressemble bien davantage à sa mère qu'à son père : plutôt pâle et chétif, c'est d'abord un enfant que l'on dit fragile. Il devient ensuite un époux calme et fidèle, père de douze enfants légitimes, dont cinq atteignent l'âge adulte.

Très vite, le prince a suscité la méfiance de son propre père. Il risque de devenir un enjeu entre les clans qui agitent la cour depuis l'enfance de Philippe Auguste. Pour cette raison, ses actes sont étroitement soumis au contrôle du roi. Malgré cette surveillance rapprochée, Louis devient, pour un temps, le principal opposant politique à son père. En 1206-1207, il est le porte-drapeau des adversaires du roi. Bon nombre de nobles se plaignent en effet de l'arbitraire des baillis, représentants du pouvoir royal dans les provinces. De sa mère, Louis hérite du comté d'Artois. Toutefois, le roi Philippe prend toutes les mesures nécessaires pour lui laisser le moins d'autonomie possible dans le gouvernement de cette province.

De plus, l'ancien précepteur du prince, Amalric de Bène, est convaincu d'hérésie à titre posthume. Est-ce pour cela que l'adoubement de Louis, son entrée officielle en chevalerie, est délibérément retardé ? Toujours est-il que le prince doit attendre le 17 mai 1209 pour être adoubé à l'âge de vingt-deux ans, alors que l'âge moyen d'entrée en chevalerie se situe vers quinze ans. Ce retard constitue un véritable affront pour Louis.

Un nouveau roi pour l'Angleterre ?

En dépit de ces tensions, Louis fait son entrée en politique et s'illustre dans plusieurs campagnes au service des intérêts capétiens. Il reprend en particulier deux grands desseins de son père : anéantir la puissance des Plantagenêts et conquérir le Midi hérétique.

De 1213 à 1215, plusieurs projets sont formés pour lui. Philippe Auguste songe à lancer une croisade outre-Manche, prendre le royaume d'Angleterre et le confier à son fils. Le projet est finalement abandonné. En revanche, à l'automne 1213, Louis prend le commandement de l'armée envoyée en expédition en Flandre et s'y comporte en héros de guerre. L'année suivante, il inflige un cuisant revers à l'armée de Jean sans Terre, qui avait débarqué dans le Poitou par La Rochelle. Au même moment, son père remporte l'éclatante victoire de Bouvines.

Fort de ces succès, le prince se voit confier par Philippe Auguste la croisade contre les hérétiques cathares dans le Midi albigeois pour soutenir Simon de Montfort. À nouveau victorieux, Louis laisse Toulouse à ce dernier avant de retourner à Paris.

La renommée de ces hauts faits militaires parvient alors aux barons anglais révoltés contre le roi Jean. Ceux-ci offrent à Louis la couronne d'Angleterre. Le prince accepte ce projet tout à fait exceptionnel et s'embarque au printemps 1216, accompagné de près de 1 200 chevaliers et soldats. Il s'empare rapidement du sud-est de l'Angleterre. Mais à l'automne, la situation politique anglaise prend une autre tournure : Jean sans Terre meurt et l'on célèbre l'avènement du jeune Henri III, soutenu par Guillaume le Maréchal, le « meilleur des chevaliers » (G. Duby) et pour l'heure « gouverneur du roi et du royaume ». Lâché par les barons, Louis doit se résoudre à repartir. Ce fiasco entraîne une nouvelle période de retrait de la scène politique. Reste à attendre le trépas de Philippe Auguste.

Une nouvelle pratique gouvernementale ?

Le roi s'éteint le 14 juillet 1223. Le mois suivant, Louis est sacré roi et le couronnement, pour la première fois dans la dynastie capétienne, ne s'est pas déroulé du vivant de son père. Ce que certains historiens ont interprété comme le signe d'un profond désaccord entre le roi et son fils est aussi l'aboutissement d'une méfiance naturelle qui a poussé le premier à traiter le second comme l'un de ses vassaux. Par la suite, tous les rois de France seront sacrés après le décès de leur prédécesseur.

Une fois parvenu au trône, Louis VIII gouverne pleinement et totalement. Il n'hésite pas à se déplacer et à manifester sa puissance à son peuple. Il sait trancher et se contente parfois de son sceau pour authentifier ses actes sans les faire souscrire par ses grands officiers. Il a aussi la réputation d'être le plus riche souverain d'Occident. Les principaux conseillers de Philippe Auguste restent en place : Barthélemy de Roye, chambrier depuis 1208, chargé de la garde des biens meubles du roi (vêtements, bijoux et vaisselle), et surtout le chancelier Guérin, évêque de Senlis, maître de l'administration. Mais Louis place aussi quelques-uns de ses familiers, nouveaux venus au gouvernement, tel le connétable Mathieu de Montmorency.

Louis VIII multiplie les cours judiciaires et politiques, assemblées qui rassemblent le conseil, mais aussi des clercs, des comptables, de petits chevaliers de noblesse moyenne. A-t-il en cela renouvelé la manière de gouverner, avec un « régime d'assemblées » inspiré du modèle anglais ? En réalité, on peut douter de l'authenticité des délibérations menées dans ces assemblées, qui se comportent plutôt comme des chambres d'enregistrement des grands seigneurs et officiers du royaume. Ceux qui espéraient tant de son avènement, les nobles rejetés du conseil par Philippe Auguste, en sont pour leurs frais. Leur participation au pouvoir reste réduite, pour l'essentiel, aux affaires militaires.

La pratique de l'apanage, seigneurie détachée du domaine royal et donnée à un fils puîné du roi de France, est inaugurée par Louis VI, qui donne le comté de Dreux à son fils Robert, puis prend son essor avec Louis VIII. Dans son testament de 1225, ce dernier prend soin de doter chacun de ses fils cadets en terres : l'Artois pour Robert, l'Anjou et le Maine pour Jean, le Poitou et l'Auvergne pour Alphonse. Il s'agit d'une avance d'héritage impliquant renonciation au reste de la succession, compromis entre le principe franc du partage égal du *regnum* entre les fils du roi et son application impossible de fait. Les terres ainsi cédées sont les acquisitions les plus récentes du domaine royal ; le statut d'apanage forme alors une étape vers l'intégration au royaume. Le principe de réversibilité ou de retour à la Couronne en l'absence d'héritier est progressivement mis en place sous les règnes suivants.

Louis, « Cœur de Lion »

Louis VIII est avant tout un guerrier, un autre « Cœur de lion », comme le dit le chanoine et chroniqueur Nicolas de Bray. Rapidement, le roi s'attache à étendre l'emprise royale sur le littoral atlantique et les rivages méditerranéens. Il se lance donc dans la conquête du Poitou dès 1224, utilisant le prétexte de l'ancienne confiscation des fiefs de Jean sans Terre par Philippe Auguste. D'après Nicolas de Bray, les troupes assemblées à Tours représentent l'union de toutes les provinces du royaume autour du roi conquérant : Bretons « qui croient encore vivant le roi Arthur », Normands ardents à la guerre, Flamands amateurs de cervoise, Champenois pleins d'audace et Rhodaniens qui « blasphèment quand une puce les pique ». En réalité, l'ost royal comprend majoritairement encore des contingents fournis par les villes de l'Ouest ainsi que bon nombre de mercenaires (au moins 600 sergents stipendiés). La Rochelle capitule rapidement, le 3 août 1224. Périgord et Limousin se rallient, Aunis et Saintonge sont annexés. Le royaume capétien s'avance ainsi jusqu'à l'Atlantique.

La mort de Louis VIII.
Sur le chemin du retour de la croisade contre les albigeois, Louis VIII meurt brutalement d'une crise de dysenterie, le 8 novembre 1226. Sa mort pose alors un problème encore inconnu de la dynastie capétienne : celui d'une régence. Dévolue à Blanche de Castille, mariée à Louis VIII en 1200 et dont elle a eu douze enfants, cette régence offre aux féodaux l'occasion de jouer un nouveau rôle contre les progrès de l'autorité monarchique avant la majorité de Louis IX, le futur Saint Louis. (*Grandes Chroniques de France* de Jean Fouquet, XVe siècle).

Puis vient la croisade de 1226. Le renouveau de l'hérésie cathare explique qu'Honorius III ait encouragé Louis VIII à reprendre la croisade albigeoise. Cette campagne va aussi dans le sens des projets politiques et stratégiques du roi, qui désire s'emparer du Bas-Languedoc. Le soutien du haut clergé permet à Louis d'emporter assez vite les ralliements des seigneurs et des villes, aux dépens du comte de Toulouse Raymond VII.

Atteint par une crise de dysenterie en repartant du Languedoc, le roi doit s'arrêter à Montpensier, en Auvergne, le 3 novembre 1226. Il convoque prélats et barons pour leur faire jurer « de procéder au plus vite au couronnement de son propre fils », afin de contrer les ambitions de son demi-frère, Philippe Hurepel. Il meurt le 8 novembre, sans avoir résolu le problème de la régence durant la minorité de son fils aîné, Louis, futur Louis IX. Le sommet de son œuvre politique est finalement posthume, avec la conclusion du traité de Meaux-Paris, avril 1229, qui rattache définitivement le Midi toulousain à la Couronne.

La brièveté du règne de Louis VIII, entre deux souverains particulièrement imposants, Philippe Auguste et Saint Louis, ne lui a pas permis de laisser un souvenir aussi marquant dans l'Histoire. Le temps lui manqua sans doute pour réaliser les grands projets ébauchés au cours de trois années de gouvernement du royaume.

Pourtant, Louis le Lion a mis en place un certain nombre d'axes de la royauté sous les derniers Capétiens, tels que l'association avec le haut clergé, la lutte contre l'hérésie et les Juifs, la fermeté à l'égard de la noblesse, qui vont constituer la trame politique essentielle des règnes suivants.

Le roi Christ

Louis IX marque son règne par son idéal de charité et de paix. Il améliore le fonctionnement de la justice, interdit la guerre privée dans le royaume et signe une paix durable avec l'Angleterre. Devenu Saint Louis vingt-sept ans après sa mort, le roi Louis IX est sans doute, entre son grand-père Philippe Auguste et son petit-fils Philippe le Bel, l'une des figures les plus prestigieuses de la monarchie française. (Sculpture en bois polychrome, XIIIe-XIVe siècle.)

Ce 25 AOÛT 1270, Louis IX trouve la mort devant Tunis. Il faut alors ramener le corps du roi jusqu'à la nécropole de ses prédécesseurs, Saint-Denis en France. Sur le passage du cortège qui porte la dépouille royale en Sicile puis en France se pressent aveugles et malades. Des miracles se produisent à Monreale, près de Palerme, où sont ensevelies les entrailles du roi, puis en arrivant aux portes de Paris. D'autres suivent après l'inhumation à Saint-Denis. Louis IX a surpassé les traditionnelles qualités thaumaturgiques des rois de France ; pour lui s'ouvre la voie vers la sainteté officielle. Commence la procédure juridique d'enquête pontificale qui ouvre le procès en canonisation du roi. La renommée, ou *fama*, de Louis IX joue amplement en sa faveur. La maison capétienne ne compte pas encore de saint parmi ses ancêtres, ce qui peut être utile pour affirmer l'image du roi très chrétien et d'une France, fille aînée de l'Église. Dans l'évaluation de la sainteté royale compte pour beaucoup le soutien que le roi apporta à l'Église de France ainsi qu'aux ordres religieux mendiants : cisterciens, dominicains et franciscains. L'élection du pape Boniface VIII en 1294 est un tournant : la canonisation de Louis IX apparaît comme un moyen d'apaiser les tensions entre le souverain pontife et le roi Philippe le Bel. Lors d'un sermon prononcé le 4 août 1297 à Orvieto, Boniface VIII proclame la sainteté du défunt roi de France. Vingt-sept ans après son trépas, Louis IX devient officiellement Saint Louis. C'est le premier et le seul saint roi de France.

Sous la férule maternelle

Louis, troisième des nombreux enfants de Louis VIII et Blanche de Castille, est né en 1214, peu avant la victoire de Bouvines. Il devient roi le 8 novembre 1226, à la mort de son père, mais est encore considéré comme mineur. Sa mère, Blanche de Castille, chargée de sa tutelle et de la garde du royaume, doit faire face à l'agitation des grands qui réclament une plus grande participation au pouvoir. Elle se hâte donc de faire adouber Louis à Soissons, puis de le faire sacrer à Reims en novembre 1226. Ces précautions n'évitent pas une révolte des barons, finalement muselée par la reine mère.

Durant sa jeunesse, le roi a reçu auprès de ses frères et de sa sœur Isabelle une éducation soignée, confiée à des précepteurs choisis par sa mère. Celle-ci a veillé à ce qu'il soit éduqué autant comme un chevalier que comme un futur clerc, dans le strict respect des commandements de la Bible et des préceptes moraux du christianisme. En 1234, Louis épouse Marguerite, fille du comte de Provence, Raymond Béranger. Cette union a été très stratégiquement préparée par la reine mère. Elle vise à installer davantage la dynastie capétienne dans le Midi. Le moment du mariage précède de peu celui de la majorité et de la fin de la régence de Blanche de Castille. La majorité royale n'est pas encore fixée ; elle ne le sera qu'en 1374, et à l'âge de 14 ans. Pour le XIIIe siècle, où l'entrée en chevalerie vers 14-15 ans s'accompagne d'une plus grande autonomie, Louis IX a attendu bien longtemps pour gouverner seul. Dans l'entourage du jeune roi, on a accusé sa mère de retarder le moment du mariage et du plein accès au gouvernement. Il est vrai que celle-ci continue à jouer un rôle politique important aux côtés de son fils bien au-delà de ses 21 ans. Elle cosigne avec lui un grand nombre d'actes royaux. Sa surveillance va jusqu'au domaine des relations intimes : la reine Blanche veille notamment à ce que le roi et son épouse respectent les périodes d'interdits sexuels édictées par l'Église.

Au tournant des années 1230-1240, le jeune roi apparaît, selon le chroniqueur Salimbene de Adam, comme un homme élancé et gracile, d'une harmonieuse maigreur et de grande taille. Son visage était angélique et ses traits gracieux. Après la croisade, on le représentera avec les traits marqués du pénitent et le visage barbu. Il forme avec Marguerite de Provence un couple prolifique qui n'aura pas moins de onze enfants.

Pourfendeur de l'hérésie et des infidèles

Ce personnage exceptionnel à plus d'un titre règne longuement, au cours d'un siècle que l'on qualifie parfois de « beau » XIIIe siècle. Cette période est celle de la naissance et du développement des ordres mendiants, d'abord des dominicains puis des franciscains, et de la création de l'Inquisition. Depuis un siècle, les croisades relient l'Occident aux lieux saints, notamment le Saint-Sépulcre de Jérusalem. Louis IX est un homme de son temps, dont la piété et la ferveur religieuse puisent leurs racines dans les grands débats théologiques qui agitent alors l'Église.

Ce roi de France met, plus que ses prédécesseurs, un zèle particulier à remplir sa mission de bras armé de Dieu. Il l'exerce d'abord dans son propre royaume à l'encontre des hérétiques. Bien que la croisade contre les albigeois ait porté un coup terrible aux cathares du Midi, ces derniers sont encore nombreux en Languedoc et en Provence. Lorsque certaines villes du comté de Toulouse se révoltent, Louis IX vient donc au secours de son frère Alphonse de Poitiers. En 1244, le bûcher de Montségur, la prise de Quéribus en 1245 et enfin la signature du traité de Meaux en 1249 marquent la fin de la résistance cathare. Pour extirper l'hérésie, Louis compte ensuite sur l'efficacité de la prédication et pour cette raison favorise les ordres mendiants, franciscains et dominicains, maîtres de la parole au XIIIe siècle. Louis IX partage les idées reçues de la chrétienté de son temps au sujet des Juifs : ce sont les meurtriers de Jésus et

Blanche de Castille, une mère excessive ? Fille d'Alphonse VIII, roi de Castille, et d'Aliénor d'Angleterre, Blanche de Castille (1188-1252) épouse Louis, futur Louis VIII roi de France, en 1200. Reine en 1223, elle est veuve en 1226. Blanche reçoit à deux reprises la garde du royaume, que l'on appellera ensuite « régence » : durant la minorité de son fils puis durant sa première croisade. Mais Blanche exerce aussi de façon permanente une grande influence sur la conduite du royaume comme sur la piété et la moralité de son fils. Selon Geoffroy de Beaulieu, elle aurait préféré voir Louis mourir que guérir au prix d'un péché mortel. Elle meurt le 22 novembre 1252 et est ensevelie à Maubuisson, abbaye de cisterciennes qu'elle fonda elle-même. (*Vie et miracles de Saint Louis* de Guillaume de Saint-Pathus, XIVe siècle.)

Les ordres mendiants, « maîtres de la parole » du XIIIe siècle. De nouveaux ordres réguliers voient le jour au XIIIe siècle, inspirés par les idées de réforme de l'Église. Dominicains et Franciscains, premiers et plus importants de ces ordres, implantent leurs couvents dans les faubourgs puis à l'intérieur des villes afin de prendre en charge la prédication auprès des populations urbaines. Ceux que l'on appelle « frères mendiants », car ils mènent une vie évangélique guidée par un idéal de pauvreté, deviennent progressivement des spécialistes du prêche et du sermon, des « maîtres de la parole », que la papauté utilise pour lutter contre la diffusion des hérésies. (*Heures à l'usage de Paris*, XVe siècle.)

des profanateurs d'hostie. Il oblige donc ceux de son royaume à porter des habits spéciaux, notamment une marque ronde, jaune ou rouge, la rouelle, sur la poitrine et dans le dos. Puis, obéissant en cela aux ordres du pape, il demande de saisir le Talmud, dont les exemplaires sont brûlés en public lors de grands autodafés.

Jérusalem tombe aux mains des musulmans le 23 août 1244 ; Louis tombe malade en décembre, ce qui agit sur lui comme une révélation et marque incontestablement une rupture dans sa vie et dans son règne. Il fait alors vœu de croisade. Le départ pour l'outremer a lieu le 12 juin 1248. Après un passage par Chypre, les troupes arrivent en Égypte en 1249 et prennent la ville de Damiette en juin. Le 5 avril 1250, elles sont défaites à Mansourah. Louis IX est capturé et retenu prisonnier ; son frère Robert d'Artois a trouvé la mort lors d'une charge. Dès le 6 mai, la rançon est payée et le roi libéré, mais il prolonge son séjour en Terre sainte pour négocier avec les princes musulmans la libération de tous ses hommes prisonniers.

Louis IX est à Sidon, dans ce qu'il reste du royaume latin de Jérusalem, lorsqu'au printemps 1253, il apprend la mort de sa mère, survenue plusieurs mois plus tôt à Paris. Son compagnon, Jean de Joinville, n'a jamais vu le roi sortir autant de son habituelle mesure : « Il en montra si grand deuil, que de deux jours on ne put jamais lui parler. Après cela, il m'envoya quérir par un valet de chambre. Quand je vins devant lui en sa chambre, là où il était seul, et qu'il me vit, il étendit les bras et me dit : "Ah ! sénéchal, j'ai perdu ma mère." » Il n'est de retour à Paris qu'en septembre 1254, désormais seul maître du royaume.

Réformateur et prud'homme

Dès 1247, le roi a envoyé des enquêteurs récolter les plaintes relatives aux abus des administrateurs royaux, notamment les baillis créés par Philippe Auguste. Il en tire une volonté d'œuvrer à une vaste réforme du royaume. En décembre 1254, la « Grande Ordonnance » instaure un véritable « ordre moral », dans l'administration royale. Le volet « justice » en particulier est très important. Baillis et sénéchaux doivent désormais « rendre la justice sans distinction des personnes » et n'accepter aucun cadeau (pain, vin ou fruit) supérieur à 10 sous.

La pratique gouvernementale de Louis IX est liée à l'idéal de « prud'homie », c'est-à-dire de prudence, sagesse et mesure. Il attache une grande importance à la parole et aux discussions avec ses conseillers : Robert de Sorbon, fondateur du fameux collège parisien, et Jean de Joinville. En 1248, il nomme Étienne Boileau, réputé pour sa sagesse, prévôt de Paris. Le roi aime aussi à s'entourer de clercs appartenant aux ordres mendiants : Vincent de Beauvais, le plus grand encyclopédiste de son temps, et Eudes Rigaud, qui l'encourage à repartir en croisade.

« Maintes fois il advint qu'en été il allait s'asseoir au bois de Vincennes après sa messe, et s'accotait à un chêne, et nous faisait asseoir autour de lui. Et tous ceux qui avaient affaire venaient lui parler, sans empêchement d'huissier et d'autres gens. » Un roi

L'échec de la septième croisade. C'est avec un soin particulier que, de 1244 à 1249, Louis prépare son départ. Autour du roi et de trois de ses frères, ainsi que de bon nombre de comtes, se réunissent environ 2 500 à 2 800 chevaliers, 10 000 fantassins et 5 000 écuyers ou valets d'armes. La plupart des chevaliers n'ayant pas les moyens de financer une si longue expédition, Louis fait appel à l'Église, sous forme d'emprunts, dont la plupart ne seront jamais remboursés. En 1248, cette armada peut enfin embarquer, depuis le tout nouveau port d'Aigues-Mortes. Après un séjour forcé à Chypre, la campagne débute vraiment en 1249 avec la prise de Damiette, le 6 juin. Fort de ce succès, Louis IX refuse d'échanger la ville contre Jérusalem, ainsi que le propose le sultan. Mal lui en a pris. Les défaites de Mansourah puis de Damiette déciment son armée. Être retenu prisonnier par les infidèles aurait pu représenter le pire des malheurs pour un roi chrétien. Or Louis IX sait renverser à son avantage cette situation. L'épreuve est l'occasion de démontrer sa force morale et sa dignité face à l'adversité. Son image sort donc magnifiée de cet échec, qui peut passer pour une forme de martyre, et lui conférer l'autorité d'un arbitre sur l'échiquier européen. (*Vie et miracles de Saint Louis* de Guillaume de Saint-Pathus [en haut] ; *Livre des faits Monseigneur Saint Louis*, XVᵉ siècle [à droite].)

La mort de Louis IX. À peine le roi est-il mort que ses ossements et ses entrailles commencent à opérer des miracles. La renommée dont Louis disposait de son vivant, ajoutée à la pression des ordres religieux qu'il a favorisés, incite la papauté à engager un procès de canonisation. D'autant que la puissante dynastie capétienne rêve depuis longtemps d'avoir son propre saint. Mais à mesure que meurent les papes et cardinaux chargés d'enquêter sur la vie et les mœurs du pieu roi, la canonisation se fait attendre. La situation se débloque brusquement avec l'avènement de Boniface VIII qui tient absolument à établir de bonnes relations avec le redoutable Philippe le Bel. En 1297, le pape proclame la canonisation de Saint Louis, dont la fête est fixée au 25 août, jour anniversaire de sa mort. (*Livre des faits Monseigneur Saint Louis*, XVe siècle.)

accessible à tous, même aux plus humbles : voici l'image fameuse de Louis IX rendant justice sous le chêne de Vincennes selon le récit de Joinville. Justice et paix sont deux vertus essentielles d'un bon gouvernement selon les *Miroirs aux princes* depuis l'époque carolingienne. Le souverain français jure de les pratiquer lors du serment du sacre. Seulement, il semble que Louis IX les ait exercées avec un zèle inconnu de ces prédécesseurs, jusqu'à façonner l'image de la justice rendue sous le chêne de Vincennes, plus proche du mythe que de la réalité. Il est vrai que le roi a montré un intérêt particulier à traiter lui-même un grand nombre de causes durant les lits de justice qu'il tenait au gré de ses déplacements. Il punit ainsi impitoyablement les blasphémateurs, comme ce bourgeois de Paris dont l'histoire rapportée par Joinville a marqué les contemporains : le roi le fait marquer au fer rouge sur les lèvres, pour qu'il ait toujours mémoire de son péché et fasse exemple devant les autres.

Le roi n'a pas hésité à punir sévèrement des hommes de haut rang. Ainsi, en 1259, le roi aurait-il voulu faire exécuter le noble Enguerrand, sire de Coucy, qui fit pendre trois jeunes gens. Ses barons fléchissent in extremis sa volonté de rigueur : Enguerrand est condamné à une amende de 10 000 livres pour racheter sa vie. Pour Louis IX, la justice a toujours un horizon eschatologique : elle préfigure l'égalité des élus et des damnés dans l'éternité.

Le règne de Louis IX correspond à une période de paix exceptionnellement longue pour le royaume de France. Plutôt qu'un chef de guerre, le roi se fait l'arbitre des conflits, d'abord dans son royaume, mais aussi en dehors, aux confins, comme pour créer une zone de paix aux frontières de la France. Surtout, il a su combiner les exigences de la nouvelle religiosité aux comportements hérités de la tradition féodale, notamment lors du traité de paix avec l'Angleterre en 1259. Il a montré comment les concessions pour la paix peuvent être tout à la fois actes pieux et habiletés politiques. Pourtant il ne réussit pas toujours, notamment quand, en raison de sa grande réputation dans ce domaine, on lui demande d'arbitrer entre le roi d'Angleterre Henri III et ses barons révoltés.

Humilité et charité royale

Louis IX fait preuve d'une dévotion particulièrement forte, en particulier envers les saintes reliques de la Passion, pour lesquelles il fait bâtir le plus beau des écrins : la Sainte-Chapelle, dont la construction est achevée en 1248. Il fait régulièrement ses prières, assiste assidûment aux messes et sermons. Mais il entend également appliquer les sept œuvres de miséricorde qui assurent le salut : « Je visite, j'abreuve, je nourris, je rachète, je vêts, je panse, j'ensevelis. »

L'assistance aux déshérités est l'apanage de tout souverain chrétien, mais Louis pousse le précepte à l'extrême jusqu'à rompre le décorum royal. Il tente d'amoindrir la souffrance des pauvres en multipliant les aumônes et les donations à des institutions charitables ainsi que par des fondations telles la maison-Dieu de Vernon et la maison des Quinze-Vingts à Paris pour les pauvres aveugles. Guillaume de Saint-Pathus rapporte comment le roi visite les malades de l'abbaye de Royaumont : « Il entrait lui-même dans l'infirmerie de l'abbaye et visitait les frères malades, les confortait, demandait à chacun de quelle maladie il souffrait et touchait le pouls et les tempes de certains, même quand ils suaient. [...] Il visitait avec plus d'empressement et plus soigneusement ceux qui étaient les plus malades et il touchait même leurs mains et les lieux de leur maladie. » C'est à Royaumont encore qu'il conforte un moine lépreux. Soulager les lépreux, c'est alors porter secours, à travers eux, à tous les autres malades. Le service des pauvres à sa table et les grandes distributions d'aumône obéissent au même souci d'humilité et de charité inspiré de la spiritualité franciscaine. Louis IX est donc dévot, parfois jusqu'à l'obsession. Il se livre à des pénitences d'une rigueur toute monastique, incluant jeûne et flagellation. Il est en proie à une véritable hantise du blasphème et surtout du péché mortel.

« Mon corps, vous pourrez bien l'occire, mais mon âme, vous ne l'aurez pas. »

En mars 1267, Louis se croise pour la seconde fois, alors qu'un certain sentiment d'hostilité au voyage outre-mer se développe. Joinville lui-même refuse d'y participer et rappelle au roi que son devoir est d'abord de protéger et « sauver son peuple ». Avant de partir, le souverain prodigue des conseils et enseignements à ses enfants, en particulier à son fils aîné Philippe, futur Philippe III, mais aussi à sa fille aînée Isabelle, épouse du roi de Navarre. Il embarque à Aigues-Mortes le 1er juillet 1270. Peu de temps après son arrivée, le 25 août, il meurt d'une attaque de typhus ou de dysenterie devant Tunis. Selon la coutume des croisés, son corps est dépecé, bouilli dans du vin et les chairs séparées des os, pour être ramené en France. Les entrailles du roi sont laissées à son frère Charles d'Anjou, roi de Sicile, qui les dépose à l'abbaye de Monreale, près de Palerme, dans un monument construit spécialement à cet effet. Le 22 mai 1271, les ossements sont inhumés en France, à Saint-Denis, nécropole royale.

La mort de Saint Louis est d'emblée considérée comme une belle et sainte mort. Mourir à la croisade pouvait apparaître comme une forme de martyre. Le récit de sa maladie et de son agonie devient, dès les premières hagiographies, un passage obligé. Louis est mort canoniquement, après avoir reçu l'extrême-onction, en ne pensant qu'à Dieu. Il a réclamé, juste avant de mourir, les suffrages des saints, en particulier saint Denis ; le roi aurait agonisé « les bras en croix » et serait mort à trois heures de l'après-midi comme le Christ.

Le Christ et l'Antéchrist.
Frédéric II et Louis IX ont incarné deux modèles opposés de gouvernement et surtout de rapports avec l'Église au cœur du XIIIe siècle.
Frédéric de Hohenstaufen (1194-1250), roi de Germanie et empereur, est un contemporain de la première partie du règne de Louis IX. Comme lui, il accède très jeune au trône à la mort de son père Henri VI, roi de Sicile : il est alors âgé de 4 ans. Élu roi de Germanie en 1211, il est couronné empereur en 1220 avec le soutien de Philippe Auguste. Son couronnement impérial l'oblige à partir en croisade. Mais au moment du départ, malade, il explique au pape Grégoire IX que l'expédition ne peut se faire dans de telles conditions, ce qui lui vaut une première excommunication. Malgré cette sentence, il se croise en 1228 et prend la couronne du royaume de Jérusalem, provoquant la colère pontificale. Le 20 mars 1239, le pape prononce une nouvelle excommunication à son encontre. Frédéric II chasse alors les ordres mendiants de son royaume et soumet les nominations des évêques à sa seule autorité. Entre-temps, ses multiples conflits avec l'Église ont préparé le terrain à une identification avec l'Antéchrist. Tout au long du siècle circulent des prophéties inspirées par les écrits de Joachim de Flore, qui prédisent la venue de plusieurs Antéchrists avant l'Apocalypse. L'empereur est souvent distingué comme étant le plus terrible d'entre eux.
La mort de Grégoire IX et surtout l'élection d'Innocent IV, en 1243, aurait pu amorcer un tournant dans les relations entre la papauté et l'empire. Aidé alors par Louis IX, l'empereur prépare un projet de paix. En effet, Frédéric II a toujours eu des relations épistolaires avec le roi de France, bien que le pape assurât qu'il voulait supprimer tout culte de Dieu. Le roi de France voulait rétablir la paix entre le pape et l'empereur et utiliser la Sicile comme base principale pour ses expéditions outre-mer. Mais peine perdue : Innocent IV réunit un concile à Lyon qui dépose Frédéric II, déposition que Louis IX ne reconnaîtra d'ailleurs jamais. Frédéric II perd le contrôle de son empire et à sa mort, en 1250, la puissance des Hohenstaufen s'éteint avec lui.
(Psautier de Pierre Lombard, XVe siècle.)

Le saint patron de la dynastie

Après la canonisation, Saint Louis est l'objet d'un culte, autour d'une fête annuelle célébrée le 25 août, promue par ses successeurs, en particulier par Philippe le Bel. Ce dernier fonde en 1306 une abbaye dominicaine à Poissy, lieu du baptême du saint roi. Il organise également la translation du chef de Saint Louis de Saint-Denis à la Sainte-Chapelle, plus proche du palais royal, en 1306. Saint Louis est devenu le saint patron de la dynastie.

Mais la légende se développe aussi autour de mythes politiques plus embarrassants qu'utiles pour la royauté française : la bonne monnaie, la franchise fiscale, les bonnes coutumes de Saint Louis. À partir de 1314-1316, Saint Louis devient le protecteur des privilèges particuliers contre les progrès de l'autorité royale. Le souvenir de son règne est brandi par les nobles révoltés, parmi lesquels Joinville, qui réclament le retour à l'âge d'or du temps de Saint Louis. À la fin du Moyen Âge, les Anglais utilisent également le souvenir de Saint Louis comme modèle d'une monarchie modérée, parlementaire, respectueuse des libertés locales et donc assez proche de leur système politique. Il s'agit donc d'un héritage assez lourd à gérer pour les Valois. La figure de Saint Louis retrouve ses couleurs avec les Bourbons. Pour affirmer sa légitimité, Henri de Navarre, futur Henri IV, rappelle qu'il est le descendant d'un fils de Saint Louis, Robert de Clermont. Le culte de Saint Louis protecteur de la monarchie française prend alors son véritable essor. En 1693, l'ordre de Saint-Louis est instauré par Louis XIV.

Après la Révolution, le souvenir du saint roi capétien est utilisé d'abord par les royalistes et les légitimistes. Il devient ensuite un

Saint Louis lave les pieds des pauvres. Le besoin d'humilité de Louis le rapproche davantage des ordres mendiants franciscains et dominicains, dont il écoute les sermons avec passion. Cette piété se traduit aussi dans ses actes. Ainsi, il soutient hospices, hôpitaux et léproseries, et fait montre d'une charité constante pour les pauvres. (*Vie et miracles de Saint Louis* de Guillaume de Saint-Pathus, XIVe siècle.)

Une chapelle reliquaire. Saint Louis fait construire la Sainte-Chapelle de Paris dans la cour de Mai du palais de la Cité, pour abriter les reliques de la Passion acquises à Byzance et au Moyen-Orient entre 1239 et 1247. Le lieu est consacré en 1248, avant le premier départ en croisade. Cette église à double niveau, chapelle basse et chapelle haute, constitue l'un des chefs-d'œuvre de l'architecture gothique du XIIIe siècle. Superbe écrin-reliquaire conçu pour exposer les reliques de la Passion, elle magnifie son précieux trésor et en fait rejaillir le prestige sur la dynastie capétienne.

symbole des avancées de l'État moderne : l'image de Saint Louis rendant justice sous le chêne figure longtemps en bonne place dans les manuels scolaires républicains.

En 1996, Jacques Le Goff débute sa magistrale biographie de Saint Louis par cette interrogation provocante : « Saint Louis a-t-il existé ? » C'est l'un des rois les plus célèbres du Moyen Âge français. Ce succès incontesté s'explique sans doute par l'importance des sources historiques disponibles à son sujet. Louis IX est le personnage du XIIIe siècle sur lequel nous sommes le mieux renseignés. Et pourtant quel Saint Louis connaissons-nous vraiment ? Le portrait idéalisé qu'en donnent ses hagiographes ou l'individu Saint Louis ? Il reste que l'abondance des écrits concernant son règne et sa légende permet d'aborder dans toute son ampleur la figure politique de premier ordre ainsi que le mythe fantasmé par les auteurs.

Le prudent gestionnaire des intérêts capétiens

« CHER FILS, s'il advient que tu deviennes roi, prends soin d'avoir les qualités qui appartiennent aux rois, c'est-à-dire que tu sois si juste que, quoi qu'il arrive, tu ne t'écartes pas de la justice. Donne volontiers pouvoir aux gens de bonne volonté qui en sachent bien user, et mets grande peine à ce que les péchés soient supprimés en ta terre. » Saint Louis est le premier souverain à s'être préoccupé de donner des enseignements concernant le métier de roi à son fils. Lors de son avènement en 1270, Philippe III se doit donc, plus que tout autre jeune prince, d'être le digne successeur de son père. Or l'héritage de ce dernier, dont les miracles posthumes ouvrent déjà la voie à une future canonisation, est très lourd à porter. Pour son second départ en croisade en 1270, Louis IX s'est entouré de trois de ses fils, dont l'héritier du trône, ce qui ne va pas sans risque pour la dynastie. Il paie chèrement cette imprudence lorsque Jean Tristan, atteint par l'épidémie de typhus, meurt à Damiette. Le trépas de Louis IX lui-même, le 25 août 1270 non loin de Tunis, fait de Philippe le nouveau roi de France. Il revient à Paris le 21 mai 1271 et participe à la procession qui accompagne les restes de Saint Louis de Notre-Dame de Paris à Saint-Denis. Il est également veuf, ayant perdu sa première épouse Isabelle d'Aragon lors de cette désastreuse croisade. Son sacre survient peu après, en août 1271 ; le voici désormais prêt à suivre les traces de son père.

Louis IX et son fils, futur Philippe III. Entre les figures écrasantes de son père Saint Louis et de son fils Philippe le Bel, Philippe III paraît un roi faible, soumis à son entourage, sans charisme ni vue politique. Ce second fils de Saint Louis et de Marguerite de Provence devient l'héritier royal à la mort de son frère Louis, en 1260. Les quinze années du règne de Philippe III sont tout entières marquées par les tentatives d'extension du royaume vers le Sud et les Pyrénées. (Miniature, XIVe siècle.)

Charles Ier d'Anjou, roi de Sicile. Dernier fils de Louis VIII et de Blanche de Castille, le comte Charles Ier d'Anjou, du Maine et de Provence (1227-1285) avait suivi son frère en Égypte et fut fait prisonnier comme lui à Mansourah en 1250. En 1264, le pape l'investit du royaume de Sicile aux dépens des héritiers de Frédéric II. Conquérant, il devient en outre roi d'Albanie en 1272, puis de Jérusalem en 1277. Cinq ans plus tard, les Vêpres siciliennes mettent fin à la royauté angevine de Sicile. Le prince ne renonce pas pour autant à ses ambitions, lui qui rêve de devenir le « seigneur de la plus grande partie du monde » et conserve jusqu'à sa mort le royaume de Naples, qu'il transforme en puissante monarchie féodale. (Fresque, XIIIe siècle.)

Les Vêpres siciliennes, une sanglante révolte.
On appelle ainsi le soulèvement qui éclate à Palerme, en Sicile angevine, le 30 mars 1282, à l'heure des Vêpres. À l'origine, une simple rixe entre des jeunes gens et des sergents royaux dégénère en révolte des Siciliens contre l'administration et le gouvernement de Charles d'Anjou, plus particulièrement contre les Amalfitains. À la suite d'affrontements sanglants, qui entraînent la mort de deux à trois mille Français, et de l'échec d'une tentative de reconquête, l'île passe sous la domination du royaume d'Aragon. Pierre III devient roi de Sicile le 4 septembre.
(*Les Français massacrés par les Siciliens.* Huile sur toile de Francesco Hayez, 1846.)

Un pâle héritier de Saint Louis ?

Né en 1245 à Poissy, Philippe est le second fils de Louis IX et de Marguerite de Provence. Son frère aîné a reçu le prénom de son grand-père et de son père, Louis ; on lui donne celui de son arrière-grand-père. Le jeune prince n'est donc pas l'héritier du trône dès sa naissance. Il ne le devient qu'en 1260, à la mort de son frère aîné. Deux ans après, un mariage très politique l'unit à Isabelle, fille du roi d'Aragon. Ces noces permettent de mettre un terme temporaire aux tensions entre les deux royaumes.

Le roi n'hésite pas à associer son fils aux actes les plus symboliques du pouvoir : ainsi Philippe participe-t-il à l'acte de vasselage à saint Denis, patron du royaume, en remettant quatre besants d'or sur l'autel du saint au jour de sa fête. Par cet acte d'obligation réciproque, saint Denis et l'abbaye à laquelle il a donné son nom et qui abrite ses reliques veillent par la prière sur la royauté capétienne qui, en retour, leur apporte soutien et protection. C'est bien au prince Philippe que sont destinés les *Enseignements* du roi, testament politique et spirituel sans doute élaboré peu avant le départ en croisade de 1270. De sa première épouse Isabelle d'Aragon, Philippe a quatre enfants, dont un fils, héritier présomptif du trône, Louis, puis Philippe, Charles et Robert.

En août 1274, il convole pour la seconde fois avec Marie, fille du duc de Brabant, qui lui donne trois autres enfants : Louis, comte d'Évreux, souche des comtes d'Évreux, qui deviendront par la suite rois de Navarre ; Marguerite, qui épouse Édouard Ier, roi d'Angleterre ; et Blanche, qui est mariée à Rodolphe, duc d'Autriche, fils aîné de l'empereur Albert. La reine Marie de Brabant est venue à la cour avec son entourage brabançon. Elle y convie également de nombreux poètes tel Watriquet de Couvin qui forment autour d'elle un petit cercle de lettrés.

Charles-Victor Langlois, historien qui participa à la rédaction de l'*Histoire de France* de Lavisse, juge très durement le successeur de Saint Louis. Pour lui, il s'agit d'un homme insignifiant, docile à l'excès, avec un air placide et vulgaire. Pieux, mais manquant de discernement, il aurait été particulièrement influençable. La rivalité entre la reine Marie de Brabant et le chambellan Pierre de La Brosse en est sans doute l'exemple le plus fameux. Pierre était déjà chambellan sous le règne de Saint Louis. Resté en place sous Philippe III, il contrôle l'accès au conseil du roi. Après le remariage du souverain avec Marie de Brabant, deux partis se heurtent rapidement à la cour : les amis du chambellan et les Brabançons, du côté de la reine. La mort du petit prince Louis, fils aîné du premier lit du roi, entraîne une campagne de rumeurs qui dure deux années. On raconte du côté du chambellan que la reine a empoisonné l'enfant ; de l'autre, que Pierre a des relations homosexuelles avec le roi ou qu'il poursuit la reine de ses avances. Des preuves de sa trahison, sans doute fausses, sont présentées au roi. Pierre est d'abord enfermé dans la tour de Janville puis pendu sans avoir pu présenter sa défense le 30 juin 1278. Quatorze ducs, comtes et barons ont suivi la charrette du condamné en chantant et ont assisté à son agonie, dont les ducs de Brabant, de Bourgogne et de Bretagne.

Hardi au combat

Les deux grandes réussites politiques du règne de Philippe III se situent au niveau des acquisitions territoriales, le nouveau roi venant récolter ce qui avait été semé par ses prédécesseurs. En effet, en 1271, dès le début de son règne, la mort sans héritier direct du prince apanagé Alphonse de Poitiers et de son épouse rapporte au domaine royal un fabuleux héritage : le Poitou, l'Auvergne, l'Aunis, le nord de la Saintonge, le Toulousain, l'Albigeois et le Comtat Venaissin. Le rattachement de tout le Midi aquitain se fait avec facilité, à l'exception de la rébellion du comte de Foix. Cette révolte est immédiatement punie avec rigueur par le souverain, qui emprisonne le comte durant une année à Carcassonne.

La seconde grande acquisition consiste à réunir à la couronne les comtés de Champagne et de Brie ainsi que le royaume de Navarre, à la suite du mariage de leur héritière, la jeune Jeanne, avec l'héritier du trône, le futur Philippe le Bel.

Philippe III gère ce domaine considérablement augmenté avec prudence ; seuls les comtés de Valois et d'Évreux sont concédés en apanage à ses fils. Il préfère récompenser en cédant des pensions plutôt que des terres. Ainsi Charles d'Anjou, oncle du roi, se voit-il refuser le Poitou et l'Auvergne qu'il revendique au titre de l'héritage paternel. Le roi de France concède seulement le Comtat Venaissin au Saint-Siège en 1274 et l'Agenais ainsi que le sud de la Saintonge au roi d'Angleterre, Édouard Ier, qui accepte alors de lui rendre hommage pour le duché de Guyenne. C'est une belle réussite pour le jeune souverain.

Comme Saint Louis, Philippe III s'attache d'abord à maintenir la paix dans son royaume, en réprimant les guerres privées et les révoltes. Il poursuit la pratique de justice royale sous forme d'appel au roi. La puissance publique du souverain s'en trouve galvanisée, notamment en Aquitaine, où les habitants n'hésitent pas à faire appel directement au roi de France contre l'administration d'Édouard Ier d'Angleterre. L'organisation des institutions de la cour royale se perfectionne, notamment les futurs parlement et chambre des comptes. Certaines dispositions législatives sont purement et simplement reprises du règne précédent : on rappelle l'obligation faite aux juifs de porter la rouelle et l'interdiction de posséder le Talmud. L'usure, les blasphèmes et jeux de dés sont à nouveau prohibés. Aucune ordonnance ne témoigne, cette fois, d'une volonté de réforme générale du royaume. Mais l'idée de commun profit ou de bien public du royaume devient une référence de plus en plus présente, témoignant des progrès d'une conscience étatique au sommet du royaume.

Toute la pratique gouvernementale de Philippe III ne fait qu'innover dans la continuité du règne de son père. Les chroniqueurs s'attachent justement à souligner le rôle primordial d'un homme au conseil du roi : Mathieu de Vendôme, abbé de Saint-Denis, qui a commencé à tenir une place très importante pour le gouvernement du royaume à la fin du règne de Saint Louis. C'est avec lui que le roi réorganise la disposition des tombes de ses prédécesseurs dans la nécropole royale. Il lui confie également la lieutenance du royaume en son absence avant de s'embarquer à Aigues-Mortes. Mathieu reste ensuite au service de Philippe III : un clerc parmi les chevaliers au conseil du roi. On dit alors de l'abbé que c'est lui, en réalité, qui gère « toutes les besognes du royaume ».

Les affaires de Castille et d'Aragon

Les affaires extérieures du règne sont sans doute les plus difficiles à gérer pour Philippe III. C'est tout d'abord avec le royaume de Castille que se développent des tensions. La sœur de Philippe, Blanche, épouse de l'Infant du trône de Castille, Ferdinand de La Cerda, devient veuve en 1275. Son fils aîné est dépossédé de ses droits à la couronne par son oncle Sanche puis séquestré. Blanche trouve refuge à la cour d'Aragon, puis auprès de son frère dont elle réclame la protection. Les relations entre Philippe, Alphonse X de Castille et Sanche restent très tendues et la guerre menace. Il faudra attendre le règne de Philippe IV pour trouver un règlement diplomatique de ce conflit dynastique.

La première histoire officielle du royaume. Sous le titre des *Grandes Chroniques de France*, on désigne une vaste compilation d'œuvres historiques élaborées en plusieurs étapes entre le XIIIe et le XVe siècle, en majeure partie à l'abbaye de Saint-Denis et d'après des modèles latins, retraçant l'histoire des rois de France depuis les mythiques origines troyennes jusqu'en 1461. Le chef d'atelier Primat avait déjà reçu de Saint Louis la mission d'écrire l'histoire des rois de France en français ; il s'agit du *Roman des rois*, dont le manuscrit est remis en 1274 à Philippe III. Cette chronique prend la valeur d'un véritable monument public et d'une vérité officielle ne pouvant être mise en doute. Au Moyen Âge, une œuvre historique n'est jamais terminée ; chaque règne des XIVe et XVe siècles est donc progressivement ajouté à la chronique, qui devient ainsi un jalon important dans la naissance du sentiment national. (*Grandes Chroniques de France* de Jean Fouquet, XVe siècle).

Le règne de Philippe III s'achève par une croisade manquée, comme autrefois celles de son père. Charles d'Anjou, roi de Sicile, subit un désastreux revers sur son propre territoire avec la sanglante révolte dite « des Vêpres siciliennes », le 30 mars 1282. Suprême humiliation, il est en définitive purement et simplement jeté hors de son royaume par le roi Pierre III d'Aragon.

Le pape Martin IV excommunie ce dernier, dont il offre le royaume à l'un des fils de France, Charles de Valois, cadet de Philippe III, et enjoint au roi de France de partir en croisade contre le royaume d'Aragon. En mai 1285, l'armée de Philippe le Hardi parvient en Catalogne mais doit faire face à un siège particulièrement éprouvant à Gérone. Comme son père avant lui, Philippe III ne survit pas à la croisade. Le 5 octobre 1285, il meurt à Perpignan, atteint par une épidémie de fièvre qui touche l'ensemble de son armée. Comme son père avant lui, la maladie frappe Philippe III alors qu'il a pris la croix ; mais sa mort n'a pas le même écho que celle de son prédécesseur. Plus tard, les *Grandes Chroniques de France* le présenteront comme le digne fils de Saint Louis, soucieux de respecter à la lettre les *Enseignements* : « Après ce que le roy fu retourné en France, et il fu entré au siège son père, si commença à estudier en bonnes mœurs et en bonnes œuvres. » Le roi n'a sans doute pas trouvé un destin politique à la hauteur des ambitions que son père avait eues pour lui. Ce manque d'éclat ne doit pas faire oublier le bilan finalement positif de son gouvernement. Le souvenir de Saint Louis a représenté sans nul doute une contrainte politique et morale très lourde sur son règne. Peut-être ce souvenir a-t-il empêché le fils de laisser à son tour une trace aussi marquante ?

« Malheur à la ville dont le prince est un enfant »

À en croire ce verset de l'Ecclésiaste, toute minorité royale serait frappée de malédiction, condamnée à n'être que troubles fragilisant le royaume et affaiblissant le pouvoir du roi. Pourtant, la minorité n'est qu'une forme d'absence du roi parmi d'autres : le départ pour la guerre ou pour la croisade, ou encore l'indisponibilité. Coutumes et droit se sont efforcés de pallier ces absences en organisant des régences, souvent exercées par les reines.

1.

1.
Allégorie de la régence de Louise de Savoie, mère de François Ier, représentée tenant un gouvernail et portant des ailes d'ange. (Miniature extraite de *Geste de Blanche de Castille* d'Étienne Le Blanc, XVIe siècle.)

LE 20 AVRIL 1147, Louis VII part pour la 2e croisade (1147-1149) avec la reine Aliénor d'Aquitaine et confie la garde du royaume à Suger, abbé de Saint-Denis [**2**]. L'autorité de l'abbé, ancien conseiller du roi Louis VI, ne suffit pas à éviter un complot auquel participe Robert, frère du roi. Suger convoque une assemblée des grands pour conjurer un danger rendu caduc par le retour de Louis VII. Un siècle plus tard, partant pour la 7e croisade (1248-1254), Louis IX laisse le royaume entre les mains de sa mère, Blanche de Castille ; se croisant de nouveau quinze ans plus tard, ce n'est pas à son épouse, Marguerite de Provence, qu'il confie le royaume, mais à Matthieu de Vandôme, puissant abbé de Saint-Denis.

Partant livrer bataille en Italie, François Ier laisse la régence à sa mère, Louise de Savoie. Face à la crise – le roi a été fait prisonnier à Pavie en 1525 –, Louise, bien entourée, tient solidement le gouvernail de la nef France [**1**] : elle évite tout débordement nobiliaire, négocie la paix et le retour du roi.

La régence de minorité est plus mouvementée : l'autorité royale est souvent contestée par de grands seigneurs soucieux de leur indépendance. En 1226, Blanche de

2.
Louis VII portant pour la croisade avec Aliénor d'Aquitaine, remet le pouvoir de la régence au sage et savant Suger, abbé de l'abbaye de Saint-Denis. (Dessin de Damblans.)

3.
Les justes devoirs rendus au roi et à la reine régente, sa mère. De gauche à droite : Anne d'Autriche, Louis XIV, Gaston d'Orléans, le duc de Beaufort et le cardinal de Retz. (Gravure de Humblot, XVIIe siècle.)

4.
Le régent dans son cabinet de travail. Philippe II, duc d'Orléans, régent de France, et Louis XV (à droite). (Huile sur toile, XVIIIe siècle.)

Castille doit faire face à une révolte des barons menés par Philippe Hurepel, bâtard de Philippe Auguste. Par la suite, elle garde une influence sur son fils, Louis IX, jusqu'à ses 20 ans. L'âge de la majorité royale est fixé par ordonnance en 1374 à 14 ans. Michel de L'Hospital le ramène en 1563 à 13 ans révolus – Charles IX est né en 1550... La veille de l'assassinat d'Henri IV, Marie de Médicis est sacrée à Saint-Denis, et le roi, prêt à partir en campagne, place le conseil de régence sous son autorité. Jusqu'en 1614, elle tient les grands en lisière. Les caisses vides, les grands s'agitent de nouveau.

Le testament de Louis XIII ayant été cassé par le parlement, Anne d'Autriche est proclamée régente et nomme Mazarin principal ministre (1643). Les troubles de la Fronde tant parlementaire que nobiliaire mettent à mal le pouvoir royal ; la noblesse entend occuper une place de premier plan dans le gouvernement du royaume. Divisés, les frondeurs finissent par rendre leurs devoirs à la régente et à l'enfant-roi [**3**].

C'est à un homme, Philippe duc d'Orléans, qu'il revient d'exercer la dernière régence de la royauté française, le jeune Louis XV étant alors âgé de 5 ans [**4**]. Habile politique, le Régent écarte toute contestation éventuelle par force négociations qui lui permettent de transmettre au jeune roi une autorité intacte.

Roi de marbre, roi de fer

Le règne de Philippe le Bel, petit-fils de Saint Louis, marque une étape importante dans l'affirmation de la monarchie. Il la veut puissante et centralisée. On le voit ici (en haut) avec sa cour. Sous son règne, l'économie et notamment l'agriculture (en bas à droite) connaît un renouveau. Philippe IV le Bel règne sur un royaume à son apogée, le plus puissant d'Europe et le mieux administré. Mais sa politique monétaire où il n'hésite pas à modifier la valeur sans changer les pièces d'or lui vaut le surnom de « roi faux-monnayeur ». (*Régime des Princes* de Gilles de Rome, XVe siècle).

AVEC PHILIPPE IV, c'est une personnalité complexe qui accède au trône et un nouveau style de gouvernement qui s'impose au royaume de France. Saint Louis et Philippe III sont morts sur la route de la croisade. Pierre Dubois, homme de loi et conseiller de Philippe IV, propose un autre modèle de gouvernement à leur successeur : « Se reposer, faire des enfants, veiller à leur éducation et à leur instruction politique, rendre la justice dans les grandes affaires et faire juger les autres par d'autres, confier la conduite des guerres à des chefs pris parmi ses plus proches et plus fidèles, procurer des soldats et tout ce qui est nécessaire pour le combat, c'est ce que dit le Philosophe (Aristote) dans sa *Politique* : "Les hommes d'intelligence sont naturellement les chefs et les maîtres des autres." » Le nouveau roi de France a suivi ce sage conseil durant ses trente années de règne. Il délègue au combat son frère Charles de Valois. Dans les négociations politiques et diplomatiques, il laisse faire ses meilleurs conseillers. Philippe IV préside le Conseil, les assemblées, mais ne se met jamais en danger. Ses interventions sont soigneusement mises en scène. En 1314, Enguerrand de Marigny plaide longuement devant l'assemblée des bourgeois des bonnes villes pour qu'ils votent l'impôt. D'un large geste, il fait enfin lever le roi « pour voir qui lui voulait faire aide ». Nul ne peut refuser alors de rendre service au roi… À la charnière des XIIIe et XIVe siècles, le roi s'affirme ainsi comme le maître de la justice et des finances de son royaume, mais se veut aussi le maître spirituel et le chef du clergé. Roi de marbre, roi de fer.

« Ni un homme, ni une bête. C'est une statue. »

Le futur Philippe IV est né en 1268 de Philippe III et d'Isabelle d'Aragon, peu avant le départ de son grand-père, Saint Louis, pour sa seconde et dernière croisade. Gilles de Rome, augustin italien venu à Paris suivre l'enseignement de Thomas d'Aquin, se voit confier l'éducation du jeune prince. En 1276, la mort de Louis, frère aîné de Philippe, fait de ce dernier l'héritier naturel du trône. Gilles de Rome compose alors pour lui un traité, *Du gouvernement des princes*, éloge du bon prince respectueux de son Conseil et véritable guide de comportement pour le futur souverain.

Par le traité d'Orléans de 1275, Blanche d'Artois cède au roi de France le gouvernement de la Navarre jusqu'à la majorité de sa fille Jeanne, unique héritière de ce royaume, et promet de la marier à l'un de ses fils. Dès cette date, la petite fille est donc élevée à la cour, auprès de Philippe qui sera sans doute son futur époux. Le mariage a lieu le 16 août 1284. Entre 1289 et 1294, le couple donne naissance à trois fils, Louis, Philippe et Charles, ainsi qu'à une fille, Isabelle. La succession royale semble assurée.

Le 6 octobre 1285, Philippe IV le Bel devient roi de France, à la suite du décès de son père lors de la « croisade d'Aragon ». Le royaume de Navarre et les comtés de Champagne et de Brie, héritage de la reine Jeanne, sont alors réunis au domaine royal. Si on lui reconnaît une beauté physique, qui explique le surnom de « Bel », le nouveau roi est surtout réputé être un homme froid et dur. Pour son adversaire l'évêque Bernard Saisset, arrêté pour trahison en 1301, il ressemble au « grand-duc, le plus beau des oiseaux, mais qui ne vaut rien. Il ne sait que regarder fixement les gens, sans parler ».

Philippe IV soutient le dossier de canonisation de Louis IX jusqu'à ce qu'elle soit proclamée officiellement par Boniface VIII en 1297. Le roi se fait ensuite le premier promoteur du culte du nouveau saint. Il ordonne la fondation de l'abbaye de Poissy à l'endroit où Saint Louis fut baptisé. Il fait également transférer son chef, relique de la tête du saint, de Saint-Denis à la Sainte-Chapelle du palais de la Cité, au plus près du pouvoir royal. La référence à Saint Louis est très présente dans son comportement. Le roi tend à reproduire la piété et les exigences morales de son aïeul, comme pour mieux démontrer l'existence d'une sainteté lignagère. Cependant Philippe IV est un souverain très différent du saint roi. Ses ambitions politiques marquent un tournant dans l'histoire de la royauté française.

« Le roi est empereur en son royaume »

On a parlé de « règne des légistes » pour définir le gouvernement de Philippe IV du fait de l'entrée au Conseil du roi d'hommes formés aux facultés de droit romain de la France méridionale. Guillaume de Nogaret en est resté le meilleur exemple. Pour autant, les princes ne sont pas chassés du Conseil puisque Charles de Valois, frère du roi, y intervient fréquemment, davantage que Louis d'Évreux, fils de la seconde épouse de Philippe III, Marie de Brabant. Les fils de Philippe le Bel y apparaissent également, d'abord l'aîné, Louis le Hutin, et plus tardivement ses deux frères, Philippe et Charles.

« Le roi est empereur en son royaume », comme le déclarent alors les familiers du droit romain. L'affirmation de l'État et celle de la souveraineté royale sont certainement les maîtres-mots de la politique de Philippe IV. S'il entend briser la résistance des grands féodaux, c'est d'abord contre celle d'Édouard Ier, roi d'Angleterre et duc de Guyenne, dans le sud-ouest du royaume, qu'il entend réagir. La guerre commence en 1294 ; elle s'achève par un arbitrage du pape Boniface VIII en 1299. Le traité de Montreuil-sur-Mer entérine le statu quo entre les deux adversaires et prévoit le mariage d'Isabelle, fille de Philippe, avec le futur Édouard II. Philippe IV s'est montré magnanime envers son vassal ; l'essentiel est d'avoir réaffirmé son autorité. Dès 1297, le roi de France engage également une longue et coûteuse guerre contre le comte de Flandre, Gui de Dampierre. Il prend temporairement le contrôle du comté. Mais les riches cités flamandes, bourgeoises et marchandes, ne se laissent pas si facilement dominer. Les sanglantes « Matines de Bruges », le 18 mai 1302, voient le massacre de plusieurs dizaines de représentants de l'administration royale. Philippe IV veut réparer cette humiliation sur le champ de bataille. Le 11 juillet, le désastre de Courtrai, au cours duquel le valeureux comte Robert d'Artois perd la vie, vient clore cette tentative infructueuse. Ce nouvel affront pousse Philippe IV a faire fi de son habituelle prudence. Il prend la tête de son armée à Mons-en-Pévèle et triomphe des Flamands. L'équilibre politique du comté reste toutefois instable.

L'autre volet de la politique royale consiste à doter le pays d'une administration plus centralisée, plus souple et plus efficace. Sous l'influence des légistes, la cour du roi, issue de l'ancienne *Curia regis*, se divise en unités plus spécialisées : le Grand Conseil pour les affaires politiques, la Chambre des comptes pour les finances, le Parlement pour la justice. Le roi demande aux baillis et sénéchaux de rendre des comptes très régulièrement, trois fois par an. La bureaucratie se développe. Toutes ces mesures ont un coût ; il faut les financer. Or les caisses du royaume sont quasiment vides.

Le roi « faux-monnayeur »

Pour renflouer les caisses du royaume, le roi passe une bonne partie de son règne à chercher de l'argent. Si théoriquement le roi doit « vivre du sien », c'est-à-dire des revenus du domaine royal, ceux-ci ne suffisent plus aux dépenses grandissantes de la maison du roi,

L'aveu ou le bûcher. Fondé en 1119 pour la défense des lieux saints de Jérusalem, l'ordre religieux et militaire des Templiers est devenu au XIIIe siècle particulièrement puissant. Repliés en Occident, les moines-soldats exercent alors la fonction de banquiers au service des souverains qui s'endettent en sollicitant des crédits. En 1303, le Trésor du royaume de France est géré par leurs soins. Or les difficultés financières expliquent que Philippe IV cherche une occasion pour s'affranchir de la tutelle du Temple. Des rumeurs d'hérésie et de crimes sodomites justifient l'arrestation des Templiers le 13 octobre 1307 sur l'ordre du roi, qui les remet ensuite à l'Inquisition. Face à la menace d'un procès posthume contre le pape Boniface VIII, Clément V doit céder à la pression du roi de France et ouvrir le procès des Templiers. Cinquante-quatre d'entre eux sont brûlés ; l'ordre est supprimé par le pape en 1312. Ses biens, attribués à l'ordre de l'Hôpital, échappent ensuite à Philippe IV. (*Grandes Chroniques de France*, XIVe siècle.)

de l'administration du royaume et de la guerre. Philippe IV dispose de plusieurs leviers qu'il actionne les uns après les autres. Lever des taxes d'abord : l'aide féodale, les décimes sur le clergé, les subsides. Mais le roi réclame plus fréquemment, et à une base de contribuables de plus en plus large, des impôts extraordinaires tels que la taille et la maltôte, une taxe sur les ventes de marchandises. Ainsi, dès 1285, Philippe IV procède à des prélèvements ponctuels de taille sur ses vassaux. En 1294, les Languedociens doivent tous payer un impôt (le fouage) de 6 sous par foyer en raison de la guerre en Guyenne. Il joue surtout sur le plan des mutations monétaires, qui sont particulièrement honnies du peuple du royaume, et qui lui valent le surnom de roi « faux-monnayeur » de la part du pape Boniface VIII. Il procède à des dévaluations à plusieurs reprises, notamment en 1303, faisant passer la valeur de l'écu d'or de 62 sous à 21 sous. Le roi tente de faire oublier ces manipulations par de périodiques retours officiels à la « bonne monnaie du temps de Saint Louis ».

Enfin, le roi de France emprunte et s'endette auprès des Juifs et des marchands italiens, à tel point qu'il fait en définitive le choix très arbitraire de les expulser en confisquant tous leurs biens. Les marchands lombards voient ainsi leurs fortunes saisies en 1292 et en 1309. Le roi ordonne l'expulsion de tous les Juifs du royaume de France en 1306.

Les Templiers sont aussi les créanciers du roi de France. Ces « banquiers de la chrétienté » détiennent la gestion du trésor du royaume jusqu'en 1295. Chargés de faire fructifier les biens que les souverains occidentaux leur confient, ils exercent en réalité une tutelle financière dont Philippe IV aimerait vivement s'affranchir à la première occasion. Celle-ci se présente lorsque des rumeurs d'hérésie et de sodomie au Temple parviennent au Conseil royal. Le roi fait arrêter les Templiers le 13 octobre 1307 et les remet à l'Inquisition. Il espère sans doute récupérer au profit de la Couronne les biens du Temple, mais ces derniers lui échappent.

Toutes ces tentatives impopulaires pour rembourser les dettes royales font parler de « tyrannie fiscale ». Le roi se doit toutefois de conserver une certaine légitimité à sa politique financière. Dans ce but, il convoque en 1302, 1303 et 1308 les premières assemblées des états généraux du royaume. En 1314, pour la première fois sont réunis les représentants des trois états, clercs, nobles et bourgeois, pour l'ensemble du royaume. Ils viennent consentir à la levée d'impôts extraordinaires. Le roi peut ainsi lever le soupçon de tyrannie qui pèse sur sa politique et montrer qu'il engage un dialogue, aussi fictif soit-il, avec les Français.

L'arrestation d'un pape

L'opposition de Philippe IV aux prétentions théocratiques de la papauté représentée par Boniface VIII constitue sans doute le conflit politique majeur de l'Occident de la fin du XIIIe siècle. Toute la querelle avec le roi de France est un conflit idéologique portant sur la nature et les attributions des pouvoirs spirituel et temporel. Mais c'est aussi l'opposition violente de deux personnalités ambitieuses et intransigeantes, entourées, chacune, d'une bureaucratie puissante et lettrée. Le futur Boniface VIII, spécialiste de droit canon formé à l'université de Bologne, exerce les fonctions de notaire pontifical puis de clerc de la curie. Il obtient alors de nombreux bénéfices et progresse rapidement dans la hiérarchie, non sans susciter de fortes rancœurs. Le pape élu par le conclave en 1294 sous le nom de Boniface VIII est un homme âgé qui a dépassé les 60 ans. C'est surtout un personnage autoritaire qui tient à exercer une véritable domination sur l'ensemble de la chrétienté occidentale. Il intervient volontiers dans le jeu politique, en Hongrie, en Pologne, en Sicile et dans l'Empire. Mais Philippe est bien décidé à ne pas tolérer les empiétements théocratiques du pontife sur le royaume de France. En 1296, le roi de France décide de lever la décime, taxe d'un dixième des revenus, sur le clergé de son royaume. Le pape refuse cette possibilité au souverain : dans sa bulle *Clericis Laicos* en 1296, il menace

Le crime de fausse monnaie au Moyen Âge. Au Moyen Âge, le faux-monnayage est considéré comme un crime de lèse-majesté. Les coupables sont condamnés à être exécutés, plongés dans un chaudron d'eau qui sera portée à ébullition (XIVe-XVe siècles). Les accusations portées par Boniface VIII à l'égard de Philippe IV sont donc très graves. En France, la peine de mort a continué à être appliquée aux faux-monnayeurs convaincus jusqu'en 1832, date à laquelle le châtiment se transforme en relégation au bagne à perpétuité. (Masse d'or de Philippe IV.)

Le 11 juillet 1302, le comte de Flandre, soutenu par les milices des villes « drapières », inflige une cuisante défaite aux troupes royales lors de la bataille de Courtrai. Cette défaite est restée dans la mémoire de la chevalerie française. Le 18 août 1304, à Mons-en-Pévèle, la chevalerie française, rassemblée derrière son roi, prendra sa revanche, Philippe le Bel exigera de la Flandre une indemnité de guerre de 400 000 livres. (*Grandes Chroniques de France*, XIVe siècle.)

d'excommunication les laïcs qui exigent que les clercs versent des impôts. Annoncée par le pape en 1297 lors d'un sermon prononcé à Orvieto, la canonisation de Louis IX apaise pour un temps les tensions entre les deux souverains.

L'affrontement reprend en 1301 lorsque Philippe IV fait arrêter Bernard Saisset, évêque de Pamiers, pour trahison, et surtout le fait juger en dehors de la juridiction de l'Église. Le roi de France veut démontrer qu'il est le maître du clergé de son royaume, avant le pape qui se veut le chef de l'Église, et au-delà, de tous les chrétiens. Boniface VIII, furieux, prononce l'excommunication de Philippe le Bel, l'excluant ainsi de la communauté des chrétiens. Les deux partis s'opposent dans une violente campagne de traités et pamphlets idéologiques. Dans l'entourage du roi courent de graves accusations d'hérésie à l'encontre du souverain pontife. Guillaume de Nogaret se rend en Italie pour rencontrer le pape.

L'entrevue a lieu le 7 septembre 1303 à Anagni et tourne mal : le pape est arrêté par les Français. Pour autant, rien ne prouve que le légiste ait giflé Boniface VIII, comme on l'a prétendu par la suite. Toujours est-il qu'un mois plus tard, le pape décède, épuisé par des conditions de détention aussi humiliantes qu'éprouvantes. Après sa mort, le 11 octobre 1303, Guillaume de Nogaret s'efforce encore de faire condamner Boniface VIII de manière posthume pour hérésie, simonie et sodomie. Le procès s'ouvre en 1310 en Avignon ; il est définitivement suspendu dès l'année suivante. Le conflit

Guillaume de Nogaret, légiste du roi et ennemi du pape. Né vers 1270, Guillaume a fréquenté la faculté de droit de Montpellier avant d'entrer au service du roi comme juge-mage de la sénéchaussée de Beaucaire où il seconde, dans le domaine judiciaire, le sénéchal. Garde du sceau depuis 1307, il joue un rôle essentiel dans toutes les affaires politiques de la période. Grand défenseur du pouvoir royal et de la raison d'État, il est l'artisan de l'expédition d'Anagni et participe activement à l'arrestation des Templiers. Son influence à la cour décline vers 1311, face à celle d'Enguerrand de Marigny ; il meurt en 1313. (*Chronica nova figurata* de Villani, XIIIe siècle.)

avec Boniface VIII et l'affaire des Templiers participent d'un même effort de Philippe IV pour refuser une quelconque supériorité du pouvoir spirituel sur le temporel. On est ici très loin de la politique d'un Saint Louis, qui gouvernait en bonne entente avec la papauté et l'Église.

La sombre année 1314

Sur fond de scandale lié à l'adultère des trois brus du roi, l'année 1314 voit s'accumuler les mécontentements envers le roi de France. Les mutations monétaires ont déplu au peuple ; les levées d'impôts ont brouillé le souverain et sa noblesse, qui n'attend qu'un signe de faiblesse pour se révolter. Le roi Philippe IV est un chasseur ; cette passion lui est fatale lorsqu'en octobre 1314, il fait une mauvaise chute de cheval près de Pont-Sainte-Maxence. La blessure de sa jambe s'infecte. Le roi demande alors à être conduit à l'abbaye de Poissy, qu'il fonda autrefois en souvenir de Saint Louis, pour être soigné par les religieuses dominicaines. Mais la fièvre dure jusqu'en novembre. Le 26, on l'amène à Fontainebleau, où il meurt trois jours plus tard. À sa mort, le roi de fer laisse le royaume dans une situation bien incertaine : la question de Flandre n'est pas résolue, les nobles sont prêts à se soulever en Artois, en Champagne, en Normandie et en Bourgogne et, surtout, le problème des finances du royaume est loin d'être éclairci, même si les états généraux apportent une ébauche de réponse.

Le roi Philippe le Bel est une véritable figure politique au sens plein du terme, une personnalité forte et complexe, aujourd'hui encore difficile à cerner. Cet ambitieux souverain a marqué son temps par une ligne politique constante et claire : favoriser l'affirmation de l'État royal aux dépens des particularismes locaux, imposer le pouvoir royal en Occident face au pouvoir pontifical. Cette stratégie passe par de nouveaux moyens de gouvernement, à la recherche d'un équilibre entre arbitraire et consultation de la nation. Les derniers Capétiens héritent de ces avancées, de ces hésitations et de ces difficultés.

Jeanne de Navarre et de Champagne. Le hasard fait de la petite Jeanne (1273-1305), fille du roi de Navarre et comte de Champagne et de Brie, l'unique héritière d'un patrimoine extrêmement convoité. Sa mère, Blanche d'Artois, la remet donc au roi de France afin de la placer sous sa protection avec la promesse de lui faire réaliser le plus beau mariage qui soit : épouser l'héritier du trône. Une fois devenue reine de France en 1285, Jeanne est une reine sage, à qui sont destinés des ouvrages et traductions réalisés par de grands lettrés de son temps, comme Raymond Lulle et Durand de Champagne. C'est elle qui commande à Joinville une biographie de son aïeul, Saint Louis, dans le but d'éduquer son fils aîné Louis. Sa mort en 1305 laisse apparemment un époux inconsolable, qui n'a de cesse de faire célébrer son souvenir par de nombreuses messes dans diverses abbayes de France et de Navarre.
(Enluminure, Moyen Âge.)

Le dernier scandale du règne. Philippe le Bel a fait épouser à ses trois fils leurs cousines de Bourgogne : Marguerite, fille du duc Robert, pour Louis le Hutin, Jeanne et Blanche, filles de la comtesse Mahaut, pour Philippe le Long et Charles le Bel. En 1314, les trois brus du roi sont accusées d'adultère et font l'objet d'un immense scandale. Seule Jeanne est innocentée ; Marguerite et Blanche sont emprisonnées. Leurs amants supposés, les frères Philippe et Gautier d'Aunai, sont écorchés vifs, châtrés, décapités et pendus au gibet public. L'adultère féminin, qui porte le soupçon sur la légitimité des enfants, est ainsi très violemment condamné dans la famille royale.
(*Charles IV et Blanche de Bourgogne*. Miniature, Moyen Âge.)

Intimes du roi

Intime du roi, le favori n'est pas toujours un ministre, et inversement, un ministre, aussi écouté soit-il, ne devient pas pour autant le favori du roi. Comparé aux grands seigneurs de la cour, le favori est souvent de modeste extraction. Aussi doit-il son ascension à la seule faveur royale, ce qui ne va pas sans susciter envies et jalousies. Au-delà, la figure du favori ne renvoie-t-elle pas au désir de certains rois de pallier la solitude qui accompagne l'exercice du pouvoir ?

2.

1.

1.
Exécution de Pierre de La Brosse. (Enluminure extraite des *Grandes Chroniques de France*, XIVe siècle.)

2.
Bal donné le 24 septembre 1581 à la cour d'Henri III pour le mariage d'Anne, duc de Joyeuse, avec Marguerite de Lorraine. (Huile sur cuivre, XVIe siècle.)

3.
Anne, duc de Montmorency. (Émail, XVIe siècle.)

SI LE MOT, emprunté à l'italien, apparaît dans la langue française au XVe siècle, les rois n'ont pas attendu la Renaissance pour avoir des favoris. Le chambellan de Philippe III, Pierre de La Brosse [1], par l'ascendant qu'il exerce sur le roi et les largesses dont ce dernier l'a couvert, fait figure de favori avant la lettre. Ses ennemis sont nombreux au sein de l'entourage du roi : arrêté en 1278, il est pendu sans avoir eu la possibilité de présenter sa défense… Avec Philippe le Bel, des hommes comme Guillaume de Nogaret ou Enguerrand de Marigny, autant par leur pouvoir que par les richesses accumulées, méritent le quali-

3.

ficatif de favori. Après la mort du roi, Marigny fut livré à la vindicte du frère de celui-ci, Charles de Valois.

Le favori peut aussi être un compagnon de jeunesse, ainsi Anne de Montmorency [3], ami d'enfance de François Ier. Frappé par une relative disgrâce, le connétable retrouve la faveur royale à l'avènement d'Henri II.

Alors que son autorité est contestée par les grands seigneurs, Henri III choisit de s'entourer de mignons – à l'origine le terme, synonyme de favori, n'est pas péjoratif – qui lui doivent tout : Joyeuse, Épernon, d'O [2]. En cette époque de troubles, les mignons sont une nouvelle figure du favori, à la fois conseiller, garde du corps – derrière leur allure prétendument efféminée, ils sont de redoutables bretteurs –, exécuteurs des basses œuvres du roi, amis intimes. Qu'il s'agisse de Luynes, de Cinq-Mars ou de Saint-Simon, le père du mémorialiste, Louis XIII s'entoura, à l'instar d'Henri III, de favoris en demi-teinte. Hormis Luynes, ceux-ci ne jouent pas de rôle politique, sauf à conspirer à l'insu du roi comme Cinq-Mars.

La vocation du favori est d'abord de distraire le roi : Saint-Simon doit sa promotion à un habile procédé permettant de changer de monture sans mettre pied à terre... Ce gain de temps précieux plut beaucoup au chasseur passionné qu'était Louis XIII. Désireux de rester le maître, Louis XIV et Louis XV s'interdirent tout favori ; ils lui préférèrent des maîtresses. Louis XVI, quant à lui, ne cultiva ni l'un ni l'autre.

La Restauration vit à la fois le retour des favoris et leur fin : après avoir fait la fortune de Decazes, dernier favori d'un roi de France, Louis XVIII le sacrifia aux pressions du parti ultra.

Les «rois maudits»

« Le 24 octobre 1307, le grand maître du Temple, Jacques de Molay, arrêté sur l'ordre du roi de France, reconnaît les torts dont on l'accuse : il a renié le Christ lors de son entrée chez les Templiers et craché sur la croix... A-t-il été torturé pour cela ? Ses compagnons se rétractent, mais pas lui. Sans doute pense-t-il que la vérité éclatera d'elle-même au grand jour. C'est seulement le 19 mars 1314 qu'il clame son innocence, trop tard. Le soir même, il est brûlé vif. Les chroniqueurs ont ensuite raconté que Jacques de Molay, en proie aux flammes, aurait convoqué le roi et le pape au tribunal du Ciel. Or, alors que durant quatre siècles, jusqu'en 1316, le hasard biologique avait fourni aux Capétiens un héritier mâle, ce « miracle » s'interrompt après le trépas de Philippe IV. Lorsque s'éteint le « roi de fer » en 1314, rien ne laisse présager la fin de la lignée capétienne. L'héritier du trône, Louis, ainsi que deux autres fils, Philippe et Charles, paraissent assurer la continuité dynastique. Pourtant, en moins de quatorze ans, cette « lignée si belle, glorieuse et nombreuse, fut exterminée et disparut ». La plupart des chroniqueurs considèrent même que les derniers Capétiens n'eurent pas d'enfants du tout : les quatre filles eurent pourtant des dots considérables et furent bien mariées, mais elles sont tenues pour négligeables au regard de la succession royale. Les décès des trois fils de Philippe IV en moins de quatorze ans choquèrent les esprits. Certains crurent que la dynastie était maudite pour avoir brûlé les Templiers.

Le grand maître supplicié. Originaire de Franche-Comté, Jacques de Molay (v. 1243-1314) entre dans l'ordre du Temple en 1265. Il en est élu grand maître après la chute d'Acre en Orient. Arrêté en 1307 sur l'ordre de Philippe le Bel, il avoue d'abord les crimes dont les Templiers sont accusés avant de se rétracter tardivement pour proclamer l'innocence de son ordre. Il est brûlé sur le bûcher le 19 mars 1314. Le récit de chroniqueurs comme Geoffroy de Paris accrédite ensuite la légende de la citation à comparaître devant Dieu lancée contre le roi et le pape : « Il ne trembla à aucun moment, bien qu'on le tire et bouscule. Ils l'ont pris pour le lier au poteau, et lui, souriant et joyeux, se laisse faire. Ils lui attachent les mains, mais il leur dit : "Dieu sait qui a tort et a péché, et le malheur s'abattra bientôt sur ceux qui nous condamnent à tort." » (*Jacques de Molay, grand maître de l'Ordre du temple*. Huile sur toile d'Amaury-Duval, XIXe siècle.)

Hugues Capet 987
Robert II le Pieux 996
Henri Ier 1031
Philippe Ier 1060
Louis VI le Gros 1108
Louis VII le Jeune 1137
Philippe II Auguste 1180
Louis VIII 1223
Louis IX (Saint Louis) 1226
Philippe III le Hardi 1270
Philippe IV le Bel 1285
Louis X le Hutin 1314
Jean Ier 1316
Philippe V le Long 1316
Charles IV le Bel 1322
1328

les Capétiens

MAURY-DUVAL
1845.

Louis X le Hutin, Philippe V le Long, et Charles IV le Bel.
À la mort de Philippe IV, la survie de la dynastie des Capétiens ne semble poser aucun souci ; le roi de fer laisse trois fils adultes en parfaite santé : Louis X le Hutin, Philippe V le Long, et Charles IV le Bel. L'impensable se produit cependant. Les trois fils du roi de fer se succèdent sur le trône. Durant ces règnes, l'adultère d'une reine et les ambitions d'un régent amènent l'invention d'une « loi salique » qui exclut les femmes de la succession. Quand le dernier des frères meurt sans héritier mâle, la loi qui lui a permis de monter sur le trône interdit à ses filles de lui succéder. L'héritier le plus proche est le dernier petit-fils vivant du roi de fer, fils d'Isabelle (la Louve de France)... et ce petit-fils est Édouard III, le roi d'Angleterre ! *(Chroniques de France abrégées.)*

Louis X le Hutin, « roi de la paume »

Le fils aîné de Philippe IV et Jeanne de Navarre est surnommé « le Hutin », « le Querelleur ». Dès 1305, à la mort de sa mère, il devient roi de Navarre. Son père lui fait épouser sa cousine, Marguerite de Bourgogne. De leur union naît une fille, Jeanne, née en 1311. L'héritier du trône n'est armé chevalier qu'en 1313, mais son éducation a bien été guidée par la perspective de devenir le prochain roi ; Joinville ne lui offre-t-il pas sa biographie de Saint Louis ?

En cette sombre année 1314, dénoncée, dit-on, par sa belle-sœur Isabelle, reine d'Angleterre, Marguerite est convaincue d'adultère ainsi que ses cousines Jeanne et Blanche, filles de Mahaut d'Artois, dans le scandale des « brus du roi ». Lorsque Louis X est sacré roi de France à Reims le 24 août 1315, Marguerite est enfermée au Château-Gaillard des Andelys. Sa mort permet opportunément au souverain de prendre une nouvelle épouse, Clémence, fille du roi de Hongrie, dont la réputation d'intégrité semble cette fois inattaquable. Très rapidement, le roi laisse les princes des fleurs de lys, notamment son oncle Charles de Valois, exercer une influence considérable au sein du Conseil, aux dépens des anciens conseillers de son père. Ainsi, dès le début du règne, l'impopulaire Enguerrand de Marigny, ministre tout-puissant de Philippe le Bel, est arrêté et tour à tour accusé d'avoir volé le trésor royal et fait échouer la campagne de Flandre. On soupçonne son épouse d'avoir tenté d'envoûter le roi. Louis s'en remet à son oncle Charles, ennemi juré du ministre, pour décider de la punition d'Enguerrand : « Faites ce que vous voulez. » Marigny est alors pendu au gibet de Montfaucon le 30 avril 1315. Louis X se hâte également de calmer l'agitation nobiliaire en province en accordant des « chartes de libertés », telle la fameuse charte aux Normands, et en promettant le retour aux bonnes coutumes du temps de Saint Louis. Il a donc cédé aux revendications autrefois refusées par son père. En revanche, il ne parvient pas à imposer à l'autoritaire comtesse d'Artois, Mahaut, le respect de certaines libertés des nobles. Enfin, Louis réunit une armée de barons pour reprendre la guerre en Flandre, laissée inachevée par son père. Sa campagne tourne court : c'est « l'ost boueux », qui se disperse à l'automne 1315.

On a dit de Louis X qu'il est mort après avoir joué une partie de jeu de paume. On en fit donc un « roi de la paume », qui ne savait

C'est en 1306 que se produit la plus grande expulsion des Juifs du royaume : près de 100 000 bannis vont s'installer dans le Hainaut, à Metz, en Alsace, en Comté, en Savoie, en Dauphiné, ou au-delà des Pyrénées. Dès 1315, Louis X leur accorde une charte : en échange de contributions fiscales élevées, les Juifs ont la possibilité de revenir en France pour une durée limitée. Les Juifs sont ici identifiables par la rouelle blanche et rouge (pièce de tissu ronde qu'ils sont dans l'obligation de porter depuis 1269). (*Grandes chroniques de France*, XVe siècle.)

pas jouer et dont tous se moquaient sans obéir à ses ordres. Il reste que sa mort, le 5 juin 1316, mettant fin à un règne extrêmement bref, laisse le royaume dans l'incertitude quant à la succession dynastique. La petite Jeanne, fruit de son premier mariage avec Marguerite de Bourgogne, peut être soupçonnée d'illégitimité. La reine Clémence de Hongrie est enceinte et doit accoucher dans quelques mois. Si l'enfant est un garçon, il montera sur le trône. Mais le petit Jean, l'enfant posthume de Louis X, naît et meurt en novembre 1316. Des rumeurs d'empoisonnement courent, mais la mort d'un enfant en bas âge est alors chose fréquente. Il est enterré à Saint-Denis et compté parmi les rois de France en tant que Jean, premier du nom. Par la suite, un imposteur nommé Giannino Baglione (1316-1362) tente de se faire reconnaître comme étant le roi Jean, que l'on aurait caché durant son enfance pour le faire échapper à un empoisonnement certain. Le délire mégalomane de Giannino inspira particulièrement Maurice Druon dans ses *Rois maudits*.

Philippe V le Long, « roi des coqs »

Le deuxième des fils de Philippe le Bel a épousé Jeanne de Bourgogne, fille de la comtesse Mahaut ; parmi les trois brus, elle est la seule dont l'innocence ait été reconnue par son mari, et qui ait pu reprendre place à ses côtés après le scandale de 1314. En 1311, Philippe le Long est déjà comte de Poitiers. À la mort de son frère, il devient régent en attendant la naissance de l'enfant de Clémence de Hongrie. Le petit Jean Ier, dit « le Posthume », ne vit que quelques jours. Philippe reçoit donc le sacre à Reims au mois de janvier 1317. Devant l'opposition du parti de Bourgogne, qui défend les droits de la petite Jeanne, fille de Marguerite de Bourgogne, Philippe V doit réunir le 2 février 1317 une assemblée de barons, prélats, bourgeois et docteurs qui déclarent officiellement que « femme ne succède pas au trône ».

Durant son règne, un peu plus long que celui de son prédécesseur, Philippe V fait progresser les institutions centrales du royaume tout en s'appuyant sur les corps intermédiaires que représentent les assemblées partielles. Il prend soin de réunir fréquemment les états du royaume, cherchant ainsi un soutien et une légitimité plus solide. Lors de ces assemblées sont discutées les affaires de Flandre, la question des impôts ou encore l'homogénéisation des poids et mesures du royaume. La réorganisation du Conseil royal avait été mise en œuvre par Louis X sous l'influence de Charles de Valois, avec la création d'un « Grand Conseil » dont furent écartés les légistes. Avec Philippe V, ce Grand Conseil est remanié et sa périodicité devient régulière. Le souverain prend soin de préciser les modalités du fonctionnement du Parlement ainsi que de la Chambre des comptes, réglementée par l'ordonnance de Vivier-en-Brie de janvier 1320. Philippe V, loin de céder aux exigences de la noblesse, parvient donc habilement à ménager les différents partis tout en donnant une accélération décisive au processus de centralisation administrative du royaume.

Le roi meurt de dysenterie au début de l'année 1322. Il laisse quatre filles et pas de garçon : pour la deuxième fois donc, le trône ne pourra venir au descendant direct du dernier roi. À la différence de son frère aîné, Philippe V conserve une réputation plutôt positive : on en parle comme du « roi des coqs ». Les Gaulois – du latin *gallus* qui signifie aussi « coq » – et donc les Français étant, par excellence, des coqs, il était donc doté des mêmes vertus que l'animal : piété et chasteté (il garda sa femme, à la différence de ses frères), preux et bon combattant, soucieux de protéger ses poussins et le poulailler.

Charles IV le Bel, roi sans héritier

Le comte de la Marche, Charles, est le troisième fils de Philippe IV, dont on dit que la beauté lui a été laissée en héritage. Comme ses frères, on lui a fait épouser dans sa jeunesse une cousine de Bourgogne, Blanche, qui jamais ne put être innocentée comme Jeanne. En 1322, Charles reçoit sans difficulté la couronne de son prédécesseur. Nul ne songe désormais à défendre les éventuels droits des filles de Philippe V au trône. Il fait annuler son mariage avec Blanche par la papauté pour cause officielle de « parenté spirituelle ». En effet, la mère de la princesse, qui n'est autre que la comtesse Mahaut, a été autrefois sa marraine de baptême. Il épouse en secondes noces Marie de Luxembourg, qui décède peu après, puis Jeanne d'Évreux, fille du prince Louis d'Évreux, en 1325.

Au cours de ses six années de règne, Charles IV voit les relations avec l'Angleterre et la Flandre se dégrader très fortement, sans qu'il ne puisse y apporter une réponse définitive. La tension monte avec le roi d'Angleterre, Édouard II, qui refuse de rendre hommage pour ses fiefs d'Aquitaine. Charles confisque alors la Guyenne et le Ponthieu. À la tête de l'opposition des nobles anglais ligués contre son mari, la reine Isabelle vient à Paris négocier avec son frère : après l'abdication forcée d'Édouard II en 1327, les fiefs sont remis à son fils Édouard III qui prête hommage deux ans après. Mais la querelle féodale d'Aquitaine n'a pas encore trouvé son règlement.

Le conflit de Flandre, qui empoisonna les règnes de Philippe IV puis de Louis X, atteint son paroxysme avec Charles IV. La Flandre maritime se soulève de 1323 à 1328, dans une révolte terrible menée par un riche paysan, Nicolas Zannekin. Le roi de France fait lancer un interdit religieux sur les rebelles et arrête toute relation commerciale avec eux, ce qui apporte un relatif apaisement. Mais il n'a pas le temps d'intervenir par les armes.

Le 1er février 1328, Charles IV meurt sans héritier mâle. Son premier mariage avec Blanche de Bourgogne lui a donné deux enfants, Philippe puis Jeanne, morts en bas âge, de même que Louis, fils de Marie de Luxembourg. Jeanne d'Évreux a donné naissance à deux filles : Jeanne et Marie. Elle est encore enceinte au moment de la mort du roi. Philippe de Valois est nommé régent dans l'attente d'un éventuel garçon. Mais le 1er avril, c'est encore une fille qui naît, Blanche, qui n'est en aucune façon cette fois considérée comme une potentielle candidate au pouvoir.

Il est difficile de bien cerner la personnalité des trois « rois maudits » de l'histoire de France qui se succèdent si rapidement sur le trône. Si le règne de Louis X en particulier est trop bref pour laisser au roi le temps de laisser une œuvre et un souvenir politique précis, ses frères cadets Philippe V et de Charles IV prolongent tout de même de manière définitive l'œuvre de leur père en matière de perfectionnement de l'administration du royaume. Charles le Bel laisse en 1328 tous les ingrédients du futur conflit qui deviendra la guerre de Cent Ans, conflit territorial et dynastique : l'absence de règlement de sa succession, une Flandre en pleine rébellion et un ambitieux roi d'Angleterre, petit-fils de Philippe IV, prêt à défendre ses droits.

Les années sombres qui suivirent le trépas de Philippe le Bel sont évidemment le sujet du célèbre roman de Maurice Druon, *les Rois maudits*, paru en 1955. Mêlant habilement fiction et histoire, le livre rencontra un énorme succès... ainsi que ses adaptations télévisuelles, mises en scène par Claude Barma puis par Josée Dayan.

Charles IV épouse Marie de Luxembourg en 1322 (à gauche), mais celle-ci meurt peu après, ainsi que le fils qu'elle lui a donné. Il se remarie alors avec Jeanne d'Évreux, en 1325.
Si les mariages du fils de Philippe le Bel prennent tant d'importance, c'est parce qu'aucun d'eux n'engendre d'héritier mâle.
En effet, Louis X, le fils aîné, succède normalement à son père, mais il meurt en 1316, laissant son épouse Clémence de Hongrie enceinte d'un enfant qui ne vivra pas. Charles IV est donc le dernier représentant de la lignée des Capétiens directs – qui se sont succédé de père en fils depuis Hugues Capet –, puisqu'il disparaît sans héritier mâle (on voit ici Jeanne d'Evreux, enceinte d'une troisième fille à la mort du roi). (*Grandes Chroniques de France* de Jean Fouquet, xve siècle.)

les Valois

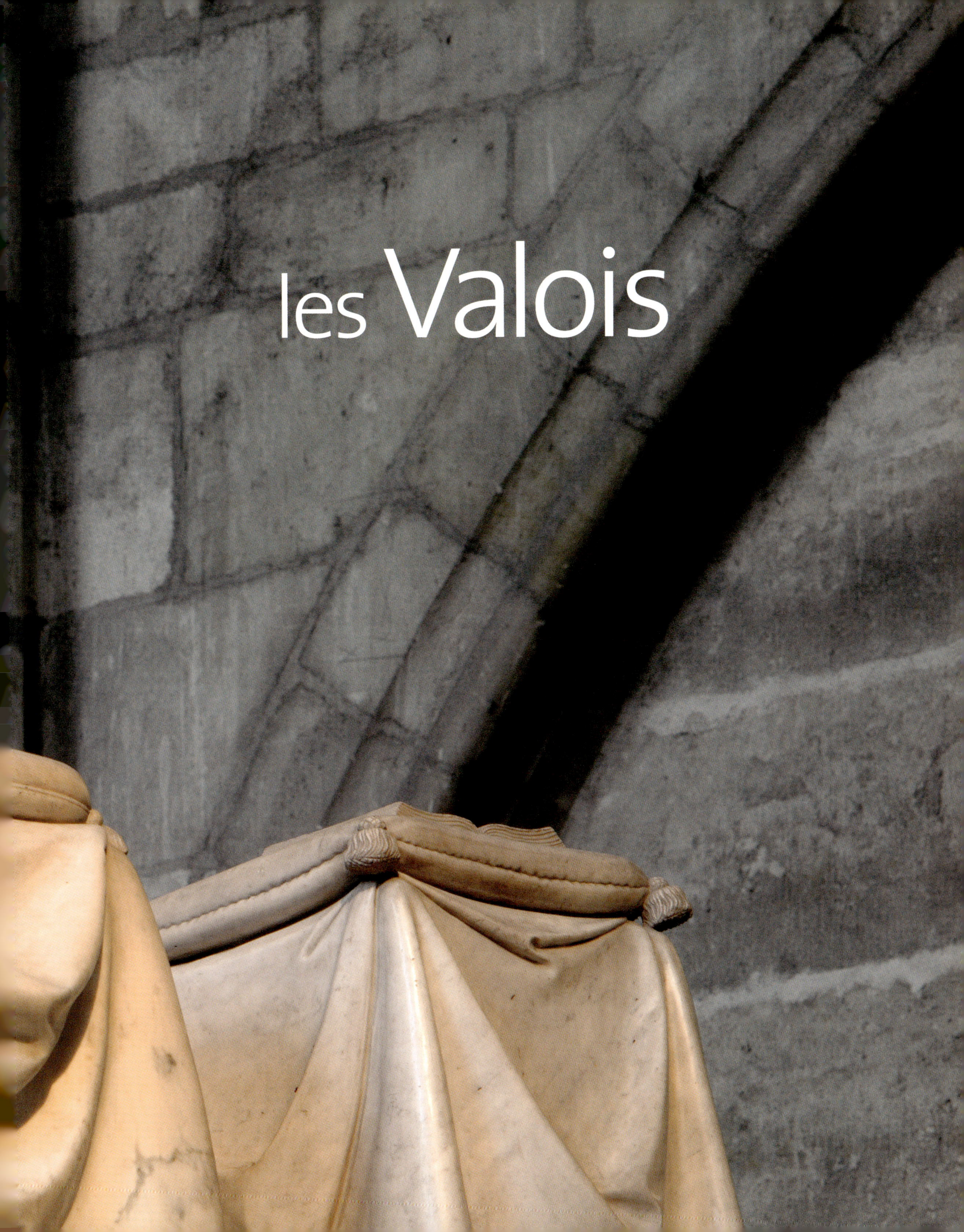

Philippe, qui se dit roi de France

Élection de Philippe de Valois par ses pairs et grands barons du royaume. Fils de Charles de Valois et de Marguerite de Naples, Philippe VI de Valois succède en 1328 sans opposition à son cousin Charles IV, dernier Capétien direct, qui n'a pas eu de fils. Les descendantes directes des derniers Capétiens sont écartées. Philippe a été choisi parce qu'il est à la fois aîné des mâles de sang royal et « natif du royaume ». (Enluminure, XIVe siècle.)

LE 1ER FÉVRIER 1328 s'éteint le dernier des fils de Philippe le Bel, Charles IV, laissant sa troisième épouse, Jeanne d'Évreux, veuve et… enceinte de sept mois. La situation est sans précédent : les Capétiens ont toujours eu un héritier mâle pour le trône, fils ou frère. En l'espace de treize ans, les quatre derniers rois sont morts sans fils pour leur succéder. Cette fois, il ne reste que le cousin du roi, Philippe de Valois, et l'enfant à naître. Le royaume de France ne peut « tomber en quenouille » depuis que Jeanne, fille de Louis X, trop jeune et de naissance suspecte, a été écartée du trône en 1317. L'enfant sera-t-il un garçon ? Si c'est le cas, il sera roi de France. Mais deux mois plus tard, c'est une petite fille qui naît. Le 1er avril 1328, à la naissance de la petite Blanche, Philippe de Valois est déjà régent du royaume. L'assemblée de barons et pairs qui doit décider de la succession au trône rejette rapidement l'idée d'une succession féminine. Le vrai rival de Philippe n'est autre que le jeune roi d'Angleterre, Édouard III, plus proche descendant des rois capétiens par sa mère Isabelle de France, fille de Philippe IV le Bel. Mais le prince qui gouvernerait les deux plus grands royaumes chrétiens d'Occident, France et Angleterre, serait un roi bien trop puissant et menaçant pour les barons. Le comte de Valois est l'un des leurs ; porté au trône avec leur soutien, il devra composer avec eux. Philippe de Valois devient Philippe VI, le « Bien-Fortuné » pour ses alliés, ou simple « roi trouvé », pour ses ennemis flamands.

Le roi a débuté son règne sous de bons auspices : sa victoire à Cassel en 1328 règle le vieux conflit flamand. Mais le roi d'Angleterre est un adversaire d'une tout autre envergure. Philippe VI lance sa chevalerie dans la guerre, et très vite, essuie de cuisants revers. Le 24 juin 1340, la flotte française est détruite lors de la bataille de l'Écluse. Quelques chevaliers normands sont alors tentés de rejoindre le camp du vainqueur. Pour le roi de France, ils trahissent la Couronne et doivent être exécutés. Olivier de Clisson et les Malestroit, père et fils, sont donc décapités pour l'exemple. Geoffroy d'Harcourt est banni, ses biens sont confisqués. (*Grandes Chroniques de France* de Jean Froissart, XVe siècle.)

Un héritier resté dans l'ombre

Philippe VI est né en 1293 de Charles de Valois, prince des fleurs de lys, frère de Philippe le Bel, et de Marguerite d'Anjou. Au début du XIVe siècle, le cousin des rois de France n'est pas un personnage de premier plan : l'activité politique intense de son père Charles, ses trois mariages successifs, mais aussi certainement des désaccords entre père et fils, contribuent à le laisser dans l'ombre jusqu'à la mort de ce dernier, en 1325.

Philippe de Valois est armé chevalier comme ses cousins, fils du roi de France, lors de fêtes mémorables en 1313. Son seul coup d'éclat est une expédition en Italie en 1320, lorsque le roi Philippe V le choisit pour défendre le pape contre les Gibelins. Il mène un siège peu glorieux à Verceil, dont il revient assez rapidement. Le jeune chevalier n'est apparemment pas un grand chef de guerre. Mais en 1328, Philippe est comte de Valois, du Maine et d'Anjou, il a trente-cinq ans, et une épouse, Jeanne de Bourgogne, qui lui a donné plusieurs enfants. C'est un prince apanagé, un grand seigneur qui, selon ses pairs, n'ira pas à l'encontre de leurs privilèges. Philippe apparaît donc comme un solide candidat pour le trône de France.

« Nous qui voulons toujours raison garder »

Le nouveau roi a le visage ouvert, un nez assez proéminent, et, au début de son règne, un fin collier de barbe qui disparaît des représentations plus tardives. Il apparaît comme un homme réfléchi, prudent, parfois froid. Ce n'est pas un jeune chevalier aventureux, mais déjà un homme d'expérience. Venu au pouvoir avec l'appui de nombreux seigneurs laïques, et entouré de ses propres familiers, il doit ensuite composer avec l'administration en place, au risque

De la faveur à la disgrâce.
Robert d'Artois, beau-frère de Philippe de Valois, est un allié important pour son accession au trône. Philippe VI est reconnaissant : après 1328, Robert est nommé pair de France et entre au conseil du roi. Mais le combat de sa vie consiste à récupérer le comté d'Artois dont il s'estime spolié par sa tante Mahaut. Lorsque la comtesse meurt, en 1329, et sa fille Jeanne peu après elle, Robert croit son heure arrivée. L'exclusion des filles du trône de France crée un précédent qui peut lui donner l'avantage. Un procès a lieu pour l'attribution de l'Artois. Robert, voulant mettre toutes les chances de son côté, a produit des lettres témoignant de son bon droit. Mais le scandale éclate au Parlement le 14 décembre 1330 : les documents sont des faux. Robert d'Artois, coupable de lèse-majesté, est condamné par Philippe VI au bannissement. Celui qui a tant soutenu le Valois passe alors en Angleterre et devient le meilleur allié d'Édouard III. (Miniature, XIVe siècle.)

Reine sage ou male reine ?
Jeanne de Bourgogne (vers 1295-1348), épouse prestigieuse car fille du duc de Bourgogne et d'Agnès, dernière des filles de Saint Louis, aurait pu être un atout majeur pour le nouveau roi. Elle lui apportait une belle caution de légitimité par son sang capétien. La reine Jeanne est amatrice de beaux manuscrits et de traductions de textes sacrés et profanes en langue vulgaire. Les auteurs qui écrivent pour elle clament leur admiration pour la « reine sage », née des lys de France. Elle participe, par ses conseils et ses lettres, à la politique extérieure de royaume : du duc de Bourgogne, son parent, au pape Jean XXII, nombreux sont ceux qui sollicitent son intervention. Le roi n'hésite pas à lui confier le gouvernement du royaume en son absence : ce sont les premières lieutenances exercées par une reine. Son pouvoir fut peut-être trop grand. Les chroniqueurs ont gardé l'image très noire, d'une reine boiteuse et maléfique, la « male reine » qui fait tuer tous ceux qui lui déplaisent. Vile et lâche, elle est donnée pour responsable des échecs de son époux devant Crécy et Calais. (*Miroir historial* de Vincent de Beauvais, XVe siècle.)

Philippe VI de Valois et Blanche de Navarre partant à la chasse. Blanche de Navarre ou Blanche d'Évreux (1333-1398), fille de Philippe III de Navarre et de Jeanne de France, épouse Philippe VI de Valois, qui est âgé de quelque quarante années de plus qu'elle, en janvier 1349. Celle qui était surnommé « Belle sagesse » en raison de sa légendaire beauté ne fut reine de France qu'une seule année : le roi meurt en 1350. Blanche est alors enceinte d'une fille, Jeanne. (*Livre de la Chasse* de Gaston III Phoebus, XIVᵉ siècle.)

de quelques ruptures fracassantes. Celle d'avec Robert d'Artois est restée la plus fameuse.

Philippe VI doit prouver qu'il a la stature et les qualités d'un bon gouvernant. Depuis le règne de Saint Louis, les vertus du roi de France étaient logiquement transmises par le sang à ses descendants. Un bon roi est un roi sage, donc un roi lettré : Philippe VI l'a bien compris, et en la matière, il va bien plus loin que ne l'avaient fait ses prédécesseurs. Il commande des manuscrits luxueux et de nombreuses traductions de textes savants en langue vulgaire dont les œuvres de Végèce ou de Tite-Live. L'idéal serait évidemment de reproduire l'exploit de son illustre prédécesseur et de repartir en croisade à la reconquête des lieux saints à la tête d'une armée de princes chrétiens. Philippe VI fait vœu de se croiser en 1333. Mais le terrible conflit qui l'oppose au roi d'Angleterre l'empêche de mener à bien ce projet.

En effet, depuis le remariage d'Aliénor d'Aquitaine avec Henri II Plantagenêt, le roi d'Angleterre est aussi duc de Guyenne, pour laquelle il est vassal du roi de France et doit lui rendre hommage, rituel de sujétion auquel s'est d'abord prêté le jeune roi d'Angleterre Édouard III. Mais en 1334, ce dernier accueille l'ennemi personnel de Philippe VI, Robert d'Artois, à sa Cour. C'est le signe d'un tournant politique : il se lance dans une course aux alliances contre le Valois. Philippe VI réplique en prononçant la commise, c'est-à-dire la confiscation, de la Guyenne, ordonnant à ses troupes d'occuper le duché. La réponse est cinglante : le 7 octobre 1337, le roi d'Angleterre renie son hommage et revendique pour lui la couronne de France, au nom du sang capétien qui coule dans ses veines. Il fait porter à la fin de l'année son défi à « Philippe de Valois, qui se dit roi de France ». La guerre qui commence est sans commune mesure avec les conflits qui ont pu secouer l'Occident jusque-là.

« De la faim, de la guerre et de la peste, libère-nous Seigneur »

La fin du règne de Philippe de Valois semble peu glorieuse. Le roi serait-il mal-aimé ? Se multiplient alors les arrestations pour injures publiques faites au roi et à la reine. Après 1347, Philippe VI, sans cesse obligé de se déplacer pour faire face aux combats, délègue de plus en plus de responsabilités à la reine puis à son fils Jean : administration de la Normandie, règlement de la succession de Bourgogne et cession du Dauphiné au prince héritier. Hiver 1347 : à la guerre s'ajoute la Peste noire. Le « mal qui répand la Terreur » décime la population des villes comme des campagnes. À l'été 1348, elle atteint Paris. La famille royale est durement touchée : le roi perd son épouse, Jeanne de Bourgogne. Il condamne avec sévérité les processions de flagellants qui parcourent les routes au nord du royaume, poussés par l'angoisse du châtiment divin. Le roi se remarie, peu de temps avant son propre trépas, avec une jeune princesse, Blanche de Navarre, parente de la famille des Évreux-Navarre dont il veut s'assurer la fidélité. Mais en 1350, la jeune et, dit-on, belle reine Blanche de Navarre est déjà veuve et douairière...

Philippe VI est un roi que chroniqueurs et historiens ont jugé faible, effacé. Pourtant il doit peut-être plus que ses prédécesseurs faire preuve d'autorité, de dureté même dans son gouvernement, afin d'affirmer perpétuellement la légitimité de son accession au trône. Il poursuit la centralisation du royaume, en y apportant des aménagements. Les défaites militaires mettent en lumière le manque de charisme d'un homme qui n'était pas un chef de guerre. L'accumulation des mécontentements de toutes parts à son égard font de ce personnage complexe un des rois mal-aimés de l'histoire de France.

Le nerf de la guerre

« Le roi doit vivre du sien. » Cet adage issu du droit féodal signifie que le roi doit vivre des revenus de son domaine. C'est le temps des finances « ordinaires » où les revenus du domaine royal couvrent les dépenses. Âge d'or de courte durée ! Avec l'entrée en force de l'impôt au XIVe siècle, l'adage féodal a vécu. S'ouvre l'ère des finances « extraordinaires ». Le domaine ne permet plus de faire face à toutes les dépenses, et la guerre, continuelle, appelle l'impôt. En dépit de cette nouvelle ressource, le déficit devient, à partir de la Renaissance, la monnaie courante des finances du roi.

1.

2.

LE DOMAINE EXIGU des premiers Capétiens ne leur autorise pas de dépenses somptuaires. Avec les agrandissements opérés par Philippe II Auguste et le renforcement de l'administration royale à partir de la fin du XIIe siècle, le domaine rapporte au roi plus qu'il ne dépense ; des excédents sont dégagés qui viennent constituer des réserves. Saint Louis se fait roi bâtisseur : il fonde l'hôpital des Quinze-Vingts ; il suit de près la construction de la Sainte-Chapelle, véritable reliquaire abritant la couronne d'épines du Christ et un fragment de la vraie Croix achetés pour 135 000 livres.

À la même époque, le rattachement de plusieurs fiefs à la Couronne entraîne l'extinction de certains monnayages seigneuriaux. Saint Louis profite de cet état de fait pour interdire la frappe d'espèces monétaires nouvelles par des ateliers autres que royaux. La monnaie royale [2] tend à s'imposer à l'ensemble du royaume. Subsistent, au XVe siècle, les monnayages de princes territoriaux pour qui la frappe de monnaie est affaire de prestige et manifestation d'indépendance politique. La Renaissance voit le rattachement au royaume du duché de Bretagne (1532) et la fin des principautés : c'est le règne de la monnaie du roi frappée de son effigie aisément reconnaissable [1].

Dès Philippe II Auguste, les excédents sont souvent absorbés par les opérations militaires. L'affrontement avec les Plantagenêts entraîne des dépenses plus élevées que les coups de main des premiers Capétiens. À partir de Philippe IV le Bel et jusqu'au XVIIIe siècle, la guerre occupe quasiment sans interruption le premier poste du budget royal. La nécessité de défendre le royaume façonne les finances du roi. Ainsi l'impôt se met en place progressivement à partir du XIVe siècle selon un cheminement complexe. Conçu comme temporaire, il fait l'objet d'âpres négociations entre d'un côté le roi et ses représentants, et de l'autre diverses assemblées réunissant nobles, clercs, représentants des villes. Au XVe siècle, dans le contexte d'urgence de la guerre de Cent Ans, Charles VII parvient à pérenniser l'impôt tout en écartant sa nécessaire validation par les assemblées, les états. L'impôt royal se répartit en un prélèvement direct, la taille, et une somme de taxes indirectes dont les plus connues sont les aides qui frappent toutes les ventes [3] et la gabelle du sel.

Régulièrement contesté, il devient au XVIIIe siècle une pierre d'achoppement entre le roi et les parlements soutenus par les cours des aides, chargées du contentieux des impositions : la révolution de 1789 a aussi son origine financière.

1.
Monnaie de Louis XII.
(Argent.)

2.
Monnaie de Charles VI.
(Argent.)

3.
Le receveur des impôts prélève les taxes aux marchands sur un marché au XVe siècle. (Vitrail de la cathédrale de Tournai, XIXe siècle.)

3.

Prisonnier des Anglais

Le 19 septembre 1356 est un jour particulièrement sombre pour le royaume de France. Dans les plaines de Maupertuis, au cri des Français « Montjoye, Saint-Denis », répond le « Saint Georges, Guyenne », des Anglais et Gascons. Comme à Crécy, les chevaliers français ne résistent pas aux archers anglais, attaquent en désordre, voire même s'enfuient. Le roi, qui combat en personne avec son fils puîné à ses côtés, met un point d'honneur à terminer le combat à pied. Tandis que le prince Philippe, qui conquiert alors son surnom de « Hardi », l'enjoint de ses légendaires « Père, gardez-vous à gauche, père, gardez-vous à droite », Jean le Bon prend des risques et combat aussi héroïquement qu'inutilement. Il est fait prisonnier. C'est un désastre sans précédent pour le royaume, privé pour longtemps de son chef. La défaite de Poitiers est au cœur du règne de Jean II. Sa conduite sur le champ de bataille est celle d'un roi qui croit encore à la valeur de l'exploit chevaleresque alors que la guerre est déjà une affaire de professionnels. Il paie chèrement cette erreur de quatre longues années de captivité en Angleterre, loin du royaume et du peuple de France.

Surnommé « le Bon » en raison de sa générosité, de son goût pour le faste et de sa bravoure aux armes, Jean II est un roi très instruit mais il est cependant trop souvent indécis et facilement influençable. En outre, il peut avoir des réactions brutales : il fait exécuter son connétable, Raoul de Brienne, et connaît par ailleurs de nombreux démêlés avec son gendre, qu'il fait incarcérer en 1356. Son règne, qui s'inscrit dans la guerre de Cent Ans, est marqué par la reprise des hostilités avec les Anglais et par la grande peste de 1348. (*Jean II le Bon, roi de France.* Peinture sur bois, XIVe siècle.)

L'héritier des Valois

Jean, fils aîné de Philippe de Valois et de Jeanne de Bourgogne, naît le 26 avril 1319, alors que son père n'est qu'un prince apanagé, cousin du roi de France et non l'héritier potentiel de la couronne. Le sacre, et le couronnement de Philippe VI à Reims le 19 mai 1328, change le cours de son destin. Philippe VI est devenu roi par le hasard des circonstances ; il veut au contraire que son fils aîné soit formé à son futur métier de roi. Le prince Jean est donc élevé auprès du duc Eudes de Bourgogne, frère de la reine. Il est instruit dans le maniement des armes, la diplomatie et le gouvernement.

Le 17 février 1332, peu avant que le prince ait atteint l'âge de 13 ans, Philippe VI l'émancipe sans plus tarder et lui confère les titres de duc de Normandie, comte d'Anjou et du Maine. Le jeune prince se voit ainsi confier une seigneurie très convoitée à l'ouest du royaume ainsi que les terres qui constituèrent autrefois l'apanage de son grand-père, Charles de Valois, puis de son propre père. La même année, Jean épouse la jeune et très belle, Bonne de Luxembourg, un parti très convoité car sœur de Charles, futur Empereur d'Occident ! Les noces sont célébrées le 28 juillet à Melun en présence de six mille invités. Jean et Bonne donneront naissance à onze enfants, dont un héritier pour le trône, Charles, et ses frères, les grands princes des fleurs de lys Louis d'Anjou, Jean de Berry et Philippe de Bourgogne. Lorsque Bonne meurt de la peste en 1349, Jean se remarie rapidement en février 1350 avec la comtesse Jeanne de Boulogne et d'Auvergne. Très rapidement après son émancipation, le duc de Normandie siège au Conseil royal et son père lui confie diverses missions.

Le chef de guerre

La guerre entre le royaume de France et le royaume d'Angleterre éclate à la Toussaint 1337. Les combats s'engagent sur plusieurs fronts, notamment en Aquitaine et dans le Nord-Ouest du royaume. Le duc de Normandie participe aux opérations militaires qui se multiplient. En 1341, il doit intervenir dans le duché de Bretagne en faveur de Charles de Blois, reconnu par la cour des pairs comme étant l'héritier légitime de la principauté. Jean de Normandie avance rapidement jusqu'à Nantes. Mais la Bretagne passe lentement aux mains de l'armée anglaise et Charles de Blois est fait prisonnier.

Au printemps 1346, le duc Jean est envoyé en Guyenne, avec une armée de dix mille hommes environ, afin de se porter au secours de la place forte d'Aiguillon qui vient de tomber aux mains de l'ennemi, pendant que son père poursuit les Anglais dans le Nord du royaume. Il commence par reprendre Angoulême puis entame le siège d'Aiguillon. Mais ce siège dure, s'enlise et coûte bien cher aux finances du royaume. Après y avoir perdu quatre mois en vain, Jean prend le chemin du retour et apprend la nouvelle du désastre de Crécy... À la fin du règne de Philippe VI, le prince Jean n'est pas en posture favorable. Étroitement associé au pouvoir de son père et au conflit engagé avec l'Angleterre, il porte sa part de responsabilité dans les défaites qui entachent la popularité royale. Le roi de France a perdu Crécy, et son fils aîné a immobilisé inutilement son armée de longues semaines devant Aiguillon. Le futur Jean II craint déjà pour sa légitimité ; ne demande-t-il pas à son beau-frère, le roi des Romains Charles IV de Luxembourg, de lui assurer son soutien en cas de contestation lors de son accession au trône ?

Il lui faut un coup d'éclat. C'est ce que lui procure la négociation sur le Dauphiné de Viennois, cédé par le dauphin Humbert II en 1349 à Charles, fils aîné de Jean. L'héritier du trône de France peut enfin apparaître en futur maître de la Couronne, qui lui échoit peu de temps après.

Le roi chevalier

Considéré comme responsable des défaites de Crécy et Calais, coupable d'avoir multiplié les impôts, Philippe VI meurt bien impopulaire le 22 août 1350. La couronne revient alors au fils aîné du roi pour la première fois depuis le règne de Louis X. Âgé de 31 ans, Jean a déjà l'expérience de la guerre comme de la politique. C'est un prince cultivé, qui apprécie les livres, qualité qu'il faut peut-être relier à l'intérêt de ses propres parents pour les lettres, et qui inspirera ensuite sans doute son propre fils, Charles le Sage. Il commande des traductions de textes latins, notamment une importante traduction de la Bible à Jean de Sy. On le dit « Bon » par sa libéralité : il dépenserait sans compter, qualité chevaleresque par excellence.

Jean II crée le franc le 5 décembre 1360, au moment de son retour de captivité. Cette nouvelle monnaie contenant 3,88 g d'or fin, montre le roi chargeant à cheval dans la droite ligne de l'idéal chevaleresque : l'objectif est de restaurer l'autorité royale en mettant fin aux mutations monétaires qui ont entraîné de nombreuses dévaluations pendant toute la première moitié du XIVe siècle. Il maintiendra sa parité pendant vingt-cinq ans. (Franc à cheval de Jean le Bon, monnaie en or.)

La défaite de Poitiers (19 septembre 1356) a des conséquences considérables : elle suscite un profond discrédit de la noblesse, qui se manifeste en 1358 lors de la Jacquerie. Elle entraîne une grave crise politique, qui voit le dauphin Charles à la fois menacé par la volonté des états généraux de contrôler l'impôt et l'administration royale, par les intrigues de Charles le Mauvais et par la tentative d'émancipation d'Étienne Marcel. (*La bataille de Poitiers*. Huile sur toile d'Eugène Delacroix, 1830.)

Jean II n'a pas oublié les défaites militaires de son père et tente, dès le début de son règne, de mettre à profit la période de trêve qui suit la perte de Calais (1347) pour remédier aux défauts de l'armée de France : faiblesse du commandement, indiscipline de la noblesse. Premier coup d'éclat du règne, le nouveau roi fait décapiter le connétable Raoul de Brienne, tout juste revenu de captivité à la Toussaint 1350. À sa place, Jean II choisit de promouvoir son familier Charles d'Espagne à la tête de l'armée royale. Ce changement brutal marque un tournant dans la stratégie militaire du royaume : le commandement n'est pas confié aux plus puissants princes, mais à un bon chevalier familier du roi. Le chroniqueur liégeois Jean le Bel insinue également que Raoul de Brienne paya de sa vie un amour coupable pour la reine.

Dès avril 1351, le roi organise un contrôle permanent des effectifs et de l'armement. En outre, afin de redorer le blason d'une noblesse peu valeureuse sur le champ de bataille de Crécy et de raffermir les liens qui l'unissent au souverain, le roi crée un ordre de chevalerie, l'ordre de l'Étoile, qui répond également à l'ordre de la Jarretière créé en Angleterre par Édouard III. Les heureux élus qui y sont admis promettent de se conduire en parfaits chevaliers au service du roi. Ils doivent constituer le cœur d'une « nouvelle » armée royale.

Mais déjà, les hostilités menacent de reprendre. Le 8 janvier 1354, Charles de Navarre et son frère Philippe assassinent Charles d'Espagne dans une auberge près de L'Aigle en Normandie. C'est le début d'un conflit ouvert entre le roi de France et ses cousins de Navarre, qui s'allient au roi d'Angleterre.

Vaincu par le prince Noir

Le temps de trêve franco-anglaise est rompu en 1355, lorsque le Prince Noir, Édouard de Woodstock, entreprend une vaste chevauchée qui débute en Languedoc et le fait arriver sans grande résistance jusqu'à la ville de Tours. Le prince est sans doute le plus redoutable adversaire de Jean II durant la guerre de Cent Ans. Fils aîné d'Édouard III et de Philippa de Hainaut, le prince de Galles est présent à la bataille de Crécy, à l'âge de 16 ans. Il révèle ensuite ses

qualités militaires à Poitiers et lors de ses grandes « chevauchées » victorieuses sur le territoire français. Surnommé « Prince Noir » à cause de la couleur de son armure, mais aussi des dévastations qu'il cause, il devient prince d'Aquitaine en 1362. Il mourra après avoir vaincu une dernière fois Du Guesclin à la bataille de Najera en Castille.

Jean le Bon se prépare à répliquer par une nouvelle campagne militaire, malgré les tensions et les trahisons de son entourage, notamment de l'intrigant Charles de Navarre, et l'opposition des états généraux. En effet, les caisses du royaume ne permettent pas de financer cette campagne ; les fastes de la cour ont absorbé une grande partie des ressources. Cependant, en décembre 1355, l'assemblée des états de langue d'oïl accepte le principe d'un impôt, une « aide », extraordinaire. De son côté, Charles de Navarre parvient un temps à monter le Dauphin Charles contre les projets militaires de son père. Le « Mauvais » est arrêté à Rouen le 5 avril 1356. Le Dauphin reçoit l'apanage de Normandie et réaffirme sa fidélité à son père.

Le Prince Noir, voulant regagner Bordeaux après avoir été arrêté au niveau de la Loire, est poursuivi par les troupes de Jean II, cherchant une revanche éclatante après les défaites paternelles de Crécy et Calais. L'Anglais est rejoint à Poitiers par les troupes de son frère, Jean de Gand, duc de Lancastre. Leurs hommes sont trois fois moins nombreux que les Français, mais ils décident néanmoins d'engager la bataille le 19 septembre 1356. C'est un véritable désastre. Le roi et son fils Philippe sont faits prisonniers et ne seront libérés que contre une rançon. L'humiliation s'ajoute à la défaite.

Une rançon de 4 millions d'écus

Au lendemain de la bataille, Jean le Bon vit une captivité dorée à Londres. Il est logé avec sa cour, dispose d'une liberté de circulation en Angleterre et est hébergé à l'hôtel de Savoie, un des palais les plus prestigieux de Londres. Il accepte le premier traité de Londres qui prévoit que l'Angleterre récupère l'ensemble de ses anciennes possessions d'Aquitaine et une rançon de quatre millions d'écus sans renonciation à la couronne de France. Le Dauphin a activement négocié la libération de son père. Le roi Jean lui-même participe à ses démarches, en adressant d'émouvantes missives aux villes de France, qu'il assure de son affection afin qu'elles assument une part de la rançon. Le 24 octobre 1360, lorsqu'Édouard III conclut avec le Dauphin Charles le traité de Brétigny-Calais, il doit accepter de rabaisser la rançon à trois millions d'écus et ses demandes territoriales à une Aquitaine étendue, tout en conservant Calais et le Ponthieu. Jean le Bon est finalement libéré contre un acompte de 400 000 écus d'or et la venue à Londres de six otages, dont son fils Louis d'Anjou. Ce dernier s'évade ; le roi Jean, toujours guidé par son sens de l'honneur, revient se constituer prisonnier en Angleterre… et meurt à l'hôtel de Savoie le 8 avril 1364.

Le règne de Jean II semble marqué tout entier par le désir de ne pas reproduire les erreurs de son père et de préparer la noblesse à vaincre selon l'idéal chevaleresque remis au goût du jour. Cet idéal déjà suranné, fait de bravoure et d'honneur, est aussi la principale cause des erreurs et défaites du deuxième des Valois.

Édouard de Woodstock Brackembury, est le fils d'Édouard III d'Angleterre et de Philippa de Hainaut. Il est aussi connu sous le nom de « Prince Noir », à cause de son armure sombre. La légende veut qu'à Crécy, ayant failli être tué, il ait fait assassiné tous les soldats français, blessés et ne pouvant pas payer de rançon. Cet acte, qui est contraire à l'esprit de la chevalerie, lui fait honte, surtout vis-à-vis de son père. On dit que c'est après Crécy qu'il adopta le port de cette armure noire. Il fut de son vivant un véritable héros de légende, notamment après la bataille de Poitiers.(*Gisant en bronze, XIVe siècle.*)

Édouard III d'Angleterre, fils d'Édouard II d'Angleterre, est le fondateur de l'ordre de la Jarretière, dont la devise est : « Honni soit qui mal y pense », mots que le souverain aurait lui-même prononcés pour faire taire ses courtisans en ramassant la jarretière de sa maîtresse lors d'un bal. Il est ici vêtu d'une tunique aux armoiries de cet ordre, qu'il porte au-dessus d'une cape ornée de ses armes personnelles. La tablette qu'il supporte représente les armoiries de ses successeurs au sein de l'ordre. Ce dernier comprend 24 chevaliers. (Portrait d'Édouard III, roi d'Angleterre, vêtu d'une robe de cérémonie bleue.)

Au service du roi

Les ordres du roi sont inspirés des ordres de chevalerie qui se multiplièrent au Moyen Âge. Ils s'inscrivent dans la tradition des ordres de moines-soldats chargés de la protection des États latins d'Orient, tout en se nourrissant de l'idéal chevaleresque des romans arthuriens. Rapidement, leur vocation affichée est d'attacher au roi, par des liens personnels, nobles et grands seigneurs. Puis, au-delà du roi, d'attacher à l'État l'élite de la nation.

1.

TROIS ANS après l'instauration de l'ordre de la Jarretière par Édouard III, Jean II le Bon crée l'ordre de l'Étoile (1351). Il s'agit pour le roi Valois de constituer une élite politique et militaire liée à sa personne [1]. Les chevaliers font le serment de ne jamais reculer dans la bataille. Noble intention qui aura des effets désastreux lors de la bataille de Poitiers (1356). Fidèles à leur serment, les chevaliers préfèrent se faire tuer sur place plutôt que de reculer, et le roi Jean est fait prisonnier.

Il faut attendre 1469 pour que Louis XI fonde un nouvel ordre de chevalerie français, l'ordre de Saint-Michel, protecteur de la France depuis la guerre de Cent Ans. Réponse à la création de l'ordre de la Toison d'or par Philippe le Bon en 1429, l'ordre compte à ses débuts 36 gentilshommes. Distinction rare, elle voit son prestige décliner à partir de la seconde moitié du XVIe siècle, en raison de la multiplication du nombre de chevaliers. Sous Louis XIV, la fameuse croix où l'on voit saint Michel terrassant le dragon récompense essentiellement artistes et écrivains [2].

Le 31 décembre 1578, Henri III, désireux de renforcer les fidélités à sa personne dans une période de troubles politiques, crée l'ordre du Saint-Esprit [3]. Le roi entend aussi rappeler qu'il a reçu les couronnes de Pologne et de France le jour de la Pentecôte, descente du Saint-Esprit sur les apôtres.

1.
Institution de l'Ordre de l'étoile par Jean le Bon et banquet en 1352. (Miniature extraite des *Grandes Chroniques de France* de Jean Fouquet, XVe siècle.)

2.
Croix de chevalier de l'Ordre de Saint-Michel. (Émail sur ronde-bosse d'or.)

2.

3.

4.

3.
Henri III tenant le premier Chapitre de l'Ordre du Saint-Esprit en 1578.

4.
Première distribution *des croix de la Légion d'honneur à l'église des Invalides le 14 juillet 1804.* (Huile sur toile de Jean-Baptiste Debret, 1812.)

À l'origine, l'ordre compte 100 membres. Le « cordon bleu » porte une croix frappée de la colombe du Saint-Esprit.

Instauré en 1693 par Louis XIV, l'ordre de Saint-Louis, véritable saint patron de la dynastie des Bourbons, obéit à un autre objectif. Par cette distinction militaire, le roi entend récompenser les officiers, nobles et roturiers, pour leur conduite exemplaire. Les différents grades (chevalier, commandeur, grand-croix) offrent l'avantage d'élargir la palette des promotions et des récompenses. Faut-il y voir une évolution de la société, le mérite personnel prenant le pas sur la naissance ? En tout cas, jusqu'à la Révolution, l'ordre fut très recherché.

Créé en 1802 par Bonaparte Premier consul, l'ordre de la Légion d'honneur a vocation à regrouper l'élite de la France, aussi bien civile que militaire [**4**]. La Restauration ne supprime pas cet ordre, se contentant de remplacer sur l'insigne le profil de Napoléon par celui d'Henri IV. Depuis 1870, y figure celui de Marianne.

À la reconquête du royaume

Etienne Marcel et le dauphin Charles. Fils de Simon Marcel, échevin de Paris et drapier, Étienne Marcel est né dans une famille alliée à de puissantes branches de la bourgeoisie parisienne. Échevin de Paris en 1354, il est élu en 1355 prévôt des marchands, c'est-à-dire chef de la hanse des marchands de l'eau. Il incarne les attentes de la bourgeoisie d'affaire parisienne, qui aspire à une monarchie contrôlée par les états. Il est le porte-parole du courant réformateur lors des états généraux réunis en 1355 pour financer la guerre contre les Anglais. Il sera finalement assassiné le 31 juillet 1358. Avec lui prend fin la plus sérieuse tentative de réforme de monarchie qu'ait connue la fin du Moyen Âge. (*Le Prévot des marchands Étienne Marcel et le dauphin Charles.* Huile sur toile de Lucien Melingue, 1879.)

LE 22 FÉVRIER 1358, le prévôt des marchands de Paris, Étienne Marcel, rassemble trois mille émeutiers et les mène au palais de la Cité. Guidés par le prévôt, les insurgés entrent dans l'appartement du Dauphin Charles, fils du roi Jean alors captif en Angleterre. Les maréchaux de Clermont et de Conflans veulent s'interposer ; ils sont assassinés et leur sang éclabousse la tunique du Dauphin. Étienne Marcel le coiffe alors de son propre chaperon rouge et bleu, couleurs de la ville de Paris. Cette scène violente en évoque évidemment une autre, plus de quatre siècles plus tard, lorsque le roi Louis XVI revêt le bonnet phrygien des sans-culottes. Mais le XIVe siècle n'est pas encore le temps de la Révolution. Le prévôt explique son geste par le fait que les maréchaux « avaient été faux, mauvais et traîtres ». Le Dauphin doit officiellement pardonner aux meurtriers et faire arborer le chaperon rouge et pers à tout le personnel du palais. En 1358, Charles n'est pas encore roi de France. Pourtant, durant tout le temps de la captivité de son père en Angleterre, il doit affronter l'une des plus graves crises de la royauté française en cette fin du Moyen Âge. Aux malheurs du temps qui ont rendu le royaume exsangue s'ajoute en effet la fronde des états généraux et des bourgeois parisiens, ainsi que la grande Jacquerie de la paysannerie d'Île-de-France. C'est dans ces épreuves que le Dauphin forge sa légitimité de souverain.

Charles monseigneur

Charles voit le jour à Vincennes, le 21 janvier 1338. Il est l'aîné des fils du duc Jean de Normandie, futur Jean II le Bon, et de Bonne de Luxembourg, qui meurt de la peste en septembre 1349. Le prénom choisi est lourd de sens : c'est celui de son parrain, Charles d'Alençon, mais aussi de Charles de Valois, son arrière-grand-père, de Charles IV le Bel, dernier des Capétiens, et au-delà, de Charlemagne. « Charles monseigneur » est destiné à régner et à assurer la continuité des Valois sur le trône.

Durant son enfance, le futur roi est éduqué à Vincennes en compagnie de ses frères, Louis, futur duc d'Anjou, Jean, futur duc de Berry, et Philippe, futur duc de Bourgogne, ainsi que de son oncle Wenceslas, qui deviendra empereur sous le nom de Charles IV. Il eut comme précepteur le célèbre Nicolas Oresme, maître en théologie, dont il fera un de ses proches conseillers.

Le prince Charles est âgé d'une douzaine d'années lorsque son père, Jean II, monte sur le trône. Dauphin du Viennois depuis 1349, on prend l'habitude de le nommer tout simplement « le Dauphin », titre qui désigne désormais l'héritier de la couronne de France.

Christine de Pisan le décrit comme un homme calme et patient : « Sa physionomie était sage, raisonnable et rassise, à toute heure en tous états et en tous mouvements ; on ne le trouvait furieux et emporté en aucun cas, mais modéré dans ses actions. » Son père et ses grands-parents lui ont transmis le goût des lettres et des livres. Il a reçu une éducation soignée ; on sait qu'il comprend le latin, ce qui est encore assez rare dans l'aristocratie laïque. Il est également, comme tout jeune prince, initié au métier des armes, et reçoit la chevalerie après le sacre de son père, durant l'été 1350. Il épouse ensuite sa cousine Jeanne de Bourbon. Le couple donnera naissance à cinq filles, dont aucune ne vit très longtemps. En revanche, ses deux fils, Charles et Louis, pourront assurer la succession dynastique.

Le séjour de Charles sur ses terres du Dauphiné est bref ; une fois son père devenu roi de France, le prince demeure essentiellement à la cour, à Paris. Le 19 septembre 1356, il participe à la grande bataille de Poitiers, qui voit la capture du roi Jean par les Anglais. Charles n'a pas été fait prisonnier comme son père pour une simple raison : pragmatique, il s'est enfui à temps.

Née à Venise, Christine de Pisan (v. 1364-v. 1430) est arrivée en France en 1368 avec son père entré au service de Charles V. À 25 ans, ayant perdu son père puis son mari, elle décide de vivre de sa plume et, par conséquent, « de se faire homme ». Devenue chambrière de la reine de France, Isabeau de Bavière, Christine écrit nombre de poésies et traités sur des sujets divers, souvent moraux. Elle compose en 1404 *le Livre des faits et bonnes mœurs du sage roy Charles V* où elle donne Charles V en exemple : la sagesse est désormais une qualité indispensable au métier de roi. Sous Charles VI, elle s'engage du côté des Armagnacs dans la guerre civile qui agite Paris. En 1418, elle se retire dans un couvent lors de la prise de Paris par les Bourguignons. Elle sort de son silence le 31 juillet 1429 pour célébrer Jeanne d'Arc et Charles VII, peu de temps avant de mourir. (Miniature, XVe siècle.)

« Mieux vaut pays pillé que terre perdue »

Le Dauphin, âgé de 18 ans, prend alors le titre de lieutenant du roi et doit affronter la crise politique, financière et militaire qui frappe le royaume. Revenu à Paris après la bataille, il convoque immédiatement les états généraux du royaume afin de négocier la levée d'impôts supplémentaires. Il faut en effet payer la rançon exorbitante de quatre millions d'écus d'or réclamée par Édouard III et organiser la défense du royaume. Lors de la réunion des états généraux d'octobre 1356, les bourgeois de Paris, avec à leur tête Étienne Marcel, exigent des réformes. Étienne Marcel appartient à la haute bourgeoisie parisienne. Ce riche marchand de draps tient boutique dans l'île de la Cité. Il est fournisseur de la cour et entretient des relations étroites avec les drapiers flamands. En 1355, il devient prévôt des marchands, c'est-à-dire représentant des bourgeois de Paris, et aspire à jouer

Qui sont les Jacques?
Les insurgés de 1358 sont appelés « Jacques » d'après l'appellation Jacques Bonhomme. Ce surnom est donné traditionnellement aux vilains, en raison peut-être du mot désignant leur vêtement court, « la jacque ». La plupart des acteurs de cette révolte ne sont pas en réalité les paysans les plus pauvres ; ce sont des paysans cossus des terres riches du Bassin parisien. Dans les lettres de rémission accordées par la suite par Charles V, la pauvreté est rarement signalée et fait alors l'objet d'une mention exceptionnelle : les « pauvre homme de labour » et « homme de petit estat » ne sont pas si nombreux. On trouve aussi parmi eux d'anciens hommes d'armes, d'anciens agents royaux ou seigneuriaux, des prêtres défroqués ou encore quelques gens de métiers venus de la ville. Certains dirent ensuite avoir suivi sans grande conscience des événements, par contrainte ou par crainte ; d'autres même, voyant des bannières à fleurs de lys dans la troupe, ont cru partir servir le roi… du moins est-ce leur argument de défense pour obtenir la rémission.
(*Jacquerie ou révolte des paysans.* Miniature de Loyset Liedet, XIVe siècle.)

un rôle politique. Son charisme lui permet de prendre appui sur le peuple et sur les états généraux pour faire pression sur le Dauphin en mauvaise posture ; il reçoit également le soutien, bien que fluctuant, de Charles le Mauvais, roi de Navarre. La situation se radicalise progressivement jusqu'à ce qu'une insurrection ouverte éclate le 22 févier 1358 avec le meurtre de deux maréchaux du royaume en présence du Dauphin. En accord avec la noblesse champenoise, Charles, désormais régent du royaume, entreprend d'isoler Paris et d'en faire le blocus. Parallèlement, durant l'été 1358, des paysans des régions environnantes se soulèvent contre les nobles, les massacrant et détruisant leurs châteaux. Ce sont les « Jacques », à qui les bourgeois parisiens apportent ponctuellement leur soutien. Ils sont écrasés par Charles le Mauvais, qui entre en vainqueur dans Paris. Le 31 juillet, Étienne Marcel est assassiné ; le roi de Navarre s'enfuit. Au mois d'août, le régent reprend le contrôle de la capitale.

Édouard III tente de profiter des difficultés du prince et se lance dans une chevauchée aux alentours de Paris. Mais Charles le laisse prudemment s'épuiser : « Mieux vaut pays pillé que terre perdue. » Le roi d'Angleterre sort affaibli de cette tentative trop audacieuse. En 1360, la grande réussite de Charles est de parvenir à négocier le traité de Brétigny avec l'Angleterre. Pourtant, la clause la plus importante, celle des renonciations, n'est pas ratifiée. Elle prévoyait que chacun des deux rois renoncerait, l'un à ses prétentions sur la couronne de France, l'autre à la souveraineté sur l'Aquitaine. La négociation a tout de même montré une belle capacité à gouverner de la part de l'héritier du trône. Charles utilise tous les moyens possibles pour obtenir la libération rapide de son père moyennant une rançon raisonnable. Il obtient un prêt du pape en personne. Il n'hésite pas à négocier le mariage de sa sœur Isabelle avec Galéas Visconti, coseigneur de Milan, disposé à payer six cent mille écus d'or pour une alliance aussi prestigieuse. À l'arrivée de son père à Boulogne, Charles doit renoncer à ses pouvoirs temporaires de régent.

« Notre-Dame Du Guesclin ! »

Jean le Bon meurt en avril 1364. Le 19 mai, le Dauphin est sacré roi de France à Reims, sous le nom de Charles V. Son premier devoir est de réorganiser le royaume afin de préparer une éventuelle reprise de la guerre. Il se doit notamment de résoudre le problème des Grandes Compagnies, ces bandes de mercenaires – ou routiers – laissés désœuvrés par l'arrêt des combats et qui sèment la terreur dans les régions qu'ils traversent. Charles parvient à envoyer une partie de ces troupes en Castille, pour mettre Henri de Trastamare sur le trône de Castille. À leur tête, il place le capitaine Bertrand Du Guesclin. Ce dernier, issu de la petite noblesse bretonne, a fait ses premières armes au service des Penthièvre contre les Anglais et les Montfort, avant d'entrer au service du roi Jean II. Dès l'avènement de Charles V, il remporte la bataille de Cocherel contre l'armée de Charles le Mauvais. La fidélité sans faille du chevalier borgne au roi de France est restée aussi légendaire que sa laideur, de même que son cri de guerre : « Notre-Dame Du Guesclin ! » Bien qu'il soit capturé à la bataille de la Najera par le Prince Noir (1367), la mission castillane est un succès : Du Guesclin libéré contre rançon, une nouvelle expédition place Henri de Trastamare sur le trône en 1369. Ce dernier devient ainsi un allié fidèle de la France. La flotte étant nombreuse et bien armée, les Anglais n'ont plus désormais la maîtrise des mers.

Vers 1367, Charles V accepte que certaines villes conservent un quart des fouages, ces impôts royaux directs, pour se fortifier. Sous son règne, les murailles des villes et des places fortes sont remises en état après recensement et inspection comme en portent témoignage la plupart des comptes urbains. Les villes les plus importantes sont dotées d'une garnison et certaines ont à leur disposition des confréries d'arbalétriers ou d'archers comme à Arras, Rouen ou Paris. Fin stratège, le roi dessine la carte de ses futures alliances politiques. Il impose son frère Philippe le Hardi comme époux de la seule héritière du comté de Flandre et reconnaît Jean de Montfort comme duc de Bretagne, qui accepte en retour de lui faire allégeance.

La prudence de Charles V va porter ses fruits ; la guerre reprend dès 1369, mais le rapport de forces a changé. Lorsque Édouard III se déclare à nouveau roi de France, le 3 juin, Charles annonce la confiscation de l'Aquitaine. Le roi de France a tiré les leçons de Crécy et de Poitiers : il ne paraît plus en personne sur le champ de bataille. Ses troupes évitent toute bataille rangée et s'attaquent aux points stratégiques, empruntant aux routiers et mercenaires la tactique de la terre brûlée. La « reconquête » du royaume est en marche, notamment grâce à Du Guesclin qui accumule les succès en Normandie ; les Anglais ne conservent que Calais et Cherbourg. En 1370, il est nommé connétable du royaume. Dès 1373, la quasi-totalité de l'Aquitaine est aux mains de Charles V. Le fidèle chevalier meurt le 13 juillet 1380 ; le roi le fait alors inhumer dans la nécropole royale de Saint-Denis, suprême honneur pour ce glorieux combattant.

Lettré et vertueux

Au pouvoir, Charles V favorise une mise en scène de plus en plus éclatante du caractère sacré de la royauté. Ainsi, il prend soin que les grâces royales soient conférées au moment des grandes fêtes liturgiques ou le vendredi, jour qui rappelle la mort du Christ. Avec le roi Charles, la même mystique entoure Dieu, la royauté et le service de l'État. À partir de son règne, le surnom de « Très chrétien » est définitivement réservé au roi de France. Charles s'appuie particulièrement sur l'Église pour gouverner, notamment à travers une étroite collaboration avec les papes d'Avignon. Le sang royal lui est également d'un grand soutien : ses frères, les princes de sang apanagés, reçoivent des possessions de plus en plus vastes à mesure que la reconquête progresse. Le prince apanagé a pour devoir de préserver une terre qui doit revenir ensuite aux biens de la Couronne ; c'est donc une forme de gouvernement « fédéraliste », soudé par la parenté, qui triomphe durant cette période.

Le roi de France s'entoure de lettrés, des « gens de savoir », comme Jean Golein, Raoul de Presles et Nicolas Oresme, dont il cherche le conseil. Comme de nombreux princes de son temps, Charles V apprécie l'astrologie, ce qui le pousse à s'entourer des meilleurs spécialistes du temps en la matière. Dès son avènement, il fait venir à Paris Thomas de Pisan, médecin et astrologue dont la réputation a fait le tour des cours d'Europe. Sa fille, Christine, gardera un souvenir admiratif de ce nouveau roi de France, qu'elle évoquera en 1404 dans *Livre des faits et bonnes mœurs du sage roy Charles V*.

Avec le conseil de ces érudits, Charles V prend deux décisions importantes pour la Couronne. Il fait commenter la loi salique qui

Bertrand Du Guesclin élevé à la dignité de connétable. Du Gesclin connaît une ascension remarquable en choisissant le métier des armes. Ici, le 2 octobre 1370, il est nommé connétable. Il reçoit solennellement son épée des mains du roi. Le choix du connétable revêt toujours une grande importance en raison des responsabilités qu'il exerce. En choisissant un noble de modeste extraction comme chef de l'armée, le roi place les grands seigneurs sous l'autorité de l'un de ses fidèles. Dès sa mort, Du Guesclin devient un héros « national » et populaire. Charles V ordonne que l'on enterre sa dépouille à Saint-Denis, honneur suprême. Ce petit homme râblé, resté toute sa vie fidèle au roi de France, est considéré comme le principal artisan de la reconquête. Il n'a peut-être pas été un grand stratège, mais ses conquêtes témoignent de son efficacité. (Miniature du Moyen Âge.)

sera désormais interprétée comme la loi particulière de la succession du royaume de France très chrétien. À la dignité quasi sacerdotale du trône les femmes ne sauraient succéder et il en est ainsi depuis les origines de la monarchie. De plus, le roi publie en 1374 des ordonnances qui réglementent la succession royale. La majorité des rois de France est désormais fixée à 14 ans, afin de mettre fin aux hésitations de ses prédécesseurs quant à l'émancipation de leur fils aîné.

Selon Christine de Pisan, le roi aurait voulu concentrer dans sa bibliothèque les autorités dans tous les domaines du savoir. Charles V est effectivement le véritable créateur de la bibliothèque royale, la librairie du Louvre, nouvel instrument de prestige de la dynastie. Installée au Louvre, dans la tour de la Fauconnerie, cette bibliothèque ou « librairie » a déjà connu d'importants enrichissements sous le règne de Philippe VI et surtout de Jean II. Mais son importance devient tout autre avec Charles V, qui adopte une politique systématique d'acquisition et de commande de manuscrits. Le roi nomme son valet de chambre Gilles Malet gardien de la librairie et lui fait établir un inventaire détaillé des volumes. La librairie sera dispersée en 1422, à la mort de son fils Charles VI.

Les transformations de Paris sous Charles V. Charles V est un roi bâtisseur, qui prend soin d'agrandir la capitale en faisant construire une nouvelle enceinte sur la rive droite. Il fait rénover et embellir le Louvre ainsi que l'hôtel Saint-Pol, ses résidences privées. Mais très vite, sans doute après les émeutes parisiennes de 1358, Charles V projette d'éloigner la cour du cœur de Paris. Né à Vincennes, il désire faire de ce pavillon de chasse des rois de France sa principale résidence. Le chantier d'édification du donjon débute en 1361 et s'achève en 1369. La construction de l'enceinte est terminée à la fin de son règne, alors que commence celle d'une Sainte-Chapelle. D'autres châteaux sont construits ou agrandis autour de Paris : ceux de Saint-Germain-en-Laye, Creil, Melun, Montereau, et celui de Beauté, à Nogent-sur-Marne, où décède le roi en 1380. (Manuscrit, XIVᵉ siècle.)

Charles V tenant le sac contenant ses entrailles. Surnommé « le Sage », Charles V assainit les finances, s'attache à pacifier le royaume, se donne les moyens de contrôler sa capitale en agrandissant le Louvre, en construisant la Bastille et en dotant la rive droite d'une nouvelle enceinte. Il essaye aussi de rompre l'isolement diplomatique du royaume, et tient une cour brillante… Sa sagesse lui permet donc de surmonter les périls que connaît le royaume : la guerre de Cent Ans, la grande peste et la Jacquerie ne l'ont pas empêché de construire un État stable et de restaurer la monarchie. (Sculpture en marbre, XIVᵉ siècle.)

Le roi mène en parallèle une politique de mécénat culturel, passant des commandes pour la traduction en langue vulgaire de textes connus jusque-là uniquement en latin et donc plus étroitement réservés aux clercs. À sa demande, Raoul de Presles traduit *la Cité de Dieu* de saint Augustin, et Nicolas Oresme, plusieurs traités d'Aristote. Ces traductions, comme toute traduction médiévale, sont aussi des adaptations ; leurs auteurs n'hésitent pas à prendre certaines libertés avec le texte original. Ils peuvent ainsi tirer le meilleur parti de ces textes pour l'idéologie royale. Cette politique culturelle a permis à Charles V de gagner le surnom de « Sage », à l'image du modèle biblique du roi Salomon, mais aussi avant lui du roi de Castille Alphonse X. Il s'agit d'être lettré, non pour acquérir un savoir en soi, mais pour être vertueux et donc gouverner dans le sens du bien commun, incarner le roi modèle, le roi sage des *Miroirs aux princes*. Il se donne ainsi lui-même en modèle de bon gouvernement à ses successeurs.

Une fin de règne brillante

À la fin du règne, la reconquête est un succès et la cour royale n'a jamais autant brillé par son prestige intellectuel qui rayonne sur toute l'Europe jusqu'à Barcelone. Les fastes de Charles V sont imités par ses frères, Louis d'Anjou, Philippe le Hardi, duc de Bourgogne, et surtout Jean de Berry. Mais cela ne compense pas la situation économique et morale désastreuse du royaume, épuisé par les guerres et le retour de la peste, et qui ressent très mal l'obligation de l'impôt. Le roi est profondément affecté par la mort de la reine Jeanne de Bourbon puis de sa fille Isabelle en 1378.

Les hostilités reprennent contre le nouveau roi d'Angleterre, Richard II. Quelques semaines après le trépas de Du Gesclin, en juillet 1380, le roi tombe malade, d'un fort accès de la maladie qui le lancine depuis de longues années, la goutte. Le 16 septembre, jour même de sa mort, devant ses conseillers réunis pour régler avec lui les affaires du royaume, Charles V décide de supprimer les fouages, impôt direct honni par le peuple. Le roi agit ainsi par scrupule moral ; mais cette abolition n'ira pas sans poser problème à son successeur, car l'État a désormais besoin de l'impôt. Le corps du roi est inhumé à Saint-Denis et ses entrailles à Maubuisson, auprès de sa mère Bonne de Luxembourg.

Celui qui s'était enfui à Poitiers est certainement l'un des plus grands rois de l'histoire de France, dont le parcours souligne l'intelligence politique et stratégique. Artisan essentiel de la construction d'un État moderne autour de la réforme de l'armée royale et du mode d'imposition du royaume, le « roi sage » laisse toutefois un héritage périlleux à son fils. Le manque d'argent et les ambitions des princes fragiliseront bientôt le pouvoir royal.

À la gloire du roi

1.

2.

Véritable outil de communication, la propagande royale a pour vocation d'ancrer et de diffuser l'image du roi auprès de ses sujets. Les Capétiens, au XIIIe siècle, puis les Valois, au siècle suivant, font preuve, avec les moyens qui sont les leurs, d'un sens aigu de la propagande. Ces moyens augmentant, la propagande royale élargit son champ d'action et surtout opère à plus grande échelle pour tenter d'investir l'espace et le temps.

Au milieu du XIIIe siècle, la volonté de Louis IX de réorganiser le « cimetière aux rois » qu'est l'abbaye de Saint-Denis participe de la « religion royale » qui met en scène le roi et la dynastie. Des gisants des anciens rois sont commandés et disposés de façon à inscrire dans la nef la continuité dynastique entre Carolingiens et Capétiens, le prestige des premiers profitant aux seconds.

Les grandes cérémonies royales que sont le sacre, les entrées et les funérailles sont des vecteurs de la propagande royale – c'est surtout vrai pour les entrées qui peuvent être multipliées. Les rois ont besoin d'être au contact de leurs sujets ; ce lien est au cœur de leur légitimité. Comme ils n'ont pas le don d'ubiquité, la propagande s'est ingéniée à multiplier les images du roi et de la royauté.

L'image première et la plus fréquente est celle des armoiries du royaume, les fleurs de lys [2], au nombre de trois à partir du milieu du XIVe siècle, accompagnées du collier de l'ordre de Saint-Michel (1469) puis de celui de l'ordre du Saint-Esprit (1578). Elles manifestent, aux yeux de tous, le roi et la royauté : les murs fleurdelisés des parlements rappellent que la justice rendue est celle du roi.

À partir du règne de Louis XII (1498-1515) sont frappées des monnaies d'or [4] et d'argent à l'effigie du roi. À compter du règne d'Henri III (1574-1589), des monnaies de cuivre, manipulées par la quasi-totalité des sujets, portent elles aussi cette effigie. Le profil du roi est désormais connu du plus grand nombre, ce qui permet au maître de poste Drouet de reconnaître Louis XVI en fuite vers Varennes le 21 juin 1791 [5].

À partir de la fin du XVe siècle sont aussi frappées des médailles : c'est à Lyon, en 1494, que Charles VIII reçoit la première médaille frappée en l'honneur d'un roi. Ce phénomène va croissant – tout événement auquel le roi participe est l'occasion d'une médaille commémorative [3] – pour culminer avec la création de l'Académie des inscriptions et belles lettres (1663) dont la vocation est, entre autres, d'écrire l'histoire métallique du règne.

Au-delà de la construction de bâtiments, la propagande royale développe au XVIIe siècle un véritable urbanisme dont l'archétype reste la place royale [1], au tracé géométrique, bordée de maisons uniformes ; trône en son centre une statue équestre du roi. Le modèle parisien, l'actuelle place des Vosges, est décliné à travers le royaume.

Vers le milieu du XVIIIe siècle, la montée d'une opinion publique hostile pose la question de l'efficacité de la propagande royale.

1.
Vue de la place Royale (aujourd'hui place des Vosges, Paris). (Gravure, 1752.)

2.
Grille du musée de l'Armée, Paris.

3.

4.

5.

3.
Médaille en argent frappée en l'honneur de l'entrée de Charles IX à Paris en 1571.

4.
Monnaie à l'effigie de François Ier. (Monnaie en or, XVIe siècle.)

5.
Écu de Louis XVI. (Monnaie en argent, XVIIIe siècle.)

Un roi fou

Ce 5 août 1392 au matin, Charles VI, roi de France depuis l'an 1380, sort de la cité du Mans à la tête de ses troupes. Cette expédition a une destination, la Bretagne, et une cible : Jean de Montfort, duc de Bretagne. Le roi tient le duc pour le commanditaire de la tentative d'assassinat perpétrée sur le connétable Olivier de Clisson. Charles est décidé à ne pas laisser impuni ce que ses conseillers et lui-même considèrent comme un crime de lèse-majesté ! Chevauchant vers la Bretagne, le roi et ses proches traversent la forêt du Mans. Un misérable vêtu de haillons se précipite à la rencontre de Charles et lui crie : « Ne va pas plus loin, noble roi, car on te trahit ! » Ces paroles ne manquent pas d'inquiéter le roi. La suite n'est qu'un enchaînement malheureux. Une lance heurte un casque ; au bruit du fer, le roi est pris d'un accès de panique furieuse : il sort son épée et pique des éperons sa monture. Quatre hommes sont tués, et le roi finit par être immobilisé, à bout de forces. Cette première manifestation de la « folie » du roi sera suivie de beaucoup d'autres. Le règne de Charles VI allait être scandé par des crises récurrentes espacées de périodes de rémission plus ou moins longues.

La première crise de folie de Charles VI. Dans une même enluminure sont parfois juxtaposées des scènes différentes. Cela semble être ici le cas. Charles VI portant couronne sort de la cité du Mans accompagné d'une partie de sa suite. Tenant la bride du destrier royal, on reconnaît l'ermite ou le pauvre hère – les versions divergent – qui apostropha le roi ; il n'est pas impossible qu'ensuite le même fût arrêté : on le reconnaît, plus haut, entre deux sergents. Enfin, cheval et hommes noyés semblent témoigner de la violence de cette première crise de folie. (*Charles VI atteint de démence dans la forêt du Mans.* Miniature, XVe siècle.)

Prince des clercs et des chevaliers

À l'occasion d'une réunion solennelle réunissant des grands du royaume, Charles V présente à son fils aîné et héritier, une couronne et un casque, lui demandant s'il préfère être couronné roi avec l'une ou s'exposer avec l'autre aux dangers de la guerre. Sans attendre, le dauphin Charles choisit le casque. Ainsi éclatent au grand jour ses dispositions naturelles pour les armes. Charles V, plus à l'aise dans sa librairie du Louvre que sur les champs de bataille, a décidé d'inculquer à son fils les qualités de chef de guerre, qui lui ont fait défaut. À Charles V le Sage succédera, si Dieu le veut, Charles VI prince des clercs et des chevaliers. Âgé de douze ans à la mort de son père, Charles VI, en vertu de l'ordonnance de 1374 fixant la majorité royale à treize ans révolus, est un roi mineur. Louis d'Anjou, Jean de Berry et Philippe de Bourgogne, les trois frères du roi défunt, s'entendent pour exercer la régence au nom de leur neveu.

Très vite le roi doit faire face à des révoltes urbaines. En 1382, les villes de Flandre se soulèvent pour des raisons fiscales. Charles VI part en campagne. L'affrontement a lieu à Rozebeke : les Flamands défaits, les villes rentrent dans le rang. Auréolé du prestige d'une grande victoire, Charles VI entre dans Paris dont il n'a pas oublié la récente révolte des Maillotins – les émeutiers s'étant armés de maillets. Les chefs de la révolte parisienne sont arrêtés et bon nombre exécutés. Après le temps du châtiment vient celui du pardon que le roi accorde cette fois de son propre chef et non sous la contrainte de l'émeute. La faute des Parisiens, précise le chancelier de France, est d'avoir brisé le lien d'amour unissant le roi à ses sujets. Conseillers et princes implorent le roi de pardonner la ville. Le peuple, à genoux, crie « Miséricorde ! ». Alors seulement, le roi accorde son pardon.

Être roi à vingt ans

Alors que le roi entre dans sa dix-septième année, les grands du royaume se réunissent pour trouver une épouse digne du roi de France. Comme le rapporte la chronique, fut envoyé « un peintre très habile, pour faire le portrait des trois jeunes princesses. Ces portraits furent présentés au roi, qui choisit madame Isabelle de Bavière, âgée de quatorze ans, la trouvant très supérieure aux autres en grâce et en beauté. » Les futurs époux se retrouvent à Amiens où l'évêque célèbre, le 17 juillet 1385, la messe de mariage. Le soir, les dames de compagnie couchent la mariée, puis le roi se couche qui désirait fort la trouver dans son lit aussi impatient d'en découdre qu'à Rozebeke. Et Froissart de conclure : « S'ils eurent du plaisir cette nuit, vous pouvez le croire ! »

Le 4 novembre 1388, Charles VI est à Reims où le Conseil royal s'est réuni. L'ordre du jour est lancé par le cardinal de Laon : « Le roi n'est-il

Reine de France ou reine des plaisirs, femme infidèle, mère indigne, fossoyeuse du royaume de France… telle est la légende noire qui poursuit Isabelle de Bavière (1371-1435) depuis le début du XVe siècle. L'histoire française d'Isabelle de Bavière commence en 1385, année de son mariage avec Charles VI. Particulièrement fécond, le couple royal donne le jour à pas moins de huit enfants à l'éducation desquels Isabelle accorde un soin particulier. Reine de France, elle trône à la cour où sa conduite licencieuse lui vaut de vives critiques. Prêchant à la cour, Jacques Legrand n'apostrophe-t-il pas la reine d'un « la déesse Vénus seule règne à votre cour » ? À partir de 1392, la maladie du roi la hisse de façon inattendue sur la scène politique : en cas d'absence du roi et de minorité du dauphin, elle siège au conseil de régence. D'abord proche du duc d'Orléans, elle oscille de 1411 à 1420 entre Armagnacs et Bourguignons pour finir par renier son fils le « soi-disant dauphin Charles », cautionnant par sa présence à Troyes la dévolution de la couronne de France au roi d'Angleterre. (*Isabeau de Bavière*. Sculpture en cire d'Henri Cros, XIXe siècle.)

Homme au profil autoritaire vêtu de somptueuses tenues rehaussées de bijoux... tel est le duc Jean de Berry (1340-1416), mécène fastueux immortalisé par l'enluminure. À l'instar de ses frères les ducs d'Anjou et de Bourgogne, il puise dans le trésor royal pour embellir ses résidences et enrichir ses collections. Son rôle politique n'est pas à la hauteur de ses ambitions : après l'assassinat du duc d'Orléans, ses hésitations réitérées sur une scène politique où s'opposent Armagnacs et Bourguignons achèvent de le déconsidérer. (*Les Très Riches heures du Duc de Berry : le duc Jean de Berry et son administrateur de biens.* Miniature de Jean Limbourg, XVe siècle.)

Le fou au Moyen Âge est d'abord un être proche de Dieu dont il peut passer pour l'envoyé. Cette proximité divine concerne surtout les simples d'esprit, dans une tradition issue des Évangiles : « Bienheureux les simples, le royaume de Dieu sera à eux. » À cette figure spirituelle du fou répond celle à la fois médicale et littéraire du fol. La folie est une maladie dont les causes sont à chercher dans le trouble des humeurs, l'influence des astres, ou encore l'absence de vie sexuelle. Archétype littéraire, le fol est sale, mal vêtu, tient des propos incohérents et laisse parfois libre cours à son agressivité. Bien plus que le fou de Dieu, le fol est en rupture avec la société médiévale. Face à la folie, cette dernière a oscillé entre tolérance et rejet. Les aliénés étaient parfois recueillis dans des monastères ou admis dans des hôpitaux. Mais souvent la marginalisation prend le pas sur la tolérance. Le dicton « De fol l'on doit se garder » traduit bien le danger que représentait alors pour l'ordre social les individus frappés de troubles mentaux. (*L'excision de la pierre de folie.* Peinture de Jérôme Bosch, XVe siècle.)

pas en âge de gouverner ? » Après délibération, le conseil répond par l'affirmative mettant fin à la régence des oncles. La chronique rapporte que les ducs de Bourgogne et de Berry s'en allèrent fort « mal contents ».

La volonté politique de la nouvelle équipe qui compte d'anciens conseillers de Charles V, les Marmousets, est de gagner les cœurs, car il n'est d'État royal sans le consentement des sujets. Une active propagande royale est orchestrée, qui se manifeste à travers les fêtes organisées à Saint-Denis en mai 1389. Le roi et sa cour n'ont pas hésité à s'installer dans l'abbaye. Joutes et tournois sont organisés. Tout concourt à ce que le roi soit le premier acteur de ces fêtes. Trois couleurs se détachent du décor qui encadre toutes ces festivités : vert, blanc et vermeil qui sont les couleurs du roi ; sa devise « Jamais » apparaît partout, ainsi que son emblème, le cerf volant. Excellent cavalier, Charles brille par sa dextérité. Les chevaliers et nobles du royaume peuvent s'identifier à Charles VI et ainsi accepter plus naturellement l'autorité de l'État royal en construction.

La crise de la forêt du Mans porte un coup d'arrêt à la politique du roi : chassant les Marmousets, les oncles reviennent aux affaires. Philippe le Hardi s'impose par son autorité. Le jeune duc d'Orléans,

En dépit de la folie du roi, la cour continue de mener une vie festive. Lors d'un bal, un membre de l'escorte du roi met involontairement le feu à son déguisement. La rumeur publique accuse Louis d'Orléans d'avoir tenté d'assassiner son frère pour prendre le trône. L'événement renforce ainsi considérablement l'impopularité de Louis, déjà vive en raison de sa politique fiscale, de son train de vie luxueux, et de sa grande amitié pour la reine. D'ailleurs le bal des Ardents constituera l'un des principaux éléments de la propagande du parti bourguignon contre le frère du roi. Il sera invoqué par Jean sans Peur pour justifier l'assassinat de Louis d'Orléans le 23 novembre 1407. (*Le bal des Ardents. Chroniques de Jean Froissart*, XVe siècle.)

frère du roi, n'a pas été en mesure de peser face à son oncle le duc de Bourgogne. Bien vite, les deux ducs entrent en compétition pour le pouvoir et le contrôle des finances royales.

Il oubliait même sa propre personne et son titre de roi de France

Charles VI à peine remis de la crise qui l'a frappé dans la forêt du Mans, un bal est organisé en janvier 1393 à l'occasion du mariage d'une dame de compagnie de la reine. Le roi et des jeunes seigneurs font irruption, déguisés en sauvages. Une flammèche atteint le groupe dont les costumes de poix et d'étoupe s'embrasent sur fond de hurlements. Réfugié sous les jupes d'une dame, Charles échappe de peu à une mort atroce. Le bal des Ardents marque la psychologie d'un homme déjà fragile. Six mois plus tard, le roi perd de nouveau la raison pour ne la retrouver qu'au début de l'année 1394. Jusqu'à sa mort en 1422, le roi ne traversera pas moins de quarante-deux crises. L'entourage royal met tout en œuvre pour guérir le roi. À l'université de Paris, on débat sur le mal royal sans parvenir à le soigner. Pour hâter la guérison, le clergé organise des processions et promène autour de la résidence du roi le corps du Christ en guise de souverain remède. Il n'est pas aisé d'établir les causes des symptômes relevés par les chroniqueurs. Dans le flot de paroles qui est alors le sien, des éléments troublants reviennent. Il rejette tout ce qui touche la dignité royale qu'il incarne : les fleurs de lys qu'elles soient en armes aux murs ou en motifs sur ses vêtements, son nom pour préférer celui de Georges, le saint et chevalier idéal de toutes les batailles. Il s'en prend aussi violemment à son frère Louis d'Orléans, implorant que lui soit ôtée du cœur l'épée que celui-ci y aurait plantée ! Dès lors comment ne pas voir à l'origine des crises royales un refus de Charles à s'assumer roi en majesté, refus doublé d'une sourde rivalité avec son frère. Louis, si brillant politique, n'excitait-il pas à son insu la jalousie du roi ?

Conscient des conséquences de ses accès de folie sur l'administration du royaume, Charles décide en 1403, qu'en cas d'« absence », les décisions seront prises par la reine, assistée des princes, qui s'avèrent incapables de gouverner ensemble. Charles VI continue d'incarner la légitimité, et aucune autorité, pas même celle du Dauphin, ne parvient à s'imposer. En 1404, la mort de Philippe le Hardi laisse le champ à une lutte ouverte entre Louis et Jean, nouveau duc de Bourgogne. Alors que les deux ducs viennent d'oublier leur haine pour se réconcilier publiquement, Jean fait assassiner Louis, déclenchant le conflit entre Armagnacs et Bourguignons.

Henri, roi de France et d'Angleterre

Après 1410, Charles VI vit retiré, entouré de quelques familiers : Odette de Champdivers placée à ses côtés parce que, dans ses accès de démence, il s'en prend violemment à la reine Isabeau, ou le page Cerise. Odette, surnommée la petite reine, joue aux cartes avec le roi ; Cerise partage avec lui de nombreuses parties d'échecs. Le roi devient le témoin impuissant de la guerre civile qui oppose désormais Armagnacs et Bourguignons, et du mécontentement qui culmine lors de l'insurrection cabochienne de 1413.

Outre-Manche, Henri V reprend à son compte les prétentions d'Édouard III à la couronne de France. Henri débarque en Normandie. Alors que les troupes anglaises épuisées se retirent vers Calais

Des rois inutiles ? Contesté, Richard II est déposé en 1399, puis assassiné en 1400. Incapable d'exercer le pouvoir durant ses « absences », Charles VI, parce que source de la légitimité, n'est déposé par aucun des partis luttant pour le pouvoir. Richard II et Charles VI appartiennent à la même génération. Le premier est né en 1367, le second en 1368. Tous les deux sont d'abord des rois mineurs, au nom desquels s'exerce une régence dirigée en France comme en Angleterre par les oncles du roi. Entre leur accession au trône et leur prise de pouvoir quasi simultanées (1388), Richard et Charles n'ont pas fait le même apprentissage du pouvoir : par son attitude hiératique, Richard s'éloigne des grands seigneurs sans lesquels il ne peut gouverner ; brillant chevalier, Charles VI se présente à sa noblesse comme un principe fédérateur. Si les deux souverains ont été perçus par certains comme inutile, leurs règnes ont eu à terme un impact fort sur les royautés anglaise et française.
(*Le roi Charles VI remet sa fille Isabelle de France à Richard II roi d'Angleterre ; Chroniques* de Jean Froissart, xve siècle.)

après la prise de Harfleur, le Conseil décide de passer à l'attaque. Charles VI n'est pas en état de diriger l'armée royale, et les princes se perdent en vaines querelles, tant de stratégie que de préséance. La bataille a lieu à Azincourt le 25 octobre 1415. Elle se solde par une cuisante défaite française.

Après 1415, les rémissions de Charles VI sont de plus en plus rares, et ne lui permettent plus de jouer un rôle politique, tandis que l'alternance Armagnacs, Bourguignons maintient la guerre civile. Le Dauphin Charles arrive en âge d'exercer des responsabilités politiques ; il penche du côté armagnac. Il profite de la violente entrée des Bourguignons dans Paris en 1418 pour faire sécession : retiré dans ses terres, il se proclame régent s'opposant ainsi au duc de Bourgogne que soutient la reine Isabeau. La situation est propre à créer une voie de fait : le 10 septembre 1419 sur le pont de Montereau, le duc de Bourgogne est assassiné. Le crime imputé au Dauphin Charles a des conséquences immédiates : il est déchu de ses droits à la couronne, et par le traité de Troyes conclu en 1420, une double monarchie est mise en place. À la mort de Charles VI, Henry V devenu fils du roi par son mariage avec sa fille Catherine, recevra la couronne de France. À sa mort en 1422, Charles VI est pleuré par les Parisiens.

Si aujourd'hui on se plaît à parler de Charles VI le Fol, dès le deuxième tiers du xve siècle Charles fut surnommé le Bien-Aimé par le peuple. On préféra par la suite insister sur la folie du roi censée aussi bien résumer qu'expliquer un règne qui laissa à la postérité une France déchirée par la guerre civile, aux mains du roi d'Angleterre. Pourtant, aussi désastreux qu'il paraisse, le règne de Charles VI fortifie à terme la monarchie. Les Français ont manifesté leur attachement pour ce roi de douleur. Le lien d'amour qui unit le roi et ses sujets est renforcé. Seul garant de l'ordre public et du bien commun, le roi est perçu comme le père de ses sujets.

La bataille d'Azincourt en 1415 n'est-elle qu'une nouvelle défaite française où la noblesse n'a pas rempli son devoir : défendre le royaume ? Si Michel Pintoin, historien officiel du règne de Charles VI, ne peut songer à Azincourt sans verser de larmes, c'est que cette bataille constitue un terrible précédent. La conception de la guerre a changé : la bataille qui s'engage ce jour-là est déclarée mortelle, c'est-à-dire sans prisonniers. On ne dénombra pas loin de 5 000 morts. Seuls quelques nobles de haut rang échappèrent au massacre. Ce fut un choc psychologique énorme. En témoignent *l'Épître de la prison de vie humaine* écrite par Christine de Pisan pour Marie de Berry, et l'apparition sur les tombes de la mention « Mort à Azincourt ». Désormais, mourir pour la patrie fait sens. Choc de civilisation, Azincourt est un jalon de la genèse du sentiment national. (Miniature.)

« Montjoye Saint-Denis ! »

Apparues vers le milieu du XIIe siècle, les armoiries répondent à une nécessité pratique : reconnaître les combattants sur le champ de bataille. Les devises sont d'une construction plus savante ; elles associent plusieurs éléments : un mot ou une courte maxime, un motif et parfois un fond coloré. Alors que les armoiries sont l'emblème d'un lignage et par extension d'un État, les devises restent liées à un individu.

1.

Avant de devenir l'emblème de la royauté française, les lys d'or sur azur sont les armoiries d'une famille, les Capétiens. Ils sont d'abord brodés en semis sur les vêtements royaux au XIIe siècle, puis Philippe Auguste en fait frapper son sceau, et Louis VIII l'écu royal. Sous Charles V leur nombre se limite à trois. Symbole marial, le lys vient renforcer la sacralité du roi de France et sa vocation de souverain « Très Chrétien ». L'écu frappé des trois fleurs de lys est parfois accompagné du cri des rois de France, « Montjoye Saint-Denis » [1]. À partir de 1469, date de fondation par Louis XI de l'ordre de Saint-Michel, il est entouré du collier de l'ordre constitué d'une série de coquilles et d'un pendentif représentant saint Michel terrassant le dragon. À la fin du XVIe siècle, ce premier collier est doublé d'un second, celui de l'ordre du Saint-Esprit fondé en 1578 par Henri III. Des portants peuvent soutenir l'écu : de Charles VI au début du règne de François Ier, ce sont deux cerfs ailés avec au cou une couronne. Ils connaissent une éclipse sous Louis XI qui leur préfère deux anges ; ils disparaissent sous François Ier : le connétable de Bourbon, traître au roi, ayant le cerf comme emblème.

1.
Écu aux trois fleurs de lys. (Peinture extraite du *Livre de la description des pays* de Gilles Le Bouvier, XVe siècle.)

2.

3.

2.
Le porc-épic, emblème de Louis XII. (Motif sur une cheminée.)

3.
Abeille ayant servi à la décoration de Notre-Dame lors du sacre de Napoléon Ier. (Bronze doré.)

4.
Le soleil, emblème de Louis XIV. (Porte en bois sculptée et dorée.)

5.
La salamandre, emblème de François Ier.

4.

on croyait alors que le porc-épic lançait ses dards pour se défendre, ce qui en faisait un animal redoutable, de près comme de loin. La salamandre que François Ier choisit comme emblème avait comme propriété de se nourrir du feu et de l'éteindre [5], *nutrisco et extinguo*. Louis XIV adopte le soleil [4] que certains rois avaient déjà utilisé de façon occasionnelle, et se donne pour devise *Nec pluribus impar*, « À nul autre pareil », c'est-à-dire supérieur à tous !

Le choix des abeilles [3] pour figurer dans l'héraldique impériale ne tient pas du hasard. Il s'agit pour les conseillers de Napoléon de rattacher la nouvelle dynastie aux Mérovingiens – des abeilles d'or ont été retrouvées en 1653 à Tournai dans la tombe de Childéric, père de Clovis.

En plus des armes de France qui sont aussi les siennes, chaque souverain est libre de choisir une devise. En somme, si les armes restent, les devises passent... Les devises apparaissent au XIVe siècle. La principale devise de Charles VI s'articule autour du mot « Jamais », d'un cerf-volant et des couleurs blanc, vert et vermeil. Pleinement roi, après le sacre et la reconquête du royaume, Charles VII reprend à son compte le cerf-volant et les trois couleurs de son père. Le porc-épic hérissé de piquants de Louis XII est encore visible au château de Blois [2] ; il était parfois accompagné de l'inscription *Cominus ac minus*, « De près et de loin » :

5.

Le vainqueur de la guerre de Cent Ans

Contre l'avis des conseillers du roi, Jeanne d'Arc impose son idée : pour affirmer la légitimité du Dauphin et bien qu'il soit déjà roi depuis bientôt sept ans, elle convainc Charles VII de se faire sacrer à Reims. Alors que la ville est contrôlée par les Bourguignons, alliés des Anglais, Jeanne y mène le roi. Toutes les villes s'ouvrent à leur passage, acclamant le Dauphin. Le 17 juillet 1429, l'archevêque Regnault de Chartres sacre Charles VII. Jeanne est debout au pied de l'autel, son étendard à la main. L'épisode du sacre marque l'apogée de l'épopée de Jeanne d'Arc, et amorce également son déclin.
(*Le roi Charles VII reçoit la couronne dans la cathédrale de Reims le 17 juillet 1429 en présence de Jeanne d'Arc*. Huile sur toile de Jules Eugène Lenepveu, XIXe siècle.)

LE DIMANCHE 17 JUILLET 1429, dans la cathédrale de Reims, Regnault de Chartres, archevêque de la ville et chancelier de France, sacre roi Charles VII. Voilà pourtant près de sept ans qu'il est roi, mais, jusqu'à ce jour, la cérémonie n'avait pu se tenir. Et encore n'a-t-elle lieu que bien difficilement : les manuscrits d'*ordo*, qui exposent la façon dont doit se dérouler cet acte fondamental de la « liturgie politique », sont aux mains des Anglais, qui tiennent alors Paris et Saint-Denis. En leurs mains, également, les *regalia*, ces objets symboliques d'une immense valeur, nécessaires au sacre : on n'a donc ni sceptre, ni main de justice, ni couronne ! Peu importe. L'archevêque officie dans une cathédrale où se presse une foule fervente, et où sont également présents des grands du royaume, tels René d'Anjou, Charles de Bourbon ou Jean d'Alençon ; des proches du roi, des capitaines ; et bien sûr, portant l'étendard, Jeanne d'Arc. Il faut aussi compter les « pairs du royaume » – ceux du moins qui sont demeurés fidèles à Charles, car les autres, ceux qui soutiennent le roi d'Angleterre, on les a remplacés. Le roi prête les serments d'usage, avant d'être adoubé ; puis, l'archevêque procède à l'onction rituelle de son corps, au moyen du « saint chrême ». C'est le cœur de la cérémonie du sacre. Il permet de transformer en roi légitime celui que les juristes reconnaissaient déjà comme tel depuis 1422, mais que Jeanne d'Arc et le royaume avec elle considéraient encore comme un Dauphin.

Le « roi de Bourges »

Il n'était pas dit que l'enfant né à Paris le 22 février 1403, celui que l'on appellerait plus tard Charles VII, deviendrait un jour roi de France : il s'en fallait en effet de beaucoup qu'il fût le fils premier né de Charles VI et Isabeau de Bavière, mais la mort des garçons qui le précédaient dans l'ordre de la succession, notamment celle du Dauphin Jean, en 1417, transforma en Dauphin celui qui n'était que le cinquième fils du couple royal.

Peu après, il doit quitter Paris : le 29 mai 1418, la ville est tombée aux mains des Bourguignons, et de nombreux Armagnacs y ont été assassinés – à commencer par Bernard d'Armagnac ; Charles se réfugie à Bourges et prend la tête du parti armagnac, qui soutient le pouvoir royal. En raison de la folie du roi son père, il prend aussi la régence, au mois de juin. De là lui vient bientôt son surnom méprisant de « roi de Bourges ». Il faut bien dire que le bilan des premières années est effroyable. Le 10 septembre 1419, au pont de Montereau, le duc de Bourgogne, Jean sans Peur, est assassiné. Le meurtre est perpétré pour le compte des Armagnacs, qui craignent un rapprochement du Dauphin avec les Bourguignons. C'est bien des Anglais que ces derniers vont se rapprocher. Au début des années 1420, plus rien ne semble pouvoir empêcher Henri V d'Angleterre de placer son fils sur le trône de France, conformément aux dispositions du traité de Troyes, du 21 mai 1420. La France se dirige vers le projet anglais d'une double monarchie.

Les choses se précipitent deux ans plus tard : Henri V d'Angleterre meurt le 31 août 1422, suivi par Charles VI le 21 octobre. Henri VI doit donc devenir roi de France. C'est dans ces circonstances extrêmes que s'inscrit l'avènement de Charles VII, roi faible et peu légitime. Pourtant, la guerre traîne : les Anglais peinent à obtenir la victoire complète et définitive qui paraît pourtant à leur portée. Les batailles – Cravant et La Brossinière en 1423, Verneuil l'année suivante – sont remportées tantôt par les uns, tantôt par les autres, et Charles VII a quelque motif d'espoir : le royaume d'Angleterre aussi est faible. Henri VI étant âgé de 9 mois, il faut une régence : elle est confiée à Jean de Lancastre, duc de Bedford. Autre point décisif : peu à peu, le nouveau duc de Bourgogne, Philippe le Bon, concentre son action sur ses États et porte son attention vers les Pays-Bas, faisant ainsi perdre de sa dimension civile à la guerre.

Jeanne et le « gentil Dauphin »

En 1428-1429, les Anglais reprennent les armes : décidés à en finir avec ce royaume de Charles VII dont la survie, contraire aux dispositions du traité de Troyes, marque leur échec, et désireux de profiter des dissensions au sein du camp français, ils mettent le siège devant Orléans, qui leur ouvrirait les portes du Berry et de vastes territoires au sud de la Loire. C'est dans ce contexte menaçant qu'intervient Jeanne d'Arc. C'est une très jeune femme (elle est née en 1412), parfaitement inconnue ; elle est issue d'une famille de paysans aisés de Domrémy, en Lorraine ; des voix et des visions l'ont convaincue qu'elle doit chasser les Anglais du royaume et faire sacrer Charles. Fin février 1429, elle vient le trouver à Chinon pour lui exposer sa mission. Entourée d'une grande ferveur populaire, elle convainc le roi et son entourage de lui faire confiance et elle se rend, fin avril, devant Orléans, qu'assiège le duc de Bedford. Là, entre le 28 avril et le 8 mai, elle contraint les Anglais à lever le siège, et enclenche ainsi une dynamique de victoires. Après avoir pris Jargeau, Meung-sur-Loire et Beaugency, elle rencontre l'armée anglaise à Patay, le 18 juin. Une victoire écrasante sur l'armée commandée par John Talbot et John Fastolf ouvre aux Français les portes de Reims, ville du sacre. Traversant des terres sous contrôle anglo-bourguignon, recevant au passage Troyes et Châlons, Charles se fait sacrer le 17 juillet.

Les succès continuent jusqu'en septembre : parmi les villes qui s'inclinent, Laon, Soissons, Compiègne. Puis Saint-Denis, La Chapelle. Paris est à deux pas. Bedford s'y est réfugié. La ville refuse de se donner à Jeanne et, le 12 septembre, l'armée française doit lever le siège. Elle échoue de nouveau sur la Loire, à l'hiver, et se réfugie à Compiègne, que Philippe le Bon assiège. C'est devant cette ville que, le 24 mai 1430, un vassal de Bourgogne, Jean de Luxembourg, la fait prisonnière. Au bout de quelque temps, les Bourguignons livrent cette prise de choix aux Anglais. Au terme d'un procès conduit par Pierre Cauchon, évêque de Beauvais, elle est condamnée comme hérétique : on la brûle, à Rouen, le 30 mai 1431.

La parabole tracée par la Pucelle d'Orléans est extrêmement rapide, mais elle est aussi inachevée : cette même année 1431, le 16 décembre, le roi Henri VI est sacré roi de France à Notre-Dame de Paris. Charles VII, qui n'a pas tout fait pour récupérer celle dont l'action lui a permis d'accomplir ce spectaculaire redressement, doit encore consentir beaucoup d'efforts pour asseoir son autorité.

Boutés hors de France

Les principaux chefs de guerre qui avaient combattu aux côtés de Jeanne continuent de lutter. Le 21 septembre 1435, par le traité d'Arras, conclu par le duc Philippe le Bon, les Bourguignons renouent avec le roi : c'est une vraie rupture dans le cours de la guerre, même si déjà dans les années 1420 la Bourgogne avait commencé à prendre ses distances avec le conflit franco-anglais. Peu à peu, de guerre de factions qu'il était, le conflit se fait pour ainsi dire guerre de nations : l'Anglais semble désormais un occupant, selon une conception parfaitement impensable au début de la guerre.

C'est sur le pont de l'Yonne, à Montereau, le 10 septembre 1419, que le duc de Bourgogne Jean sans Peur est assassiné par des hommes du parti armagnac au cours d'une entrevue qu'il avait obtenue avec le Dauphin Charles, qui a commandité le meurtre. Cet assassinat ravive la lutte entre Armagnacs et Bourguignons au profit des Anglais, qui obtiennent du roi l'acceptation du traité de Troyes. Cet accord déshérite le Dauphin, jugé indigne de la succession, et Charles VI fait du souverain anglais son héritier. (*Assassinat du duc de Bourgogne, Jean sans Peur, au pont de Montereau, le 10 septembre. Chronique d'Enguerrand de Monstrellet*, XVe siècle.)

Durant le règne de Charles VII, la production d'une sorte de « littérature de guerre » – où se distinguent des auteurs comme le « Héraut Berry » et, surtout, Alain Chartier – et l'usage par la propagande de thèmes nationaux divers, depuis la diabolisation de l'ennemi ou le mythe des origines troyennes de la France, polarisent ou galvanisent les appartenances ; l'épisode Jeanne d'Arc concourt à cette accélération du processus de formation d'identités prénationales plus affirmées.

Des hommes de haute valeur militaire ont servi le roi avec constance et bravoure. Parmi eux, l'un des plus puissants et sans doute le plus jalousé fut le connétable Arthur III de Bretagne, comte de Richemont, mort en 1458, alors qu'il venait de devenir duc de Bretagne. Excellent général, il devint aussi un homme politique de grande influence en 1433, après la disgrâce de son grand rival, Georges de La Trémoille, qui avait pourtant été longtemps le favori de Charles VII ; c'est en partie l'hostilité à Richemont qui, en 1440, ligua les participants de la Praguerie. Les autres grands guerriers, ce sont Jean, comte de Dunois, appelé simplement « Dunois » ou parfois le « Bâtard d'Orléans », car il était fils naturel de Louis d'Orléans ; « La Hire », ainsi que l'on surnomme l'inlassable combattant et chef de bande Étienne de Vignolles ; Poton de Xaintrailles, grand ami de La Hire ; Ambroise de Loré, Pierre de Brézé, Pierre de Rieux, etc.

Les victoires sont toutefois difficiles, et la guerre encore indécise. Richemont et Dunois prennent Paris en 1436. À cette date, les conquêtes anglaises se limitent à l'Aquitaine et à la Normandie. En 1441, Pontoise est prise. Les Anglais reculent et sont à la peine : le 28 mai 1444, ils concèdent la trêve de Tours, mais en 1449, la prise de Fougères, en Bretagne, pour le compte des Anglais, entraîne

Le vampire de Bretagne. Un extraordinaire enchaînement de successions a fait de Gilles de Rais le premier baron de Bretagne. Il s'est aussi rendu coupable d'innombrables crimes sexuels et de meurtres sur des enfants, ce qui, ajouté à ses pratiques d'alchimiste, à sa désobéissance et aux rivalités qu'il suscite, lui vaut un procès qui débouche sur la pendaison et le bûcher, à Nantes, en 1440. Avant ces événements, Gilles avait appartenu au cercle des premiers compagnons de Jeanne. Né en 1404, élevé par son grand-père, il accomplit une belle carrière militaire. Chambellan du roi, membre du Conseil que domine alors son cousin La Trémoille, il s'illustre au siège d'Orléans. Le jour du sacre, c'est lui qui porte la sainte ampoule. Il est fait maréchal de France et autorisé à ajouter à ses armes les fleurs de lys. La disgrâce de La Trémoille en 1433 le réduit à l'inaction et le fait sombrer. (Gravure, XIXe siècle.)

Charles VII montre sa puissance dans le domaine fiscal, obligeant de nombreux princes récalcitrants à lever des aides à son profit. Habile négociateur, le roi sait s'entourer intelligemment. Ainsi, il est conseillé dans le domaine financier par Jacques Cœur, l'un des principaux réorganisateurs des finances royales ; il contrôle la collecte des impôts en Languedoc et en Guyenne, et celle de la gabelle. Il comble les besoins de trésorerie de la monarchie en lui octroyant de fortes avances et s'efforce de revaloriser la monnaie qui ne cesse de se déprécier. Jacques Cœur incarne donc l'esprit d'entreprise des grands hommes d'affaires du Moyen Âge, même si sa brusque chute rappelle que les fortunes sont fragiles, dépendant entièrement de la faveur des princes. (Miniature, XVe siècle.)

l'intervention de Charles VII, qui s'en prend aux dernières possessions anglaises. La conquête de la Normandie est facilitée par l'impopularité de la présence anglaise, qui occasionne une grande pression fiscale ; l'entrée royale à Rouen, le 10 novembre, est un tournant symbolique et militaire décisif, et l'occasion pour la monarchie d'une cérémonie solennelle – nommée, précisément, l'« entrée royale », bien orchestrée et capable de frapper les esprits. La victoire française décisive à Formigny, le 15 avril 1450, marque la fin des opérations militaires au nord de la Loire.

Les choses sont plus difficiles en Aquitaine ; Dunois s'y démène, et prend Bordeaux en 1451. Enfin, le 17 juillet 1453, les Français triomphent à Castillon, sur la Dordogne, où John Talbot perd la vie. Aucune paix n'est encore conclue : il faut pour cela attendre le 29 août 1475 et la trêve de Picquigny, mais la guerre prend fin en 1453, d'autant que l'Angleterre, qui sur le continent ne garde que Calais, est à son tour en proie à la guerre civile – la guerre des Deux-Roses. Les appellations de « roi de Bourges » et « gentil Dauphin » appartiennent au passé : les succès de Charles les ont effacées au profit de l'épithète de « Victorieux », que l'historiographie accole couramment à Charles, victorieux grâce notamment à la grande qualité de ses hommes de guerre et de son entourage, ce qui justifie que Charles soit aussi appelé parfois « le Bien Servi ».

L'autorité royale renforcée

La force de Charles VII fut aussi de savoir engager d'ambitieuses réformes, que poursuivrait largement son fils, et qui allaient modifier profondément le royaume de France. Tâche d'autant plus difficile que le Valois eut à soumettre de fortes oppositions, notamment la révolte princière de la Praguerie. Ainsi nommée en référence aux hussites de Prague, cette révolte princière emmenée par le Dauphin, le futur Louis XI, et par le duc Charles de Bourbon éclate en 1440 sur la base d'une opposition diffuse à la politique royale : inimitiés envers certains de ses conseillers et surtout envers Arthur de Richemont, hostilité aux réformes militaires voulues par le roi, qui entend mettre fin aux exactions des écorcheurs, etc. Le « programme » de la Praguerie est simple : écarter le roi, mettre Louis au pouvoir, éliminer Richemont. Aux côtés du Dauphin, les plus grands du royaume : Jean d'Alençon, Jean de Bretagne, René d'Anjou, Jean d'Armagnac, Georges de La Trémoille, Dunois, d'autres encore, qui constituent un front impressionnant. La noblesse ne les suit pas massivement, et le roi est le plus fort. Il les défait en juillet et, au terme d'une opposition qui a des allures de négociation, il récompense ceux qui lui sont restés fidèles mais donne aussi des pensions aux révoltés.

Il est sûr que le renforcement de l'autorité royale s'observe d'abord dans le domaine militaire. Outre qu'il est parvenu à se débarrasser des routiers, véritable plaie du royaume depuis des décennies, Charles prend d'efficaces réformes militaires : la plus significative est l'ordonnance du 26 mai 1445, qui crée les compagnies d'ordonnance. Il s'agit de l'instauration du système des « lances », unités de combattants composant l'armée royale. Le 28 avril 1448, une autre ordonnance institue les francs-archers. On voit naître rien moins qu'une armée permanente, et la victoire finale, remportée en 1449-1453, est sans doute le premier résultat de cette mesure.

Charles sut aussi se montrer actif en matière fiscale. Les historiens conviennent que les progrès de l'État, sensibles sur le plan fiscal, découlent des nécessités militaires. Or, dans la France médiévale, la légitimité de l'impôt ne va pas de soi. Charles parvient à en rendre le prélèvement régulier entre la fin des années 1430 et 1445. À la fin du règne, l'adage médiéval selon lequel « le roi doit vivre du sien » a vécu. Le grand argentier Jacques Cœur joue un rôle décisif dans les finances royales : cet homme d'affaires talentueux, à la tête d'une activité marchande de grande ampleur, a su transformer sa fortune en une position sociale enviable – et enviée. Il tombe en disgrâce après la mort d'Agnès Sorel, en 1450 : arrêté, jugé et condamné en 1451 pour des allégations fantaisistes, il s'évade et meurt sur l'île de Chio en 1456.

Le roi s'appuie sur une administration demeurée efficace, y compris pendant les années de faiblesse du pouvoir royal, quand la Chambre des comptes se tenait à Bourges et le Parlement à Poitiers. Et c'est sans compter quelques réformes administratives de poids, comme la création des parlements régionaux ou l'ordonnance de Montils-lès-Tours qui, en 1454, impose la rédaction des coutumes. Le roi affirme aussi son autorité sur les grands, comme l'indique la réaction antiféodale après la Praguerie ou la condamnation à mort, le 28 août 1458, de Jean II, duc d'Alençon – qui, toutefois, fut gracié. L'autorité royale s'étend même sur l'Église ; la politique ecclésiastique de Charles est volontaire et efficace. Par la Pragmatique Sanction de Bourges, le 7 juillet 1438, il impose le gallicanisme de l'Église de France : en promulguant, avec l'accord du clergé réuni en assemblée, cette ordonnance qui entend « rendre à l'Église gallicane ses anciens droits et libertés », le roi s'affirme comme le gardien des droits de l'Église de France et pose les fondements du « gallicanisme ».

En somme, la seule contestation qu'il n'ait pu résorber est celle du Dauphin : imparfaitement rentré dans le rang après la Praguerie, Louis se montre de nouveau turbulent à partir de 1446-1447, et passe plusieurs années auprès des ducs de Bourgogne, à partir de 1458. Il reste un fils rebelle jusqu'à ce que la mort de son père fasse de lui le roi.

« Le Bien Servi »

Un dernier aspect de la vie de Charles VII est parfois négligé : chef de guerre et chef d'un État, Charles fut aussi un monarque et un homme de cour. Ces années sont, malgré les difficultés, celles d'une affirmation de la vie de cour et du faste royal, et ce dès la période où la cour se tenait à Chinon : là, Charles, quoique faible, avait son logis et son château, et organisait des bals et des chasses. Marié à Marie d'Anjou, qu'il a épousée le 22 avril 1422 et qui lui a donné une nombreuse descendance, il s'est attaché à une favorite célèbre, Agnès Sorel – non la première maîtresse de rois, mais bien la première favorite « officielle » dans l'histoire de France. Agnès est connue surtout pour son extrême beauté et pour son goût de la mode et du luxe, qui caractérise alors la cour. Son rôle ne se résume pourtant pas à cela : jusqu'à sa mort soudaine, en 1450, elle joue aussi un rôle politique certain dans la restauration de l'autorité royale, soutenant et encourageant le roi avec constance. Autre personnage féminin d'importance : la belle-mère de Charles VII, Yolande d'Aragon, duchesse d'Anjou, femme du roi de Naples Louis II et mère de la reine Marie. Proche de Richemont, favorable à Jeanne d'Arc, active aussi dans un certain nombre de disgrâces, elle joue un rôle politique important.

Depuis l'enfance, Charles se signale par une personnalité faible et, quoiqu'il soit plus solide que son père, par une certaine fragilité nerveuse – les portraits de ses contemporains le décrivent comme défiant et changeant. Il est probable que les revers et les coups durs l'aient fait douter plus d'une fois de sa capacité à l'emporter et même de sa légitimité, notamment à la fin des années 1420. Ajoutons une intelligence moyenne et une relative absence de charisme, due notamment à son physique ingrat. Autant de traits qui s'accordent mal avec les succès majeurs qu'il remporta. Si ce n'est pas un homme de guerre, il a su conduire les dernières campagnes sans s'exposer directement. S'il est parfois indécis, il peut pourtant être ferme quand les circonstances l'exigent. Habile négociateur, il sait s'entourer intelligemment et manœuvrer au plus juste. À défaut de se faire chérir de ses sujets, l'homme sut finalement exercer le métier de roi avec quelque modernité. C'est dire la complexité de cette figure royale. Âgé de cinquante-huit ans, épuisé, il s'éteint à Mehun-sur-Yèvre le 22 juillet 1461.

Au XVe siècle déjà, Charles fit oublier le forfait de Montereau et la période troublée 1419-1422. Aujourd'hui, son souvenir est d'abord attaché à Jeanne d'Arc et à la victoire sur les Anglais. Si c'est bien là l'essentiel, ça n'est pas tout le bilan d'un règne long de près de quarante ans, d'autant que, au-delà de la victoire militaire, le Valois, comme ses ancêtres capétiens, s'est attaché avec constance et succès à renforcer l'autorité royale.

Fiancé en décembre 1413 à Marie d'Anjou, fille du duc Louis II d'Anjou et de Yolande d'Aragon, Charles VII, né en 1403, vit chez sa belle-famille. Celle-ci appartient au parti armagnac, engagé depuis 1407 dans une guerre civile contre les Bourguignons. Charles VII sera conseillé principalement par sa belle-mère, puis par sa maîtresse, Agnès Sorel. Cette dernière est tolérée par Marie d'Anjou, et règne donc sur la cour dès 1444, donnant quatre filles à son amant. Elle demeure la première des favorites officielles de l'histoire de France. (*Marie d'Anjou*. Ronde-bosse en marbre, XVe siècle.)

Charles VII le Victorieux ou le Bien Servi est le troisième fils de Charles VI et d'Isabeau de Bavière. Il devient l'héritier de la couronne après la mort de son frère Jean en 1417. Il est d'abord appelé « roi de Bourges » puisque son autorité n'est reconnue à son avènement qu'au sud de la Loire. Resté célèbre par l'aide que lui apporte Jeanne d'Arc face aux Anglais, il est aussi à l'origine de réformes au gouvernement, aux finances et à l'armée (qui devient permanente avec l'institution des francs archers et des compagnies d'ordonnance). Il donne à l'Église de France une charte, qui l'assujettit à la royauté, et triomphe de la Praguerie, révolte des seigneurs soutenue par son propre fils, le futur Louis XI. (*Charles VII*. Peinture sur bois de Jean Fouquet, XVe siècle.)

Les amours royales

La faveur accordée par le roi à une autre femme que la reine est une pratique ancienne : au cœur de la Renaissance, François Ier décide de supprimer le bordel qui accompagnait la cour depuis le Moyen Âge ! À l'époque moderne, que le roi ait une maîtresse n'a jamais vraiment choqué les esprits. Si le rôle politique qu'elle peut jouer lui vaut souvent critiques et inimitiés, rien n'est plus méprisable à la cour, sérail royal par excellence, qu'une maîtresse de vile extraction.

L'ARTISTE JEAN FOUQUET aurait peint une *Vierge à l'Enfant* sous les traits d'Agnès Sorel, première maîtresse officielle d'un roi de France, Charles VII [2]. Née vers 1422, la jeune Agnès, alors demoiselle d'honneur d'Isabelle de Lorraine, est présentée au roi en 1444. Tolérée par la reine en titre, Marie d'Anjou, elle règne sur la cour jusqu'à sa mort en 1450. Agnès exerce sur le roi une influence réelle, loin d'être aussi négative que ses détracteurs ont voulu le faire croire : elle pousse le roi à reconquérir la Normandie, ce qui est chose faite en 1450.

Si Odette de Champdivers, chargée de distraire Charles VI et d'éviter à la reine des étreintes violentes durant les crises de folie du monarque, n'a guère le profil d'une maîtresse, les rois de France n'ont pas attendu le XVe siècle pour avoir des aventures extraconjugales. Dans une société où le mariage en tant que sacrement n'existe pas encore, Mérovingiens et Carolingiens multiplient les concubines. Philippe Ier et, un siècle plus tard, Philippe II Auguste répudient leurs épouses légitimes au profit d'une nouvelle relation. Ce qui leur vaut l'excommunication pontificale.

1.

Dans la France des châteaux de la Loire, Diane de Poitiers [1] est d'abord chargée de l'éducation du jeune Henri, fils cadet de François Ier, dont elle gagne les faveurs. À l'avènement d'Henri II (1547), éclipsant la reine Catherine de Médicis, elle tient la cour et incite le roi à une plus grande hostilité envers les protestants.

Les premières années du XVIIe siècle résonnent des lettres enflammées d'Henri IV à Gabriel d'Estrées : « Croyez, ma chère souveraine, que l'amour ne me violenta jamais tant qu'il fait. » Au crépuscule du Grand Siècle, Mme de Maintenon, dernière maîtresse de Louis XIV, est la seule favorite à être devenue l'épouse du roi – même

1.
Rendez-vous d'Henri II et de Diane de Poitiers. (Triptyque en ivoire, XIXe siècle.)

2.
Agnès Sorel *ou la Vierge et l'enfant.* (Peinture sur bois de Jean Fouquet, XVe siècle.)

3.
Buste de la Comtesse du Barry. (Sculpture d'Augustin Pajou, XVIIIe siècle.)

2.

3.

le mariage eut lieu secrètement. Louis XV est le dernier des rois à s'être entouré de maîtresses, les plus connues étant Mme de Pompadour et Jeanne Bécu, devenue comtesse Du Barry [3]. La première joue un rôle politique non négligeable, encourageant l'*Encyclopédie* de Diderot et d'Alembert. La seconde, demi-mondaine, voit la cour se dresser contre elle. L'opinion publique, prompte à critiquer le roi, en fait un bouc émissaire facile des malheurs du temps. Image tenace qui lui vaut, près de vingt ans après la mort de Louis XV, d'être guillotinée en 1793.

« Louis XI ? Un tyran ! »

C'EST AINSI QUE DE NOMBREUSES HISTOIRES qualifient ce souverain. L'image est ancienne et a de multiples sources. Elle vient d'abord de contemporains du roi, comme Thomas Basin, qui pour fuir les persécutions de Louis XI s'exilent. Mais ceux qui surnomment déjà le roi d'« universelle araignée » laissent derrière eux des écrits fort violents. La propagande des ducs de Bourgogne et de Bretagne amplifie aussi le phénomène. L'image aurait pu disparaître avec la mort de tous ces opposants. Il n'en est rien. Elle est réactivée par Claude de Seyssel, au début du XVIe siècle, sous le règne de Louis XII, un prince qui selon l'auteur aurait été la victime du souverain et qui, devenu roi, aurait agi tout autrement que son prédécesseur. Le premier est un monstre. Le second, l'incarnation de la bonté. Le texte obtient un grand succès et sert à tous les auteurs qui condamnent, du XVIe au XVIIIe siècle, l'évolution du pouvoir royal. Louis XI est désigné comme le premier monarque absolu. Et cette image déjà négative s'accompagne de traits peu reluisants : le roi est présenté petit, mal vêtu et avare, n'aimant personne, dévot jusqu'à la superstition, adorant les médailles de son chapeau, cruel enfin, inventant ses fameuses « fillettes » qui n'étaient que des cellules de prison, mais que l'imagination collective transforme en objets de torture, petites cages dans lesquelles les prisonniers ne peuvent pas se mouvoir. Au XIXe siècle, si les historiens ont un peu plus de considération pour l'homme politique, l'image noire est toujours entretenue. Le souvenir de Louis XI est donc entouré d'une quantité de légendes. Et si ce souverain avait été un grand roi ?

Louis XI est féru d'astrologie et a une confiance presque aveugle dans les talismans et les reliques. Lorsqu'il veut obtenir un serment sûr (de son frère Charles, duc de Berry, par exemple), il fait venir la croix de Saint-Laud d'Angers. Il accomplit de nombreux pèlerinages, revient sans cesse à Notre-Dame de Cléry, où son tombeau a été préparé, et voue un culte particulier à la Vierge. Il multiplie les donations aux églises. (Peinture photographiée de Jacques Maurice Dessertenne, XIXe siècle.)

Une enfance de prince rebelle

Lorsqu'il devient roi, Louis XI a 38 ans. Jamais, depuis Hugues Capet, un roi de France n'est monté sur le trône à un âge aussi avancé. Né le 3 juillet en 1423, c'est auprès de sa mère, Marie d'Anjou, qu'il passe les premiers mois de sa vie. Mais les temps sont difficiles pour la France. Alors que le traité de Troyes fait d'un enfant, Henri VI d'Angleterre, le roi de France, le fils de Charles VI, Charles VII que certains nomment par dérision « le roi de Bourges », du nom de l'une des rares villes du nord du royaume qui lui soient restées fidèles, tente de recouvrer son héritage. Mais ce roi est sans argent ou presque, et la lutte est âpre et longue. Afin de protéger son fils des misères de la guerre, Charles VII ordonne bientôt que Louis soit conduit au château de Loches, une énorme bâtisse fortifiée qui servira longtemps après de prison. Enfermé derrière les hautes murailles, l'enfant entouré de ses serviteurs grandit donc loin de son père et de sa mère. Toutefois, Louis reçoit une éducation soignée. Un précepteur est à son service : Jean Majoris. Il lui enseigne le maniement des armes, l'équitation, la chasse, mais aussi la lecture et l'écriture. À 13 ans l'enfant maîtrise aussi fort bien le latin et a de véritables connaissances en histoire comme en religion. Sa dévotion à la Vierge date de cette époque. C'est à cet âge qu'il se marie. Depuis huit ans déjà, afin de renforcer la vieille alliance de la France avec l'Écosse, Charles VII a promis son fils à la fille du roi Jacques Ier. La jeune fille se nomme Marguerite et le couple n'aura jamais d'enfant. Ce mariage permet toutefois au Dauphin de retrouver une place auprès de son père qui l'emmène avec lui lors d'un voyage dans le royaume. Ensemble, ils traversent le Lyonnais, le Dauphiné et le Languedoc.

En 1439, parce que Louis vient d'avoir 17 ans, l'âge de rentrer dans les armes, Charles VII lui confie le commandement d'une armée. Sa mission ? Soumettre plusieurs grands seigneurs récalcitrants du Poitou à l'autorité de son père. L'année suivante, pour des raisons identiques, Louis part en Guyenne et en Languedoc, régions désolées par la guerre et parcourues par des bandes d'écorcheurs, compagnies de gens d'armes qui, sans solde, vivent de pillage et de brigandage sur la population. Parce que les Anglais ont repris l'offensive et occupent de nouveau Paris, Charles VII rappelle son fils avant que celui-ci ait obtenu un réel résultat dans sa mission pacificatrice. Louis est ambitieux. Le désir de régner s'affirme en lui et il ne cache plus ses critiques à l'égard de la politique paternelle. D'autre part, le Dauphin n'est pas insensible aux propos des grands princes du royaume désireux de conserver une indépendance que la guerre, civile et étrangère, leur a donnée. Louis décide de les soutenir. Il n'a pas 20 ans mais se positionne déjà comme le défenseur des libertés féodales. Et, sous prétexte de venger sa mère bafouée quotidiennement par la présence d'Agnès Sorel aux côtés de son père, il déclenche une rébellion. Dans cette affaire, il est soutenu, entre autres, par les ducs de Bourbon et d'Alençon, les comtes de Vendôme et de Dunois. C'est la Praguerie. Mais la rébellion est rapidement maîtrisée, et le roi pardonne à son fils, après toutefois que celui-ci a imploré sa grâce. Cette rébellion contre le père ne sera pas la dernière.

Dans l'espoir de ne plus être ennuyé par les complots de son fils, Charles VII finit par lui confier le gouvernement du Dauphiné en 1446. Dans ce territoire du sud du royaume, Louis se conduit en véritable maître. Il oblige tous ses sujets à reconnaître sa souveraineté. Les impôts sont levés en son nom. Afin d'améliorer le rendu de la justice, il crée un parlement à Grenoble. À Valence, c'est une université qu'il fait ériger. Enfin, veuf depuis 1444, et contre l'avis de son père, il se rapproche du duc de Savoie et, pour renforcer cette amitié, envisage d'épouser sa fille, Charlotte. Le mariage est célébré en 1451. La jeune fille n'a que 12 ans.

Même loin de son père, Louis conspire toujours contre lui. Bientôt, il est obligé de choisir l'exil et de quitter le Dauphiné. En 1456, après une halte à Saint-Claude, en Franche-Comté, lieu que le roi n'oubliera jamais (le saint est réputé donner des fils à ceux qui viennent l'implorer), il demande l'hospitalité au duc de Bourgogne, Philippe le Bon, qui depuis de longues années est l'ennemi de son père. Très vite, Louis s'installe en Flandre, à Genappe, près de Bruxelles. Il fait venir son épouse qui était restée à Grenoble. Un premier fils, Joachim, naît bientôt, mais l'enfant meurt presque aussitôt. Qu'importe, Louis est jeune, il aura d'autres enfants, et pour le moment, tout en attendant patiemment la mort de son père, il mène joyeuse vie. Philippe de Commynes affirme que le seul vrai plaisir de cet homme est la chasse. « ... Il se levait fort matin, forçait les cerfs et allait quelquefois très loin par n'importe quel temps. Parfois, il revenait très las et de fort méchante humeur, car c'est une pratique qui ne procure pas que du plaisir à ceux qui s'y livrent ! »

De la présence de son fils chez le duc de Bourgogne, le roi Charles VII se moque. Il aurait confié ces paroles restées célèbres à un ambassadeur anglais : « Monseigneur de Bourgogne reçoit en sa maison un renard qui lui mangera ses poules ! »

Un règne mal engagé

Le 22 juillet 1461, Charles VII meurt. Le Dauphin devient Louis XI. Le nouveau roi quitte précipitamment son exil. Il craint en effet que son frère cadet, Charles, fort aimé de son père, ne prenne le pouvoir. Avec le duc de Bourgogne, il se dirige sur Reims et, le 15 août, se fait sacrer roi de France. Quinze jours plus tard, il fait son entrée dans Paris. L'avènement de Louis XI semble être le triomphe de la féodalité. En fait, il signe son arrêt de mort. Car dès sa prise de pou-

Entrée de Louis XI dans Paris (1461). D'après les chroniqueurs, Louis ne cherche nullement à feindre le chagrin lorsqu'il apprend la mort de son père, le 22 juillet 1461. Sacré à Reims le 15 août, il entend aussitôt marquer de son empreinte le gouvernement du royaume. Révoquant sans ménagement les conseillers de son père, il s'entoure de serviteurs dont le zèle et les compétences lui paraissent indubitables. (Miniature, XVe siècle.)

voir, le roi change de comportement. Les grands seigneurs ne lui servent plus à rien. Jusqu'à la fin de son règne, il cherchera à réduire leur pouvoir. Pour l'heure Louis XI, qui hérite d'un royaume en paix, avec une autorité royale renforcée, puisqu'il peut augmenter les impôts sans le consentement des assemblées et que son armée est devenue permanente, s'attache à plaire à son frère en lui abandonnant le riche duché de Berry. Il récompense aussi le fils du duc de Bourgogne, Charles, comte de Charolais, en lui abandonnant le gouvernement de Normandie. Mais les rancunes sont tenaces : Louis, en même temps, licencie les plus anciens serviteurs de son père, comme Des Ursins, Brézé ou Foix. À la place, il nomme des auxiliaires aptes à seconder ses desseins. Il les choisit de préférence parmi les gens de moyen état. Jean Balue, Jean Bourré, Jean de Doyot, Jean de Lude deviennent ses conseillers. Il s'entoure aussi de roturiers comme Tristan L'Hermite ou Olivier Le Dain, prêts à tout pour le servir et augmenter leur propre autorité.

D'autre part, Louis XI souhaite agrandir son royaume et revendique l'Aragon, en vertu de droits hérités de son aïeule Yolande d'Aragon. Il soutient en Angleterre les Lancastres contre les Yorks, enfin il met tout en œuvre pour abattre les prétentions féodales

Charles le Téméraire. C'est un homme encore jeune qui arrive à la tête des États de Bourgogne quand son père, Philippe le Bon, lui abandonne une partie du gouvernement en 1465, avant de lui laisser le duché en 1467. Il a 32 ans. D'un caractère que beaucoup ont décrit colérique et entêté, Charles de Bourgogne a aussi de l'ambition. Il rêve de réunir ses possessions de Flandre et des Pays-Bas à celles de Bourgogne pour recomposer l'ancienne Lotharingie et se faire couronner roi de ce vaste et riche royaume, entre la France et l'Empire. Et ce rêve, Charles parviendra presque à le réaliser. Mais les ruses de son adversaire, les trahisons de bon nombre de ses alliés l'empêchent de parvenir à ses fins. Défait par les Suisses en 1476, il trouve la mort au début de l'année suivante sous les murs de Nancy. Le rêve d'une Bourgogne indépendante avait vécu. (Sanguine, XVIe siècle.)

des grands princes du royaume en ayant pour cible principale le duc de Bourgogne. Pour affaiblir et isoler celui qui l'avait recueilli, il tente différentes alliances. Il encourage les princes allemands à se rebeller contre lui, lui arrache ses alliés comme le duc de Milan, ou les surveille comme son beau-frère le nouveau duc de Savoie. Bientôt, cette noblesse écartée du pouvoir et menacée dans ses privilèges se rassemble dans une ligue, celle du Bien public. Le but est simple : prendre les armes contre le roi jugé tyrannique, au nom et pour le bonheur du peuple de France. Ses chefs ? François II de Bretagne et Charles de Bourgogne. Si le premier est peu redoutable, le second, en revanche, est bien plus puissant. Les plus grands noms de France, dont le frère cadet du roi, viennent rejoindre cette ligue. Louis XI réagit. Il ôte à Charles de Bourgogne son gouvernement de Normandie. La guerre éclate. Une bataille a lieu à Montlhéry le 16 juillet 1465. Si le roi la remporte, la victoire n'a rien d'éclatant et Louis XI doit négocier des traités de paix qui ne lui conviennent pas du tout. Il doit abandonner notamment la Normandie à son frère en apanage héréditaire et laisser les villes de la Somme, les comtés de Guînes et de Boulogne au Bourguignon.

Devant sa faible puissance militaire, Louis XI décide de modifier un peu son attitude. Tout en conservant le cap de sa politique, il cherche à regagner sa noblesse qui, par son expérience et ses hommes, peut l'aider à vaincre par les armes. Et il y réussit. Tout en favorisant la petite noblesse qui, grâce à lui, gagne en importance, il fait revenir à ses côtés les puissantes familles de Bourbon et d'Anjou. Il utilise aussi la ruse en entretenant des conflits internes chez ses ennemis. Mais le principal danger, pour Louis XI, vient alors de son frère. La Normandie fait en effet un lien entre la Bourgogne et la Bretagne, et peut également favoriser des débarquements anglais. Une brouille entre le Breton et son frère vient à point nommé. Alors que Charles de Bourgogne est aux prises avec les Liégeois que Louis XI a aidés à la révolte, celui-ci finance par ailleurs le parti breton et envahit la Normandie qu'il finit de conquérir en avril 1468. Une nouvelle ligue contre le souverain se met en place. La guerre est inévitable. Mais le duc de Bretagne se retire bientôt, après avoir signé avec Louis XI le traité d'Ancenis. Charles de Bourgogne, qui est devenu duc depuis 1467, reste seul à combattre les velléités du roi de France. Une entrevue peut laisser croire à une paix. Elle a lieu

La mort de Charles le Téméraire lors de la bataille de Nancy (4-5 janvier 1477) sonne le glas des ambitions des ducs de Bourgogne engagés depuis le début du XVe siècle à faire du duché un royaume indépendant entre la France et l'Empire. Si Louis XI exulte en apprenant la disparition de son adversaire, il sait aussi que le démembrement de l'État bourguignon exigera autant de vigilance et d'habileté qu'il en a fallu pour l'abattre.

(*Charles le Téméraire à Nancy. Mémoires* de Philippe de Commynes, XVIe siècle.)

à Péronne, en octobre 1468. Deux jours se passent en pourparlers. Soudain, Charles apprend une nouvelle révolte des Liégeois et soupçonne qu'elle ait été fomentée par le roi. En réaction, il le déclare son prisonnier, pense même à le faire détrôner pour mettre Charles de Berry à sa place. Mais les armées du roi réagissent. Quarante mille hommes conduits par Chabannes se portent en Picardie, prêts au combat. Finalement, Louis XI est libéré mais doit abandonner à son frère la Champagne et au duc de Bourgogne la Picardie. Humiliation supplémentaire, le roi doit paraître aux côtés de ce dernier sous les murs de Liège, la croix de Bourgogne au chapeau, pour assister au châtiment de ses alliés. Mais Louis XI, aussitôt libéré, change d'avis et, au lieu de la Champagne, qui ouvre la route de Paris au « Téméraire », il donne la Guyenne à son frère. Puis, après avoir renouvelé son alliance avec François II de Bretagne – alors que le roi d'Angleterre, qui rêve de refaire la guerre en France, n'est plus assuré de son trône –, Louis XI fait annuler par une assemblée le traité de Péronne. La guerre peut recommencer.

Les premières offensives royales sont dirigées sur les villes de la Somme. Roye, Montdidier, Amiens, Saint-Quentin sont prises. Charles de Bourgogne demande une trêve en 1471. Mais au même moment, il organise une troisième ligue contre le roi de France où se retrouvent les mêmes protagonistes : Charles de Berry, François II de Bretagne et le roi d'Angleterre, auxquels s'ajoutent le duc d'Alençon et le comte d'Armagnac. Le roi concentre alors entièrement ses forces sur la Bourgogne. Le duc réagit et prépare une offensive contre le royaume. Mais celle-ci échoue. En 1472, Beauvais, assiégée, résiste. Une autre trêve est signée à Senlis en novembre. Dans le même temps, Charles de Berry, malade, meurt. Le duc de Bourgogne est de plus en plus isolé. D'autant que dans le royaume de grandes purges sont organisées. Tous ceux qui sont soupçonnés d'aider à la révolte contre le roi sont arrêtés, et parmi eux les plus grands noms de France. Les ducs d'Alençon et de Nemours sont incarcérés, tout comme le comte Jean d'Armagnac. Le premier, condamné à mort, est finalement emprisonné à vie. Le deuxième est enfermé au château de Pierre-Encise à Lyon. Le troisième est exécuté. Dans le royaume, on chante : « Berry est mort, Bretagne dort, Bourgogne grogne, le roi besogne ! »

La victoire avec le temps

Cette politique de guerre continuelle coûte cher. Les impôts sont régulièrement augmentés. Le montant de la taille dépasse les quatre millions de livres et cette somme est difficilement acceptable pour le peuple qui se révolte. Mais ces brusques flambées de violence sont vite réprimées, elles aussi dans la violence. Pourtant Louis XI cherche à moderniser le royaume. Parce que l'on croit alors que

Les acquisitions de Louis XI

Sous le règne Louis XI, par la guerre ou les héritages, le domaine royal s'est enrichi de la Picardie, de la Bourgogne, du Maine et de la Provence, mais aussi de l'Artois et de l'Anjou, sans parler de nombreuses cités comme de droits en Italie. Le roi meurt à presque 60 ans avec un regret : ne pas avoir conquis la Bretagne.

Splendeur et misère d'Olivier Le Dain. Il est une des « créatures » du roi. L'exemple le plus connu de ces hommes qui, partis de rien, mais fidèles au roi, ont été promus aux plus grandes charges de l'État et qui disparurent de la scène politique avec la mort du souverain. Flamand, fils de barbier gantois, Olivier Neckere entre dans l'entourage de Louis XI vers 1457. Dès 1461, il est surnommé « le Mauvais », traduction de son nom flamand. Comme le Diable est l'incarnation même du mal et que sa brutalité commence à être réputée, il devient bientôt Olivier le Diable. C'est en 1474 qu'il sort de l'anonymat. Il cumule alors les emplois et Louis XI l'anoblit. Il choisit alors le doux nom de Le Dain. Conseiller, chambellan, il est aussi ambassadeur. Au début des années 1480, il est le maître de Paris et y établit un réseau de fidèles qu'il place aux postes décisifs. Puissant, l'homme devient extrêmement riche. À la mort de son protecteur, des dizaines de plaintes sont déposées contre lui. Arrêté en novembre 1483, il est accusé de vol, de rançonnement, de spoliation de biens et de meurtre. Image même de la tyrannie de Louis XI, il est condamné le 19 mai 1484 à être pendu au gibet de Montfaucon. (Gravure, XIXe siècle.)

les importations sont un appauvrissement, le roi veut les éviter. Il met en place des ateliers de draperie, de soierie à Lyon puis à Tours. Et si les foires de Lyon sont prospères, il veut faire de Marseille le plus grand port de la Méditerranée. Toutefois, Louis XI va trop vite et les méthodes utilisées ne sont pas au goût de tous. Les oppositions sont nombreuses et son pire ennemi, Charles de Bourgogne, ne lâche pas prise. Désireux de faire oublier ses derniers échecs, le duc lance une quatrième ligue contre Louis XI. Mais celle-ci est mal organisée. Le roi d'Angleterre Édouard IV signe finalement une paix séparée avec Louis XI à Picquigny. Malgré ses conseillers, Charles de Bourgogne reprend l'offensive sur le duché de Lorraine et les villes d'Alsace que les Français décident de soutenir. Pour mieux vaincre Charles de Bourgogne, Louis XI s'allie aux cantons suisses. Le Bourguignon est vaincu à Grandson et à Morat. Face à Nancy, le 5 janvier 1477, c'est la déroute. Deux jours après la bataille, on retrouve le prince dépouillé de ses vêtements, étendu dans la neige, la tête fendue d'un coup de hallebarde. Louis XI jubile. Au bout de quinze ans, il est parvenu à vaincre tous ses ennemis et à imposer sa vision de la royauté. Il ne lui reste que le duc de Bretagne à briser. Toute son énergie va maintenant se concentrer sur cet objectif.

Quant à l'héritage bourguignon, il doit revenir à la fille du duc, Marie, qui un temps, est promise au futur Charles VIII. Finalement, Marie épousera le roi des Romains, Maximilien d'Autriche. Mais Louis XI recouvre la partie du duché qui est du domaine royal : la Bourgogne, le comté de Boulogne et de Ponthieu ainsi que l'Artois et le Hainaut.

Au début des années 1480, le royaume de France est le royaume le plus puissant de la chrétienté. En 1483, Louis XI souffre de grandes douleurs dans tout le corps qui paralysent parfois certains de ses membres. Des problèmes de peau qui se manifestent par de fortes lésions sur le visage et le reste du corps dégradent aussi considérablement son apparence. Craignant que ses opposants profitent de son état de faiblesse, le roi s'enferme au château de Plessis-les-Tours et rompt tout contact avec l'extérieur. Louis XI veut vivre. Mais les remèdes humains ont leurs limites et le roi croit au pouvoir thaumaturgique des reliques. Il fait alors chercher dans tout le royaume, mais aussi dans différents pays d'Europe, celles susceptibles de le soulager. À Reims, il supplie les moines de l'abbaye de Saint Rémy de lui prêter l'huile du sacre. Il fait aussi venir de Calabre un homme réputé pour sa sainteté, François de Paule. Mais tous ces efforts sont vains. Le 25 août, usé, Louis XI perd la parole et la raison. Il décède le 30, vers sept heures du soir. Contrairement à la tradition, il ne sera pas inhumé à Saint-Denis, mais, selon ses vœux, à Notre-Dame de Cléry, pour qui, toute sa vie, il eut une vraie dévotion.

royales pourrait être allongée à l'envi. D'abord fonction d'un roi et d'une cour itinérants, les multiples résidences royales voient leur usage précisé par les saisons et les divertissements, tel Fontainebleau que Louis XIV retrouve avec plaisir chaque automne, et par l'évolution politique qui limite les déplacements du roi. Loin de n'être qu'un lieu de vie et de plaisir, elles sont aussi le lieu où le roi gouverne et réunit son conseil.

Vincennes.
(Enluminure extraite des *Très Riches Heures du duc de Berry*, XVe siècle.)

2.
Escalier à vis du château de Blois.

3.
Château de Chambord.

1

2.

3.

LE CHOIX DE VINCENNES comme résidence royale par Louis VII tient aux ressources en gibier des bois alentour. En y déposant des épines de la couronne du Christ, le futur Saint Louis confère à cette résidence un prestige qui prépare les aménagements lancés par Charles V, dont le donjon entouré de bâtiments [1]. Le roi ayant en mémoire les émeutes parisiennes des années 1356-1358, il est vrai que ce nouveau Vincennes répond à un objectif stratégique : situé aux portes de la capitale, il est un refuge idéal. Dans les faits, plus qu'une place de sûreté, Vincennes est un lieu de gouvernement, comme en témoigne l'édit de Vincennes (1374) portant, entre autres, sur la majorité royale. Les rois continuent d'y séjourner jusqu'à Louis XIV, qui décide de l'aménager pour accueillir la cour et les ministres. Éclipsé par Versailles, Vincennes est peu à peu laissé à l'abandon.

« Nous partîmes de là émerveillés... » C'est sur ces mots, hommage à François Ier bâtisseur, qu'un ambassadeur italien quitte Chambord [3] en 1577. Plus de cinquante ans auparavant, en 1519, le jeune roi, alors âgé de 25 ans, décide de transformer un relais de chasse en résidence royale, opération promise à un avenir certain... La présence à quelques kilomètres de là de sa maîtresse, la comtesse de Thoury, n'est sans doute pas étrangère à ce choix ! Le plan d'une parfaite symétrie comme l'ingénieux escalier à double révolution qui dessert les appartements du donjon permettent d'attribuer à Léonard de Vinci un rôle important dans la conception du château. Achevé en 1547, Chambord, aux toits hérissés de tourelles et de cheminées, est négligé par les derniers Valois. Avec Louis XIV, le château atteint son apogée : en 1670, Molière et Lully y donnent la première du *Bourgeois gentilhomme*.

Situé à moins de vingt kilomètres de Chambord, Blois, où est né Louis XII, est l'objet de toutes les attentions du nouveau roi qui fait sculpter dans la pierre son emblème, le porc-épic. François Ier poursuit ce vaste chantier : la salamandre, emblème du vainqueur de Marignan, vient doubler le porc-épic, un nouveau logis flanqué du fameux escalier à vis est construit [2]. Durant les guerres de Religion, Blois devient une scène politique haute en couleur : les états généraux sont convoqués à deux reprises (1576 et 1588), le duc de Guise et son frère le cardinal de Lorraine y sont assassinés sur ordre d'Henri III (1588).

Né de la volonté de Louis XIV, contre les avis de Colbert, contrôleur général des finances royales préférant le grand Vincennes tout juste achevé ou les Tuileries moins onéreuses à aménager, Versailles marque un tournant dans l'histoire des résidences royales. De 1682 à 1789, si l'on fait abstraction de l'intermède de la Régence (1715-1723), Versailles s'est imposé comme la principale résidence des trois derniers Bourbons

4.

– ce qui n'interdit pas, en général à l'automne, des séjours à Fontainebleau ou Compiègne. La décision de Louis XIV tient à plusieurs facteurs, à commencer par le regroupement en un même lieu de la cour et des grands, des ministres et des conseils. De 1661 à la fin du règne, ce qui n'est au départ qu'un relais de chasse cher à Louis XIII devient un chantier permanent. Les années 1660-1670 sont le temps des premiers agrandissements de Le Vau et des jardins de Le Nôtre. Les décors intérieurs, loin de toute opposition aussi stricte que stérile entre classique et baroque, sont confiés au peintre Le Brun et à son atelier. La galerie des Glaces [5] est emblématique de ce nouveau style tout à la gloire du roi : son plafond ne raconte-t-il pas l'histoire du règne de Louis le Grand ? Lassé des pesanteurs de la cour versaillaise, le roi fait construire Marly, puis Trianon, un palais dont l'architecture privilégie la vie privée du monarque. Le domaine de Trianon séduit Louis XVI qui

5.

4.
Temple de l'Amour du petit Trianon à Versailles

5.
Château de Versailles : la galerie des Glaces.

6.
Le Louvre de *Napoléon III*. (Huile sur toile de Victor-Joseph Chavet, 1857.)

l'offre à Marie-Antoinette. En 1777, celle-ci fait édifier le temple de l'Amour [**4**] pour abriter la célèbre statue de Bouchardon.

Datant du règne de Philippe-Auguste, le château médiéval du Louvre est profondément remanié sous François Ier et Henri II, pour devenir un palais ouvert sur la ville. Par la suite, Catherine de Médicis décide, plus à l'est, la construction du château des Tuileries qu' Henri IV relie au Louvre par une grande galerie. Le choix de Versailles relègue les Tuileries au rang de résidence occasionnelle et consacre le Louvre comme lieu d'exposition des collections royales et de l'Académie royale de peinture et de sculpture. La Révolution, qui ramène le roi et la famille royale à Paris les loge aux Tuileries, désormais palais des rois et empereurs jusqu'à l'incendie de 1871. Quant au Louvre tel qu'on le voit aujourd'hui, il doit finalement plus à Napoléon III [**6**] et aux travaux menés par Visconti puis Lefuel qu'aux rois de France !

6.

CHARLES
8

À la conquête du royaume de Naples

À la naissance de son fils Charles VIII, en 1470, Louis XI voit ses prières exaucées. Mais il interdit toutes les réjouissances dans le royaume, comme la coutume le veut. Son fils est un don du ciel : seules les prières et les actions de grâces sont acceptables. Charles est un enfant du miracle, une manifestation visible de l'amour que la Vierge porte au royaume de France, Louis XI veut le faire savoir à tout le royaume. Pour cette raison, il la remercie publiquement à Notre Dame de Cléry, par le biais de son héraut. (*Portrait de Charles VIII* d'après Jean Péréal, XVIe siècle.)

En 1470, malgré un âge déjà avancé et plus de vingt ans de mariage avec Charlotte de Savoie, Louis XI n'a toujours pas d'héritier mâle en ligne directe. Certes, cette situation ne met pas en péril la monarchie. Le roi a un frère, Charles de Guyenne, et selon la loi du royaume, celui-ci est en droit de lui succéder. Mais les deux hommes se détestent cordialement, et l'idée de voir ce turbulent cadet régner après lui ne convient pas du tout au roi. Pourtant, Charlotte de Savoie a déjà donné quatre enfants, dont deux garçons, à son époux. Joachim, en 1459, et François, en 1466. Mais aucun ne fut viable. À quarante-trois ans, le roi attend donc désespérément un fils. Alors il implore le ciel et demande à la Vierge Marie de lui donner cet enfant tant désiré. Il fait des dons, en promet d'autres, part en pèlerinage dans les sanctuaires marials les plus réputés du royaume, comme à Notre-Dame du Puy d'Anjou ou à Notre-Dame du Puy-en-Velay. Finalement, le roi est exaucé : le 29 juin 1470, au château d'Amboise, la reine met au monde un garçon. Aussitôt averti, Louis XI organise le baptême de ce fils qui se nommera Charles.

Un enfant roi

Si Charles VIII est un enfant du miracle, son enfance n'est guère heureuse. Il n'a que deux ans lorsque sa mère lui donne un frère, François. Mais l'enfant meurt bientôt. Le roi, qui vient aussi de perdre son frère, connaît déjà des problèmes de santé. Il craint également la véracité des rumeurs d'enlèvement qui courent sur son fils. Il décide donc de l'ôter de la vue du plus grand nombre. Après 1477, le petit prince d'Amboise, qui n'a jamais été beaucoup plus loin que les environs du château où il a vu le jour, n'en sortira plus du tout. Pour le surveiller, Louis XI choisit un de ses plus fidèles lieutenants, Jean du Plessis Bourré. Gardée jour et nuit par des hommes d'armes, la cité d'Amboise est transformée en forteresse et interdite aux étrangers. Aux côtés de Charles, sa mère, sa sœur aînée Anne, et leur serviteurs. Toutes les visites à ces personnages sont contrôlées et autorisées ou non par le roi qui ne se déplace plus guère pour voir son fils, puisqu'en sept ans Charles n'aura vu son père que deux fois.

Lorsque, le 30 août 1483, Charles VIII devient roi de France, il n'a que 13 ans et ne connaît rien du monde ni des hommes. Deux mois plus tôt, son père l'a fiancé à une petite princesse de trois ans, Marguerite d'Autriche, fille de Maximilien, roi des Romains. Ils grandiront ensemble pendant presque dix ans.

Parce que Charles n'est pas majeur, dès les premiers jours du règne, un conseil est rassemblé pour former un gouvernement. Il sera conduit par la reine Charlotte, nommée régente pour la circonstance. Elle sera entourée des princes du sang que Louis XI avait tenus à distance du pouvoir comme le jeune duc d'Orléans, premier prince du sang, ou le déjà fort âgé duc de Bourbon, mais aussi de

quelques anciens favoris du roi qui, par leur rang, et leur expérience ne peuvent être écartés. Pierre de Beaujeu, cadet de la famille de Bourbon, avait gouverné la France pendant la maladie de Louis XI. Celui-ci, avant de mourir, lui avait promis le gouvernement du royaume pendant la minorité de Charles. Dans l'incapacité d'aller contre la reine et ses soutiens, Pierre de Beaujeu accepte le compromis comme il accepte la tenue des états généraux qui doivent valider ce nouveau gouvernement. Pendant quelques semaines, encouragés par le parti des princes, des hommes et des femmes de toutes conditions portent plainte contre les exactions des hommes du roi défunt. De nombreuses arrestations ont lieu et les procès suivent. La tyrannie de Louis XI est clairement dénoncée.

Mais Charlotte de Savoie décède en décembre 1483. Avec elle disparaît le rêve du duc d'Orléans : diriger le gouvernement de la

Fille aînée du duc François II et de Marguerite de Foix, Anne de Bretagne est l'unique héritière de son père, en 1488. Sur l'avis des états de Bretagne, qui cherchent à préserver l'indépendance du duché, Anne est mariée par procuration en 1490 au fils de l'empereur Maximilien de Habsbourg. Cette union transgresse le traité du Verger, selon lequel François II s'était engagé à ne pas marier ses filles sans le consentement du roi de France. Cet acte provoque une réaction militaire de Charles VIII. Devant le peu d'aide que lui apporte Maximilien et voulant sauvegarder l'indépendance de son duché, envahi par les armées royales, Anne change de camp : son mariage est annulé pour vice de procédure et elle épouse Charles VIII en décembre 1491. (*Mariage de Charles VIII et d'Anne de Bretagne.* Huile sur toile de Gillot Saint-Evre, XIXe siècle.)

Charles VIII entre à Naples le 22 février 1495, acclamé par une population lasse du gouvernement aragonais. Mais le roi aura peu de temps pour jouir de son succès. Dès le mois suivant se forme une ligue entre tous les États italiens, sauf Florence, contre lui. (*Entrée de Charles VIII à Naples, le 22 février 1495*. Huile sur toile de Éloi Firmin Feron, XIXe siècle.)

Requiem pour un dauphin. C'est à Lyon que Charles VIII apprend la mort de son fils unique, Charles Orland, âgé de 3 ans, emporté par la rougeole. Malgré leur chagrin, le roi et la reine n'assisteront pas aux funérailles. Ce seront les serviteurs de l'enfant qui l'accompagneront à sa dernière demeure. Quelques années plus tard, Anne de Bretagne commandera à Guillaume Regnault un monument funéraire pour ce fils qu'elle aurait longtemps pleuré. (*Le Dauphin Charles Orlant*. Huile sur bois de Jean Hey, XVe siècle.)

France, auquel il peut prétendre comme prochain à succéder sur le trône. En effet, les députés réunis à Tours pendant l'hiver 1484 ont tous ou presque des obligations envers le parti de Pierre de Beaujeu. Ils confirment les volontés de celui-ci. Puisque Charles va sur ses 14 ans et sera bientôt sacré, une régence est inutile. Le gouvernement du prince, c'est-à-dire son éducation et sa protection, sera confié à sa sœur aînée Anne de Beaujeu, comme plus proche parent de l'adolescent, et le gouvernement du royaume réunira tous les princes du sang et les conseillers les plus sages. Ces choix révoltent les princes qui les dénoncent bientôt en refusant de siéger au conseil. À la révolte par les mots suit la révolte par les armes. Une guerre civile éclate alors. Elle va durer quatre ans.

Car le parti du duc d'Orléans est soutenu par tous ceux qui ont quelque chose à reprocher à la famille Beaujeu.

La guerre de Bretagne

Parmi ces mécontents, François II, duc de Bretagne, menacé depuis la fin du règne de Louis XI par les ambitions du pouvoir. La situation du duc est alors assez complexe. L'homme n'a que deux filles, Anne et Isabeau. Or, la succession de la Bretagne, depuis la fin du XIVe siècle, se fait comme pour le royaume de France, de fils en fils par les fils. D'autre part, Louis XI avait acheté les droits de Nicole de Penthièvre, autre prétendante au duché. Les rois de France devenaient de potentiels héritiers de la Bretagne. Parce que François II sait ses chances d'avoir un fils fort minces, il ose un mini-coup d'État. Il rompt avec la tradition et fait reconnaître par la noblesse bretonne sa fille aînée Anne comme sa légitime héritière. Ce choix, le duc d'Orléans, qui est venu se réfugier chez son cousin, l'approuve, tout comme Maximilien d'Autriche qui y voit une occasion d'affaiblir le pouvoir du jeune Charles. Le roi des Romains promet donc argent et hommes aux deux ducs et imagine de créer un nouveau front pour envahir l'Artois.

Alternant ouvertures et agressions, le gouvernement royal décide bientôt d'en finir. Une armée est lancée vers le duché. Les troupes ducales qui entre-temps ont reçu le soutien des Anglais sont commandées par le duc d'Orléans et le duc de Bretagne. Mais elles sont écrasées le 27 juillet 1488, à Saint-Aubin-du-Cormier. Le duc d'Orléans est fait prisonnier. Le traité de paix signé le 19 août au château du Verger anéantit les prétentions du duc de Bretagne qui n'y survit pas. Il meurt quelques jours plus tard, le 8 septembre 1488. La dernière lutte féodale du Moyen Âge s'achève. Ou presque, puisqu'une partie de la noblesse bretonne imagine toujours qu'Anne

de Bretagne peut succéder à son père. Le 9 février 1489, à Rennes, elle la reconnaît comme sa vraie duchesse, et ce choix est une nouvelle fois approuvé par Maximilien à qui la main de la jeune fille est proposée. La guerre de la succession au duché commence. Mais l'éclatement du parti breton, la lassitude de la population, les trahisons, le manque d'argent annoncent la fin des combats et la victoire finale du roi de France qui, depuis quelques mois, s'affirme de plus en plus en souverain. À l'automne 1491, l'armée royale occupe presque tout le duché. Il lui reste à prendre la ville de Rennes dans laquelle Anne, qui n'a que 14 ans, s'est réfugiée avec ses derniers partisans. Finalement, les propositions de Charles VIII sont acceptées. Le vainqueur épousera la vaincue, et la petite fiancée du roi, Marguerite, est renvoyée auprès de son père Maximilien.

Le mariage est célébré à Langeais le 6 décembre. La veille, un contrat a été signé. Déclarée seule héritière de son père, Anne constitue son époux, nouveau duc de Bretagne, son procureur perpétuel. Si elle vient à mourir avant le roi, sans enfant légitime de leur union, elle lui cède ses droits de propriété et de souveraineté sur le duché. Charles déclare faire de même. Mais pour cela, il faut qu'en outre elle se remarie avec le nouveau roi de France ou, si celui-ci s'y refuse, avec le plus proche héritier de la couronne.

En fait, à la fin de l'année 1491, tout le monde imagine que la Bretagne est définitivement rattachée au domaine royal.

Son royaume en paix, sa noblesse à nouveau docile, le jeune Charles VIII, qui a maintenant 22 ans peut lancer un projet qui a grandi en lui alors qu'il défendait ses droits sur la Bretagne : la conquête du royaume de Naples.

Le rêve italien

Cette terre du sud de la péninsule italienne, dont le pape est le suzerain, avait été gouvernée par des Français, les Anjou, depuis la moitié du XIIIe siècle. Et si au début du XVe siècle, cette même famille l'avait perdue, elle en conservait les droits échus à Louis XI par héritage en 1482, à la mort du comte du Maine. Charles VIII peut donc revendiquer ce royaume comme un bien de la couronne de France. Le pape Innocent VIII a aussi sa part de responsabilité. Craignant la progression de l'Empire turc et malcontent de Ferdinand Ier, alors roi de Naples, il fait appel à Charles VIII à plusieurs reprises et l'invite à venir prendre possession de son bien. L'entreprise, envisagée dès la fin des années 1480, devient un objectif après 1492, même si le nouveau pape Alexandre VI Borgia n'y est plus favorable. Elle commence à l'été 1494 et se révèle extrêmement facile au départ. Les États italiens, lorsqu'ils sont amis du roi, comme le duché de Milan, lui ouvrent leurs portes et le reçoivent comme le héros d'une prophétie annonçant la venue d'un roi qui, après avoir conquis tous les pays d'Europe, réformé l'Église et converti tous les infidèles, offrirait au Christ ressuscité tout son empire. Dans les cités ennemies, telle Florence, la population en profite pour se révolter et demande à Charles VIII, qu'elle accueille comme un libérateur, de devenir son protecteur. Malgré son opposition à l'entreprise, le pape ne peut empêcher l'entrée des Français dans Rome. Quant à l'invasion du royaume de Naples, elle se passe sans déclencher une seule bataille. L'armée napolitaine, bien que soutenue par les Espagnols, est inférieure en nombre. Elle ne peut guère lutter. Charles VIII entre dans Naples le 22 février 1495 en triomphateur. Quatre mois sont toutefois nécessaires pour conquérir totalement le royaume. En mai, fort de son succès, Charles VIIII décide de retourner en France. Mais les amis d'hier ont changé de camp : lorsque le roi traverse les terres de Milan, il doit livrer bataille à une armée composée de Milanais et de Vénitiens, près de Fornoue (Fornova). Le roi fait alors sa première expérience au combat. Et il est victorieux. Pourtant lorsqu'il arrive en France, à l'automne 1495, les mauvaises nouvelles s'accumulent, et quelques mois plus tard il apprend la perte de son royaume. Alors que Charles VIII s'apprête à partir le recouvrer, il meurt subitement, le 7 avril 1498, à Amboise, en se cognant la tête contre une traverse de porte. Il n'a que 27 ans.

2.

Des mariages très arrangés

L'anneau remis au roi lors du sacre symbolise l'union mystique du roi avec le royaume et, au sens plus large, avec ses sujets. Pour autant, ce n'est pas de cette union que va naître un héritier qui, le jour venu, régnera sur le royaume de France... Aussi le mariage du roi ou du futur roi est-il un moment crucial dans la vie de l'État monarchique – plus que dans la vie de la famille royale d'ailleurs. Otage de la sphère publique, le mariage du roi est avant tout un événement dynastique, politique et diplomatique.

1.

3.

MÉROVINGIENS et Carolingiens ne sont guère concernés par le mariage en tant que sacrement religieux tant l'Église peine à l'imposer. Les souverains comptent alors épouses et concubines, sans qu'il soit toujours aisé de distinguer les unes des autres. Clotaire Ier, un des quatre fils de Clovis, aurait convolé avec Chunsène, Radegonde, Ingonde puis la sœur de cette dernière, Arnegonde, dont la chevalière témoigne du statut d'épouse et de reine [1].

Si la vertu première du mariage du roi est de perpétuer la dynastie, d'autres fonctions lui sont assignées. Le mariage est un outil commode pour agrandir le royaume, la mariée étant richement dotée en terres. Le futur Louis VII épouse Aliénor d'Aquitaine qui lui apporte l'Aquitaine et le Poitou (1137) [2]. Mais le temps révèle vite deux époux bien mal assortis ; Aliénor ne trouve-t-elle pas son royal époux « austère comme un moine » ? Au retour de la croisade (1149), le malentendu est patent : la reine n'a toujours pas donné d'héritier mâle au roi, et sa

1.
Chevalière de la reine Arnegonde, épouse de Clotaire Ier. (Art mérovingien, fin du VIe siècle.)

2.
Mariage d'Aliénor d'Aquitaine et de Louis VII (1137). (Miniature extraite des *Grandes chroniques de France*, XIVe siècle.)

3.
Mazarin conclut la paix des Pyrénées et le mariage de Louis XIV (1659). (Gravure, XVIIIe siècle.)

4.
Louis XV et l'Infante. (Huile sur toile, XVIIIe siècle.)

5.
Mariage de Napoléon Ier et de Marie-Louise de Habsbourg (1810). (Huile sur toile de Georges Rouget, XIXe siècle.)

4.

conduite volage rend incertaine toute naissance à venir… Le mariage est annulé sans grande difficulté, les époux étant parents à un degré prohibé. Louis VII se remarie avec Adèle de Champagne qui lui donne en 1165 l'héritier tant attendu, Philippe Dieudonné ! Le traité des Pyrénées (1660) met fin à la « guerre ouverte » qui oppose la France et l'Espagne depuis 1635.

En grande partie l'œuvre de Mazarin, le traité est parfait par le mariage conclu entre l'infante Marie-Thérèse et Louis XIV [3]. Cette union célébrée à Saint-Jean-de-Luz scelle la paix entre les Bourbons et les Habsbourg d'Espagne.

5.

La préparation du mariage de Louis XV obéit aussi à des impératifs diplomatiques. Le choix de l'infante Marie-Anne-Victoire, fille du roi d'Espagne Philippe V, oncle du roi, vient conforter le traité d'alliance entre la France, l'Angleterre et l'Espagne [4]. Mais, en 1724, l'infante est âgée de 5 ans quand le roi, de neuf ans son aîné, est en âge de procréer, et que la cour et le peuple attendent avec impatience un Dauphin. Les fiançailles sont rompues, l'infante renvoyée chez elle au grand dam de son père. L'année suivante, une alliance nettement moins prestigieuse est préférée : la fille du roi de Pologne Stanislas Ier, Marie Leszczynska, nubile, sera reine de France.

Le sort de Marie-Louise de Habsbourg-Lorraine qui épouse Napoléon Ier en 1810 [5] s'inscrit dans la stricte continuité des mariages royaux. La jeune archiduchesse – elle est née en 1791 – est le gage de la réconciliation entre la France et l'Autriche. Cette union répond aussi à la volonté de Napoléon, en mal d'héritier, d'assurer la pérennité de la quatrième dynastie. C'est chose faite le 20 mars 1811 avec la naissance d'un fils, immédiatement titré roi de Rome.

« Père du peuple »

BIEN QUE ARRIÈRE-PETIT-FILS de Charles V, Louis XII n'aurait jamais dû être roi. Le hasard veut pourtant qu'à l'avènement de Charles VIII il prenne la place d'héritier de la couronne. Écarté du gouvernement par le parti Beaujeu, Louis, alors duc d'Orléans, prend la tête de la révolte et devient l'un des meneurs de la guerre de Bretagne. Arrêté sur le champ de bataille de Saint-Aubin-du-Cormier, il est jeté en prison. Un an plus tôt, le parlement l'a déjà condamné pour crime de lèse-majesté, une condamnation qui pouvait l'empêcher de prétendre à la couronne. À la fin de la guerre de succession de Bretagne, après trois ans d'incarcération, il revient à la cour et retrouve tous ses droits et privilèges. Mais sa présence reste suspecte. On s'oppose à ses prétentions sur le duché de Milan en 1494 et l'on manque de le laisser périr dans Novare assiégée en 1495. Le désir du duc d'exercer le pouvoir est évident. La volonté de l'en dissuader l'est tout autant. Lorsqu'il devient roi le 7 avril 1498, ceux qui avaient agi contre lui dans le passé prennent peur. On craint des règlements de compte. Mais Louis XII n'a pas de réel appui. Son parti a été laminé depuis longtemps et, pour gouverner, le roi a besoin des hommes de son prédécesseur. Alors Louis XII compose et, finalement, pardonne à tout ceux qui lui avaient causé des dommages, comme par exemple Louis de La Trémoille. Pour résumer cette attitude imposée par les circonstances, les chroniques vont attribuer à Louis XII ces mots célèbres mais qu'il n'a peut-être jamais prononcés : « Ce n'estoit pas à un roi de France de venger les injures faictes à un duc d'Orléans. »

Pour faire oublier son passé de prince turbulent, Louis XII, fils du poète Charles d'Orléans et de Marie de Clèves, se présente dès son avènement comme un prince bon et clément. Ce choix était dû aux circonstances. La propagande royale, elle, l'expliqua comme un trait de son caractère. Plus tard, grâce à cette image, Louis XII devint le symbole d'une royauté humaine et accessible, particulièrement appréciée des opposants à la monarchie absolue. Mais c'est au début de la Restauration, époque où ce tableau de J. C. Tardieu fut réalisé, que ce souvenir devint extrêmement populaire. Il servait parfaitement la politique de Louis XVIII en créant un précédent glorieux, car le frère de Louis XVI, autant pour préserver la paix au royaume que sa place sur le trône de France, avait lui aussi besoin de pardonner à beaucoup. (*La clémence de Louis XII.* Huile sur toile de Jean Charles Tardieu, XIXe siècle.)

Des droits et des conquêtes

Lorsque Louis XII arrive au pouvoir, c'est déjà un homme d'expérience. Il a 36 ans. Dès son avènement, il est confronté à un problème délicat, la Bretagne. En effet, selon son contrat de mariage avec Charles VIII, Anne de Bretagne est dans l'obligation d'épouser le nouveau roi ou le plus proche après lui à succéder. Si la reine refuse, la guerre recommencera forcément, or Anne de Bretagne qui n'a que 21 ans, et qui se trouve sans argent ni soutien, n'est pas en mesure de la conduire. Elle accepte donc d'épouser le nouveau souverain, à la condition toutefois que celui-ci soit libre. En effet Louis XII est déjà marié, depuis vingt-deux ans, avec la sœur cadette de Charles VIII, Jeanne de France. Mais ce mariage, imposé par Louis XI, n'a jamais convenu au duc et aucun enfant n'est né de cette union. Louis XII entame donc une procédure d'annulation de mariage. Le procès dure tout l'automne 1498 et se termine à l'avantage du roi. La sentence est proclamée le 3 décembre. Elle affirme que Louis XII a épousé la fille cadette de Louis XI sous la contrainte, que le mariage n'a jamais été consommé et que la jeune femme est impropre à procréer. Jeanne ne fera pas appel. Quelques mois plus tard, elle devient religieuse, avec toutefois le duché de Berry pour son entretien. Elle décède le 4 février 1505 après avoir créé l'ordre de l'Annonciade. Sa vie exemplaire, son sacrifice aussi, lui donnent une vraie popularité, et très vite on prétend que celle qui faillit être reine de France fait des miracles. Elle sera canonisée au XXe siècle.

Trois semaines après avoir annulé sa première union matrimoniale, Louis XII épouse à Nantes la veuve de son prédécesseur. Ce mariage protège le royaume d'une nouvelle guerre féodale. Un premier enfant, une fille, Claude, naîtra neuf mois après.

Comme Charles VIII, Louis XII rêve de conquêtes, et ses ambitions aussi se tournent vers l'Italie. Certes, il a hérité des droits des rois de France sur le royaume de Naples. Mais il peut aussi revendiquer le duché de Milan par sa grand-mère Valentine Visconti. C'est sur cet État que les efforts du roi se portent en premier. Après quelques réformes, notamment dans le domaine judiciaire, qu'il accompagne d'une grande publicité, Louis XII prépare son expédition. L'entreprise est victorieuse en septembre 1499. Aussitôt, la république de Gênes, voisine du duché italien et qui a pendant tout le XVe siècle joué avec le soutien de la France, se donne à Louis XII. Celui-ci entre en vainqueur dans Milan, le 6 octobre.

Mais la conquête, mal assurée, ne dure guère et Louis XII perd Milan en janvier 1500. Sans attendre, il repart à l'attaque et, en avril de la même année, recouvre son bien en mettant à bas l'armée de Ludovic Sforza, alors maître du duché. Sforza est fait prisonnier et conduit en France. Après un court séjour à Lyon, l'homme est transféré au château de Loches. On ignore toujours la date de sa mort.

En quelques mois Louis XII est donc devenu le maître des principaux territoires de l'Italie du Nord. Fort de ce succès, il se lance aussitôt à la conquête du royaume de Naples. Croyant éviter les erreurs de son prédécesseur, il décide de s'allier avec l'autre prétendant au royaume, Ferdinand d'Aragon. Le royaume conquis, il sera partagé en deux parties égales. Le Sud pour l'Espagnol, le Nord pour le Français. La campagne est lancée en juin 1501 et dès le 28 juillet les armées de Louis XII entrent dans Naples. Le succès est total.

L'année suivante, Louis XII entreprend un voyage dans ses nouveaux territoires italiens où il est reçu, comme Charles VIII, en libérateur. Mais à Naples, le roi d'Aragon ne respecte pas l'accord

Dans l'imaginaire collectif, Anne de Bretagne est une figure au caractère puissant et volontaire. Femme de tête, elle aurait toute sa vie combattu pour préserver à la Bretagne son indépendance. Cette image de résistante est une légende qui se construisit à partir de la fin du XVIe siècle et qui effaça progressivement celle que la reine avait voulu donner de son vivant. En effet, celle qui eut le privilège unique d'être deux fois reine de France s'était présentée comme le symbole de la paix et de l'union au royaume. Bref, une reine idéale tel qu'on le concevait alors, c'est-à-dire pieuse, charitable et fidèle à Dieu comme à son époux. (*Marot offre son livre,* le Voyage de Gênes *à Anne de Bretagne.* Miniature, 1507.)

Le règne de Louis XII est marqué par une vigoureuse politique « italienne » visant à reconquérir le royaume de Naples et à chasser Ludovic le More de Milan. Naples est reconquise, puis perdue, entre 1503 et 1504, mais dès 1500, le duché de Milan était devenu possession de la couronne de France, et les campagnes victorieuses menées par le roi en personne contre Gênes (1507) et Venise (1509) renforcent la domination française sur le nord de l'Italie. (*Voyage de Gênes,* XVIe siècle.)

et décide de chasser les Français du royaume. Une guerre larvée s'engage et dure deux ans. Louis XII perd sa conquête napolitaine le 1er janvier 1504 et, au printemps de la même année, reconnaît sa défaite en signant une paix de trois ans avec Ferdinand d'Aragon.

Le prince le plus puissant d'Europe

Deux ans plus tard, alors que Louis XII envisage de prendre sa revanche sur le roi espagnol, la cité de Gênes se révolte contre l'autorité française. Dans cette affaire, elle est soutenue par les Vénitiens et, plus discrètement, par le pape Jules II. Louis XII, qui vient d'essuyer un revers à Naples, n'imagine pas perdre également ce territoire. Aussi décide-t-il d'aller en personne mater la rébellion. L'armée qu'il conduit arrive aux portes de la ville en avril 1507. La résistance ne dure guère et, le 25, les Français reprennent possession de la cité. Lors de son entrée dans Gênes, des Génois, crânes rasés, se prosternent sur son passage pour implorer sa clémence. Louis XII, après avoir supprimé toutes les libertés de la république et condamné à mort les principaux meneurs, pardonne finalement aux Génois, libère les autres prisonniers et déclare l'annexion de la république. Dès lors, Gênes sera une seigneurie du royaume de France.

Cette démonstration de force, Louis XII la renouvelle en 1509 contre les Vénitiens qui, autrefois alliés, se déclarent maintenant ses ennemis et revendiquent une partie du duché de Milan, plus importante que celle que Louis XII leur a déjà abandonnée lors de la conquête du duché en 1500. La guerre est décidée. Mais avant de partir, il fait alliance avec le roi des Romains, Maximilien Ier. Le traité est signé à Cambrai. Maximilien donne au roi de France et à ses héritiers l'investiture du duché de Milan. Ensemble ils conviennent d'un plan d'attaque contre Venise. Toutefois, Louis XII et ses hommes marcheront les premiers. En fait, Maximilien ne viendra que très tardivement aider le roi de France.

Ce sont donc des Français soutenus par les fantassins des cantons suisses qui affrontent l'armée vénitienne en mai 1509, près du lieu dit Agnadel, dans l'est du duché de Milan. Louis XII est présent à la bataille qui est livrée le 14. Le temps est mauvais mais aide finalement les soldats du roi. En quelques heures la victoire est pour Louis XII. Le succès est total. À Milan, il est accueilli comme un nouveau César et ses publicistes vantent dans de nombreux poèmes, éloges et épîtres ses exploits guerriers.

La reconquête de Gênes et la victoire sur Venise redonnent donc à Louis XII une aura incontestable. Sa puissance en Italie est reconnue par tous. Plus rien ne l'empêche maintenant de partir à la reconquête de Naples, son seul vrai échec depuis son avènement. Mais ce projet ne se réalisera pas car un nouvel ennemi se dessine déjà à l'horizon, le pape Jules II.

La guerre avec le pape

Ce pape qui avait succédé à Pie III en novembre 1503 avait été élu grâce aux soutiens français. Au début, les rapports sont excellents. Mais Jules II a des ambitions temporelles. Il veut étendre la puissance des États pontificaux et rêve d'unir l'Italie sous son autorité. Aussi, par crainte de la puissance française, après avoir soutenu le roi dans sa lutte contre les Vénitiens, il s'allie avec les vaincus pour chasser Louis XII de la péninsule. Bientôt les armées pontificales font le blocus de Gênes. Agacé, Louis XII décide d'employer la manière forte et veut déclarer la guerre à Jules II, avec le projet de le déposer et de provoquer une nouvelle élection. Mais faire la guerre au pape n'est pas faire la guerre à un prince laïc. Aussi, le 30 juillet 1510, le roi mande-t-il les représentants du clergé français à Tours. Le but est d'obtenir leur autorisation de faire la guerre au pontife sans paraître un mauvais chrétien. Elle lui est accordée. Si Maximilien Ier, qui imagine aussi devenir pape un jour, n'est pas contre une telle initiative, Ferdinand d'Aragon traîne des pieds.

Finalement, il choisit la neutralité. Louis XII entreprend donc la guerre contre le pape. Alors que les troupes françaises établies dans le Milanais font facilement la conquête de Bologne en mai 1511, le roi organise parallèlement un concile universel à Pise pour rendre Jules II schismatique. Jules II riposte par un concile qui se réunit au Latran en avril 1512 et excommunie aussitôt le roi de France. Au même moment, à Ravenne, les Français se battent contre les hommes de Jules II. Louis XII rêve d'une grande bataille qui mettrait

Le pape Jules II, craignant l'hégémonie de Louis XII après les conquêtes de celui-ci en Italie, constitue la Sainte Ligue (dont Venise, l'Espagne et l'Angleterre, notamment, font partie). Malgré ses efforts, le roi ne parvient pas à faire déposer le souverain pontife, et, en 1512, les Français sont contraints d'abandonner le Milanais. (*Portrait du pape Jules II.* Huile sur bois de Raphaël, XVIe siècle.)

Les députés décernent à Louis XII, en signe de gratitude pour son bon gouvernement, un titre encore jamais donné à un roi de France, celui de Père du peuple. En effet, si le règne de Louis XII est une succession de guerres, celles-ci ont toujours eu lieu en Italie. Le royaume de France bénéficie alors d'une période de tranquillité et de prospérité économique. D'autre part, les revenus des terres italiennes permettent au roi de ne pas augmenter les impôts, et même de les baisser. (*Louis XII proclamé « Père du peuple » aux états généraux de 1506, à Tours.* Huile sur toile de Michel Martin Drolling, XIXe siècle.)

à bas les prétentions pontificales. Ce sera une victoire, certes, mais les résultats ne seront pas ceux escomptés. Ce succès réveille tous ceux qui ne croyaient pas à cette guerre, et une nouvelle ligue anti-française se crée un mois plus tard. Elle rassemble Jules II, Venise, mais aussi Ferdinand d'Aragon et Henri VIII d'Angleterre, un tout jeune roi qui souhaite redonner à son pays la puissance qu'il a perdue dans la guerre des Deux-Roses. La pression est trop forte et, en décembre 1512, Louis XII abandonne Milan et Gênes. Cependant, la mort de Jules II en février 1513, suivie de l'élection de Léon X, brise l'alliance de la papauté avec Venise.

Louis XII reprend espoir et lance une nouvelle armée en Italie. À Novare, le 10 juin 1513, une bataille est livrée et c'est un échec français. La raison en est simple. Le nombre de soldats est insuffisant. Car au même moment, la France est attaquée au nord par les Anglais et au sud-ouest par les Espagnols. Bientôt, Louis XII perd son allié Maximilien qui le menace maintenant sur sa frontière de l'est. Pris en étau, battu à Thérouanne et à Dijon, Louis XII ne peut que capituler. Toutefois, au milieu de l'automne, si la France a perdu ses possessions italiennes, elle n'a pas vraiment subi de dommage sur son sol. Mais tous ces conflits ont coûté cher. Heureusement pour Louis XII, ses adversaires ne sont pas en meilleure santé financière que lui. Pour tous la paix devient nécessaire. En octobre, elle est conclue avec le pape. En décembre, elle est signée avec Ferdinand d'Aragon. La mort d'Anne de Bretagne, en janvier 1514, retarde les autres traités. Ils seront tous signés après l'été 1514. La paix avec l'Angleterre est accordée le 10 août et donne une nouvelle épouse au roi de France, la sœur d'Henri VIII, Marie, une jeune femme de 16 ans. Mais Louis XII, qui espère déjà recouvrer Milan et imagine une campagne pour le printemps 1515, est usé. Il décède à 53 ans, le 1er janvier 1515, à Blois. Anne de Bretagne lui avait donné quatre enfants. Deux filles, Claude et Renée, et deux garçons, prénommés François tous les deux. Seules les filles survécurent.

une activité législative applicable à tous.

(Almanach de l'année 1716.)

La féodalité ne remet pas en cause le principe de la justice comme prérogative royale ; elle en rend seulement l'exercice impossible. Les premiers Capétiens agissent plus en seigneurs justiciers dans leur domaine qu'en rois des Francs sur le royaume ; ils subissent la concurrence d'autres seigneurs et des tribunaux ecclésiastiques relevant de l'évêque.

Avec Philippe II Auguste et Louis IX, l'administration royale connaît un essor sans précédent. Les premiers baillis apparaissent dans l'ordonnance de 1190. Le parlement se détache de la *Curia regis* au milieu du XIIIe siècle ; ses juges, auxquels le roi a délégué l'exercice de sa justice, siègent dans le palais de la Cité.

Peu à peu, la justice du roi tend à s'imposer dans tout le royaume : les justiciables ont la liberté de choisir leur tribunal, et la justice du roi fonctionne en appel et en dernier ressort. Le pouvoir législatif réapparaît à son tour, le roi retrouvant la capacité de créer des normes. Ainsi réapparaissent des ordonnances [2] et des édits enregistrés et publiés par le parlement, puis à l'époque moderne par les parlements. Ces derniers ne se contentent pas toujours du rôle de chambre d'enregistrement auquel la royauté tend à les abaisser. Ainsi l'édit de Nantes enregistré par le parlement de Paris en 1598 ne l'est par celui de Rouen qu'en... 1609 !

1.

Au-delà de la machine judiciaire qui se met en place, les sujets sont toujours sensibles à l'image du roi justicier. À cet égard, aussi bien l'image transmise par Joinville de Saint Louis rendant la justice sous un chêne que l'amende imposée par le roi à Enguerrand de Coucy pour avoir fait pendre trois enfants [1] témoignent de l'attente populaire d'une justice royale équitable et immédiate.

1684 octobre 31

ORDONNANCE
DU ROY,
Pour faire condamner les Filles de mauvaiſe vie qui ſe trouveront avec des Soldats à deux lieuës aux environs de Verſailles, à avoir le nez & les oreilles coupées.

Du 31. Octobre 1684.

DE PAR LE ROY.

2.

3.

4.

Le sceau de France illustre parfaitement ce devoir de justice du roi [3] : à la différence d'autres monarchies où le roi est armé et à cheval, le roi de France est représenté en majesté sur son trône avec les attributs de la justice, le sceptre et la main de justice.

À la fin du Moyen Âge, il est de moins en moins fréquent que le roi rende lui-même la justice. Il est pourtant des cas où il siège en son parlement lors d'une séance solennelle passée à la postérité sous le nom de « lit de justice », parce que le roi étant présent, c'est en lui que la justice réside – fait son lit. Parmi les fameux lits de justice, on peut citer celui de Vendôme (1458) où Charles VII jugea pour trahison le duc de Vendôme, ou celui de 1715 où le jeune Louis XV confie la régence du royaume au duc Philippe d'Orléans [4].

À la fin du règne de Louis XV, la justice du roi connaît une révolution avant l'heure. En opposition avec des parlements plus soucieux de leurs privilèges que de l'intérêt général tel que le conçoit la monarchie, le roi exile les parlementaires au bénéfice d'une justice « prompte et gratuite ». La réforme est saluée par Voltaire. Mal informé, le jeune Louis XVI commet l'erreur de les rappeler.

Le mirage italien

Lors de la bataille de Pavie, le 24 février 1525, les plus grands noms de France, ceux qui avaient acquis leur gloire à Fornovo, Agnadello, Ravenne ou Marignan, y laissent la vie, comme le maréchal de Chabannes ou l'amiral Louis de La Trémoille. D'autres comme le maréchal de Montmorency et le comte de Saint-Pol sont faits prisonniers. En une matinée l'armée française et une partie de la noblesse sont anéanties. Jamais, depuis Azincourt, les Français n'ont essuyé une telle défaite. Au soir de cette bataille François Ier, capturé, écrit à sa mère : « Tout est perdu, fors l'honneur ! » (Peinture, XVIe siècle.)

AUTOMNE 1524. François Ier rejoint son armée afin de recouvrer le duché de Milan. Les premières nouvelles sont excellentes. Le passage des Alpes s'est admirablement bien déroulé et devant sa puissance, les Impériaux, inférieurs en nombre, se retirent. En quelques jours, François Ier est redevenu maître du duché. Seules deux villes restent occupées : Lodi et Pavie. Début novembre, le roi et son armée se dirigent sur cette dernière et en commencent le siège. Mais la ville résiste et la mauvaise saison, avec ses pluies, arrive. Le roi croit au siège d'usure et décide d'attendre. Trois mois passent. Et effectivement, en février 1525, la ville est prête à se rendre. Toutefois, pendant l'hiver, l'armée impériale s'est reconstituée. On parle de bataille. Le roi n'y croit pas. Il a tort. Les Impériaux la déclenchent le 24 février, jour de la Saint-Mathias, jour aussi de l'anniversaire de Charles Quint qui vient d'avoir 25 ans. En moins de trois heures, le sort de la bataille est scellé et c'est une victoire impériale éclatante. Mais plus grave encore : le roi lui-même est capturé. Depuis Jean II, à Poitiers, en 1356, aucun souverain n'a subi une telle humiliation. Pavie est un désastre militaire et politique.

Une couronne pour des étrennes !

Pourtant, tout avait si bien commencé. Dix ans plus tôt, le 1er janvier 1515, Louis XII meurt sans héritier mâle en ligne directe, et c'est François, un jeune homme de 21 ans plein de vigueur, qui lui succède, comme plus proche par le sang. Une couronne pour des étrennes ! Quelques mois plus tard, François Ier reprend le projet de son prédécesseur et part à la conquête du duché de Milan. Arrivé dans une plaine au sud de Milan, près du lieu-dit « Marignan », le jour de son anniversaire, le 12 septembre, il sait la bataille proche. Les Suisses qui, pendant longtemps ont été de fidèles soutiens de la France, commencent eux aussi, en ces années 1510, à avoir quelques ambitions territoriales et, en 1515, ils ont choisi de se battre aux côtés du duc de Milan. Pour les séduire, Francesco Sforza leur a promis de nombreux avantages territoriaux et économiques. Le 13 septembre, voyant les Français aux portes de Milan, Suisses et Italiens décident de la bataille. Elle débute vers quinze heures. Les Suisses, qui forment l'essentiel de l'armée du duc de Milan, marchent en échelons réguliers avec un but : forcer les lignes des fantassins français pour s'emparer au plus vite de l'artillerie royale. Très vite la bataille s'annonce âpre et difficile. Elle le sera. Les combats durent jusque tard dans la soirée et lorsque chacun des deux camps décide de faire cesser les combats pour la nuit, il n'y a ni vainqueur ni vaincu. Au petit jour du vendredi 14, les deux armées, qui se sont remises en place durant la nuit, s'affrontent de nouveau. L'arrivée des Vénitiens, alliés des Français dans ce conflit, est décisive. Et, vers onze heures du matin, la victoire est pour François Ier. Pour sa première bataille comme souverain, François Ier peut être satisfait. Il a participé au combat, son artillerie a fait de beaux effets et ses alliés ont été loyaux. Mais ce que ne dit pas toujours l'histoire, c'est que Marignan est aussi un véritable carnage. En un peu plus de seize heures de combat, plus de 16 000 hommes trouvent la mort. Les plus grandes pertes ont lieu le vendredi matin et affectent le camp suisse pour la plupart. Qu'importe. Le roi est victorieux et cette victoire lui offre Milan.

Aussitôt, la république de Gênes se donne à lui. Le pape, qui est resté distant depuis le début du conflit, veut devenir son ami. L'accord se fait à Bologne, en décembre 1515. Là, pour convenir au pontife, François Ier abroge la pragmatique sanction qui donnait à l'Église de France une certaine autonomie. Les trois années qui suivent, François Ier les occupe à faire la paix avec toutes les autres nations européennes. À la fin des années 1510, la France est l'État le plus riche d'Europe, et son prince le plus puissant.

Parce que les Turcs ont repris leur politique expansionniste et que le sud de l'Italie est de nouveau menacé, le pape Léon X cherche à persuader le roi de France de conduire une croisade contre les « infidèles ». François ne s'y oppose pas. Il imagine déjà partir à la conquête du royaume de Naples que Charles VIII et Louis XII ont tenté de conquérir et de conserver, sans succès. Mais Maximilien d'Autriche meurt en janvier 1519. Avec ce décès s'ouvre la campagne pour l'élection du roi des Romains, titre qui donne droit à la couronne impériale. François Ier se déclare candidat. Il ne s'agit pas d'une lubie du souverain mais d'un rêve depuis longtemps caressé par ses prédécesseurs. Face à lui, un jeune homme de 17 ans, Charles d'Autriche, petit-fils de Maximilien Ier. L'argent et les promesses d'emploi sont proposés aux sept Électeurs et à tous leurs serviteurs. Des sommes énormes sont dépensées par les deux partis en quelques semaines. Un temps, le roi de France se croit vainqueur. Mais finalement, les Électeurs allemands choisissent le prince Habsbourg. La nouvelle, François l'apprend le 3 juillet 1519. Ce premier échec sera suivi de bien d'autres.

Les humiliations

Avec le temps, François Ier se console. S'il ne peut être empereur par les hommes, il le sera par les armes. Mais les amis d'hier l'abandonnent. Henri VIII, qui a rencontré François Ier en 1520 lors du Camp du Drap d'or, promet quelques mois plus tard à Charles Quint d'être son allié, et ensemble, ils imaginent un plan d'attaque du royaume. En 1521, les armées impériales soutiennent les hommes de Sforza et les Français sont chassés du duché. Plusieurs fois, le roi envoie ses soldats à la reconquête de cette terre, mais toutes ses tentatives sont vaines. Il décide alors de partir lui-même à la tête de son armée. Et ce sera Pavie. Après sa capture sur le champ de bataille,

François Ier à Marignan. Quoique supérieurs en nombre, les Français ne viennent à bout des fantassins suisses que grâce au soutien des Vénitiens. Marignan est certes un grand succès militaire pour le jeune prince, mais elle est bien plus utile à sa gloire qu'au royaume, qui ne gagne rien dans cette victoire : François Ier se flatte d'être l'égal de l'empereur romain puisque comme lui, il a franchi les Alpes et vaincu ses ennemis. Cette image de nouveau César était complaisamment propagée par ses propagandistes. (Gravure, XVIe siècle.)

Le camp du Drap d'or. Charles Quint vient d'être élu au trône du Saint Empire romain germanique. La France des Valois est alors encerclée entre les possessions des Habsbourg. Aussi François Ier, candidat malheureux à l'élection, cherche-t-il à impressionner Henri VIII afin de gagner son amitié : près du port de Calais sous domination anglaise, il fait monter un camp pour le recevoir, sous sa tente tissée de drap d'or. Mais loin d'être conquis le souverain anglais se montre indisposé par ce faste et par la prestance du monarque. Henri VIII poursuit son voyage, rencontre Charles Quint à Gravelines et signe avec lui le traité de Calais le 14 juillet 1520. Ces deux entrevues séparées, mais impliquant trois jeunes souverains qui commencent chacun leur long règne constituent l'une des premières démarches dans lesquelles s'esquisse le futur souci d'équilibre européen entre grandes puissances : France, Angleterre, Espagne, Empire. (Huile sur toile, XIXe siècle).

en février 1525, François Ier est d'abord conduit dans la chartreuse de Pavie, puis dans la forteresse de Pizzighettone, près de Crémone. Finalement, Charles Quint exige qu'il soit envoyé en Espagne. Contre sa libération, l'empereur demande la restitution de ce qu'il considère comme son héritage dans le royaume : le duché de Bourgogne, les comtés d'Auxerre et de Mâcon, la vicomté d'Auxonne, le ressort de Saint-Laurent, la seigneurie de Bar-sur-Aube et les autres terres cédées par ses aïeuls, lors des traités d'Arras, de Conflans et de Péronne. Il exige encore l'abandon du droit de suzeraineté de la France sur la Flandre et l'Artois, comme le renoncement du roi à toutes prétentions sur Naples, Milan, Gênes et Asti. D'autre part, François Ier devra restituer au duc de Bourbon, qui avait quitté le royaume – fâché du procès que lui faisait la mère du roi pour le spolier de son héritage et qui depuis était devenu soldat de l'empereur –, ses anciens domaines comme lui céder la Provence, afin que le nouvel allié de Charles Quint puisse former un royaume indépendant. Le roi restituerait, en plus, tout ce que le roi d'Angleterre Henri VIII revendique dans le royaume, soit les duchés de Normandie, de Guyenne et d'Aquitaine.

François refuse ce démembrement du royaume. Mais les propositions qu'il fait ne satisfont pas Charles Quint. La mauvaise santé du roi, la jeunesse du Dauphin, la menace d'une nouvelle guerre contre le royaume alors fort démuni obligent finalement François Ier à accepter le traité de Madrid le 14 janvier 1526. Ce traité reprend l'essentiel des premières exigences de l'empereur. Mais François obtient une grâce, celle d'être libéré avant que ses engagements ne soient respectés. Charles Quint accepte à la condition que ses deux fils viennent le remplacer dans les prisons de l'Empire. Mais sitôt libre, François Ier refuse d'appliquer le traité de Madrid. Avec son nouvel allié, le roi d'Angleterre, il propose une simple rançon pour tout dédommagement, comme la chose était régulièrement pratiquée lorsqu'un grand personnage était pris par l'ennemi à la guerre. La somme proposée est la même que celle payée par les Français aux Anglais pour la libération de Jean II. Si l'empereur refuse, il le menace de la guerre. Cette lutte dure de longs mois et les tentatives de François Ier de déstabiliser l'armée impériale en Italie par la ligue de Cognac échouent. Finalement, au bout de trois ans d'un bras de fer qui n'est glorieux pour personne, une nouvelle paix est signée

Prisonnier en Espagne, François Ier vient de signer le traité de Madrid. Afin que le roi respecte ses engagements, Charles Quint exige des otages. Soit le Dauphin et douze capitaines, soit les deux fils aînés du roi. François Ier et Louise de Savoie optent pour la seconde proposition. L'échange se fera le 17 mars 1526, à sept heures du matin, à marée haute, entre Hendaye et Fontarabie, au milieu de la Bidassoa. Le jour dit, François et Henri, âgés de huit et presque sept ans, sont là. Accompagnés de dix nobles français, ils prennent place dans une embarcation. Leur père sur l'autre rive fait la même chose avec dix nobles espagnols.
La rencontre a lieu sur un ponton bâti pour l'occasion. Elle ne dure que quelques instants. Les deux enfants s'avancent, baisent la main de leur père qui les embrasse, puis le roi embarque dans la gabarre qui a porté ses fils, et ces derniers l'imitent bientôt sur l'autre barque. François Ier est libre grâce à eux. Le roi n'avait pas vu ses enfants depuis plus de dix-huit mois. Il ne les reverra que quatre ans plus tard. (Gravure, XIXe siècle.)

La confirmation du mariage (prévu également à Madrid) de François Ier, veuf depuis 1524, avec Éléonore de Habsbourg, sœur de l'empereur, scelle la « paix des Dames », signée au début du mois d'août 1529 par Louise de Savoie et Marguerite de Habsbourg, et qui reprend, pour l'essentiel, les clauses du traité de Madrid. (Affiche, XVIe siècle.)

entre les deux hommes. Cette paix est le résultat d'une double initiative, celle de deux femmes, Marguerite d'Autriche, tante de Charles Quint, et Louise de Savoie, mère du roi de France. Après un mois de négociations, le texte est établi à Cambrai, en juillet 1529. Il sera validé par les deux princes quelques semaines plus tard. Les concessions du roi de France sont nombreuses. Il abandonne toutes ses prétentions en Italie, s'engage à rendre Asti et Alexandrie, rompt toute amitié avec les États italiens et accepte même de presser les Vénitiens de restituer les places qu'ils occupent dans le royaume de Naples. D'autre part, le roi cède le château et bailliage de Hesdin, renonce au rachat des villes et châtellenies de Lille, Douai et Orchies, délaisse toute prétention sur Arras, Tournai, Saint-Amand et Mortagne. Enfin, il dégage de la dépendance féodale l'Artois et la Flandre. Mais François Ier conserve tout de même la Bourgogne, Auxerre, Mâcon, Auxonne et les terres du Bourbonnais, tout comme la principauté d'Orange et le comté de Provence.

La victoire de Charles Quint est évidente. Il accepte la délivrance des enfants de France le 1er juillet 1530 et donne à son ancien ennemi sa sœur, Éléonore, pour épouse.

Un bras de fer malheureux avec Charles Quint

En France, le retour des fils du roi et l'arrivée d'une nouvelle reine sont accueillis comme la fin des épreuves. Pendant plus de deux ans, le roi, la reine et leurs fils font le tour du royaume et sont fêtés avec beaucoup de magnificence. Mais François Ier n'a rien perdu de ses ambitions et rêve toujours de recouvrer le duché de Milan. D'autre part, Charles Quint qui domine déjà, soit par les armes, soit par l'argent, l'essentiel de la péninsule italienne vient d'acquérir une nouvelle gloire. En 1535, il met à bas l'armée turque et occupe la ville de Tunis. Ce succès peut durablement isoler François Ier sur la scène internationale. Aussi décide-t-il de reprendre l'offensive, fort du soutien de quelques condottieres, mais aussi du marquis de Saluces et de la république de Venise, très suspicieux à l'égard de l'empereur. Une histoire de succession lui sert de prétexte. Héritier de sa mère Louise de Savoie, François Ier revendique une part de l'héritage de Philippe de Bresse, son aïeul. Fortement irrité par le rapprochement de Charles II de Savoie avec Charles Quint, il imagine punir son cousin en occupant ses territoires faciles à conquérir et qui pourront servir de monnaie d'échange contre le Milanais.

Toutefois, avant de se lancer de nouveau dans un conflit militaire, le roi propose une dernière fois de négocier un compromis en reprenant le projet esquissé quelques années plus tôt avec le pape Clément VII : donner le duché de Milan au deuxième fils de François Ier, Henri d'Orléans. Cette demande est inacceptable pour l'empereur. Mais ce dernier ne peut montrer une hostilité trop ouverte. L'investiture accordée par Maximilien Ier à Louis XII pour lui et ses héritiers sur le duché est un empêchement considérable. Aussi Charles Quint ne se dit-il nullement opposé à ce projet mais affirme que la question n'est pas à l'ordre du jour puisque Francesco Sforza, alors duc de Milan, est toujours vivant. La mort accidentelle de ce dernier en novembre de la même année relance le débat. Charles Quint accepte de négocier mais, à Henri, il préfère le dernier fils du roi, Charles, à la condition que cet enfant, qui n'a que 13 ans, épouse la veuve Sforza. François refuse. La guerre est inévitable. Au début de l'hiver 1536, le roi est à Lyon et rassemble une armée puissante. Objectif, la conquête de la Savoie et du Piémont. La chose se fait avec grande facilité, et à la fin du mois de mars les Français sont aux frontières du duché de Milan. L'empereur réagit par la parole en insultant le roi de France et par les armes en envoyant des troupes qui très vite envahissent la Provence. Mais une épidémie ravage le camp des Impériaux et Charles Quint doit se retirer au début du mois de septembre 1536. Contre toute attente, François Ier est vainqueur. Toutefois, cette victoire est assombrie par la mort soudaine du Dauphin, une mort que le roi attribue bientôt à

En 1539, François Ier accompagne Charles Quint sur la route de Loches à Fontainebleau. Les deux princes sont alors en paix depuis un an, mais deux mois plus tard, Charles Quint trahira la paix et la guerre recommencera. (Fresque de Taddeo Zuccaro, XVIe siècle.)

Épouse à 15 ans, reine et mère quelques mois plus tard, Claude de France donne sept enfants, dont trois fils, au roi en moins de dix ans. Elle meurt à Blois en juillet 1524, à 24 ans, dans le château qui l'a vu naître. Les éloges rédigés après son décès exaltent tous une femme sans reproche à l'extrême douceur. Après avoir été embaumé et enfermé dans un double cercueil de plomb et de bois, son corps est déposé dans la chapelle Saint-Calais de Blois. Son tombeau est rapidement couvert d'offrandes. On murmure en effet que la reine fait des miracles et guérit les fièvres et les blessures. Deux ans plus tard, parce que le roi est de retour dans le royaume, le corps de la reine est transporté à Saint-Denis. En souvenir de sa bonté et de sa douceur, Henri II, devenu roi, baptise du nom de cette mère qu'il n'a presque pas connue ce fruit exotique rapporté d'Asie, une prune que l'on imagine cultiver en France : la reine-claude. (Sculpture de Pierre Bontemps, XVIe siècle.)

Charles Quint. L'empereur aurait commandité ce meurtre. Et la guerre reprend pendant toute l'année 1537, sans succès décisif pour l'un ou pour l'autre. La paix de Nice au printemps 1538, conclue entre le roi de France, le pape Paul III et Charles Quint, puis l'entrevue d'Aigues-Mortes au mois de juillet entre les deux souverains, ainsi que le voyage en France de l'empereur, l'année suivante, font croire pendant quelques mois que la rivalité entre les deux hommes a cessé. Charles Quint est prêt à céder le duché de Milan et François Ier consent que se soit pour son fils cadet Charles. Mais l'empereur, sitôt en Flandre, et alors que la rébellion des Gantois n'est pas encore achevée, change d'avis. Le 2 avril 1539, il communique à François Ier ses nouvelles exigences et ne parle plus du Milanais. Il accepte seulement l'union de sa fille Marie avec Charles d'Angoulême. La jeune fille apporterait en dot la Flandre, la Bourgogne et le Charolais, en somme des terres qui recomposent le duché de Bourgogne, qui sont du royaume de France et que les rois de France administrent en direct depuis Louis XI. Enfin, il somme François Ier de quitter la Savoie et le Piémont sur-le-champ; Charles Quint s'est ouvertement moqué du roi. L'année suivante, l'empereur donnera ce fameux duché de Milan à son fils Philippe.

Mais alors que Charles Quint subit un sérieux revers à Alger, infligé par les Turcs dont les relations avec le roi de France sont officielles depuis 1530, François Ier s'apprête de son côté à reprendre les armes contre l'empereur et veut une grande offensive. Trois armées sont levées. Une vers les Pyrénées, dirigée par le Dauphin Henri, une vers les Flandres, conduite par le duc de Vendôme, une troisième vers le Luxembourg. Mais les résultats ne sont pas à la hauteur des espérances. Et le conflit s'enlise. L'année suivante, c'est l'Angleterre qui vient soutenir Charles Quint sur le territoire de France. En 1544, François signe une paix séparée avec Charles Quint, à Crépy-en-Laonnois. Si l'empereur renonce à la Bourgogne, François Ier, lui, laisse l'Artois contre la promesse que son fils Charles soit fait duc de Milan. Mais le jeune homme n'aura pas le temps de jouir de son bien. Il décède quelques semaines plus tard. Quant au roi d'Angleterre, après avoir conquis Boulogne, il accepte lui aussi la paix avec la France. Elle est signée à Ardres. Encore une guerre pour rien ou presque.

Après 1545, François Ier est fort malade. Il souffre de la syphilis et de nombreux autres maux. Les affaires de l'État sont conduites alors par le cardinal de Tournon et le maréchal d'Annebaut. Le roi s'éteint finalement à Rambouillet, le 31 mars 1547. Longtemps, les histoires de France ont conservé de ce roi un souvenir fort médiocre. L'homme aurait été léger avec les femmes et obstiné à la guerre. Guillaume Budé le consacre déjà « père des lettres et des arts » même si son image de prince mécène, secondaire de son vivant, se popularise au XIXe siècle.

La cour !

« La magnificence et la galanterie n'ont jamais paru en France avec tant d'éclat que dans les dernières années du règne d'Henri second. » Par ce fameux incipit de *la Princesse de Clèves* publiée en 1678, Mme de La Fayette évoque ce qui, à ses yeux, caractérise le roi et sa cour. C'est oublier que de la *Curia regis* des Mérovingiens à la cour de Napoléon III, loin d'être le seul cadre de vie raffiné, la cour est avant tout un lieu de pouvoir, celui du roi.

1.
Danse à la cour de Charles VII.

2.
***L'accueil du Grand Condé** à Versailles par Louis XIV.* (Huile sur toile de Jean Léon Gerôme, XIXe siècle.)

1.

La cour médiévale voit le jour à l'ombre du *palatium*, le palais où séjourne le roi. Abritant la haute administration comme les serviteurs du roi, le palais est tout à la fois un espace de pouvoir et un espace domestique. Le palais et, avec lui, la cour sont itinérants – cette itinérance est promise à un bel avenir puisqu'elle ne prend fin qu'en 1682 avec la décision de Louis XIV de fixer définitivement la cour à Versailles.

Toujours en déplacement, la cour du roi mérovingien n'accueille qu'un nombre limité de personnes, à commencer par les

2.

grands officiers indispensables à l'administration du royaume. À cette époque, le service de l'État et les services domestiques du prince se rapprochent et sont placés sous la responsabilité d'un maire du palais. Une fois à la tête de la royauté, les Carolingiens héritent de la cour de leurs prédécesseurs. Charlemagne en fait un brillant centre culturel où s'épanouit à Aix-la-Chapelle, cœur du nouvel empire, la renaissance carolingienne.

Entre la fin du IXe siècle et le début du XIIe siècle, la véritable cour n'est pas celle des derniers Carolingiens ou des premiers Capétiens, mais celle du prince d'Aquitaine ou celle du duc de Normandie. La *Curia regis* fonctionne, mais au ralenti. Le règne de Louis VI (1108-1137) voit les prémisses d'un retour à une cour royale autonome. Jeune épouse de Louis VII, Aliénor d'Aquitaine tente, en vain, de secouer une cour qui lui paraît sinistre. La cour royale encore essentiellement virile n'est pas prête à accueillir l'amour courtois. Ce n'est qu'avec Louis VIII et son épouse Blanche de Castille que la langue d'oc rencontre la langue d'oïl : la reine invite le trouvère champenois Gace Brulé qui transpose avec talent en langue d'oïl la *fin'amor* des troubadours occitans.

Le règne de Philippe II Auguste amorce une mutation de la *Curia regis*. S'en détache le Conseil du roi qui réunit des personnes proches du souverain, suivi du parlement où siègent des spécialistes du droit, et de la Cour des comptes. Ces organes administratifs acquièrent leur autonomie par rapport aux autres services de la *Curia regis* – essentiellement des services liés à l'hôtel du roi qui regroupe les tâches domestiques. À la fin du Moyen Âge, délestée des fonctions adminis-

3.

3.
***Louis XV** chassant le cerf dans la forêt de Saint-Germain en 1730.*
(Huile sur toile de Jean-Baptiste Oudry, 1730.)

4.
***Réception** donnée aux Tuileries par Napoléon III.*
(Aquarelle d'Henri Baron, XIXe siècle).

tratives, la cour apparaît d'abord comme le lieu où le roi se divertit [1]. Elle n'en demeure pas moins un espace politique, puisque le roi est toujours accompagné de son conseil, et que ceux qui suivent le roi dans ses divertissements sont parfois choisis pour l'assister dans le gouvernement du royaume.

L'itinérance du roi et de sa cour, à la fin du Moyen Âge comme à la Renaissance, obéit à plusieurs raisons. L'une d'entre elles tient à la chasse, divertissement royal par excellence [3]. Lorsqu'elle se déplace, la cour de Louis XII entraîne dans son sillage quelque 12 000 personnes ! Lorsque le gibier commence à se raréfier à la suite de chasses royales répétées, la cour se dirige vers une autre résidence.

Avec les guerres d'Italie (1494-1559), la cour de France s'italianise et la figure du courtisan fait son apparition. Au-delà des influences extérieures, italiennes au XVIe siècle puis espagnoles au XVIIe siècle, la cour de France est façonnée par deux rois, Henri III et Louis XIV. Le premier tente de remédier aux désordres qui règnent à la cour. L'étiquette se fait plus stricte et vise à restreindre l'accès au roi. Dans ce cadre, le roi n'est plus le premier entre ses pairs, mais une personne sacrée située au-dessus de tous, fussent-ils de grands seigneurs. Après les cours rustiques d'Henri IV et de Louis XIII, Louis XIV porte à son comble la « société de cour » et les ressorts qui la régissent. Toutes les faveurs procèdent du roi, et tout prince du sang qu'il soit, le Grand Condé, pour avoir servi contre le roi durant la Fronde, doit attendre quatorze ans avant de pouvoir reparaître à la cour [2]. Le système mis en place par le Roi-Soleil présente le défaut de tenir avant tout au caractère de son ordonnateur. Sous les derniers Bourbons des failles apparaissent d'autant plus que l'opinion publique s'en mêle, prompte à critiquer une cour qui, à dire vrai, est loin d'être la cause du déficit. Il n'en demeure pas moins que l'écrivain Louis Sébastien Mercier, dans son *Tableau de Paris* de 1781-1788, constate : « Le mot de cour n'en impose plus parmi nous comme au temps de Louis XIV. On ne reçoit plus de la cour des opinions régnantes. » Un tournant s'est opéré, la cour ne donne plus le ton, et la mode vient des salons parisiens qui supplantent Versailles. Après la Révolution, quoi qu'on en ait dit, la seule cour à pouvoir rivaliser avec les fastes d'antan est celle de Napoléon III [4]. Elle est alors l'une des toutes premières de l'Europe, et la dernière de France.

BARON

Inflexible envers les protestants

VENDREDI 30 JUIN 1559, rue Saint-Antoine, à Paris. Le tournoi organisé pour célébrer la paix du Cateau-Cambrésis s'achève. Le soleil qui a brillé toute la journée décline à l'horizon. La poussière soulevée par les sabots des chevaux et les différentes luttes embrume encore l'air. Ce jour-là, Henri II a livré deux combats victorieux. Enthousiaste, Il souhaite maintenant se mesurer à un jeune homme qui depuis le début du tournoi a fait merveille, Gabriel de Montgomery. Certains le lui déconseillent. Mais Henri l'exige. Les deux cavaliers se mettent donc en place, de chaque côté de la lice. Bientôt, ils s'élancent, se croisent, se choquent. Soudain, la lance de Montgomery glisse sur l'armure royale, se brise et vole en éclats, soulevant dans le choc la visière du casque du roi. Henri ploie sur l'encolure de son cheval. La stupeur envahit les rangs des spectateurs. C'est un roi évanoui que l'on met à terre quelques instants plus tard. Un flot de sang coule sur son visage lorsqu'on lui enlève son casque. Emporté à l'hôtel des Tournelles, le roi se voit donner les premiers soins, mais très vite les médecins constatent qu'il a perdu son œil droit. Ils craignent aussi d'autres dommages au cerveau. Les plus grands médecins du temps, tels Ambroise Paré ou André Vésale, sont appelés à son chevet. Mais les divergences des médecins sur les remèdes à suivre, la peur de faire souffrir davantage le roi, l'ignorance du temps, font que Henri II ne survivra pas à ses blessures. Et le 10 juillet, peu avant midi, celui qui a régné sur la France pendant douze années et qui vient de mettre fin à quarante ans de rivalités entre la France et l'Empire, rend son âme à Dieu, dans d'atroces douleurs.

Gabriel de Lorges, comte de Montgomery, est capitaine de la Garde écossaise. Régicide involontaire en raison du coup de lance qu'il donne dans l'œil d'Henri II, il est absous de sa faute par ce dernier sur son lit de mort, mais néanmoins banni de la cour et cassé de son grade. Il se convertit à la Réforme et devient l'un des chefs de l'armée des protestants français, mais il finit par être décapité en juin 1574, averti que ses enfants sont privés de leurs titres et de ses biens. (*Le comte Montgomery blessant Henri II.* Aquarelle de Jean-Baptiste Édouard Detaille, XIXe siècle.)

Le coup de Jarnac. 1547 : Henri II autorise un duel que son père a refusé deux ans plus tôt. À l'origine, un conflit entre deux gentilshommes. François de Vivonne, seigneur de la Châtaigneraie, affirme que Guy Chabot, fils du baron de Jarnac, lui a confié entretenir des relations intimes avec la seconde femme de son père. Chabot dément. Vivonne maintient et demande réparation. Exceptionnel, le duel judiciaire avec présence du roi était autorisé à défaut d'autres preuves, et uniquement pour les nobles. Le roi acceptait alors de jouer un rôle passif et remettait son pouvoir entre les mains de Dieu et des armes. Le 10 juillet, à Saint-Germain-en-Laye, toute la cour prend place sur les gradins et attend le combat. Les deux hommes s'attaquent bientôt. Soudain, Chabot place la botte seconde que l'Italien Caize vient de lui apprendre et donne un coup d'épée dans le jarret de la jambe gauche de son adversaire, qui chavire. Chabot redouble son tir et Vivonne tombe à terre. Il décédera le soir même. Ce duel aurait pu être oublié par l'histoire s'il n'avait pas été le dernier auquel un roi eût assisté et si le fameux « coup de Jarnac », qui fut considéré tout à fait loyal à l'époque, n'était devenu un geste de traître au XVIIIe siècle lorsque les jésuites dénièrent à Dieu une quelconque intervention dans ce genre d'affaire. (Lithographie.)

Dans l'ombre de son père et de son frère

C'est le 31 mars 1519, alors que son père rêve encore à la couronne impériale, que naît Henri II, au château de Saint-Germain-en-Laye. Claude de France, sa mère, a déjà donné un premier fils, François, à la France, et c'est sur ce dernier que repose l'avenir de la monarchie. De l'enfance d'Henri II, nous ne savons pas grand-chose. Élevé avec ses frères et sœurs, il grandit entre Blois et Amboise. Mais bientôt le sort s'acharne sur lui. Il n'a que 5 ans lorsque sa mère décède à l'âge de 24 ans et moins de deux ans plus tard, après la défaite de son père à Pavie et sa captivité en Espagne, il sert d'otage avec son frère dans l'attente que François Ier respecte ses engagements signés lors du traité de Madrid. Cette attente dure quatre ans, un temps que Henri et François passent dans des conditions parfois difficiles.

Son retour en France après la paix de Cambrai donne lieu à toute une série de fêtes mais celles-ci honorent surtout la nouvelle reine Éléonore d'Autriche, symbole de la paix entre la France et l'Empire, et le fils aîné du roi, espoir du royaume. Pourtant, François Ier pense à l'avenir de ce cadet et envisage, pour faciliter sa politique en Italie, de lui faire épouser la nièce du pape Clément VII, Catherine de Médicis, héritière par sa mère de la famille Boulogne Auvergne et par son père du duché d'Urbino, en Italie. Les épousailles sont célébrées en octobre 1533 à Marseille. Les deux enfants ont le même âge, 14 ans.

La mort inopinée de François, en août 1536, propulse Henri Dauphin de France. Il a alors 17 ans. Toutefois le jeune homme reste toujours dans l'ombre de son père et des hommes à qui le roi a presque abandonné le pouvoir, le cardinal de Tournon et l'amiral d'Annebaut. Cette distance avec le pouvoir n'empêche pas le Dauphin de faire ses premiers pas d'homme de guerre et de se lier avec des personnages qui l'accompagneront toute sa vie : Anne de Montmorency, Charles et François de Guise ainsi que Diane de Poitiers qui devient sa maîtresse au moins à partir de 1538 et qui restera sa plus fidèle amie.

Enfin roi

Le jour de son vingt-huitième anniversaire, Henri II monte sur le trône de France. Trois jours plus tard, alors que son père n'est pas encore inhumé, il forme son gouvernement et rappelle à lui celui qui l'avait vu grandir et qui depuis 1542 est en disgrâce, Anne de Montmorency. Ensemble, les deux hommes expulsent de la cour tous ceux qui ont gouverné la France dans les dernières années du règne de François Ier. Pourtant, les ambitions du nouveau roi restent les mêmes que celles de son prédécesseur : conserver la Savoie et le Piémont, recouvrer les cités occupées par les ennemis dans le royaume et revendiquer les territoires sur lesquels il prétend avoir des droits, c'est-à-dire Milan, Gênes et Naples. Après avoir affaibli l'Angleterre en imposant sa domination en Écosse et accueilli la très jeune reine de ce royaume, Marie Stuart, à sa cour, il part à la conquête de la ville de Boulogne. Les premiers succès font rêver. On imagine déjà que Henri II sera ce roi tant espéré que l'on crut reconnaître dans tous ses prédécesseurs depuis Charles VIII, l'homme providentiel qui rétablira l'âge d'or sur le monde. Cet espoir, ses publicistes l'expriment par l'écrit, la gravure et les réceptions d'entrée en ville comme à Rouen en 1551, où l'on réserve à Henri II un véritable triomphe à l'antique, encore jamais vu en France. Poursuivant son ambition de prince de paix, ennemi de toutes les tyrannies, Henri, après avoir protégé le duché de Parme contre les prétentions de Charles Quint, part aider les princes allemands qui se plaignent eux aussi de la politique de l'empereur. Dans cette entreprise, le roi, nommé vicaire de l'Empire, fait la conquête de nouveaux territoires : les évêchés de Metz, de Toul et de Verdun. Parallèlement, en Italie,

Henri II succède à François Ier en 1547. Marié à Catherine de Médicis, c'est un homme solide, au caractère entier. Sans se calquer sur celle de son père, sa politique en suit les grandes lignes. La France d'Henri II est encore ce pays paisible qui « donne à ses fils ce qui leur est utile », comme le chante Ronsard. La France connaît une période de relative stabilité politique et sociale, qui cesse avec les guerres de Religion. (Peinture sur bois, XVIe siècle.)

Henri II soutient la révolte des Siennois contre les Impériaux et se fait déclarer leur libérateur. Bien sûr, Charles Quint ne se laisse pas faire. Il lance une armée dans le nord-est du royaume et fait le siège de Metz. Mais c'est un échec. L'empereur persiste. Quelques mois plus tard, il relance une armée, s'empare de Thérouanne et la fait raser. Puis avec Emmanuel-Philibert de Savoie, fils du duc dépossédé par François Ier, il prend Hesdin au cours de l'été 1553.

Une guerre larvée s'installe. Mais la mort d'Édouard VI d'Angleterre, allié de la France depuis 1551, et l'avènement de sa sœur Marie Tudor qui épouse Philippe II d'Espagne, forme une nouvelle alliance contre la France. La guerre risque de prendre un autre visage, lorsque soudain, Charles Quint, prématurément vieilli, décide de laisser la couronne impériale à son frère Ferdinand et l'essentiel de son empire à son fils, pour se retirer au monastère de Yuste en Estré-

madure, où il décède deux ans plus tard. La haine du père n'est pas celle du fils, et Philippe II accepte la trêve proposée par Henri II. Signée à Vaucelles, elle doit durer cinq ans et est très favorable à la France. Henri II conserve les Trois-Évêchés, la Savoie, le Piémont et la Corse, conquise en 1554.

Henri II aurait pu se satisfaire de ces succès. Mais le roi veut plus, et les Italiens l'appellent toujours pour les libérer de l'occupation impériale. Le roi imagine pouvoir recouvrer Milan, Gênes ou Naples. Profitant de l'hostilité du pape Paul IV envers les Habsbourg, il rompt la trêve malgré l'opposition de Montmorency. L'expédition est un échec, d'autant plus qu'au même moment la guerre reprend dans le nord du royaume. Marie Tudor a joint ses hommes aux soldats espagnols et Emmanuel-Philibert de Savoie envahit la Picardie et prend Saint-Quentin le 10 août 1557. Montmorency, blessé, est fait prisonnier comme beaucoup d'autres grands personnages du royaume. Ce désastre peut en provoquer un autre, plus grave, la prise de Paris. Mais Henri II ne se laisse pas faire. Il nomme François de Guise lieutenant général et profite du retrait de Philippe II à Bruxelles pour entreprendre la conquête de Calais, aux mains des Anglais depuis 210 ans et réputée imprenable. Le 8 janvier 1558, Guise lance l'attaque. Et c'est un succès total. Quelques semaines plus tard, Guise s'empare de Thionville, ville d'Empire.

Dans les cours d'Europe, la prise de Calais fait l'effet d'une bombe. Marie Tudor s'en désole. Elle aurait dit au moment de sa mort en novembre de la même année : « Si on ouvrait mon cœur, on y trouverait gravé le nom de Calais. » N'ayant pas eu d'enfant, la reine Marie laisse la couronne de son royaume à sa demi-sœur, Élisabeth, hostile aux catholiques. L'alliance anglo-impériale a vécu.

Henri II triomphe d'autant que Philippe II n'a plus d'argent pour poursuivre la guerre. La paix est nécessaire. Elle est signée au Cateau-Cambrésis les 2 et 3 avril 1559. Si Henri II renonce à ses prétentions en Italie, abandonne la Savoie, le Piémont et la Corse, rend Thionville et Marienbourg, il conserve les très riches évêchés de Metz, Verdun et Toul, et reste maître de Calais pendant huit ans. Après, il s'engage à racheter la ville à l'Angleterre pour la somme de 500 000 écus. Si certains dénoncent cette paix de façon très

En 1559, Anne du Bourg, conseiller au parlement de Paris, attaque la politique royale de répression contre les protestants. Henri II le fait arrêter sur le champ et emprisonner. Après la mort accidentelle du roi, les Guises monopolisent le pouvoir au détriment du jeune François II. Six mois après la mort d'Henri II, Anne du Bourg est jugé et condamné, en tant qu'hérétique, à être supplicié, pendu et brûlé en place de Grève le 23 décembre 1559. (*Supplice d'Anne du Bourg*. Gravure.)

Le 19 janvier 1544, après plus de dix ans de mariage, Catherine de Médicis met au monde son premier enfant, et cet enfant est un fils. Apparue en pleine guerre contre l'Empire et l'Angleterre, cette naissance est accueillie à la cour comme un miracle. François Ier est son parrain, lui donne son nom et le fait chevalier avec son épée. À 4 ans, devenu Dauphin de France, François II est fiancé à la reine d'Écosse Marie Stuart, de deux ans son aînée. Dix ans plus tard, en 1558, il l'épouse et devient roi d'Écosse à son tour. Quinze mois après, il est couronné roi de France. Juridiquement majeur mais physiquement et politiquement mineur, François II laisse sa mère et les oncles de son épouse, Charles et François de Guise, gouverner en son nom. Si le traité du Cateau-Cambrésis permet de maintenir la paix sur les frontières du royaume, l'ordre à l'intérieur est très sérieusement menacé par la répression engagée par le pouvoir contre les protestants après la conjuration d'Amboise, en mars 1560, fomentée par les huguenots. La réaction catholique donna le coup d'envoi des guerres de Religion. Mais François II n'en connaîtra que les prémices. Il décède en décembre 1560, sans doute d'une mastoïdite. Il n'a pas encore 17 ans. (*François II et Marie Stuart*. Miniature.)

violente et ne comprennent pas que le roi abandonne ses droits en Italie, ils oublient qu'Henri II a un autre projet alors plus aisé à réaliser que la conquête de Milan ou de Naples : conquérir l'Angleterre, royaume sur lequel sa belle-fille, Marie Stuart, a des droits. Car pour Rome, Élisabeth est une bâtarde et n'est donc pas légitime. Celle-ci le sait et, pour confirmer sa position, passe à la religion réformée. La décision d'Henri II, en juin 1559, de partir en guerre contre les réformés d'abord dans son royaume, puis partout ailleurs, annonce clairement ses intentions.

La lutte contre les réformés

Cette répression contre les protestants, Henri l'a soutenue depuis son avènement. En 1547, il renouvelle les édits de son père contre l'hérésie, instaure une chambre de justice particulière pour juger les protestants, chambre qui très vite prend le nom de « chambre ardente ». Et si en 1550 le roi décide de la supprimer, l'édit de Châteaubriant l'année suivante montre la volonté royale de maintenir la pression. Pourtant, l'influence de l'Église réformée continue de progresser. Des temples sont fondés dans diverses villes comme Poitiers, Paris, Rouen ou Angers. L'édit de Compiègne de juillet 1557 aggrave celui de Châteaubriant. À travers le royaume, les incidents se multiplient.

Aux bûchers, les réformés répondent en saccageant les églises, les statues de la Vierge et des saints. Les catholiques ripostent par la même violence. Le 4 septembre, à Paris, trois ou quatre cents réformés se réunissent rue Saint-Jacques pour célébrer la cène. Dénoncés, hués par une foule en colère, ils sont battus à coups de bâton. Si la plupart s'enfuient, d'autres sont arrêtés et menés au Châtelet, pour être jugés et finalement brûlés place Maubert. Près du roi aussi, la nouvelle religion gagne du terrain. Antoine de Navarre et son épouse Jeanne d'Albret affichent clairement leur foi, tout comme le prince de Condé. Les neveux de Montmorency, Gaspard de Coligny et François d'Andelot, y sont de plus en plus sensibles. Des artistes, des savants, comme Jean Goujon, Bernard Palissy ou Ambroise Paré, le sont aussi. À Paris, durant l'été 1558, des processions se déroulent au Pré-aux-Clercs, où l'on chante des psaumes. Quelques mois plus tard, en pleine négociation de la paix du Cateau-Cambrésis, se tient toujours à Paris le premier synode calviniste. L'édit d'Écouen du 2 juin 1559 doit mettre fin à cette progression. Pourtant, le 10, au parlement, au cour d'un lit de justice, le président Anne Du Bourg entreprend devant le roi l'apologie des réformés. Ce discours ulcère Henri II qui le fait arrêter. Mais le roi ne verra pas mourir Anne Du Bourg. Certains, proches des réformés, diront que Dieu avait voulu punir le roi et lui avait appliqué la loi du talion. Henri était mort par là où il avait péché.

Dans l'ombre des rois

En France, les reines n'accèdent pas au trône depuis le choix en 1316 de Philippe V, au détriment de la fille de son défunt frère Louis X, et l'utilisation par les Valois de la loi salique pour contrer les prétentions anglaises. Qu'elles ne règnent pas ne signifie pas qu'elles ne détiennent aucun pouvoir. Leur dignité, leurs privilèges, l'exercice répété de régences, font que les reines, loin d'être de simples épouses, participent pleinement à la royauté.

1.

2.

LE CHOIX D'UNE REINE relève peu ou prou des raisons qui régissent le mariage du roi : donner un héritier à la dynastie ; apporter une dot en terre ou, à l'époque moderne, en monnaie sonnante et trébuchante ; consolider une alliance diplomatique. En 1491, Anne, duchesse de Bretagne [1], est contrainte d'épouser Charles VIII. Le duché entre ainsi dans le giron de la couronne de France, et pour l'y maintenir Anne, veuve de Charles VIII en 1498, épouse son successeur, Louis XII. La même raison politique pousse à marier leur fille, Claude, héritière du duché, à François d'Angoulême, futur François Ier, alors que la reine Anne tente en sous-main d'arranger une union entre sa fille et Charles Quint.

3.

À défaut de partager le pouvoir du roi, les reines en partagent les honneurs. Elles disposent d'un hôtel, d'un chancelier et d'officiers ; en cas de veuvage, un douaire leur assure un train de vie plus qu'honorable. Obligation leur est faite d'accoucher en public, tant la naissance d'un enfant royal est un événement d'importance. Les reines ne sont pas toujours éclipsées par les maîtresses du roi, et la reine Anne donne de l'éclat à la cour, protégeant arts et lettres.

Comme les rois, les reines sont sacrées. Marie de Médicis [2] mariée à Henri IV en 1600, soit six ans après le sacre du roi, n'a de cesse de réclamer ce sacre auquel la coutume permet aux reines de France de prétendre. C'est chose faite le 13 mai 1610 : Henri IV, prêt à partir en campagne, lui accorde le sacre de Saint-Denis et lui confie la régence du royaume. Après l'assassinat du roi, un lit de justice tenu par le jeune Louis XIII confirme cette régence confiée à Marie de Médicis. Parmi les différentes régentes qui ont tenu le royaume, Marie est la seule à avoir ouvertement disputé le pouvoir à son fils. Ce n'est pas un hasard si Rubens, à travers le cycle de 24 toiles qui lui a été commandé, donne de la reine une image qui la pose en souveraine plus qu'en régente.

Archiduchesse, Marie-Antoinette [4] épouse le Dauphin Louis en 1770 pour sceller l'alliance avec l'Autriche préconisée par le duc de Choiseul. Le destin tragique de la reine, guillotinée en 1793, illustre combien le rôle de reine peut être difficile à tenir, surtout quand l'opinion publique s'en mêle : des rumeurs sur sa vie privée aux surnoms de « Madame Veto » ou de « Madame Déficit », peu de quolibets lui ont été épargnés.

À l'ombre de ses reines, la France compte deux impératrices : Marie-Louise [3] et Eugénie, respectivement épouses de Napoléon Ier et de Napoléon III. Le père de la première l'aurait sacrifiée à « l'Ogre » pour asseoir la paix entre la France et l'Autriche. Elle donne à l'Empereur l'héritier tant désiré, mais ne profite guère de la France : dès 1814 et l'abdication, elle est de retour en Autriche.

4.

1.
Anne de Bretagne, portrait présumé. (Peinture a tempera sur bois, XVe siècle.)

2.
La Félicité de la Régence.
(Huile sur toile de Pierre-Paul Rubens, XVIIe siècle.)

3.
L'impératrice Marie-Louise guidant les premiers pas du roi de Rome Napoléon II devant le buste de son père l'empereur Napoléon Ier. (Plaque de porcelaine de Louis-Bertin Parant, 1813).

4.
Marie-Antoinette.
(Sculpture.)

Dans l'ombre de la reine mère

Après la Saint-Barthélemy, les meurtres se poursuivent durant tout le mois de septembre en province. Les chefs épargnés se réfugient à Genève et à Bâle ; d'autres se regroupent à La Rochelle, assiégée par les armées royales. Le bain de sang a creusé un fossé infranchissable : les protestants ont perdu toute confiance dans le roi et s'organisent en conséquence – certaines villes, comme Nîmes, Montauban et La Rochelle, passent sous leur loi. (*Massacre de la Saint-Barthélemy, le 24 août 1572*. Peinture de François Dubois, XVIe siècle.)

Août 1572, jour de la Saint-Barthélemy. Rassemblés à Paris pour célébrer les noces d'Henri de Navarre avec Marguerite de Valois, les seigneurs protestants tombent dans un piège. Dans la nuit du 24 au 25 août, et les jours qui suivent, la capitale est le théâtre d'une tuerie sans précédent. S'il est un événement qui a marqué le règne de Charles IX, c'est bien le massacre de la Saint-Barthélemy, qui fit entre 2 000 et 4 000 morts à Paris. La responsabilité de cette scène d'horreur fut imputée tantôt au roi régnant, tantôt à la reine mère, Catherine de Médicis, toute-puissante dans le royaume. L'incertitude qui prévaut encore aujourd'hui est bien significative d'un règne dont le pouvoir fut partagé entre un roi longtemps enfant et une régente qui tint les rênes du gouvernement bien au-delà du mandat accordé. Omniprésente dans les affaires du royaume, tantôt sur le devant de la scène, tantôt en coulisse, Catherine de Médicis imprima sa marque à la politique française au point d'effacer la mémoire de celui qui, pourtant, régnait théoriquement sur elle. Cette situation doit beaucoup à la jeunesse de Charles IX : à peine âgé de 10 ans lorsqu'il monte sur le trône, le troisième fils d'Henri II meurt à 24 ans, après quatorze années de règne. L'enfant-roi n'eut guère le temps de mûrir en politique.

Un roi enfant

Né le 27 juin 1550, Charles IX monte sur le trône en 1560 après le règne éphémère de son frère François II. Conformément aux lois du royaume, la reine mère, Catherine de Médicis, est nommée régente en attendant la majorité du roi, fixée à la quatorzième année du prince. Longtemps effacée, cette princesse toscane, devenue à 14 ans l'épouse du futur Henri II, révéla dans le pouvoir une personnalité politique hors du commun. Dès la maladie de François II, elle prépare son entrée en politique. Très vite, elle écarte les Guises et négocie avec Antoine de Navarre, premier prince du sang, le rôle principal dans le gouvernement. Désignée régente par les états généraux, elle doit faire face aux guerres de Religion qui prennent véritablement leur essor avec le règne de Charles IX. Le petit roi s'en remet entièrement à sa mère, qui tente, dans les premiers temps, une politique de concorde avec l'appui du chancelier Michel de L'Hospital. Mais les tensions confessionnelles exacerbées par les ambitions des princes ne permettent pas d'éviter quarante ans de guerre civile.

Les guerres de Religion (1562–1577)

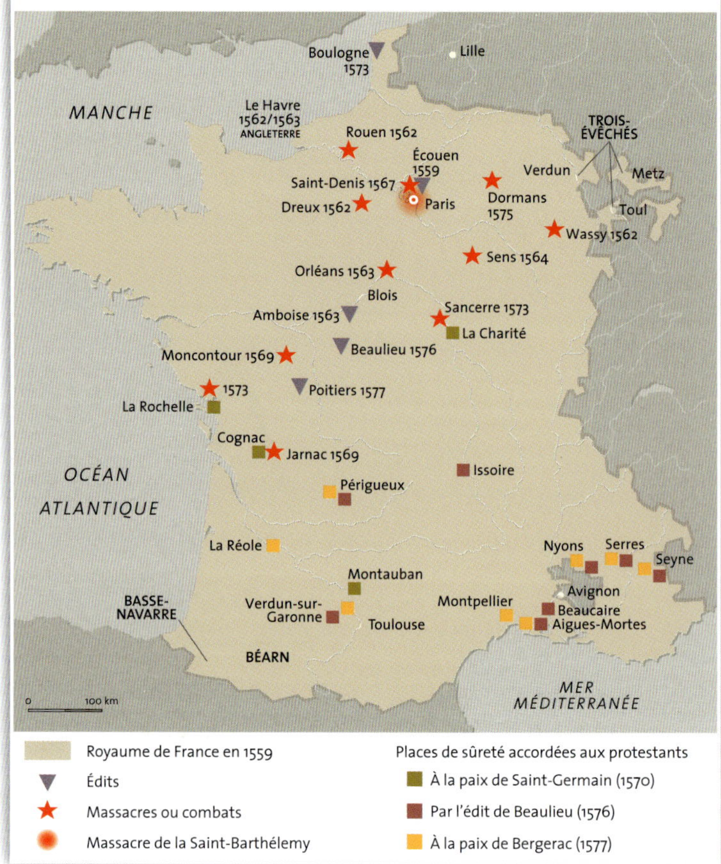

L'art de paraître

Durant sa régence, Catherine de Médicis impose le roi au royaume par toute une série de cérémonies qui marque durablement les esprits. Encore enfant, Charles IX est sacré à Reims, en grande pompe, en 1561. Son petit frère, le futur Henri III, y tient la première place ; il n'a même pas 8 ans. La reine mère, soucieuse de mettre en avant le prestige du sang de France, profite ainsi de l'occasion pour célébrer le statut hors du commun de ceux qui ont l'honneur d'appartenir à la lignée royale : bien que le tout jeune prince n'ait encore reçu ni titre ni terres en apanage, il passe déjà, par les seules qualités de sa naissance, devant tous les grands du royaume. Cette nouveauté signe une politique dynastique que la régente inaugure et que les rois suivants reprennent à leur compte pour renforcer la légitimité et l'autorité des monarques. Il s'agit là d'un des fondements de la pratique absolutiste.

Trois ans après son sacre, Charles IX est déclaré majeur lors d'un lit de justice tenu à Rouen le 17 août 1563. Catherine se démet de la régence mais utilise la cérémonie comme une nouvelle confirmation de son autorité : son fils lui demande officiellement, devant les parlementaires réunis, de se maintenir au gouvernement, et de poursuivre ainsi ses bons et loyaux conseils. La reine mère reste de la sorte toute-puissante dans le royaume ; elle continue, et continuera longtemps, à imprimer sa marque aux affaires de l'État.

C'est dans ces dispositions qu'est organisé le grand tour de France, autre innovation cérémonielle visant à montrer le monarque à son peuple lors d'un extraordinaire voyage de plus de deux ans (de janvier 1564 à mai 1566). Il s'agit en fait de renforcer les fidélités dans ce vaste territoire, plus réduit que la France actuelle mais qui paraît beaucoup plus étendu tant la circulation y est difficile et certaines provinces, isolées.

Le 24 janvier 1564, la cour quitte Paris en un immense cortège de 10 à 15 000 personnes : la famille royale, les courtisans, les serviteurs, mais aussi des marchands et surtout les officiers au service de la Couronne suivent le roi dans ses pérégrinations. Malgré les déplacements, l'administration royale continue de fonctionner, enregistrant les ordres, envoyant les dépêches, réglant affaires ordinaires et affaires extraordinaires, traitées dans des bureaux que dirigent secrétaires et commis. Cette gigantesque migration requiert une impressionnante organisation pour nourrir et loger tant de personnes, au quotidien. Après un bref séjour à Fontainebleau, l'équipée se rend en Lorraine, en passant par la Champagne, puis se dirige vers le sud, par la vallée du Rhône. Marseille, Toulouse, Bayonne sont ainsi visitées avant que la cour ne remonte par La Rochelle, Nantes, Moulins, Clermont-Ferrand, et enfin Paris. La venue du roi donne lieu à de fastueuses entrées urbaines dans les

Avec ses 18 millions d'habitants, la France est l'État le plus peuplé d'Europe. Mais c'est aussi un royaume de 450 000 km² extrêmement disparate, où les langues parlées diffèrent d'une région à une autre, où les poids et mesures sont loin d'être unifiés, où les voies de communication sont rares et mal entretenues. Lors du grand tour de France, la famille royale se déplace en coches, sortes de chariots couverts permettant d'être à l'abri des intempéries, mais qui, dépourvus de suspension, sont très inconfortables. Les chars à quatre roues utilisés pour les bagages n'ont même pas de trains avant mobiles, et versent facilement dans les virages. Accidents et mauvais état des routes ralentissent un cortège qui ne parcourt guère plus de 15 à 25 kilomètres par jour. Les deux longues années nécessaires au tour royal de Charles IX doivent ainsi beaucoup aux difficultés de déplacement. (Tapisserie, XVe-XVIe siècle.)

principales villes du royaume, où l'adolescent est fêté par tous ses sujets, renouant ainsi les liens de fidélité, mêlés d'affection, que ces derniers témoignent à leur jeune souverain. Les relations diplomatiques ne sont pas oubliées. Charles IX et sa mère rencontrent, aux frontières du royaume, leurs puissants voisins : le duc de Lorraine, puis celui de Savoie, à Lyon, enfin l'envoyé du roi d'Espagne, accompagné de la reine, Élisabeth de France, à Bayonne. C'est l'occasion pour Catherine de Médicis de revoir sa fille, mariée à Philippe II, et partie sans espoir de revenir un jour.

Le temps des guerres

Vaste entreprise politique, ce tour de France royal fut un événement sans précédent. En arpentant ainsi le territoire, Catherine espérait imposer, partout, l'édit d'Amboise, qui établissait la tolérance religieuse. L'opération ne suffit pas, cependant, à rétablir la paix dans le royaume. De fait, depuis l'avènement de Charles IX, les troubles religieux ont redoublé de violence. Le 1er mars 1562, rassemblés à Wassy, en Champagne, pour écouter un prêche, les huguenots sont attaqués par des hommes en armes qui escortent François de Guise, un des futurs meneurs du parti catholique. Aux cris de « Tue, tue, mort Dieu », les soldats massacrent la foule désarmée, faisant près de 200 victimes, dont 74 morts, sur les 1 200 personnes assistant au sermon. Les protestants réagissent brutalement, et dans tout le royaume, s'en prennent aux papistes. Dès la fin du mois de mars, le soulèvement est général ; à la tête de ses troupes, François de Guise est le premier des grands à trouver la mort dans cette guerre fratricide. Le massacre de Wassy marque le début de la première guerre de Religion.

Un an après le début des hostilités, le 19 mars 1563, l'édit d'Amboise tente d'imposer une paix fragile en garantissant aux huguenots la liberté de conscience. Mais les tensions sont déjà telles que les crieurs royaux n'osent donner lecture publique du texte, craignant pour leur vie. C'est dans ce contexte de crise que la reine mère programme le tour de France royal. La situation reste d'autant plus tendue qu'en 1565 une grave disette s'abat sur le royaume, jetant sur les routes nombre de miséreux partis chercher ailleurs

Mère de trois rois, Catherine de Médicis a joué un rôle fondamental dans la politique française depuis la mort de son mari Henri II jusqu'à sa propre disparition, en janvier 1589. (*Catherine de Médicis en prière*. Tryptique en émail et cuir, XVIe siècle.)

la nourriture qui manque dans leurs villages natals. De tels mouvements de population sont toujours facteurs de troubles dans un monde sédentaire où les habitants quittent peu leurs maisons. Les années qui suivent restent très difficiles, et la reprise des guerres de Religion accentue encore la famine. Le 27 septembre 1567, le prince de Condé, à la tête du parti protestant, tente d'enlever le jeune roi afin de le soustraire à un entourage qu'il juge trop catholique. Cette « surprise de Meaux » est le signal de la deuxième guerre de Religion. La reine mère, avertie, parvient à fuir et à se réfugier, avec Charles IX, à Paris, mais catholiques et protestants reprennent les armes. Les violences se multiplient, telle la « Michelade de Nîmes » (le jour de la Saint-Michel) où 24 prêtres et religieux sont massacrés par les protestants.

La paix de Longjumeau signée le 23 mars 1568 est illusoire : dès août, le renvoi de Michel de L'Hospital, promoteur d'une politique de tolérance religieuse, provoque une nouvelle crise. Charles IX, devant l'échec d'une pacification, opte pour une lutte à outrance contre les protestants. La troisième guerre de Religion met face à face des armées de plus en plus organisées. Malgré des revers, les troupes huguenotes parviennent à menacer Paris, et, le 8 août 1570, la paix de Saint-Germain est signée. Elle exprime la lassitude de part et d'autre, mais aussi l'affirmation du parti protestant, qui obtient une plus grande liberté de culte. Cette brève accalmie permet d'organiser le mariage du roi avec l'archiduchesse d'Autriche Élisabeth, fille cadette de l'empereur, en 1570 à Mézières. De retour à Paris, les époux royaux font leur entrée solennelle dans la capitale où le roi est fêté selon la tradition (mars 1571).

La coexistence confessionnelle que reflètent les festivités monarchiques où se retrouvent les chefs des deux partis n'est qu'une harmonie de façade. Des incidents sporadiques, souvent soldés par des morts, entretiennent la tension, qui atteint son point d'orgue avec la Saint-Barthélemy. L'union des princes catholiques et protestants concrétisée par le mariage d'une fille de France avec le chef du parti huguenot, Henri de Navarre, produit l'effet inverse : il s'agit là d'un véritable événement de rupture.

Un roi en mal de légitimité

En assumant la responsabilité du massacre, Charles IX s'impose en « bras armé de Dieu », renonçant de la sorte à apparaître comme le souverain de tous ses sujets. Pour les protestants, cette position royale justifie une contestation du roi lui-même dans les fondements de sa légitimité, ébranlant ainsi la monarchie de l'intérieur. Au bruit des armes fait donc écho une guerre des mots terriblement destructrice. Des pamphlets justifient la résistance à un prince

L'article 39 de l'édit de Paris (janvier 1564) impose que l'année officielle commence désormais de manière fixe le 1er janvier et non plus le premier jour de Pâques, dont la date varie d'une année sur l'autre. Cette réforme calendaire revient à rompre, pour les actes monarchiques, avec le temps de l'Église, mais il permet surtout de simplifier et de rendre plus lisibles les opérations administratives. Il est adopté en 1567. En 1582, pour rattraper le retard pris par le calendrier sur l'année tropique, le pape Grégoire III décide de passer directement du 4 au 15 octobre, d'où le nom de calendrier grégorien, encore en usage aujourd'hui. (*Grégoire XIII préside la commission pour la réforme du calendrier le 15 octobre 1582 à Rome.* Panneau sur bois.)

qui viole la loi civile. Le roi, désigné comme tyran, peut être légitimement combattu. Pourtant, Catherine de Médicis, longtemps conseillée par Michel de L'Hospital, a œuvré, au nom du roi, au renforcement de l'autorité royale affaiblie par la minorité de Charles IX. Outre la mise en scène du pouvoir par un cérémonial soigneusement orchestré qui montre le roi dans toute la splendeur de son autorité, des mesures sont prises pour renforcer la monarchie. Entre 1563 et 1567, plusieurs textes de loi importants sont promulgués, tels que l'ordonnance de Mantes de 1563 qui interdit de publier un livre sans privilège royal, ou bien l'édit sur les tribunaux pour les affaires commerciales (ancêtres des tribunaux de commerce) ou encore l'édit de Moulins de 1566 qui, entre autres sujets abordés, réaffirme avec force le principe d'inaliénabilité du domaine selon lequel le roi ne peut ni vendre ni aliéner la moindre part de son patrimoine. Dans le contexte des guerres civiles, cela a évité que les biens royaux ne soient totalement dilapidés, donnés en récompense ou en paiement des services rendus.

Ces mesures administratives sont accompagnées d'une réorganisation de la maison royale. Soucieuse de restaurer la grandeur monarchique, la reine mère enjoint son fils de mettre de l'ordre à la cour « car il n'y a rien qui vous serve tant que de [montrer] que [vous] aimez les choses réglées et ordonnées, et tellement policées que l'on connaisse les désordres qui ont été jusqu'ici », lui écrit-elle à ce propos. Lieu de pouvoir, la cour doit apparaître dans toute sa splendeur ; cette politique amorce ce qui contribuera, un siècle plus tard, à la gloire de Louis XIV.

Malgré tous ces efforts, la fin du règne de Charles IX reste difficile. Tuberculeux, le roi s'épuise dans des exercices physiques au-dessus de ses forces, à la chasse notamment, qu'il pratique avec passion. La reine ne lui a pas donné d'héritier ; seule une petite fille, Marie-Élisabeth, est née de leur union, en octobre 1572 et décède d'ailleurs en bas âge. En revanche, un bâtard, le futur Charles d'Angoulême, fruit de ses amours interdites avec Marie Touchet, survivra longtemps à son père ; il fera même des siennes sous le règne d'Henri IV. Dépourvu de fils légitime à l'heure de sa mort, le roi Charles IX transmet à son frère cadet un royaume ravagé, le 30 mai 1574.

Quand le roi visite ses sujets

À côté du sacre, du lit de justice et des funérailles, l'entrée apparaît comme la cérémonie royale par excellence. À la différence du sacre et des funérailles, elle peut être multipliée à l'envi ou presque durant le règne d'un même roi. Les entrées royales connaissent, entre 1350 et le milieu du XVIIe siècle, un véritable âge d'or. Si l'entrée met parfois en scène un rituel à la symbolique complexe, hors de portée de tous les participants, elle n'en demeure pas moins un de ces moments privilégiés où le roi est au contact de ses sujets.

1.
Entrée d'Henri II
à Rouen
le 1er octobre 1550.
(Eau forte de Louis de Merval.)

2.
Entrée de Louis XVIII
à Paris, le 3 mai 1814,
(Aquarelle gouachée d'Antoine Ignace Melling, XIXe siècle.)

1.

Le rituel de l'entrée royale s'inspire autant de l'accueil réservé aux empereurs de la Rome antique que de l'entrée du Christ dans Jérusalem le jour des Rameaux. Cette cérémonie riche et complexe, non dépourvue d'une signification religieuse, s'organise en deux temps : l'accueil du roi hors les murs et son entrée dans la ville.

Une fois informées de la venue du roi, les autorités municipales s'organisent. Le coût financier de l'entrée étant à la charge de la ville, il convient d'abord de réunir les fonds nécessaires. Une entrée est tout sauf un événement improvisé et se prépare longtemps à l'avance. La ville fait appel aux meilleurs lettrés et artistes du cru pour réaliser le programme et les décors, dérivés des mystères médiévaux dont celui de la Passion du Christ.

Le roi est accueilli en dehors de la ville par les notables. Ceux-ci lui remettent les clefs et des présents, puis prononcent un discours, à la fois proclamation de fidélité au roi et cahier de doléances avant l'heure. Le roi prend la parole, le plus souvent pour confirmer les privilèges et exemptions fiscales dont bénéficie la ville. Un cortège se forme, regroupant l'élite urbaine, le roi et son entourage – à Lyon, en 1548, ce cortège compte plus de 7 000 personnes ; la plèbe est plus du côté des spectateurs que de celui des acteurs, ce qui ne l'empêche nullement d'être au contact de son roi, et de profiter pleinement de cet événement rare.

Le défilé entre alors dans une ville transformée pour l'occasion : les rues sont recouvertes de pétales de fleurs, des tapisseries somptueuses sont tendues aux fenêtres ; sur des tréteaux, des mystères, tableaux vivants muets ou courtes pièces de théâtre, sont joués qui adressent au roi les messages de la communauté urbaine. L'itinéraire aboutit invariablement à la principale église

2.

où est donné un *Te Deum* célébrant l'union du roi et de sa ville. Des monuments aussi grandioses qu'éphémères sont dressés sur le trajet, tel cet arc de triomphe lors de l'entrée d'Henri II à Rouen en 1550 [1] où une fête brésilienne mettant en scène cinquante « naturels » rappelle au roi la place du Brésil et du commerce maritime dans l'économie rouennaise.

Jusqu'au XVIe siècle, l'entrée est le moment d'un dialogue entre le roi et ses sujets. À terme, l'entrée, sans perdre sa faculté de réunir les cœurs, devient un discours monarchique à sens unique.

L'entrée de Louis XVIII le 3 mai 1814, quelques jours après le départ de Napoléon pour l'île d'Elbe, ne doit pas tromper [2]. Sur le Pont-Neuf, le peuple de Paris fête la paix retrouvée autant que le Bourbon restauré. Quelques années plus tard, lorsque Charles X, de retour du sacre de Reims, entre dans Paris, c'est une foule silencieuse qui l'accueille. Déjà l'opinion se détourne de son nouveau roi...

Au cœur de la tourmente

ROI DE FRANCE ET DE POLOGNE. Tels sont les titres prestigieux dont Henri de Valois peut s'enorgueillir. De fait, les Polonais l'ont choisi comme souverain en 1573 et Charles IX, trop heureux d'éloigner un frère qui lui fait de l'ombre en s'illustrant trop ostensiblement à la tête des troupes royales, le pousse à accepter. L'aventure polonaise commence au cœur de l'hiver : parti avec quelques fidèles, Henri de Valois arrive à destination le 24 janvier 1574. Le mois suivant, il fait son entrée solennelle à Cracovie puis est couronné roi, le 21 février. Mais les conditions imposées pour son élection sont loin de soulever l'enthousiasme du nouveau monarque : son pouvoir est considérablement limité par la diète polonaise et il doit, de surcroît, épouser la princesse Anne, sœur du dernier des Jagellons, de 24 ans son aînée. L'annonce du décès de Charles IX, parvenue le 14 juin, fournit à Henri III l'occasion de fuir un royaume qui lui est si étranger. Quatre jours plus tard il quitte Cracovie en cachette, bientôt poursuivi par des Polonais furieux d'être désavoués. Il parvient *in extremis* à passer la frontière, et un long voyage le mène à Vienne, puis en Italie, avant de rejoindre Lyon, en septembre 1574. Là l'attend la reine mère, une fois de plus régente en l'absence de son fils. Parti roi de Pologne, Henri, troisième du nom, revient en roi de France : l'avenir s'ouvre à ce prince de 23 ans ; ce sont des années noires qui marqueront son règne.

La couronne de Pologne étant élective, la candidature d'Henri de Valois a été soutenue auprès de la diète des princes polonais par l'évêque de Valence Jean de Montluc après la mort du dernier des Jagellon. Cette dynastie polonaise éteinte, Henri III est élu roi de Pologne. (Gravure)

HENRICVS VALESIVS D.G. POLONIÆ REX DVX ANDEGAVẼSIS &c.
Schweÿtzer
Archier

Des favoris pour protéger le roi

Quatrième fils de Henri II et de Catherine de Médicis et le troisième à monter sur le trône, Henri III est un jeune prince brillant quand il ceint la couronne. Né le 19 septembre 1551 au château de Fontainebleau, il s'avère un excellent militaire qui s'est tôt illustré sur les champs de bataille. Ce n'est pourtant pas l'image qu'il a laissée à la postérité. Soucieux de son apparence, entouré de favoris bientôt qualifiés d'« archimignons », le dernier des Valois apparaît volontiers comme une personnalité efféminée que les bijoux, les parures et la coquetterie de ses proches compagnons rendent plus flagrante encore. La propagande anti-monarchique fut de ce point de vue d'une redoutable efficacité : aux libelles diffamatoires produits par le parti protestant en lutte contre l'autorité royale s'ajoutent les attaques des ligueurs ultracatholiques qui jugent trop modérée la politique religieuse menée par la Couronne. Les princes jalousent, par ailleurs, la promotion trop rapide des compagnons d'armes d'Henri III, nobles de second rang devenus ducs et pairs en peu d'années seulement : ils s'appliquent à ternir leur réputation. Il y a pourtant une explication à cette fortune soudaine des favoris royaux. Dans un royaume déchiré par les conflits religieux, au cœur d'une cour où se multiplient meurtres et attentats, le roi craint pour sa vie et choisit de s'entourer de ses plus fidèles lieutenants. Joyeuse, Épernon et quelques autres forment finalement une garde rapprochée. Mais dans un contexte où l'autorité monarchique est sapée de toutes parts, Henri III tente aussi de renforcer sa légitimité en structurant sa cour pour mieux apparaître comme unique source de commandement. Ainsi, ceux qui le servent au plus près se doivent d'appartenir à la plus haute noblesse. Les favoris, hommes nouveaux dans lesquels Henri III a d'autant plus confiance qu'ils lui doivent leur fortune, sont alors élevés aux rangs les plus prestigieux, conformément à l'étiquette de cour promulguée par les règlements de 1578 et 1582. C'est encore dans cet état d'esprit que le roi développe au palais un raffinement qui rompt avec la brutalité de la guerre. Les fêtes somptueuses, l'apparat, les bijoux, comme le soin porté au service royal sont autant de signes extérieurs d'un monarque soucieux d'imposer à ses sujets sa supériorité.

Un roi de droit divin au cœur de la tourmente

Dans le prolongement de la politique voulue par la reine mère, en accord avec les conseils qu'elle continue à lui prodiguer, Henri III s'ingénie à contrer le désordre par des réformes curiales et administratives modifiant en profondeur la nature de la royauté. Paradoxalement, c'est des troubles issus de la guerre civile que naît l'absolutisme, théorie d'un pouvoir fort avant d'être, sous les Bourbons, une pratique de gouvernement. Dans ce monde d'hypersensibilité religieuse, le principe d'un roi de droit divin, véritable lieutenant de Dieu sur terre et, en ce sens, infaillible, s'impose progressivement pour

La seconde Ligue catholique est constituée en 1584 par le duc Henri de Guise en réaction aux édits de Saint-Germain et de Beaulieu, jugés trop favorables aux protestants. Le duc de Guise cherche à soulever les Parisiens contre l'autorité royale. (*Défilé de la Ligue catholique*. Peinture du XVIe siècle.)

Au mariage du duc de Joyeuse, le 24 septembre 1581, est donné le *Ballet comique de la reine*, de Balthazar de Beaujoyeux, le premier ballet joué à la cour des Valois, qui brille d'un faste impressionnant au moment même où elle est le plus menacée. (Peinture, XVIe siècle.)

devenir, aux règnes suivants, le dogme de l'absolutisme. Le travail théorique mené par ces penseurs politiques est un apport essentiel du règne d'Henri III. Au devoir de résistance légale et de juste violence avancé par les contestataires répond une conception nouvelle de la souveraineté qui s'appuie notamment sur les thèses de Jean Bodin (Les six livres de *la République*, 1576) justifiant la figure d'un roi délié des lois et du serment de fidélité propre au modèle féodal. Ces théories accompagnent mais ne remplacent pas des affrontements armés de plus en plus violents. La situation est d'autant plus compliquée que les enjeux religieux se doublent désormais des appétits des grands, ambitionnant le pouvoir, les honneurs et les richesses. Or tous ces nobles s'en sentent privés depuis que le roi est ruiné par ces guerres incessantes et donc incapable de distribuer ses bienfaits à sa noblesse. Le propre frère d'Henri III, François duc d'Alençon, quitte la cour en septembre 1575 pour rallier le parti des « Malcontents » dont il prend bientôt la tête. Ni catholique ni protestante, cette faction rassemble ceux qui espèrent, en même temps qu'une liberté confessionnelle, une participation accrue au gouvernement. La fuite d'Henri de Navarre, retenu au palais depuis son mariage avec Marguerite de Valois, le 3 février 1576, renforce la position de François d'Alençon. Le 6 mai, le roi est contraint de signer l'édit de Beaulieu, dite « paix de Monsieur » en l'honneur de Monsieur, frère du roi, qui met fin à la cinquième guerre de Religion. Les réformés menés par le roi de Navarre et son cousin Condé obtiennent l'autorisation d'exercer leur culte partout dans le royaume, à l'exception de Paris, et Monsieur, duc d'Alençon, est gratifié d'une augmentation d'apanage : l'Anjou, la Touraine et le Berry s'ajoutent à son domaine. Il prend alors le titre prestigieux de duc d'Anjou. Les princes réclament aussi la réunion des états généraux.

L'indignation face aux concessions accordées aux protestants provoque la formation d'une ligue, dite « ligue de Péronne », qui constitue la première organisation catholique solide en dehors des troupes royales. Henri III, pour éviter les effets subversifs d'un tel parti, en prend bientôt le commandement, précipitant ainsi le royaume dans une sixième guerre (août 1576-septembre 1577). Par la paix de Bergerac, la ligue de Péronne est dissoute, mais cette tentative vite avortée renaîtra de ses cendres quelques années plus tard.

Pendant ce temps, le roi convoque les états généraux, espérant à cette occasion obtenir la levée de nouveaux impôts pour rétablir les finances royales. L'assemblée des trois états, tenue entre décembre 1576 et mars 1577, refuse de voter une nouvelle pression fiscale ; elle produit en revanche une grande ordonnance de politique générale qui fit date dans l'histoire législative royale. Promulguée en 1579, l'ordonnance de Blois condamne l'achat des charges publiques, réduit le nombre des officiers, entrave l'anoblissement par acquisition d'un fief et limite le pouvoir des gouverneurs en province. Ce sont là quelques points parmi les 363 articles de ce texte relatif à la police générale du royaume.

Les efforts réformateurs de la monarchie sont interrompus par la septième guerre de Religion, brève elle aussi (de novembre 1579 à novembre 1580) mais qui révèle les difficultés à trouver un accord religieux. Si le duc d'Anjou, ce frère inconstant, a joué un rôle important de médiateur lors de la paix de Nérac, sa mort brutale le 10 juin 1584 ouvre une crise sans précédent qui précipite le royaume dans une guerre extraordinairement durcie par les positions extrémistes des catholiques et des protestants.

Drames familiaux et crise de succession

Des cinq fils de Catherine de Médicis et d'Henri II, il n'en reste plus qu'un en 1584 et aucun d'eux n'a laissé de descendance mâle. Henri III a bien épousé Louise de Lorraine, juste après son sacre, en 1575, mais le couple est toujours sans enfant. Avec la disparition de François, le dernier de la fratrie, se pose dramatiquement le problème de la succession au trône. Car l'héritier de la Couronne, en vertu de la loi salique, et en l'absence d'un Dauphin de France, est Henri de Navarre, chef du parti protestant.

L'éventualité d'un monarque huguenot est intolérable pour les catholiques du royaume qui s'organisent en une seconde Ligue menée par les deux Guises et leur frère Charles de Lorraine, duc de Mayenne, connus pour leurs positions extrémistes en matière de religion. Bientôt, nombre de chefs de lignage rejoignent le mouvement pour contester la légitimité d'Henri de Navarre. Par le traité secret de Joinville (31 décembre 1584), les coalisés désignent le cardinal de Bourbon, oncle du Navarrais, comme successeur au trône de France, tandis que l'Espagne, grande puissance catholique, promet à cette Sainte Ligue un soutien financier important, entrant ainsi indirectement dans le conflit. Avec le manifeste de Péronne, les ligueurs dénoncent la politique royale, ralliant à cette occasion nombre de villes du royaume. De son côté, Paris, parallèlement à cette ligue nobiliaire, met en place dans la cité une ligue roturière, la Sainte Union, qui s'unit à la première mais conserve ses caractéristiques d'organisation urbaine et de radicalisme religieux. La prise d'armes des ligueurs entraîne la huitième, et dernière, guerre de Religion, la plus longue et la plus destructrice à tous égards (sociaux, politiques et économiques).

Les vicissitudes d'une fin de règne

Henri III, pris entre les deux camps, décide de traiter avec les ligueurs : il signe, le 7 juillet 1585, le traité de Nemours qui interdit la pratique du culte réformé dans tout le territoire et désavoue Henri de Navarre comme héritier de la Couronne. Pour défendre ses droits en même temps que la religion protestante, le Navarrais mobilise ses troupes.

La situation s'envenime encore dans les années 1588 et 1589, au point de menacer très sérieusement l'avenir de la monarchie. La faveur portée au duc d'Épernon, tout puissant depuis la mort de Joyeuse, exaspère les Guises. Loin de calmer les troupes, ces princes, chefs de la Ligue, appellent à la révolte. Partout, le mécontentement gronde. Dans les villes, les prêches prescrivent la désobéissance au roi si celui-ci ne se montre pas meilleur catholique. Henri III excédé fait arrêter les plus acharnés ; il provoque ce faisant une colère populaire d'autant plus grande qu'une crise de cherté entraîne une sévère famine. Le duc de Guise décide alors de rejoindre la Ligue à Paris malgré l'interdiction royale, et le monarque, inquiet de la tournure que prennent les événements, fait entrer dans la capitale des troupes d'hommes en armes, au mépris des privilèges urbains. L'insurrection atteint là une phase critique : c'est la « journée des Barricades » du 12 mai 1588, qui ne prend fin que le lendemain, avec le retrait du régiment royal. Chassé de Paris, Henri III met le siège devant les murs. Un nouvel échec l'oblige à signer avec la Ligue l'édit d'union, le 15 juillet 1588.

Devant la montée en puissance des Guises, le monarque prend la terrible décision de les éliminer. À Blois, où ils participent aux états généraux, le duc de Guise et son frère le cardinal de Lorraine sont

Pour la première fois dans l'histoire, les rues de Paris sont bloquées par des barricades. Il s'agit de barriques (d'où le terme) pleines de pavés qui tiennent à chaque extrémité des chaînes tendues pour empêcher la progression des troupes royales. Le mot n'est pas nouveau ; des barriques, parfois remplies de terre, servaient autrefois à consolider la défense des villes assiégées. Mais en l'occurrence, et là réside l'innovation, cette tactique est utilisée pour soutenir une insurrection à l'intérieur des murs. L'opération est efficace. Parti du centre de la capitale, le mouvement gagne toute la rive gauche, les axes de circulation sont fermés, certains soldats royaux pris au piège. Le roi doit reculer et donne l'ordre à ses troupes de se replier. Le peuple de Paris, mené par les ligueurs, est maître du terrain. Les barricades ont fait leurs preuves ; elles ont un long avenir dans les révoltes urbaines. (*Des barricades dans Paris, Histoire populaire de la France*, XIXe siècle.)

Le 1er août 1589, Henri III accepte de recevoir un moine dominicain ligueur, Jacques Clément, lequel le blesse mortellement d'un coup de poignard. Avant d'expirer, Henri III désigne Henri de Navarre comme son héritier et lui abandonne la tâche qu'il s'est toujours assignée sans parvenir à la réaliser : apporter la paix civile et religieuse au royaume. (*Assassinat d'Henri III par Jacques Clément*. Gravure.)

assassinés (23-24 décembre 1588) tandis que de nombreux ligueurs sont arrêtés au même moment. Le roi espère ainsi décapiter la Ligue et mater la révolte. Les dépouilles des deux princes sont brûlées dans de la chaux vive pour éviter que les ligueurs n'en fassent des reliques. Peine perdue ; ils sont immédiatement célébrés en martyrs. La nouvelle parvenue dans la capitale soulève la haine des Parisiens. Alors que, à Blois, s'éteint la reine mère (5 janvier 1589), à Paris, Henri III est déclaré « maudit et excommunié tyran » par la Sorbonne. Le peuple se déchaîne contre tout ce qui représente le monarque : les armes du roi sont détruites, des effigies en cire à son image sont percées au cœur. Aux mains des ligueurs, la ville, gouvernée par un « Conseil des Seize » (représentants des seize quartiers) oblige les membres du Parlement à prêter serment à la Ligue, embastillant ceux qui refusent. Et partout dans le royaume l'autorité royale est décriée. Henri III choisit alors de se rapprocher d'Henri de Navarre. En unissant leurs forces, les deux rois peuvent masser près de 30 000 hommes devant Paris. Il semble bien que le pouvoir légitime ne s'impose plus que par les armes lorsque le dernier des Valois est assassiné, le 1er août 1589. Avant de mourir, le roi fait reconnaître Henri de Navarre comme légitime successeur. Ce geste éminemment politique sauve, *in extremis*, le royaume d'une ruine totale.

Jusqu'à la fuite de Varennes du 21 juin 1791 qui marque une césure dans le pacte pluriséculaire unissant le roi et ses sujets, la royauté comme régime politique est perçue par tous comme une « évidence naturelle ». Aussi l'opposition au roi ne se manifeste-t-elle somme toute que rarement. Alors, il n'est pas toujours aisé de distinguer ce qui relève de l'opposition à la personne du roi de ce qui tient de l'opposition au gouvernement du roi.

1.

2.

1.
Les Aventures de Télémaque, fils d'Ulysse. (Gravure de Claude Duflos, 1717.)

2.
***Henri III** poussant du pied le corps d'Henri Ier de Lorraine, duc de Guise, après son assassinat (1588).* (Huile sur toile de Charles Barthelemy Durupt, 1832.)

3.
Assemblée des notables commencée le 22 février 1787. (Gravure gouachée et coloriée.)

4.
Le supplice d'un Ultra aux enfers. (Lithographie de Bernard, XIXe siècle.)

LES PREMIERS CAPÉTIENS, pour affirmer leur autorité, font face, l'épée à la main, à une double opposition : celle des grands féodaux, en théorie vassaux du roi de France et en pratique souvent plus puissants que lui, et celle des seigneurs turbulents du domaine royal. À partir de Philippe Auguste, le domaine royal étant pacifié, le roi peut œuvrer à son extension, jusqu'à le faire correspondre avec les limites du royaume.

Le milieu du XIVe siècle comme la fin du XVe voient les états généraux et une partie de la noblesse s'opposer à un roi fragile – captivité de Jean II le Bon à Londres et minorité de Charles VIII.

Les guerres de Religion s'accompagnent d'une profonde opposition au roi qui culmine en 1588, année où le roi est chassé de Paris par le duc de Guise et où s'ouvrent les états généraux. Ceux-ci sont plus que jamais hostiles au roi et lui refusent les subsides demandés. Ayant le sentiment de ne plus être le maître dans son royaume, Henri III entrevoit une solution : faire assassiner le trop populaire et puissant duc de

3.

Guise [2]. La Ligue se déchaîne contre le roi au meurtre duquel les curés parisiens appellent leurs ouailles… En 1589 comme en 1610, l'opposition au roi, qu'elle soit le fait d'un parti, la Ligue, ou d'un individu isolé, Ravaillac, aboutit au régicide.

Les premières années du règne de Louis XIV sont marquées par la Fronde (1648-1653), révolte parlementaire et nobiliaire qui entend limiter le pouvoir royal. Le parlement manifeste la volonté de contrôler les finances du roi, et la noblesse est décidée à participer activement à son gouvernement. En vain, la Fronde accouchant de l'absolutisme.

La fin du règne de Louis XIV engendre une opposition plus lancinante. Fénelon, précepteur du duc de Bourgogne, l'aîné des petits-fils du roi, écrit pour son royal élève *les Aventures de Télémaque* [1], miroir au prince nouvelle manière qui exhorte le futur souverain, sur fond de guerre de la Ligue d'Augsbourg (1688-1697), à s'occuper du bien-être de ses sujets plus que de sa propre gloire. La mort prématurée du prince en 1712 met fin à ces espoirs de monarchie tempérée.

4.

En 1787, une nouvelle fois, les finances royales sont exsangues ; le surintendant des Finances, Calonne, soutenu par le roi, entend modifier la répartition de l'impôt. Le projet est soumis à une assemblée de notables [3] qui, figée dans la défense de ses privilèges, le rejette. Plus que 1789, l'opposition de 1787 est la pierre sur laquelle achoppent le roi et la royauté.

Avec la Restauration, la France fait l'expérience du parlementarisme, avec ce curieux paradoxe que les députés ultras [4], soutien autoproclamé du roi, s'opposent à son gouvernement quand ils le jugent trop modéré. À priori hostiles à la Charte, les ultras savent au besoin s'y conformer : il appartient aux députés de s'opposer au gouvernement du roi quand il ne défend pas les intérêts de la royauté.

les Bourbons

La paix à tout prix

La famille célébrée à travers le lignage prend une importance inédite, que traduit cette image d'Épinal parvenue jusqu'à nous du roi Henri IV jouant à quatre pattes avec ses enfants lors de la visite impromptue de l'ambassadeur d'Espagne au château de Saint-Germain. L'attention que le monarque porte à sa descendance doit beaucoup aux difficultés du premier roi Bourbon à assurer sa succession. (*Henri IV jouant avec ses enfants.* Huile sur toile de Pierre-Henri Révoil, XIXe siècle.)

CONNU POUR SES MAÎTRESSES, Henri IV l'est aussi pour ses bâtards, qu'il a élevés à un rang jusque-là inégalé : il dote généreusement ses filles, mariées à des grands du royaume, et fait de ses fils des princes puissants qui, dans l'ordre hiérarchique, passent devant tous les ducs et pairs de France. Cette attitude est significative des difficultés que rencontre la nouvelle dynastie à trouver une légitimité. Descendant de Saint Louis, et donc cousin extrêmement éloigné des Valois, le premier des Bourbons, protestant de surcroît lorsqu'il monte sur le trône, est fortement contesté ; il est encore fragilisé par l'absence de descendance légitime qui puisse assurer la continuité dynastique. Une double politique consistant d'une part à exalter les qualités intrinsèques du sang des Bourbons et, d'autre part, à pousser sur le devant de la scène politique les seuls fils royaux, fussent-ils de la main gauche, marque ainsi les stratégies familiales des derniers Capétiens. Elle donne, finalement, le ton aux règnes des Bourbons. César et Alexandre, les fils illégitimes, premiers-nés d'Henri IV, reçoivent ces prénoms atypiques susceptibles de fonder un nouvel ordre monarchique. Lorsque vient enfin un dauphin, celui-ci est prénommé Louis, en référence à cet ancêtre prestigieux auquel les Bourbons doivent leur trône. Par le choix du prénom, le fils héritier est inscrit dans la longue lignée des rois capétiens, affirmant haut et fort la légitimité de cette branche cadette des Capétiens.

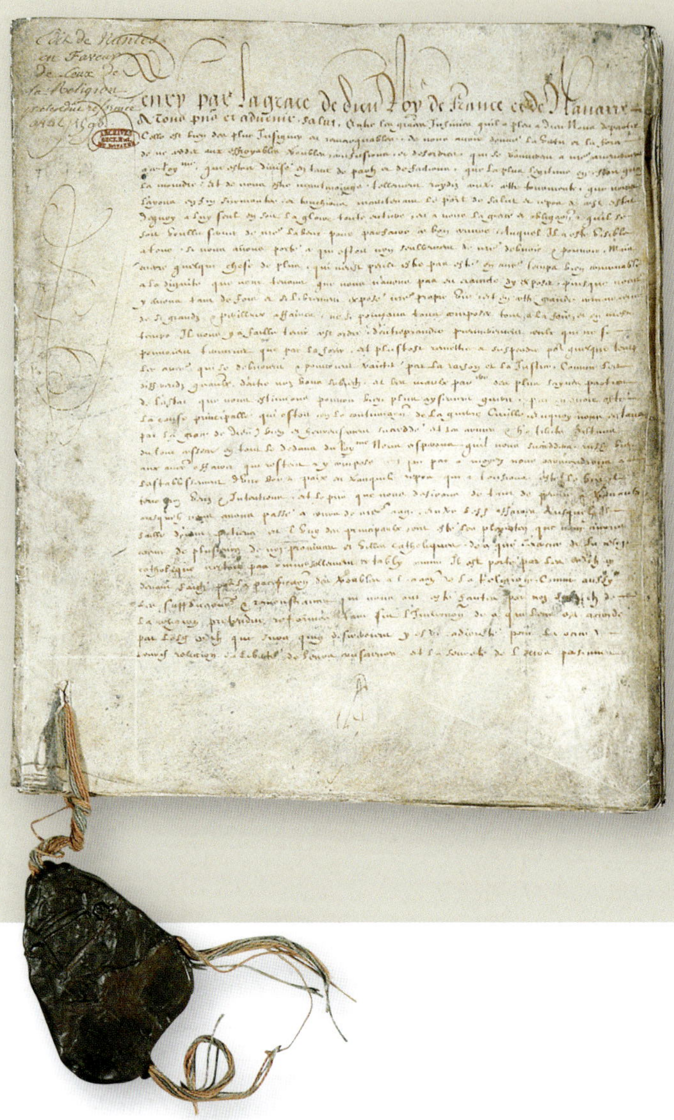

Sous le signe de la contestation

C'est bien ainsi que l'on peut qualifier le début d'un règne particulièrement houleux. Henri IV lui-même dira plus tard qu'il tient sa couronne « du droit et des armes ». Car c'est d'abord par des opérations militaires qu'il conquiert ce que la loi salique, la règle de succession au trône, lui accorde de droit. Les difficultés à s'imposer, les concessions faites dans le domaine religieux, les qualités de chef de guerre et la volonté de rétablir la paix intérieure marquent durablement la politique d'un prince plongé dès l'enfance dans un conflit qui semble ne jamais finir.

Né en 1553 au château de Pau, d'une mère héritière du royaume de Navarre et d'un père appartenant à l'illustre famille des Capétiens, Henri IV est élevé dans la religion protestante. Il perd son père, Antoine de Bourbon, en 1563. Sa mère, Jeanne d'Albret, l'amène alors à la cour où il doit tenir son rang de premier prince du sang. Là, il apprend, au cœur du pouvoir, les subtilités de la politique tout en poursuivant son éducation militaire. Car ces princes de haute lignée se doivent d'être aussi habiles dans l'art du gouvernement que dans le maniement des armes. Malgré les conflits religieux, Henri de Navarre trouve sa place dans l'entourage royal que peuplent encore, en ce début du règne de Charles IX, protestants et catholiques. Les tensions sont ailleurs, dans les difficultés à faire coexister des confessions différentes.

Le jeune prince accompagne ainsi son souverain lors de ce long tour de France de vingt-huit mois. Mais dès 1569, avec la mort de Condé à la bataille de Jarnac, Henri de Navarre succède à son oncle à la tête du parti protestant, conduit militairement par l'amiral de Coligny. La mort de Jeanne d'Albret, le 9 juin 1572, le fait roi de Navarre, Henri, troisième du nom, à 19 ans. C'est donc en ligne féminine qu'il reçoit le royaume de Navarre, tandis que son titre de roi de France lui viendra, vingt-cinq ans plus tard, en ligne masculine puisque son père descendait par les mâles du sixième et dernier fils de Saint Louis, Robert de Clermont.

Le mariage avec Marguerite de Valois, en août 1572, est une opération malheureuse. Non seulement les époux ne s'entendent pas, mais cette alliance entre les deux maisons royales ravive les conflits religieux au lieu de les éteindre ; la Saint-Barthélemy est d'ailleurs une conséquence directe de ces sombres noces. Pour sauver sa vie, Henri de Navarre doit se convertir au catholicisme, d'autant qu'il est retenu à la cour pendant plus de trois ans. Il s'en échappe en février 1576, retourne au protestantisme, et rejoint la rébellion menée par Monsieur, frère du roi. Chef incontesté du parti protestant, le Béarnais, comme il était parfois appelé, mène avec l'aide de son cousin Condé une guerre contre les troupes royales qui n'épargne aucune partie du royaume de France.

Cette situation met le roi de Navarre dans une position délicate car il est à la fois ennemi de la Couronne dans les guerres de Religion et intéressé au trône en tant que premier prince du sang, c'est-à-dire héritier potentiel, surtout après 1584 : la mort de Monsieur l'inscrit au premier rang dans l'ordre de succession. Voici donc un grand seigneur qui combat les troupes royales pour défendre son parti, ses droits, sa maison ; il est dans le même temps chef des protestants, chef de lignage et bientôt chef de l'État, après la mort d'Henri III, en 1589. Cette triple attribution crée une ambiguïté qu'Henri IV lèvera en adoptant définitivement le catholicisme, en établissant la paix religieuse par l'édit de Nantes, et en acceptant la réunion de son patrimoine au domaine de la Couronne. Mais c'est d'abord par les armes qu'il s'impose au royaume et s'assure le titre de souverain. La conquête militaire de droits pourtant établis marque fortement le règne des Bourbons. Conscients d'appartenir à une nouvelle lignée, fondateurs d'une dynastie royale, ils se démarquent des précédentes par l'exaltation permanente des vertus ancestrales.

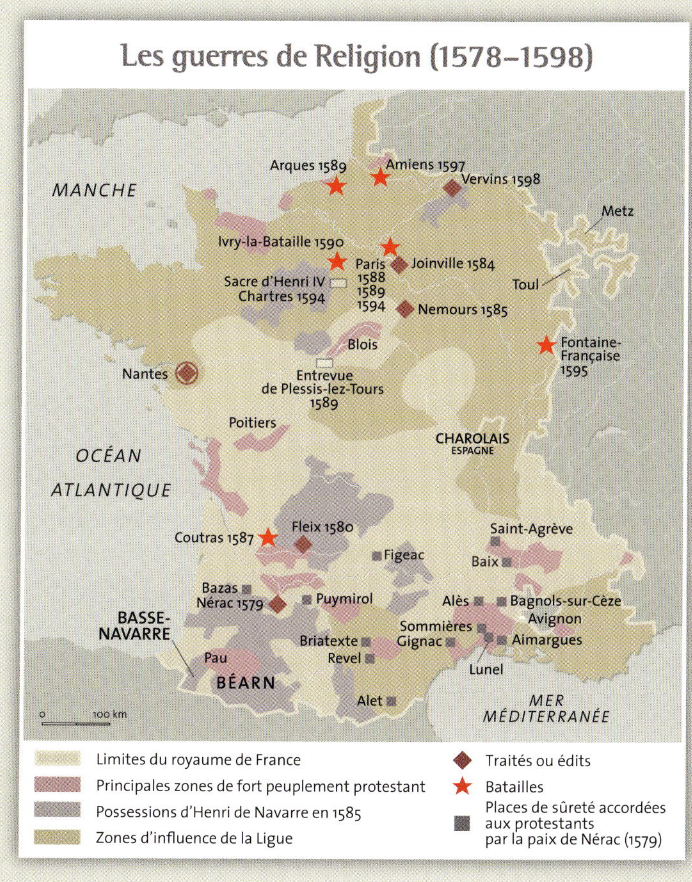

La huitième guerre de Religion (1595-1598) ou guerre des trois Henri (Henri III, Henri de Navarre, Henri de Guise) voit une nette victoire des protestants à Coutras. Le vainqueur, Henri de Navarre, descendant au 10e degré de Saint Louis, est l'héritier légitime du trône de France en vertu de la loi salique. Mais sa religion protestante en fait un successeur contestable aux yeux des catholiques. (*Henri IV après la bataille de Coutras.* Huile sur toile de Victor-Jean Adam, 1821.)

L'édit de Nantes. Composé de 92 articles assortis de 57 articles particuliers (concernant, pour l'essentiel, des restrictions relatives aux lieux de culte) et de deux brevets (l'un sur le paiement des pasteurs, l'autre sur les places de sûreté accordées aux protestants), l'édit de Nantes (1598) institue une tolérance religieuse. Si, par ce texte, le culte est autorisé pour chacune des confessions, celles-ci ne se retrouvent pas pour autant sur le même plan. Le catholicisme reste religion du roi et du royaume et s'impose partout, tandis que les protestants, appartenant à la « Religion Prétendue Réformée » (R.P.R.) selon les termes de l'édit, doivent payer la dîme (impôt catholique) et sont plus tolérés qu'acceptés. Ce traitement inégal, officialisant malgré tout une liberté de culte que les huguenots eurent tant de mal à faire reconnaître, fut accueilli avec modération d'un côté comme de l'autre : les protestants se montraient déçus du traitement qui leur était accordé dans le texte ; les catholiques les plus fervents refusaient d'admettre de telles concessions. Toutes ces réticences expliquent les difficultés à faire enregistrer cette loi. Le parlement de Rouen fut le dernier à s'y résoudre, en 1609. (Parchemin scellé du grand sceau royal.)

Favorite du roi, Gabrielle d'Estrées donne à Henri IV trois enfants légitimés. Elle est ici avec son fils aîné césar, duc de Vendôme, né en 1594, et Alexandre de Vendôme, né en 1598, dans les bras de sa nourrice. (Peinture de l'École française, XVIe-XVIIe siècle.)

Henri IV, récemment converti, décide de se faire couronner au plus vite. L'abbaye royale de Saint-Denis étant aux mains des ligueurs, c'est donc à Chartres qu'a lieu l'événement, le 27 février 1594. Un compromis est trouvé avec une autre ampoule, miraculeuse aussi, venant de Noirmoutier, et, malgré ce contretemps, tout se déroule selon la solennité requise. Devenu catholique et maintenant sacré, Henri IV peut se dire un monarque accompli, ce dont témoigne à la fois la remise du collier de l'ordre du Saint-Esprit, fondé par Henri III et dont le roi est le grand maître attitré, et le toucher des écrouelles qui exprime le pouvoir thaumaturgique conféré par le sacre. (*Henri IV en costume de sacre.* Gravure de Thomas de Leu, XVIe siècle.)

Reines et maîtresses

Pas plus qu'avec sa première femme, Marguerite, dont le mariage est annulé en 1599, Henri IV ne s'entend avec Marie de Médicis, princesse de Toscane descendant de l'empereur par sa mère et fière de ses ancêtres. Épousée en 1600 principalement pour l'attrait de sa dot (âprement négociée entre les deux parties), celle que la maîtresse royale appelle « la grosse banquière » donne l'année qui suit son mariage un fils à la Couronne, Louis. Mère de l'héritier du trône, Marie de Médicis est assurée de sa place dans le royaume : elle se permet de faire de violentes scènes de ménage à son royal époux, auquel elle reproche ses maîtresses affichées, ses manières grossières et son avarice face à ses incessantes demandes de subsides. Plus d'une fois, Henri IV envisage de la renvoyer en Italie ; ses conseillers évitent un drame qui entacherait la légitimité du Dauphin. La reine va même jusqu'à lever la main sur le roi, geste interrompu par Sully mais qui provoque une brouille terrible entre les époux royaux. Le roi vit ses amours ailleurs, avec Gabrielle d'Estrées, qui meurt en 1599, laissant son amant inconsolable, pour peu de temps pourtant : il succombe vite aux charmes d'Henriette d'Entragues. À chacune d'elles, il propose le mariage à la naissance d'un fils, avant qu'il ne soit père du Dauphin Louis.

Ces projets matrimoniaux inquiètent la cour, soucieuse d'éviter que le roi n'épouse une bergère, c'est-à-dire une sujette ; ils manifestent bien l'empressement du monarque à fabriquer des héritiers alors que, à 47 ans, il est encore sans descendance légale. De la première, il a deux fils et une fille ; de la deuxième, trois enfants encore, et deux autres naîtront de ses amours avec Charlotte des Essarts. La reine rivalise avec les maîtresses royales dans cette course à la maternité. Des trois fils et trois filles légitimes, cinq parviendront à l'âge adulte, et se marieront dans les familles souveraines les plus

puissantes d'Europe, renforçant ainsi le prestige de la monarchie française. Tout ce beau monde est élevé ensemble, au château de Saint-Germain, où enfants adultérins et légitimes forment une joyeuse bande, même si le Dauphin, conscient de son statut, rappelle volontiers à ses frères bâtards leur condition subalterne. Henri IV et la reine les visitent fréquemment, le roi prenant plaisir à les voir jouer et mesurer les progrès de son héritier dans le métier des armes, une activité que le petit Louis affectionne particulièrement. Les prouesses militaires sont des valeurs sûres pour un roi de justice qui fait régner la paix au besoin par les armes.

Conquérir le royaume

C'est bien ainsi qu'Henri IV fut assuré de transmettre son trône, douloureusement acquis. Son règne commence, effectivement, par le siège de Paris, amorcé par Henri III, tandis que la Ligue, menée par les ultras catholiques, refuse de reconnaître un prince protestant. Des forces insuffisantes obligent bientôt le roi à lever le siège ; il se replie, prend le temps de reconstituer une armée, et revient sur Paris. La capitale est bloquée par les troupes royales d'avril à août 1590. Les Parisiens, privés de tout ravitaillement, meurent de faim à l'intérieur des murs, mais la ville ne cède pas. Les Espagnols venus en renfort des ligueurs mettent le roi en grande difficulté, malgré ses victoires sur les troupes de Mayenne. Mais Henri IV dispose cependant d'atouts considérables qui vont jouer un grand rôle dans sa victoire finale. Il a pour lui la légitimité que lui confère la loi salique. Celle-ci est renforcée par la mort du cardinal de Bourbon, qui descendait également de Saint Louis, bien qu'en branche cadette, et que les ligueurs avaient choisi comme « roi » : c'est le fameux Charles X de la Ligue. À la mort de celui-ci, en 1590, les insurgés cherchent un candidat et se tournent vers les Espagnols alliés à la famille royale par les filles. C'est faire beaucoup d'entorses aux règles successorales du royaume, et nombre de catholiques se rallient alors au parti du roi. À cela s'ajoute la lassitude d'une noblesse et d'un pays épuisés par plus de trente ans de guerres civiles. L'obstacle majeur à l'adhésion massive des catholiques réside toujours dans le protestantisme que le roi ne se résout pas à abandonner, ce qui rend impossible la cérémonie du sacre, liée à l'Église apostolique et romaine. Une telle consécration est pourtant nécessaire. Les difficultés militaires et les résistances encore fortes qui privent le monarque de sa capitale, comme aussi la pression d'une partie de l'entourage royal, décident Henri IV à se convertir. Il annonce officiellement, en mai 1593, sa volonté d'être instruit dans la religion catholique ; le 25 juillet de la même année, le roi abjure, par une cérémonie organisée dans l'abbaye de Saint-Denis ; le 27 février suivant, il est sacré à Chartres.

Dans cette conjoncture, les ralliements se multiplient, bien que les ligueurs ultras ne soient pas disposés à déposer les armes. Les cités rebelles se rangent progressivement aux côtés du monarque ; Paris cède en mars 1594, d'autres villes capitulent tout au long de l'année. Mais la guerre civile n'est pas encore achevée. Deux tentatives d'assassinat, en août 1593 et décembre 1594 – cette dernière menée par le jésuite Jean Chastel, qui blesse le roi à la bouche –, rappellent la détermination des insurgés. Cela conduit Henri IV à imposer, par l'édit du 5 janvier 1595, la fermeture des collèges de jésuites, ravivant la colère des catholiques extrémistes. Entretemps, le conflit a pris une dimension plus internationale avec l'ingérence de l'Espagne, qui oblige Henri IV à lui déclarer la guerre, le 15 janvier 1595. Du côté de la papauté, après de longs pourparlers, le pape finit par accorder la levée de l'excommunication d'Henri IV, le 17 décembre 1595. Ainsi, en ce début d'année 1596, toutes

les conditions sont réunies pour mettre fin au conflit religieux : la guerre n'apparaît plus qu'une affaire militaire, entre l'Espagne soutenant Mayenne et les troupes royales. L'an 1598 marque la fin des troubles, au-dedans par la proclamation de l'édit de Nantes (13 avril), au-dehors par la signature de la paix de Vervins (2 mai).

Le « bon roi » Henri IV

Henri IV achète la paix au prix fort. Pour s'attacher le service des grands, capables de mobiliser beaucoup d'hommes qui sont autant d'ennemis ou d'alliés, le roi est prêt à payer. Il accorde alors gratifications et pensions, versant jusqu'à 900 000 écus d'or au duc de Lorraine, deux millions et demi à Mayenne, lequel perd tout, finalement, en reprenant les armes avec les Espagnols, en 1595. Les villes obtiennent de nouveaux privilèges, les ligueurs sont pardonnés et beaucoup rétablis dans leurs charges ; il s'agit de mener une politique de réconciliation capable d'apaiser tant d'années d'affrontements et de faire oublier les haines si longtemps entretenues entre voisins. Dans cette perspective, il signe l'édit de Nantes, le 13 avril 1598.

Pour Henri IV, l'acceptation de l'édit de Nantes est essentielle ; elle permet de placer le roi au-dessus des querelles confessionnelles et d'imposer le principe d'un ordre monarchique incarné par celui que les théories politiques présentent comme le souverain absolu. S'ensuit alors une période de paix relative au cours de laquelle le premier Bourbon tente de reconstruire le royaume et de restaurer les finances royales, avec l'aide de Sully, devenu surintendant des Finances. Le retour progressif au calme se traduit par la remise en culture de terres abandonnées à la guerre. En témoignent l'absence de disettes dans la première décennie du XVIIe siècle, la stabilité des prix agricoles, la natalité en hausse. Cette prospérité retrouvée alimente le mythe de la poule au pot du « bon roi Henri » soucieux de procurer à ses sujets une nourriture plus riche après tant de privations. D'où le thème de cette poule que chaque foyer doit pouvoir s'offrir au repas du dimanche, comme symbole d'une amélioration alimentaire générale. Des mesures sont adoptées pour favoriser la reprise économique, telle l'interdiction de saisir trains de charrue, bêtes et instruments de travail, ou encore l'incitation à défricher de nouvelles terres et à assainir les marais afin d'augmenter les surfaces cultivées.

Avec le redémarrage agricole, les recettes fiscales entrent à nouveau dans les caisses du royaume. Une politique de grands et petits travaux accompagne cette prospérité : les chemins sont restaurés et entretenus, favorisant le commerce entravé par la guerre, les ponts sont reconstruits, des canaux creusés, comme celui de Briare qui relie la Seine à la Loire, tandis que les foires et marchés retrouvent leur dynamisme. L'organisation du royaume passe également par une mesure qui modifie en profondeur le statut des officiers royaux. L'édit de Paulet promulgué en 1604 permet de transmettre les charges de père en fils à condition de s'acquitter d'un droit annuel. Le paiement de cette « paulette » évite que l'office ne revienne au roi en cas de mort prématurée du détenteur du titre.

À 4 heures de l'après-midi, ce 14 mai 1610, au lendemain du sacre de Marie de Médicis et alors que s'achèvent les préparatifs de l'entrée solennelle, Henri IV est mortellement blessé par François Ravaillac, qui l'attaque rue de la Ferronnerie à Paris. Soumis à la torture avant d'être écartelé, ce fanatique religieux a toujours affirmé avoir agi seul : il s'agissait de libérer le royaume d'un monarque jugé mauvais catholique et incapable de convertir les protestants de France. Si la thèse d'un complot ourdi par l'Espagne ou mené dans l'entourage de la reine ne fut jamais démontré, les soupçons demeurèrent vifs malgré les dénégations de Ravaillac lui-même. (*Poignard de Ravaillac.* Bronze et fer, XVIIe siècle.)

Sous le règne d'Henri IV, la prospérité est au rendez-vous, favorisée par une politique de grands travaux. Les villes se redressent, s'embellissent. Paris n'est pas en reste. Le Louvre est de nouveau agrandi, une somptueuse place Royale, future place des Vosges, est aménagée, et n'est achevée qu'en 1612, à l'occasion des fiançailles de Louis XIII et d'Anne d'Autriche, au cours desquelles on donne un carrousel somptueux. (*Le carrousel de la place Royale, les 5, 6, 7 avril 1612, à l'occasion du mariage de Louis XIII.* Peinture à l'huile, XVIIe siècle.)

Ces mesures sont lourdes de conséquences puisqu'elles conduisent à créer de véritables dynasties d'officiers, renforçant ainsi une noblesse de robe qui fait bientôt concurrence à la noblesse d'épée. Le pouvoir des officiers s'affirme au cours du siècle et bouleverse d'autant la domination traditionnelle d'une noblesse féodale qui sert par les armes.

Œuvrant pour un renforcement monarchique nécessaire après la trop longue crise qui faillit emporter avec elle la royauté, Henri IV sut restaurer, et imposer, la toute-puissance royale. Pour autant, trois grands complots secouent la monarchie. Les deux premiers, en 1602 et 1603, naissent dans l'entourage royal, et visent essentiellement à pousser l'avantage de la maîtresse du roi. Arguant de la promesse de mariage qu'elle obtint du monarque, Henriette d'Entragues tente de mettre son fils à la place du Dauphin. Le désordre dans lequel Henri IV a mené ses affaires de famille et ses histoires d'amour le rattrape de la sorte ; il aura encore des répercussions sous les règnes suivants : Louis XIII, puis Louis XIV enfant, auront à faire face à ces princes ambitieux issus du sang royal mais mal nés cependant. La dernière conspiration, en 1605-1606, provoquée par le duc de Bouillon, éternel mécontent, se règle par deux expéditions militaires qui mettent un terme à l'agitation des grands sous le premier Bourbon. Elle reprendra, favorisée par la minorité royale, après la mort brutale d'Henri IV. Se préparant à partir guerroyer en Allemagne, le roi décide de faire sacrer la reine, afin de lui confier les affaires du royaume en son absence. À la veille de la cérémonie d'entrée urbaine qui suit celle du sacre, Henri IV est attaqué, dans son carrosse, par un fanatique religieux que la conversion du roi n'a jamais convaincu. Ravaillac, selon toute probabilité un déséquilibré agissant seul, blesse mortellement le roi d'un coup de poignard. Le 14 mai 1610, Henri IV s'éteint : il a 67 ans.

Entrer dans l'histoire

« Philippe, roi de France, toi qui es si renommé, / Je te fais hommage de cette histoire des rois écrite en français. » C'est par cette dédicace que Primat, moine à l'abbaye de Saint-Denis, s'adresse à Philippe III lorsqu'il lui remet, en 1274, son *Roman aux rois* passé à la postérité sous le nom de *Grandes Chroniques de France*. Écrites à la demande du roi, elles exaltent la dynastie royale protégée par Dieu. Le lien entre le roi et l'histoire est scellé.

1.
Effigies de François Ier, Henri II et François II. Généalogie des rois de France de Pharamond Ier à Charles IX. (Recueil de planches gravées sur bois et mises en couleurs, XVIe siècle.)

2.
Portrait de Jean Racine. (Dessin de Jean-Baptiste Racine, XVIIe siècle.)

1

2.

L'ÉCRITURE DE L'HISTOIRE des rois de France ne commence pas à Saint-Denis. Au VIe siècle, Grégoire de Tours écrit une *Histoire des Francs*, source principale de l'histoire des Mérovingiens de 481 jusqu'en 591. Critique à l'encontre des souverains de son temps, Grégoire leur oppose l'image transfigurée de leurs prédécesseurs, à commencer par celle de Clovis, désormais figure du roi modèle. Près de deux siècles plus tard, Éginhard reste célèbre pour sa *Vie de Charlemagne*, rédigée après la mort du Carolingien (814). Sa *Vie* n'échappe pas aux canons du genre et glorifie l'empereur à la barbe fleurie.

Aux temps des premiers Capétiens, l'histoire des rois de France s'écrit à l'abbaye de Fleury, aujourd'hui Saint-Benoît-sur-Loire, située au cœur du domaine royal. Au début du XIe siècle, Aimoin, moine de Fleury, termine son *Livre de l'histoire des Francs*. Cette vaste synthèse part des origines troyennes des Mérovingiens et de leur premier roi Pharamond [1] pour s'interrompre en 614. Par la suite, le moine Helgaud écrit une biographie élogieuse de Robert le Pieux, bienfaiteur de l'abbaye et des églises. En 1108, Philippe Ier, selon sa volonté, est inhumé à Fleury. Cet événement marque l'apogée de Fleury. Vient Suger, proche conseiller de Louis VI et abbé de Saint-Denis. Sous son influence, l'histoire des rois de France s'écrit désormais à Saint-Denis. Au début du XIIIe siècle, Rigord, moine de l'abbaye, rédige les *Gestes de Philippe Auguste*, et se proclame « chronographe du roi des Francs », charge promise à un grand avenir ! Le premier historiographe officiel apparaît au XVe siècle ; il s'agit de Jean Chartier choisi par Charles VII. Par la suite le nombre de titulaires varie d'un règne à l'autre ; Louis XIV en nomme sept, dont Jean Racine désigné en 1677 [2]. Cette charge est attribuée pour la dernière fois en 1817 à Chateaubriand.

Au milieu du XIIIe siècle, Saint Louis commande à Saint-Denis les *Grandes Chroniques de France* qui rencontrent un immense succès. Elles marquent un tournant dans l'écriture de l'histoire de France : premier récit en langue française, elles sont la « matrice d'une histoire monarchique, chrétienne, française et par là déjà nationale ». Un deuxième tournant s'opère avec *les Recherches de la France* d'Étienne Pasquier à la fin du XVIe siècle ; dans le contexte agité des guerres de Religion, l'historien éprouve la nécessité de réfléchir sur les fondements de la monarchie. À côté des rois, la France émerge comme un sujet à défendre et à illustrer par un passé fondateur, celui des Gaulois. Le troisième tournant accompagne tout le XIXe siècle : il s'agit du cycle de la nation souveraine qui triomphe avec l'*Histoire de France* de Lavisse. Si le roi de France n'est plus le commanditaire de vastes récits historiques, il reste des Mérovingiens aux Bourbons, qu'il soit jugé bon ou mauvais roi, un acteur essentiel de l'histoire de France.

Le roi de la raison d'État

Le roi a presque 16 ans lorsqu'il décide en 1617 d'écarter sa mère du pouvoir et de se débarrasser des favoris de celle-ci. Soudain, sans que rien ne l'annonce, Louis XIII fait assassiner Concini, arrêter et exécuter Leonora Galigaï accusée de sorcellerie, et exiler la reine mère à Blois. Mais cette dernière n'entend pas se plier aux ordres royaux sans une explication, et exige de rencontrer son fils. Le jeune monarque refuse, redoutant la confrontation. Poussé par son entourage, il finit par accepter l'entrevue, à condition d'être accompagné : le souverain d'un des royaumes les plus puissants d'Europe craint d'affronter seul le courroux maternel. Ce comportement en dit long sur la personnalité de ce prince qui, hautement conscient de sa position dès son plus jeune âge, passe cependant sa vie de roi sous l'influence de sa mère, Marie de Médicis, puis de son favori, le duc de Luynes, enfin de son principal ministre, le cardinal de Richelieu, tout-puissant dans le royaume pendant près de vingt ans. Caractère secret, opérant des « coups de majesté » qui surprennent son entourage, le successeur d'Henri IV entretient avec sa famille et ses proches conseillers des relations complexes où la méfiance le dispute à la confiance. Aux complots répétés répond une répression particulièrement sévère dont il est difficile de dire si cette politique est l'œuvre de Richelieu ou du roi lui-même, tant le premier est associé au règne du second.

Le jeune roi supporte de plus en plus mal la tutelle de sa mère, de son favori Concini et de son épouse Léonora Galigaï, sœur de lait de la reine. Il prépare son coup de force avec Charles d'Albert de Luynes et quelques familiers. Le 24 avril 1617, sur ordre du roi, le maréchal d'Ancre est exécuté dans la cour du Louvre. Ce « coup de majesté » signifie que Louis XIII veut désormais assumer le pouvoir en écartant sa mère et en s'appuyant sur Luynes. (*Assassinat de Concini.* Gravure.)

Demeure poltron

Le 13 mai 1610, Henri IV a l'intention de confier la régence à sa femme car il est sur le point de mener une grande guerre contre les Habsbourg à propos de la succession du duché de Juliers. Il est assassiné le lendemain et le jeune Louis, qui n'a pas neuf ans, devient aussitôt roi. Marie de Médicis est déclarée régente par le parlement de Paris dès le lendemain, et Louis XIII sacré à Reims le 17 octobre 1610. (*Henri IV confie à la reine le gouvernement de son royaume.* Huile sur toile de Pierre Paul Rubens, XVIIe siècle.)

L'étude n'est certes pas ce qui occupe le plus le petit prince. Il reçoit sa première leçon à l'âge de 7 ans, et achève son parcours à 13 ans, l'année de sa majorité. En six ans, donc, il travaille avec ses professeurs l'équivalent de 2 heures par jour, et encore : compte tenu des nombreuses journées où les séances sont suspendues, le total ne dépasse pas 30 heures par mois, consacrées autant à la formation du corps qu'à celle de l'esprit. Louis reçoit des leçons d'un maître d'armes, d'un autre de danse, d'un troisième d'équitation. Parmi les disciplines savantes, l'histoire tient une bonne part ; elle offre des exemples de bons souverains, puisés le plus souvent dans la Bible ou l'Antiquité. L'étude du latin, langue de science et de diplomatie, n'est pas poussée bien loin. Détestée par le roi, elle se limite aux rudiments. La géométrie et les mathématiques, en revanche, sont enseignées avec soin : ce sont des disciplines essentielles dans l'art de la guerre. Le roi doit savoir, par exemple, calculer un angle de tir. (Journal de Jean Haroard, XVIe siècle.)

Une enfance très encadrée

Lorsque naît le Dauphin Louis, le 27 septembre 1601, c'est la première fois depuis plus d'un demi-siècle que le royaume accueille l'arrivée d'un fils de France, et l'événement donne lieu à une explosion de joie parmi tous les sujets. Cette naissance précoce augure bien du mariage récent – célébré en décembre 1600 – d'Henri IV, pourtant déjà âgé de 47 ans, avec Marie de Médicis. De fait, cinq autres naissances suivront celle-ci, entre 1602 et 1609. L'enfance et l'adolescence de l'héritier du trône est bien documentée grâce au journal de Jean Heroard, médecin attitré du Dauphin, qui note scrupuleusement les petits événements de l'existence royale, depuis son état de santé quotidien jusqu'à ses mots d'enfant, son développement physique, ses appétits, ses traits de caractère. Louis grandit au château de Saint-Germain dans un milieu essentiellement féminin. Sevré à 2 ans, il mène une petite enfance oisive parmi ses frères et sœurs, bâtards et légitimes. Là, il s'initie aux bases morales du christianisme en apprenant quatrains et proverbes bibliques. L'aspect militaire entre précocement dans sa vie, par le jeu ou la revue des troupes. Il reçoit par exemple une armée miniature dont il fait grand usage, annonçant déjà son goût pour les armes.

Il faut attendre sa venue au Louvre, en 1608, pour que commence véritablement l'apprentissage du métier de roi. Le Dauphin a 7 ans et son éducation passe aux mains des hommes ; il s'initie à son rôle futur autant par la vie de cour qu'il partage désormais que par les leçons qu'il reçoit de ses maîtres. Pour la première fois il porte la fraise, se soumet à une étiquette stricte, adopte des manières de table et le maintien requis aux grandes cérémonies comme au quotidien. Les journées sont rythmées par la messe, les heures passées avec ses professeurs, les visites au roi et à la reine, les repas. Seuls les parties de chasse ou les grands événements, assez fréquents il est vrai, modifient cet emploi du temps.

Une famille agitée

La formation théorique n'étant pas très poussée, c'est par la pratique que Louis XIII s'initie le mieux à son métier de roi. Très tôt, l'enfant est confronté à de lourdes responsabilités. La disparition brutale de son père, le 14 mai 1610, le place sur le trône alors qu'il n'a pas encore 9 ans. Dès le lendemain, Marie de Médicis est proclamée régente, et commence alors une période de troubles marquée par l'ascension des Concini et la révolte des grands. Pour acheter la paix, la reine mère distribue pensions et gratifications qui vident les caisses de l'État. Les maladresses de la régente, jointes aux difficultés que soulève toujours une minorité royale, entraînent un mécontentement général qui oblige à la convocation des états généraux. Réunis entre octobre 1614 et février 1615 à Paris afin de remettre de l'ordre dans

Sans descendance après vingt ans de mariage, Louis XIII fait le vœu de consacrer son royaume à la Vierge, dans l'espérance d'un héritier. À peine un an plus tard, la reine donne naissance à un fils, le futur Louis XIV, appelé Dieudonné tant sa venue paraissait inespérée. Dans ce tableau de Philippe de Champaigne, le roi offre à la Vierge son sceptre et sa couronne, symboles de la royauté. (*Le vœu de Louis XIII à la Vierge*. Huile sur toile de Philippe de Champaigne, XVIIe siècle.)

Nommé cardinal en 1622 sur recommandation de la reine mère, Richelieu entre au conseil du roi en 1624. Dès 1629, il devient le principal ministre de Louis XIII qui le fait duc et pair, lui accordant ainsi la plus haute dignité nobiliaire. Jusqu'à sa mort, en 1642, il gouverne la France aux côtés du monarque, comme le montre cette gravure où il partage avec le roi le gouvernail de l'État. (Gravure de Crispin de Passe, XVIe-XVIIe siècle.)

les affaires du royaume, ce sont les derniers avant ceux de 1789. À cette occasion, Louis Armand Du Plessis, duc de Richelieu, député du clergé, est remarqué par Marie de Médicis qui en fait bientôt son secrétaire. C'est le point de départ d'une carrière brillante.

Entre-temps le roi est déclaré majeur, ce qui met théoriquement un terme à la régence. Louis XIII demande cependant à sa mère de se maintenir au gouvernement et de l'assister dans les affaires de l'État selon la tradition. Marie de Médicis l'entend comme la confirmation d'un pouvoir qu'elle continue d'exercer sans faire grand cas de son fils. Cette attitude, conjuguée à l'insolence des Concini et au bilan désastreux de la régence, provoque la chute brutale de la reine mère, en 1617. Louis XIII s'impose alors à la tête de l'État, secondé par son favori le duc de Luynes : les Concini sont éliminés, Marie de Médicis emprisonnée à Blois. La brouille entre la mère et le fils ne cessera jamais vraiment, malgré des périodes de réconciliation qui annoncent chaque fois de nouveaux orages.

D'une façon générale, le roi entretient avec les membres de sa famille des relations particulièrement tendues. S'il pardonne à sa mère, après deux guerres en 1619 et 1620 qui se soldent chaque fois par la reddition des troupes de Marie de Médicis, s'il la rétablit au Conseil après la mort de Luynes en 1621, il conserve envers elle une méfiance contenue. Celle-ci est alimentée par Richelieu, qui déteste la reine mère, laquelle le lui rend bien. Rivaux dans le Conseil comme dans la faveur royale, ils n'ont de cesse de se nuire.

Pendant près de dix ans, la veuve d'Henri IV fait tout pour provoquer la ruine de celui qu'elle a autrefois promu, jusqu'à ce que, par la journée des Dupes, Louis XIII se prononce en faveur du ministre. En 1630, Marie de Médicis est définitivement écartée de la cour, et bientôt du royaume.

Le soutien que la reine mère apporte inconditionnellement à son fils cadet, Gaston d'Orléans, passé maître dans l'art du complot, n'est pas étranger à cette décision. Parmi les membres turbulents de la famille royale, Gaston, seul frère survivant, est assurément celui qui pose le plus de problèmes. En lutte constante contre Richelieu, il tente plus d'une fois de le faire disparaître : en 1626 par le complot de Chalais, en 1632 avec Montmorency, en 1641 avec Louis II de Bourbon, en 1642 en soutenant Cinq-Mars. Héritier putatif du trône, il sauve chaque fois sa tête tandis que ses complices, accusés de crimes de lèse-majesté (Chalais, Montmorency, Cinq-Mars) périssent sur l'échafaud. Le frère rebelle n'hésite pas, pour servir ses projets, à s'allier avec les ennemis de la France. Après la journée des Dupes, il se réfugie à la cour du duc de Lorraine duquel il obtient un soutien militaire dans une expédition lancée contre Richelieu. Il épouse même la sœur du duc contre la volonté royale. C'est ensuite aux Habsbourg, ennemis de la France dans la guerre de Trente Ans, de fournir à Gaston les troupes nécessaires à un nouveau complot. Les frères adultérins du roi, César et Alexandre, ne sont pas plus dociles. Ils participent eux aussi à l'affaire de Chalais, et sont emprisonnés. Alexandre meurt à la Bastille en 1629 et son frère, libéré, s'exile à Londres. De là, le fils de César s'engage dans l'affaire de Cinq-Mars, puis se soulève encore, avec son père cette fois, sous la minorité royale de Louis XIV. Les princes du sang eux-mêmes, cousins de Louis XIII, peuvent être partie prenante dans ces insurrections.

« La souveraineté n'est pas plus divisible que le point en géométrie »

L'incessante agitation princière et la brutalité de la répression monarchique disent beaucoup du changement politique provoqué par la venue de Richelieu au pouvoir. Là où autrefois les monarques achetaient la paix civile par des pensions et gratifications accordées aux insurgés, la monarchie s'impose désormais en exécutant les meneurs des révoltes, n'hésitant pas pour cela à détruire des familles de la haute noblesse. Fin diplomate autant que subtil politique, courbant l'échine devant les colères royales, Richelieu parvient à être indispensable et à se maintenir au pouvoir jusqu'à sa mort, le 4 décembre 1642. Devenu chef du Conseil en 1624, il développe un programme qui tient en quelques points : rabaisser l'orgueil des grands, briser l'État dans l'État que représente la force huguenote, restaurer l'autorité royale et imposer la puissance française sur l'échiquier européen. Les multiples attentats contre sa personne montrent la résistance des grands. La lutte contre les protestants entraîne par ailleurs une guerre à l'intérieur du royaume, dont l'apogée est atteint avec le siège de La Rochelle, place forte et symbole de la résistance huguenote, en 1627. Par la paix d'Alès signée le 23 juin 1629, les conflits religieux sont pour longtemps résorbés. Les protestants sont confirmés dans le droit d'exercer leur culte, mais l'organisation politique et militaire de ces derniers, appuyée sur les places fortes, est démantelée ; les remparts de ces villes jusque-là protégées doivent être détruits.

Le renforcement de l'autorité monarchique se traduit aussi par une centralisation accrue de l'appareil d'État et, par voie de conséquence, une concentration du pouvoir dans les mains du roi et de son principal ministre. Avec la suppression des charges de connétable et d'amiral, en 1626, l'armée passe sous le contrôle direct du souverain. Les affaires étrangères constituent désormais un ministère à part relevant de Richelieu lui-même, lequel obtient également le titre de « grand maître et surintendant général du commerce et de la navigation », pour une meilleure maîtrise de la politique commerciale du royaume. Enfin, la grande ordonnance de Michel de Marillac, dite « code Michau », promulguée en janvier 1629, est une vaste tentative pour réglementer nombre de problèmes religieux, fiscaux, commerciaux ou judiciaires. Cela revenait à réduire le pouvoir des parlements.

L'affirmation de l'absolutisme passe donc autant par une réorganisation de l'appareil d'État que par la promotion de la « raison d'État » laquelle justifie, au nom de l'intérêt général, une fermeté politique qui confine parfois à la terreur. Mais le résultat est probant, le roi apparaît bien comme la source unique de toute puissance publique. Dès lors, Cardin le Bret, théoricien du pouvoir, peut affirmer que « la souveraineté n'est pas plus divisible que le point en géométrie ». La définition est parvenue jusqu'à nous, sauf que cette souveraineté est passée du roi au peuple avec la Révolution.

S'imposer en Europe

La puissance française se mesure enfin au niveau européen par la lutte contre la maison des Habsbourg, en particulier ceux d'Espagne, trop longtemps dominants. La France observe une relative neutralité dans la guerre de Trente Ans commencée en 1618, tant que la situation intérieure n'est pas stabilisée. Pourtant, dans ce conflit européen qui engage les principaux royaumes de la chrétienté, les Bourbons entendent jouer leur partie. Si Louis XIII suit de près les événements, et tisse déjà des liens avec les puissances ennemies des Habsbourg, il ne s'engage vraiment qu'à partir de 1630, par un traité d'alliance avec les Provinces-Unies où il promet un million de livres à l'armée hollandaise. En mai 1635 enfin, après une intense activité diplomatique visant à resserrer le réseau d'alliances afin de mieux isoler les Habsbourg, la France entre militairement dans le conflit. Cette décision, lourde de conséquences, permet effectivement aux Bourbons d'affirmer leur valeur militaire hors des frontières et d'imposer, à terme, leur prépondérance en Europe. Mais elle a un coût financier et politique qui affecte profondément le royaume. Le retour des crises frumentaires se double d'un accroissement de la pression fiscale et, dans certaines régions (le Nord et l'Est, essentiellement), le passage des armées sème la désolation. Les révoltes antifiscales se multiplient, et les soulèvements populaires, comme celui des croquants dans le Périgord en 1637 ou celui des nu-pieds en Normandie en 1639, secouent des régions entières.

Derrière ces soulèvements populaires se profile une crise grave qui touche tous les niveaux de la société. Tandis que la noblesse conteste à Richelieu le détournement de la faveur royale au profit de ses propres fidèles, le monde des officiers dénonce une politique d'emprunts forcés qui les accable. Les opérations militaires sont onéreuses sans être un franc succès, surtout au début de l'engagement armé : dès 1636, des difficultés surgissent à l'est et au sud (Saint-Jean-de-Luz est prise et pillée), tandis qu'au nord, les

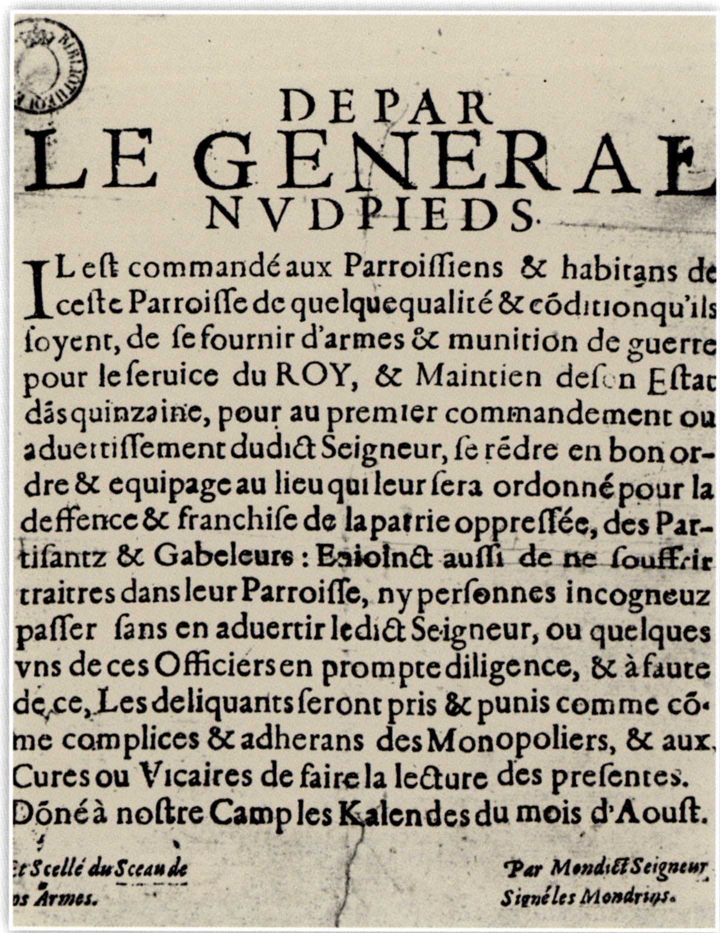
DE PAR
LE GENERAL
NVDPIEDS.

IL est commandé aux Parroissiens & habitans de ceste Parroisse de quelquequalité & cōditionqu'ils soyent, de se fournir d'armes & munition de guerre pour le seruice du ROY, & Maintien de son Estat dās quinzaine, pour au premier commandement ou aduertissement dudict Seigneur, se rēdre en bon ordre & equipage au lieu qui leur sera ordonné pour la deffence & franchise de la patrie oppressée, des Partisantz & Gabeleurs : Enioinct aussi de ne souffrir traitres dans leur Parroisse, ny personnes incogneuz passer sans en aduertir ledict Seigneur, ou quelques vns de ces Officiers en prompte diligence, & à faute de ce, Les deliquants seront pris & punis comme cōme complices & adherans des Monopoliers, & aux Cures ou Vicaires de faire la lecture des presentes. Dóné à nostre Camp les Kalendes du mois d'Aoust.

...t Scellé du Sceau de ...s Armes.

Par Mondict Seigneur Signé les Mondrins.

La Normandie, province parmi les plus riches du royaume, connaît en ces temps de guerre une énorme pression fiscale. Accablée par l'impôt, la population se soulève ; elle assassine le 16 juillet 1639 le collecteur royal. Bientôt, toute la province est gagnée par la jacquerie menée par Jean Quetil, appelé Jean Nu-Pieds en référence à la pauvreté à laquelle il est réduit. Le sobriquet est bientôt associé à tout le mouvement, lequel n'a d'exceptionnel que la brutalité de sa répression. En effet, face à l'absence de réaction des autorités locales, la monarchie décide de faire un exemple en employant de grands moyens : une troupe forte de 4 000 hommes de et 1 200 cavaliers mate le soulèvement et fait payer chèrement cette insoumission. Le siège d'Avranches, notamment, fait plus de 300 morts, les meneurs sont exécutés, la ville est mise à sac, les murailles détruites. Partout, condamnations sommaires à mort ou aux galères, réduction des libertés locales, amendes collectives aux montants considérables disent assez la volonté royale d'imposer par la terreur l'obéissance au roi. Richelieu démontre une fois de plus qu'il gouverne d'«une main de fer dans un gant de velours ». (Manifeste du général « Nudpieds ».)

Prépondérance française, puissance espagnole. Autant le XVIe siècle marque l'âge d'or espagnol, grâce notamment à la conquête de l'Amérique et à l'arrivée massive du précieux métal jaune, autant le XVIIe siècle se caractérise par la prépondérance française en Europe. La montée en puissance des Bourbons semble signer le déclin des Habsbourg d'Espagne. La rivalité entre ces deux puissances catholiques reste vive tout au long du XVIIe siècle, malgré les nombreuses alliances dynastiques censées les rapprocher. Les hasards biologiques et les impératifs familiaux rapprochent l'histoire de ces deux États. En 1615, le double mariage espagnol permet un échange croisé de princesses : Louis XIII donne sa sœur Élisabeth au futur roi d'Espagne et épouse au même moment la propre sœur de celui-ci, Anne, dite Anne d'Autriche. Un demi-siècle plus tard, en 1660, la politique dynastique se rejoue lorsque Louis XIV épouse celle qui est doublement sa cousine, l'infante d'Espagne Marie-Thérèse. Ces alliances répétées permettront à la France de placer un Bourbon sur le trône espagnol au XVIIIe siècle. (*L'Arrivée d'Anne d'Autriche et de Philippe IV d'Espagne dans l'île des Faisans sur la Bidassoa, le 2 juin 1660, pour la remise de l'infante Marie-Thérèse.* Huile sur toile de Julien-Michel Gué, XIXe siècle.)

Espagnols envahissent la Picardie et menacent Paris. En décembre, l'Empire déclare la guerre à la France, et la perspective d'un conflit interminable provoque de nombreuses résistances.

Dans ce climat tendu, l'arrivée du futur Louis XIV revêt un caractère miraculeux. Après vingt-deux ans de mariage, la reine accouche d'un fils, en 1638, baptisé Dieudonné. Deux ans après, un second fils vient raffermir la succession au trône. Anne d'Autriche, reine délaissée pendant si longtemps, retrouve à la cour une place prépondérante que la perspective d'une régence renforce encore. De fait Louis XIII, alors malade, organise au printemps 1643 le gouvernement sous la minorité annoncée de son fils. D'une épouse qu'il a peu estimée et d'un frère qui lui a empoisonné l'existence, il en fait les piliers de la régence à venir. La raison d'État l'emporte sur celle du cœur, en un ultime hommage à la politique du cardinal-ministre. En mourant Richelieu recommande Mazarin ; en disparaissant, le 14 mai 1643, Louis XIII cède à son fils aîné un royaume exsangue mais dans lequel la puissance royale est pourtant renforcée. De ce double héritage Louis XIV saura tirer le meilleur parti.

À la tête de ses armées

Philippe II Auguste maître du champ de bataille à Bouvines (1214), Jean II le Bon fait prisonnier à Poitiers (1356), François Ier vainqueur à Marignan (1515), puis capturé à Pavie (1525)... La mémoire nationale associe volontiers les rois de France à de grandes victoires comme à de cuisantes défaites. Au-delà des événements, elle souligne le lien étroit qui existe entre le roi et la guerre, celle-ci étant, au même titre que la justice, une prérogative royale.

1.

1.
Épée de Saint Louis.

2.
François Ier en déité.
(Parchemin collé sur panneau de chêne, XVIe siècle.)

3.
Le Passage du Rhin *le 12 juin 1672*. (Huile sur toile d'Adam Frans van der Meulen, XVIIe siècle.)

4.
Casque d'Henri II.
(Fer, XVIe siècle.)

LES ROIS DU MOYEN ÂGE sont des guerriers qui se battent à la tête de leurs hommes. Partis de la province de Belgique Seconde, les Mérovingiens se lancent à la conquête de la Gaule. Constamment sur la brèche, les Carolingiens mènent chaque année ou presque des expéditions pour imposer leur autorité ou soumettre de nouveaux territoires. Les premiers Capétiens passent le plus clair de leur temps l'épée à la main. Il leur faut lutter contre une double menace. La première vient du domaine royal et de ces seigneurs prompts à se révolter. La seconde est le fait des grands féodaux, en théorie vassaux du roi, mais, de fait, plus puissants que lui, du moins jusqu'au règne énergique de Philippe II Auguste.

Pourtant, à partir du règne de Philippe IV le Bel, la présence du roi sur le champ de bataille et son engagement au cœur de la mêlée sont remis en question. Il faut dire que Philippe III et Saint Louis [1], respectivement père et grand-père du roi, ont trouvé la mort lors d'une expédition militaire hors du royaume. Pierre Dubois, conseiller de Philippe IV le Bel, a ces exemples malheureux à l'esprit quand il affirme que le roi doit

2.

3.

« confier la conduite des guerres à des chefs pris parmi ses plus proches et plus fidèles, procurer des soldats et tout ce qui est nécessaire pour le combat ». Le désastre de Poitiers (1356) avec la capture de Jean II le Bon vient confirmer cette conviction. Plus prudent, Charles V préfère laisser le commandement de l'armée à Bertrand Du Guesclin. Mais la prise des décisions stratégiques et tactiques appartient au roi, tête d'un État en construction. Il n'empêche, le roi reste un guerrier [2], et lors des guerres d'Italie, François Ier combat en personne, attitude qui galvanise les troupes à Marignan, sans pour autant lui éviter d'être fait prisonnier à Pavie.

Jusqu'à la mort accidentelle d'Henri II que la visière mal fixée de son casque [4] n'a pu protéger d'un coup de lance, joutes et tournois, à côté de la guerre, font partie des divertissements habituels du roi. Le décès d'Henri II y met un terme définitif. Les premiers Bourbons s'inscrivent dans cette tradition. Ni Henri IV ni Louis XIII ne sont économes de leur personne sur le champ de bataille, souvent au mépris des admonestations de leur entourage inquiet. Louis XIV entend être sur le terrain et présider au déroulement de la bataille, qu'il s'agisse du passage du Rhin par les troupes françaises en 1672 [3] ou de la prise de Namur en 1692. L'année suivante, le roi décide de ne plus participer aux campagnes militaires à la tête de ses troupes. En dépit de la présence de Louis XV à Fontenoy (1745), c'est désormais la guerre de cabinet, dirigée depuis Versailles, qui l'emporte.

4.

La puissance et la gloire

À LA MORT DE MAZARIN, EN MARS 1661, Louis veut gouverner seul désormais. À 22 ans passés, formé depuis son plus jeune âge aux responsabilités de l'État par une mère attentive et un mentor politique d'une redoutable habileté, il entend montrer à toute l'Europe sa puissance et sa gloire. L'arrestation de Nicolas Fouquet, surintendant des Finances dont la fortune trop ostensible fait de l'ombre au monarque, en est la première manifestation. La majesté royale est une dignité trop élevée pour être accompagnée. Si Louis XIV sait s'entourer d'hommes de grande valeur, tels Colbert, Le Tellier, Vauban ou Louvois, il est attentif à conserver le contrôle absolu du pouvoir. La décision de 1661 crée ainsi une rupture dans la vie du jeune roi comme dans la pratique de gouvernement ; elle donne le ton à un absolutisme poussé à son extrême : aucun monarque n'a à ce point personnifié la puissance souveraine et la grandeur d'un État. Tout y est mis au service de l'ambition royale ; les arts, la guerre, l'industrie sont autant d'instruments qui contribuent à célébrer Louis XIV, jusqu'aux astres bientôt mobilisés pour magnifier le Roi-Soleil. En 72 ans de règne, le monarque le plus puissant d'Europe en son temps a su façonner le pouvoir à son image.

Le 10 mars 1661 commence le règne personnel de Louis XIV. Révolution pour les uns, mutation pour les autres, cette date reste un tournant dans l'histoire monarchique. Après la mort de Mazarin, le roi annonce sa volonté de gouverner seul, sans principal ministre. Il élimine du Conseil d'en haut les princes du sang, les prélats et cardinaux, c'est-à-dire tous les groupes, au premier rang desquels la noblesse, qui réclament un droit de regard sur l'autorité royale. Restent les ministres d'État, serviteurs fidèles de la monarchie, qui vont jouer un rôle essentiel pendant toute la durée du règne. (*Le roi gouverne par lui-même.* Huile sur toile de Charles Le Brun, XVIIe siècle.)

Durant la Fronde, de nombreux écrits polémiques voient le jour, appelés « mazarinades ». Mazarin focalise sur lui tous les reproches que les sujets expriment à l'égard d'une monarchie qui s'est renforcée. Il devient vite la cible de toutes les attaques et les mazarinades dénoncent sa façon de gouverner, la faveur que lui accorde la reine, son enrichissement rapide, son goût du faste. Obligé de s'exiler de la cour à deux reprises, le cardinal ministre triomphe finalement de ses ennemis et se maintient au pouvoir jusqu'à sa mort, en 1661. (*Mazarinade sur l'exil de Mazarin à Bouillon durant la Fronde.* Gravure sur bois.)

Une enfance agitée

Le très long règne de Louis XIV doit autant à la longévité exceptionnelle du souverain qu'au jeune âge auquel il est appelé à ceindre la couronne. L'enfant a 4 ans lorsque meurt Louis XIII le 14 mai 1643. Il hérite d'un royaume en guerre, dont la situation intérieure est tendue, et dont l'organisation politique est affaiblie par une régence mal cotée. À la reine Anne d'Autriche, sans expérience et longtemps tenue éloignée des affaires de l'État, est associé Gaston d'Orléans, oncle du roi, un esprit brouillon et rebelle. À ceux-là s'ajoute bientôt Mazarin, le parrain de Louis XIV, un Italien recommandé par Richelieu et par Louis XIII. Dès le 18 mai au soir, la régente nomme le cardinal Mazarin principal ministre et en fait ainsi l'homme fort du gouvernement. Gaston, écarté, passe de nouveau à la contestation en participant à la Fronde des princes.

Si l'avènement de Louis XIV est marqué par l'éclatante victoire de Rocroi sur les Espagnols grâce à l'habileté de Condé, retournant la situation militaire au profit de la France dans la guerre de Trente Ans, cette nouvelle ne parvient pourtant pas à calmer les mécontentements. L'effort de guerre portant sur une population déjà éprouvée par la famine et les épidémies provoque un peu partout des révoltes antifiscales qui aggravent les difficultés budgétaires du royaume. L'impopularité de la régence, et en particulier de Mazarin, s'accroît à mesure que pèsent les problèmes financiers, d'autant que toute décision prise dans ce domaine par le gouvernement est aussitôt récusée par le parlement. L'ouverture des négociations par l'ensemble des puissances européennes dès 1643 laisse espérer un

La guerre franco-espagnole prend fin avec le traité des Pyrénées (7 novembre 1659), dont l'une des clauses essentielles prévoit le mariage du jeune roi avec la fille de Philippe IV, l'infante d'Espagne, Marie-Thérèse. Louis XIV rencontre son beau-père sur l'île des Faisans, à la frontière franco-espagnole, et le mariage avec Marie-Thérèse est célébré le 9 juin 1660. (*Entrevue de Louis XIV, roi de France, et de Philippe IV, roi d'Espagne.* Huile sur toile, XVIIe siècle.)

rapide règlement du conflit, mais d'une part la paix de Westphalie n'est signée qu'en 1648, et d'autre part la France et l'Espagne ne parviennent pas à s'entendre, et prolongent l'affrontement pendant onze ans encore. La monarchie n'est pourtant pas en état de faire face aux dépenses.

Ainsi la Fronde, révolte parlementaire avant de devenir une rébellion princière, est-elle directement liée aux contraintes de la guerre. Elle trouve son origine dans le refus du parlement d'enregistrer de nouveaux édits fiscaux, devient insurrectionnelle avec les journées des Barricades en août 1648, provoque la fuite du roi en janvier 1649 puis, conséquemment, le siège de Paris par les armées royales. Un accord est finalement trouvé avec les insurgés et la paix de Rueil est signée le 12 mars 1649. Celle-ci ne met pas pour autant un terme aux révoltes. Le prince de Condé, fort de ses succès militaires à la tête des troupes royales, réclame une plus grande part dans le gouvernement. Cette ambition inquiète Anne d'Autriche et Mazarin qui décident alors de l'arrêter. Décision lourde de conséquences, ce geste entraîne la Fronde des princes, plongeant le royaume, entre 1650 et 1652, dans la guerre civile. Le désordre est partout, Mazarin doit un temps se réfugier à Cologne tandis que des foyers d'insurrections incontrôlables se multiplient. Dans ce paysage politique brouillé, la monarchie apparaît seule capable de rétablir l'ordre. Le 21 octobre 1652, Louis XIV entre dans Paris, mettant un terme à ces quatre années de guerres domestiques.

Apprendre en gouvernant

Le jeune roi fait ainsi son apprentissage politique dans un contexte particulièrement tendu. Il restera très marqué par la fuite de Paris (1649), par l'insoumission des Parlements et par l'ambition démesurée des grands. De cela, il gardera rancune aux insurgés, et sa politique consistera aussi à réduire les pouvoirs des cours souveraines et à domestiquer les princes. L'abandon de Paris et le choix de Versailles comme capitale politique ne sont pas étrangers à ces événements de la petite enfance ; le système de cour admiré par toute l'Europe vise aussi à surveiller de près cette noblesse indocile.

Toute son enfance, Louis XIV la passe aux côtés de sa mère. De fait, Anne d'Autriche nommée régente prend en charge les affaires de l'État et l'éducation des enfants royaux. La présence du petit roi cautionne le pouvoir de la reine mère et lui confère la légitimité nécessaire à l'exercice du gouvernement ; elle permet aussi de former très tôt l'enfant à ses responsabilités politiques, accélérant ainsi sa maturité. Mais une existence si agitée dès le plus jeune âge désorganise l'éducation, en particulier la formation intellectuelle, et Louis XIV, dans ses *Mémoires*, se plaint d'avoir reçu un piètre enseignement. Il se révèle pourtant habile à manier la langue française, remarquable cavalier, danseur accompli et, sur le champ de bataille, excellent militaire. Quant aux affaires politiques, il est, avec Mazarin comme mentor, assurément à bonne école. Il acquiert, grâce à ce parrain nommé surintendant de l'éducation royale, un pragma-

C'est dans la vie de cour et la vie artistique que Louis XIV se révèle peut-être le mieux. Le roi a appris de Mazarin que ces deux domaines peuvent servir son image, qui, en retour, peut les protéger. Le roi doit aussi être seul à l'origine des grandes créations, et il a la même attitude à l'égard des institutions « culturelles ». Louis XIV accepte d'être le protecteur de l'Académie française et il donne son avis sur le choix des futurs académiciens. De nouvelles académies sont instituées : l'Académie royale des inscriptions et des médailles en 1663, l'Académie des sciences en 1666. (*Colbert présente à Louis XIV les membres de l'Académie royale des Sciences.* Carton de tapisserie d'Henri Testelin, XVIIe siècle.)

tisme, un sens du pouvoir et une autorité naturelle qui affermissent son caractère. Soucieux de préparer le roi à son rôle futur, Mazarin prend soin de le faire assister au conseil ou de lui donner à lire, dès qu'il en a l'âge, les papiers d'État. Louis XIV est ainsi très tôt associé au gouvernement. Cette étroite relation entre la reine mère, le cardinal et Louis XIV explique que ce trio subsiste bien au-delà du terme officiel de la régence, et que Mazarin conserve jusqu'à sa mort la confiance du monarque. C'est lui qui, en 1659, alors qu'il est déjà très malade, négocie la paix des Pyrénées avec les Espagnols et organise le mariage de Louis XIV avec Marie-Thérèse, la fille aînée de Philipe IV d'Espagne. C'est lui aussi qui donne à son pupille le goût pour les beaux-arts et pour l'opéra italien, lui enseignant à cette occasion les ressources politiques à tirer de tels instruments au profit de sa gloire. La reine Anne d'Autriche apporte à son fils une piété religieuse qui se manifeste dans la lutte contre le protestantisme. Mais si le roi Très Chrétien se veut un champion de la cause catholique, il reste également attentif à défendre les libertés de l'Église gallicane face à une papauté volontiers intrusive.

Des ministres dévoués et efficaces

Marié, régnant dans un royaume désormais en paix, le roi Louis XIV prend son État en main après la mort de celui qui l'a si longtemps conseillé. Sa mère Anne d'Autriche s'efface alors sans regret, laissant au souverain le soin de ses affaires. Le jeune homme fait preuve d'une soif de gloire qui se traduit par des fêtes somptueuses, des constructions ambitieuses, des maîtresses affichées, mais aussi des conquêtes militaires et une activité diplomatique visant à imposer la prééminence du monarque français sur ses homologues européens. La première partie du règne personnel marque ainsi la montée en puissance d'un roi sûr de sa force et de sa valeur.

Tandis qu'il réorganise le gouvernement dès l'année 1661, afin de concentrer entre ses mains toutes les décisions, Louis XIV met aussi les ressources du royaume au service de son ambition. Le commerce, la guerre, l'industrie sont autant d'instruments qui façonnent la légende d'un souverain dont rien n'entrave la volonté. Pour cela, il sait s'entourer de ministres efficaces et fidèles. Parmi ceux-ci, Jean-Baptiste Colbert, ministre des Finances, occupe une place toute particulière. Il commence sa carrière auprès de Mazarin, dont il gère la fortune. Puis, contribuant à la chute de Fouquet, il prend sa succession aux finances du royaume en 1661. En dix ans, il cumule nombre de fonctions pour s'occuper des bâtiments, des arts et manufactures, de la maison du roi et enfin de la marine, en 1669, la réunion de tous ces domaines de compétences en un seul homme visant à financer la politique hégémonique de Louis XIV. Le développement du commerce et des manufactures, qui justifie que la marine soit attribuée au ministre des Finances, permet d'enrichir le royaume : la théorie mercantiliste de Colbert, selon laquelle il faut maintenir une balance des paiements positive en limitant les importations et en

Le Roi-Soleil imprime la marque de sa politique personnelle, absolutiste et catholique dans tous les domaines. Ennemi du protestantisme au nom de l'unité religieuse du royaume, il ne cesse de multiplier brimades et vexations contre les huguenots. Sous la pression des dragonnades, les protestants se convertissent ou s'exilent. Mais certains choisissent de continuer leur culte en secret. La résistance intellectuelle à l'absolutisme en est donc stimulée. Le refuge hollandais accueille nombre d'écrivains et pamphlétaires qui multiplient les critiques contre la politique du Roi Très Chrétien. Ici c'est l'arme de la caricature qui est utilisée, représentant Louis XIV en satyre avec Madame de Montespan. (*Louis XIV en satyre.* Joseph Werner, 1670.)

développant les exportations, conduit notamment à la création de manufactures royales, donc de l'industrie, et de grandes compagnies commerciales. Mais le renforcement des barrières douanières qu'induit cette politique entraîne inévitablement des tensions avec les autres puissances commerciales qui peuvent aller jusqu'à la guerre ; celle dite « de Hollande » entre 1672 et 1678 est directement liée à l'offensive marchande de Louis XIV.

L'ordre rétabli dans les finances permet de soutenir l'effort de guerre envisagé dans une perspective de conquête. Si, jusqu'en 1667, Louis XIV s'abstient de toutes provocations autres que diplomatiques, c'est pour mieux reconstituer à la fois le trésor royal et ses forces armées. Il donne déjà le ton de la politique européenne en exigeant réparation chaque fois que, dans les cours étrangères, l'ambassadeur de France est mal considéré. En peu de temps, il obtient la préséance de son représentant partout en Europe, signe incontesté de sa prééminence sur tous ses puissants voisins.

Les fastes de la cour

La célébration de la gloire passe également par toute une série de dispositifs cérémoniels, artistiques et architecturaux. L'organisation de la cour et l'importance accordée tant aux préséances qu'à l'étiquette, amorcées par les Valois et développées par les premiers Bourbons, atteignent avec Louis XIV une perfection qui fait l'admiration de toute l'Europe, mais transforme aussi la cour en une prison dorée pour ceux qui y séjournent. La faveur du roi s'exerce sur les détails du quotidien qui annoncent fortune ou infortune des courtisans, et exprime l'omnipotence royale. « Personne ne vendit mieux sa parole, son sourire même, jusqu'à ses regards », observe Saint-Simon. Louis XIV est en effet extrêmement attentif à ce que la mécanique de cour soit centrée sur sa personne, réglée sur son emploi du temps, déterminée par sa stricte volonté. Ce faisant, il domestique une noblesse autrefois rebelle et tenue de séjourner auprès du roi, comme preuve de sa soumission mais aussi comme parure de la majesté souveraine. La magnificence se mesure également au luxe et ornements des courtisans eux-mêmes, entretenus par les pensions généreusement distribuées à ceux qui satisfont la vanité royale. La cour est bien un outil du pouvoir absolu. Il en est de même des fêtes qui marquent le début du règne personnel de Louis XIV. Le jeune monarque manifeste une véritable passion pour tout ce qui met en scène sa personne. Ballets, carrousels, quadrilles, auxquels il participe, révèlent ses qualités de danseur autant que sa prestance naturelle, tandis qu'à Saint-Germain, à Fontainebleau, à Versailles, des réceptions d'une splendeur inouïe éblouissent la cour et assurent la réputation d'un roi d'une prodigalité sans égale. Il en est ainsi des *Plaisirs de l'île enchantée* organisés en 1664 pour Louise de La Vallière, favorite du moment, qui divertissent pendant une semaine près de 600 invités.

Les résidences royales offrent le décor de la puissance monarchique. Là encore, Louis XIV n'innove pas, mais il va plus loin : il fait de Versailles, modeste pavillon de chasse, un écrin de sa gloire et concentre sur une seule résidence tous les registres artistiques qui célèbrent son incomparable grandeur. L'effort est d'abord porté sur les jardins, aménagés par Le Nôtre pour produire un paysage géométrique qui reflète l'ordre que le roi entend imposer partout. Bientôt, le bâtiment subit à son tour de profondes transformations pour devenir la principale résidence royale, la capitale politique du royaume. Érigé par Le Vau puis par Hardouin-Mansart, décoré par Le Brun, le château de Versailles impose son style en Europe. Ce n'est qu'en 1682, après bien des retards, que la famille royale y emménage définitivement. Le bâtiment est pourtant loin d'être terminé et, longtemps encore, la cour vit dans les travaux. Mais Louis XIV est satisfait ; il a édifié un palais qui est, selon ses vœux, un manifeste absolutiste.

Les maîtresses royales participent à l'éclat de la cour. Si le roi s'entend bien avec sa femme, Marie-Thérèse d'Autriche, celle-ci vit dans l'ombre de son époux et paraît sans relief en comparaison de l'éclatante présence des favorites. De la mort de la reine, en 1683, Louis XIV dira que c'est le seul chagrin qu'elle lui ait jamais donné. Les maîtresses, en revanche, occupent le cœur du roi et le centre de la cour. Après Louise de La Vallière, Mme de Montespan, avec ses six enfants légitimés, a presque le statut de seconde épouse entre 1667 et 1681. Bien établis, les bâtards royaux épousent princes et princesses du sang, intégrant ainsi la famille royale, ce que leur naissance illégitime n'autorisait pas autrement. Le duc du Maine et le comte de Toulouse comptent même parmi les plus puissants princes du royaume au XVIIIe siècle. La politique de promotion du sang royal amorcée par Henri IV trouve en Louis XIV un continuateur attentif : elle sert là encore à affirmer l'incomparable qualité de cette

Fille d'honneur de Marie-Thérèse, Françoise Athénaïs de Rochechouart épouse le marquis de Montespan en 1663. En 1667, Louis XIV s'éloigne de sa favorite Louise de La Vallière, et s'éprend de la marquise de Montespan, dont Mme de Sévigné dira : « À la plus surprenante beauté, elle joignait l'esprit le plus vif, le plus fin, le mieux cultivé... ». Madame de Montespan donnera au roi huit enfants en 10 ans, dont elle confiera l'éducation à Mme Scarron, future Mme de Maintenon, qui épousera secrètement le roi en 1683. La marquise de Montespan quittera finalement la cour en 1691, à l'âge de 50 ans. (*La marquise de Montespan représentée en Iris*. Huile sur cuivre attribuée à Louis Elle le Jeune, XVIIe siècle.)

Le roi veut un jardin éclatant, tout d'eau et de feu, à sa mesure. Il fallut aménager les marais, creuser pour les pièces d'eau et araser les collines afin de dégager la vue. Des arbres entiers, par milliers, sont extraits des forêts de Normandie, de Flandre et même du Dauphiné, pour être replantés à Versailles. 1 400 jets d'eau agrémentent près de 2 000 bassins et fontaines qu'il convient d'alimenter par un réseau hydraulique complexe de canaux et d'étangs artificiels. Le manque d'eau potable conduit les ingénieurs à puiser dans la Seine en créant l'invraisemblable machine de Marly, constituée de 14 roues de 12 mètres, qui activent 211 pompes aspirantes. Louis XIV tente aussi de détourner l'Eure par l'aqueduc de Maintenon ; le projet est un échec, la guerre interrompt le chantier en 1687, 6 000 ouvriers sont morts en vain dans cette entreprise démesurée. Mais les jardins, servis par 30 km de canalisation, d'eaux jaillissantes, prouvent aux yeux du monde le pouvoir du roi à domestiquer la nature autant que les hommes. (*Vue du bassin d'Apollon et du Grand Canal de Versailles.* Peinture de Pierre Denis Martin, XVIIIe siècle.)

souche issue de Saint Louis. Mme de Maintenon, que les méchantes langues appellent « Mme de Maintenant », s'impose discrètement. Elle fut longtemps la gouvernante des légitimés avant de devenir, en octobre 1683, l'épouse secrète de Louis XIV, et exerce auprès du souverain une réelle influence jusqu'à la fin du règne.

À la conquête de l'Europe

Sur le plan militaire, Louis XIV est là encore longtemps conquérant. Dès mai 1667, invoquant d'obscurs droits que la reine Marie-Thérèse aurait sur les Pays-Bas, il envahit ces territoires, alors possessions espagnoles. En quelques mois, les armées royales s'emparent d'une douzaine de places militaires et, un peu plus tard, occupent la Franche-Comté. Par la paix d'Aix-la-Chapelle, signée le 2 mai 1668, la France obtient douze villes en Flandre qui sont immédiatement fortifiées par Vauban. La ceinture de fer conçue par cet extraordinaire technicien des fortifications se met ainsi en place ; il s'agit de construire une ligne de frontière marquée par des places fortes qui protègent le territoire du royaume, selon un procédé d'une redoutable efficacité. Louis XIV sort incontestablement vainqueur de cette première épreuve de force militaire, et la paix d'Aix-la-Chapelle n'est qu'une trêve dans la perspective hégémonique qui est la sienne. Après les Espagnols, il s'attaque aux Hollandais, cette « république de marchands » envers laquelle la France livre une féroce guerre commerciale bien avant d'engager les armées. La guerre déclarée en mars 1672 tourne bientôt à l'avantage de la France, suscitant des inquiétudes dans toute l'Europe : les Espagnols et les impériaux notamment viennent porter secours aux Hollandais afin d'interrompre la progression française. La paix signée avec les Hollandais en août 1678 n'apporte aucun profit au royaume ; en revanche, celle négociée avec l'Espagne en septembre suivant est largement à l'avantage de la France qui obtient la Franche-Comté et de nouvelles places fortes dans le Nord. Le traité de Nimègue fait donc supporter les frais aux Espagnols, incapables de mettre un terme à l'ascension de Louis XIV.

La guerre de Hollande est cependant la dernière dont la France sorte renforcée. Au faîte de sa puissance, le Roi-Soleil mène dans les années qui suivent une politique dite « de réunions » consistant à s'approprier des territoires dont les droits sont ambigus et les appartenances incertaines. L'Europe tout entière s'organise alors pour neutraliser Louis XIV. Les princes resserrent les alliances et la guerre dite « de la ligue d'Augsbourg » (1688-1697) marque très nettement le recul de la France. Épuisé par tant d'années d'affrontements, affaibli encore par de terribles famine, le royaume est difficilement en mesure de faire face à un nouveau conflit. Pourtant, la mort de Charles II d'Espagne en 1701 plonge à nouveau l'Europe

En 1694, au lendemain d'une famine particulièrement meurtrière, Fénelon, l'archevêque de Cambrai adresse une lettre implacable à Mme de Maintenon : « Vos peuples [...] meurent de faim. La culture des terres est presque abandonnée, les villes et les campagnes se dépeuplent, tous les métiers languissent et ne nourrissent plus les ouvriers [...]. » (Gravure, XVIIe siècle.)

Dès le début de son règne, le roi tente de convertir les protestants, par la douceur d'abord, puis par la force avec les redoutables dragonnades consistant à loger les soldats chez ceux qui persistent dans leurs convictions religieuses. Les « missionnaires bottés » obtiennent ainsi par la terreur nombre de conversions, au point que Louis XIV estime, en 1685, que ses sujets sont désormais tous de bons catholiques. La publication de l'édit de Fontainebleau provoque pourtant la fuite de très nombreux protestants qui emportent avec eux des biens et des savoir-faire précieux, tant pour l'industrie que pour le commerce. De plus, les réfugiés installés dans les pays protestants voisins alimentent la propagande européenne anti-Louis XIV qui nuit profondément à l'image du grand roi, et renforce par ailleurs l'hostilité de ces États. Enfin, cet épisode tragique relance les conflits religieux à l'intérieur du royaume, lesquels peuvent se transformer, localement, en véritables guerres civiles, telle celle des camisards dans les Cévennes entre 1702 et 1704. (*Dispersion d'une famille protestante par les dragonnades.* Gravure de Maurice Leloir, XIXe siècle.)

dans la tourmente. Le roi d'Espagne, en effet, sans descendance, désigne le petit-fils de Louis XIV, Philippe de Bourbon, comme son héritier au trône. Les monarques européens, redoutant une réunion de ces deux grands royaumes et revendiquant pour nombre d'entre eux l'héritage espagnol, se lancent dans la dernière grande guerre du règne de Louis XIV, celle de la Succession d'Espagne (1701-1714). Cette fois, la France et l'Espagne luttent côte à côte contre toutes les puissances européennes coalisées. La paix de Rastadt, signée le 6 mars 1714, met un terme à la prépondérance française. Philippe de Bourbon est bien reconnu roi d'Espagne sous le nom de Philippe V, mais à condition d'abandonner l'héritage français, de renoncer, donc, à réunir un jour les deux couronnes sur une même tête. Le rêve d'un immense royaume s'étendant de part et d'autre des Pyrénées est brisé ; un nouvel équilibre européen s'impose, dans lequel aucun État n'est en mesure de dominer les autres.

La guerre, soutenue par une efficace activité diplomatique, fut assurément un instrument à la gloire de Louis XIV. À terme cependant, elle constitua un abîme dans lequel plongèrent le roi et le royaume. Car aux difficultés financières s'ajoute en cette fin de règne une récession économique due à de mauvaises conditions climatiques et à des décisions politiques malheureuses. De fait, la révocation de l'édit de Nantes, en 1685, par l'édit de Fontainebleau, met un terme définitif à la tolérance confessionnelle établie par Henri IV, et coûte cher au royaume. Les finances du royaume sont tellement obérées que le roi est contraint de fondre ses meubles et sa vaisselle d'argent pour financer la guerre. La cour se fait triste. Sous l'influence de Mme de Maintenon, de l'âge aussi, et de la maladie, le roi devient bigot, attachant désormais à la pratique religieuse une importance qu'il a longtemps négligée. D'où ce sombre constat de la princesse Palatine, femme de Philippe d'Orléans, pour qui « la cour devient si ennuyeuse qu'on n'y tient plus, car le roi s'imagine qu'il est pieux s'il fait en sorte qu'on s'ennuie bien ». Les problèmes de santé de Louis XIV (l'opération de la fistule, en 1686, la goutte aussi, qui se déclare alors et le fait tant souffrir) entravent sa vitalité royale au point de limiter ses déplacements. Dans les jardins de Versailles, par exemple, le roi vieillissant utilise un fauteuil à roulettes pour sa promenade quotidienne.

Si l'arrivée de la jeune duchesse de Bourgogne, en 1697, égaye pour un temps l'entourage royal, les défaites militaires et les malheurs du royaume entretiennent une atmosphère morose qui perdure jusqu'à la fin du règne. À cela s'ajoute une série de décès qui endeuillent la cour et affectent profondément un monarque qui voit ainsi disparaître sa descendance : en 1711, c'est son fils le Grand Dauphin qui s'éteint à Meudon, en février 1712, la duchesse puis le duc de Bourgogne, fils aîné du Grand Dauphin, meurent à leur tour. Le mois suivant, le duc de Bretagne, aîné du duc de Bourgogne, disparaît, et en 1714 le plus jeune des petits-fils royaux, Charles de Berry, décède d'un accident de chasse. Il ne reste plus, comme héritier direct, qu'un très jeune enfant, né en 1710, le duc d'Anjou, arrière-petit-fils de Louis XIV, et bientôt roi sous le nom de Louis XV. Le Roi-Soleil a ainsi vu mourir la quasi-totalité de sa famille : de ses six enfants, un seul a atteint l'âge adulte ; de ses trois petits-fils il n'en reste qu'un, devenu roi d'Espagne ; sa femme Marie-Thérèse n'est plus depuis 1683, et son frère est mort en 1701. Pour assurer la régence, Louis XIV désigne Philippe d'Orléans, son neveu, premier prince du sang à exercer la fonction. Pour la première fois depuis des siècles, ce n'est pas une femme qui assure la régence mais un homme, de surcroît le plus proche héritier du trône. Cette situation exceptionnelle ne sera pas sans poser de problème au duc d'Orléans. En attendant, le décès du vieux roi libère la cour de cette ambiance mortifère des dernières années du règne.

En mourant, le 1er septembre 1715 à l'âge de 77 ans, Louis XIV laisse le royaume à un enfant de 5 ans, reproduisant ainsi la situation qu'il a lui-même connue. L'héritage, pour le nouveau monarque, est lourd à porter : en soixante-douze ans de règne, le Roi-Soleil a façonné un pouvoir à son image, dont le paysage français garde encore bien des traces aujourd'hui.

« L'État, c'est moi ! »

1.
Anneau sigillaire de Saint Louis. (Émail champlevé, nielle, or et saphir.)

2.
Louis XIV tenant le sceau. (Huile sur toile, XVIIe siècle.)

3.
***La construction** d'un grand chemin.* (Huile sur toile de Joseph Vernet, XVIIIe siècle).

4.
Affiche mise en place par le ministre et contrôleur général Calonne encourageant à souscrire un emprunt. (Gravure, XIXe siècle.)

Excepté la situation particulière des « rois fainéants », des rois mineurs ou absents, de Clovis à Louis XVI, le roi est à la tête du gouvernement du royaume et le choix des décisions politiques lui revient. Le roi ne gouverne pas seul. Au cours des treize siècles qui séparent les Mérovingiens des Bourbons, le gouvernement du roi voit sa composition et son fonctionnement évoluer. L'étroite *Curia regis* (assemblée des vassaux) est remplacée par plusieurs conseils, et à travers le royaume, les hommes du roi finissent par former une administration.

1.

GOUVERNER, c'est d'abord décider. Pour libérer sa force exécutive, la décision royale nécessite d'être reconnue comme telle. Aussi, selon son niveau d'importance, est-elle signée par le roi ou frappée de l'un de ses sceaux [1].

Avec les Mérovingiens et les Carolingiens, le roi gouverne peu ou prou selon les mêmes modalités. D'un côté, une haute administration est organisée autour des grands officiers que sont le chambrier, en charge du Trésor royal, le chancelier, chef de l'administration et rédacteur des actes officiels, et le connétable, responsable de l'armée. De l'autre, l'administration locale est confiée à des ducs ou comtes, nommés et donc révocables, ayant pour mission de rendre la justice, de percevoir l'impôt et de lever l'armée.

Les premiers Capétiens n'ont pas les moyens de maintenir un tel édifice. Au XIIIe siècle, l'autorité royale progresse et les structures de gouvernement s'amplifient.

2.

3.

4.

Alors que le Conseil du roi reste toujours lié à la personne du souverain, la *Curia regis* est démembrée en organes autonomes. Le parlement est le premier d'entre eux, suivi par la Chambre des comptes, tous deux au XIVe siècle. À son tour, le Conseil se spécialise : les conseillers proches du roi siègent au Conseil d'en haut ; le Conseil des parties est chargé du contentieux judiciaire des particuliers ; le roi le préside régulièrement [2] ; celui des dépêches s'intéresse aux questions relatives aux provinces.

À l'échelle locale, les rois de France, des Capétiens aux Bourbons, ont patiemment tissé un maillage administratif. À partir de Philippe Auguste, baillis et sénéchaux, chargés de la gestion des affaires locales, montent en puissance. Ils survivent jusqu'au XVIIIe siècle tout en étant concurrencés par la création de nouveaux échelons administratifs. Avec la guerre de Cent Ans, des gouverneurs, lieutenants du roi, apparaissent à la tête des provinces. En gestation dès le XVIe siècle, l'intendant encadre baillis et sénéchaux, et supplante les gouverneurs. Il répond aux besoins d'un gouvernement plus centralisé ; les règnes des trois derniers Bourbons voient la maturation de cette figure de l'administrateur moderne.

En dépit d'une administration qui tend vers plus d'efficacité, la difficile maîtrise du territoire est un obstacle à l'exécution des décisions du roi. Dès Louis XI sont organisés des relais de poste pour acheminer les missives royales. Le soin accordé à la construction des voies de communication et à leur entretien fut une préoccupation du roi [3].

Tous les moyens de diffusion sont bons pour la publicité des décisions royales. À la fin du XVIIIe siècle, les finances étant exsangues, Calonne fait placarder des affiches invitant à souscrire à un emprunt [4].

À la veille de la Révolution, ce qui fait défaut au roi, ce n'est pas un gouvernement efficace, mais la volonté de mettre en œuvre les réformes nécessaires.

Face au tribunal de l'opinion publique...

Le 4 août 1744, les bourgeois de Metz ont la joie d'accueillir le roi, à la tête d'une partie de l'armée. Ils admirent la prestance et le courage de ce souverain qui s'est porté au plus près du front. Débordant d'activité, Louis XV reçoit les parlementaires de la cité, écoute le grand artilleur de Prusse venu lui annoncer l'offensive prochaine de son allié Frédéric II contre l'Autriche, avant d'inspecter les fortifications... Pourtant, d'aucuns s'inquiètent de sa mine maussade et s'étonnent de voir à ses côtés, son ambitieuse maîtresse, Mme de Châteauroux. Le 7 août, Louis XV est pris d'une forte fièvre. Trois saignées ne font qu'empirer son état. Les regards se tournent alors vers Mme de Châteauroux, accusée de perturber l'esprit du roi. Le 13, Louis, au plus mal, demande le viatique. Mais son premier aumônier, Mgr de Fitz-James, ne lui donne satisfaction qu'après avoir obtenu le départ de sa maîtresse. Pis, il lui enjoint de « demander pardon pour ses fautes ». Louis s'exécute et fait amende honorable devant la cour et les bourgeois de la ville rassemblés à son chevet. Le 14, alors que le roi agonise, le premier aumônier récidive en affirmant que l'extrême-onction ne pourra être délivrée qu'après l'éloignement définitif de Mme de Châteauroux. Louis cède une nouvelle fois. Le lendemain, son état se stabilise. Une semaine plus tard, il est guéri. L'annonce de son rétablissement provoque une vague d'enthousiasme populaire dans le royaume. Partout, on célèbre Louis XV, le « Bien-Aimé ». Les « scènes de Metz » et leur heureux dénouement n'en ont pas moins soumis le roi au tribunal de l'opinion publique. Tribunal implacable qui n'avait pas fini de rendre ses jugements...

Le sacre de Louis XV donne lieu à une somptueuse cavalcade à l'issue de la cérémonie. Si ce souverain a laissé une image négative, il est en fait une personnalité complexe, aux qualités incontestables. À travers lui se jouent de nombreuses contradictions entre les héritages de la monarchie et les aspirations du siècle des Lumières. (*Cavalcade de Louis XV après le sacre, le 26 octobre 1722.* Huile sur toile de Pierre Denis Martin, 1724.)

Louis, le rescapé

Le 15 février 1710, la duchesse de Bourgogne Marie-Adélaïde de Savoie accouche d'un garçon, le duc d'Anjou. C'est le deuxième enfant vivant du duc de Bourgogne, le petit-fils de Louis XIV. Dans son maillot blanc arborant le cordon de l'ordre du Saint-Esprit, le nouveau-né qui semble un peu chétif n'en confirme pas moins l'extraordinaire prolificité de la famille royale. Mais cette fortune ne saurait durer. En 1711 et 1712, ce sont successivement le Grand Dauphin Louis, le duc puis la duchesse de Bourgogne et le duc de Bretagne, qui succombent à une mystérieuse « fièvre rouge ». Anjou ne doit la vie sauve qu'à Mme Ventadour, sa gouvernante, qui a pris soin de l'éloigner des saignées des médecins pour le soigner au vin et au biscuit.

À la mort de Louis XIV, le Dauphin Louis devient officiellement roi de France. Mais cet enfant de cinq ans et demi est un roi mineur. C'est lui-même qui prononce, le 2 septembre 1715, l'arrêt qui confère à Philippe d'Orléans le titre de Régent. En février 1717, il atteint sa septième année, l'âge de raison. L'enfant-roi doit quitter, non sans larmes, les bras maternels de « maman » Ventadour et passer sous l'autorité virile d'un gouverneur, le duc de Villeroy. Confiée à Hercule de Fleury, son instruction suit un programme à la fois édifiant, pratique et interdisciplinaire : traduction de la *Vie de Saint Louis*, leçons de géographie historique, cartographie, cours de mathématiques et de stratégie, rencontres avec les savants les plus réputés... Par sa prodigieuse mémoire et son goût des abstractions, le jeune souverain qui excelle en sciences et en géographie suscite l'admiration de ses professeurs. Dès sa dixième année, il est invité, conformément au testament de son bisaïeul, à assister au Conseil de régence « pour entendre et prendre les premières connaissances des affaires ». À tous, il apparaît majestueux, sérieux et attentif dans sa fonction. Mais on s'inquiète de sa santé fragile. Pour le Régent, il devient urgent d'assurer l'avenir de la dynastie par un beau mariage. Acceptant la proposition du roi d'Espagne, Louis XV est fiancé le 25 novembre 1721, avec l'infante Marie-Anne, âgée de... 3 ans ! À l'âge de 11 ans, il commence enfin son éducation politique, au rythme d'une séance par jour avec le Régent et le cardinal Dubois, tout récemment nommé Principal ministre. En même temps, il suit une formation militaire. Pour l'exercer à la guerre, le Régent fait même construire un fort à la Vauban, défendu par des figurants et des mannequins !

Malgré son instabilité et ses tâtonnements, la Régence (1715-1723) assure au jeune Louis XV un royaume relativement paisible appuyé sur une économie saine. En rupture avec la politique du Roi-Soleil, le Régent Philippe d'Orléans rend aux parlements leur droit de remontrances et instaure la polysynodie, un système de gouvernement formé de conseils spécialisés, dominés par la haute aristocratie. Sur le plan économique, il fait confiance à un économiste écossais, John Law et à son système financier fondé sur la multiplication du numéraire. Mais ces innovations sont vouées à l'échec. Les parlements s'agitent. En 1718, la polysynodie, machine gouvernementale trop lourde, est abolie. Deux ans plus tard, le « système Law », sapé par une panique boursière, s'effondre. S'il entraîne la ruine de nombreux rentiers, il n'en a pas moins permis de développer les échanges commerciaux et surtout de réduire les dettes de l'État. Ambitieux et autoritaire, le cardinal Dubois parvient à maîtriser l'opposition parlementaire en limitant le droit de remontrance. (*Portrait de Louis XV âgé de cinq ans.* Huile sur toile de Hyacinthe Rigaud, 1715.)

Un début de règne bien fragile

Le 25 octobre 1722, Louis est sacré. Cinq mois plus tard, il est officiellement déclaré majeur lors d'un lit de justice au parlement de Paris. C'est l'occasion pour lui de maintenir Philippe d'Orléans à la direction du royaume et le cardinal Dubois au poste de Premier ministre. Mais le sort en décidera autrement... Épuisé par un abcès à la vessie, le cardinal Dubois s'éteint le 10 août 1723 dans d'atroces souffrances. Quant à Philippe d'Orléans, devenu Premier ministre, il est terrassé par une crise d'apoplexie, le 2 décembre suivant. En février 1725, le roi tombe malade. « S'il en réchappe, je le marie », s'exclame le duc de Bourbon, successeur de Philippe d'Orléans. « Il faut le marier », murmurent les courtisans en voyant le roi se rétablir. Mais la jeune infante ne pourra guère lui donner un successeur avant une dizaine d'années. La décision est donc prise de rompre ses fiançailles avec Marie-Anne et de lui faire épouser une femme plus âgée. Le choix se porte finalement et à la surprise générale sur la fille du roi déchu de Pologne, Maria Leszczyska, de sept ans son aînée. Les noces sont célébrées le 5 septembre 1725 au château de Fontainebleau. Durant la nuit, le roi donnera à son épouse « sept preuves de tendresse ». La cour est rassurée...

Enfin sacré, majeur et marié, Louis XV veut gouverner. Il commence par remercier le duc de Bourbon, le 12 juin 1726, avant d'annoncer quatre jours plus tard au Conseil son intention « de supprimer et d'éteindre les fonctions de Premier ministre », de prendre le « gouvernement de son État » et de « suivre en tout l'exemple du feu roi son bisaïeul ». Mais se jugeant encore inexpérimenté, il tient à être assisté par son ancien précepteur, devenu cardinal de Fleury qui, à la fois mentor et tuteur, poursuivra l'éducation politique du roi et dirigera au quotidien le gouvernement. À la fois ferme et modéré, Fleury parvient habilement à calmer les parlementaires, et à négocier une série d'avantageux traités internationaux. Il n'en reste pas moins un homme d'État autoritaire et ambitieux, qui n'a pas su préparer Louis XV à ses responsabilités royales.

Les deux faces du « Bien-Aimé »

Tous les courtisans vantent la beauté et la puissance physique du jeune souverain, s'extasiant devant les « plus beaux yeux du monde », célébrant « sa taille avantageuse et noble », sa « santé robuste ». Excellent cavalier, Louis XV chasse, tous les jours sauf le dimanche, le cerf ou le sanglier. Ce roi qui ne tient pas en place partage son temps entre Versailles, Marly, Fontainebleau et Choisy, obligeant les ministres à de fréquents déplacements. Il n'en accomplit pas moins son « métier » avec sérieux. Presque chaque jour, il préside un conseil qu'il a préalablement préparé lors d'une entrevue avec Fleury. Homme de dossiers, il rédige des notes et donne ses ordres en émargeant les lettres de ses ministres. Mais son hyperactivité s'accorde mal à sa timidité, sa piété austère, son obsession de la mort, sa sensibilité aux maux du corps. Mal à l'aise en public, il se fait souvent assister par Fleury qui prend la parole à sa place. De plus, il ne se consacre pas entièrement à la représentation du pouvoir, comme le faisait son bisaïeul, et se ménage une vie privée. Il la consacre d'abord à son épouse qu'il aime tendrement, d'autant qu'elle lui donne, entre 1727 et 1738, dix enfants. Après trois filles, la reine accouche un an plus tard du Dauphin Louis tant attendu. Six autres naissances finissent par lasser Marie qui se plaint de sa condition : « toujours coucher, toujours accoucher, toujours grosse ! » Après une fausse couche, elle interdira le lit conjugal à son époux qui cherchera son plaisir dans les bras d'autres femmes comme Louise de Mailly ou Marie Anne de Châteauroux…

Cependant, Louis XV ne sait pas résister à la pression de son entourage. Favorable à une politique de prudence, il se laisse déborder par le parti anti-autrichien du comte de Belle-Isle, et se résigne à participer à la guerre de la Succession d'Autriche. En août 1744, il est publiquement humilié à Metz. La bataille de Fontenoy, le 11 mai 1745, sera à l'image de ce souverain paradoxal. Devant l'avancée des troupes anglaises, Louis XV refuse de quitter le champ de bataille malgré les conseils de Maurice de Saxe. Attitude décisive comme le reconnaîtra Napoléon : « La victoire de Fontenoy est due à Louis XV qui est resté sur le champ de bataille. » Pourtant, après la bataille, le roi s'empressera de saluer celui qu'il considère comme le véritable vainqueur, Maurice de Saxe, par ces mots : « Tout vient de Dieu et de Maurice de Saxe. » Chez un roi, la modestie est un grave défaut…

Un roi discrédité

Depuis 1744, l'image du « Bien-Aimé » s'est ternie. La paix décevante d'Aix-la-Chapelle en 1748 et les dépenses de la nouvelle maîtresse du roi, Mme de Pompadour, suscitent un large mécontentement dans la population. Les parlements se déchaînent contre la hausse des impôts et l'absolutisme monarchique. Conseillé par son ancien

Les philosophes des Lumières. Le règne de Louis XV correspond à une période de révolution intellectuelle, française et européenne, s'appuyant sur un vaste réseau de bibliothèques, de librairies, de clubs et de salons. Elle est d'abord caractérisée par une critique des principales institutions du royaume, au nom de la raison et de la liberté. Dans *De l'esprit des lois* publié en 1748, Montesquieu, inspiré par le modèle politique anglais, dénonce l'absolutisme monarchique en prônant la séparation des pouvoirs. À travers l'affaire Calas, Voltaire appelle à la liberté de conscience. Ceux qu'on appelle « les philosophes des Lumières » partagent aussi une même volonté de collecter les connaissances de leur époque, dans les domaines les plus divers, des plus nobles aux plus triviaux. C'est le but que se fixent les auteurs de l'*Encyclopédie*, un immense dictionnaire universel et illustré des sciences, des arts et des métiers, dirigé par l'écrivain Diderot et le mathématicien d'Alembert, réunissant plus de 130 savants et écrivains. Cette œuvre publiée entre 1751 et 1772 bénéficiera du soutien de personnalités de la cour comme Mme de Pompadour ou du directeur de la Librairie, Malesherbes. (*Voltaire s'entretenant avec les paysans.* Huile sur toile de Jean Huber, XVIIIe siècle ; *Coupe d'une mine*, planche de l'*Encyclopédie* de Diderot et d'Alembert. Gravure, XVIIIe siècle.)

Mme de Pompadour, le « mauvais génie » ? Avec son « air de nymphe », Jeanne Antoinette Poisson (1721-1764) est l'une des plus belles femmes de Paris. Devenue Mme d'Étioles par son mariage avec un financier, elle est aussi très ambitieuse. Introduite à la cour, elle devient la maîtresse du roi en 1745. Titrée marquise de Pompadour, elle est à la fois son amante et sa confidente. Trompée par Louis XV dès 1750, elle n'en garde pas moins une influence profonde sur lui. Intelligente et cultivée, elle protège les artistes et les philosophes des Lumières, encourageant notamment la publication de l'*Encyclopédie*. Habile et intrigante, elle n'hésite pas à faire renvoyer les ministres pour placer ses « créatures ». (*Portrait de la marquise de Pompadour*. Huile sur toile de François Boucher, 1756.)

garde des Sceaux Machault d'Arnouville, Louis XV réagit en décembre 1756 par une « déclaration de discipline » qui interdit la grève des parlementaires et limite leur droit de remontrances. Le mécontentement se mue bientôt en véritable haine. Le 5 janvier 1757, le roi est victime d'un attentat perpétré par Robert François Damiens, un domestique qui avait servi plusieurs parlementaires frondeurs et avait été exalté par leurs diatribes contre le roi. La blessure est légère, mais le traumatisme est profond, à tel point que Louis XV restera plusieurs jours prostré dans sa chambre. Fragilisé face à la pression des parlements, le souverain se résigne à sacrifier Machault d'Arnouville, puis à annuler la courageuse « déclaration de discipline ». La situation est encore pire au niveau international. En 1763, le traité de Paris qui met fin à la désastreuse guerre de Sept Ans consacre la perte du Canada et de l'Inde. Traqué par l'opinion publique, le roi est aussi accablé par les deuils. Ce sont successivement ses deux petits-fils, les ducs d'Aquitaine et de Bourgogne, Mme de Pompadour en 1764, le Dauphin un an plus tard, puis la reine Marie en 1768, qui meurent presque tour à tour.

Pourtant, Louis XV ne s'avoue pas vaincu. Face au « despotisme des juges », il organise un lit de justice, le 3 mars 1766, jour de la Flagellation, au parlement de Paris. Dans une déclaration qu'il a minutieusement préparée avec ses conseillers, il y affirme haut et fort les principes de la monarchie absolue : « C'est en ma seule personne que réside la puissance souveraine ». Ce « coup de Majesté » inaugure une véritable réaction absolutiste, confirmée par la nomination de Maupeou à la chancellerie en 1768 : ce petit homme sévère,

Frédéric II et Louis XV partagent le même goût pour les délices du XVIIIᵉ siècle, le luxe, les conversations brillantes et la bonne chère. Pourtant, ils n'ont ni la même histoire ni le même tempérament. Frédéric de Prusse qui régna de 1740 à 1786 n'est pas un roi timide et velléitaire. Il a su résister à la tyrannie de son père, Frédéric-Guillaume Iᵉʳ, qui entendait imposer à son fils la discipline et l'austérité de son armée, l'une des plus puissantes d'Europe. Dans l'ombre du « Roi-Sergent », il s'est forgé une indépendance d'esprit peu commune à l'époque, s'entourant de gens de lettres et de philosophes, correspondant avec Voltaire et publiant anonymement en 1739, un ouvrage théorique, l'*Anti-Machiavel* dans lequel il soutient que le prince doit être le premier serviteur de l'État pour le bien commun, tout en exerçant un pouvoir absolu. Ainsi se trouve résumé le despotisme éclairé. Alors que le roi de France subit constamment la pression de la cour et des parlements, le souverain prussien sait dominer la haute noblesse pour mener d'importantes réformes : multiplication des écoles, instauration d'un enseignement obligatoire, simplification de la justice, abolition de la torture, création de manufactures d'État. En effet, ces réformes bénéficient du soutien de la noblesse car elles ne remettent pas en cause l'organisation traditionnelle de la société. Mais l'armée n'est pas qu'un instrument de dressage social, elle permet aussi à Frédéric II de mener une politique expansionniste en Europe. Au traité de Paris en 1763, alors que Louis XV perd une grande partie de son empire colonial, le roi de Prusse annexe la Silésie, verrou stratégique de l'Europe continentale. Il le reconnaîtra lui-même : « La France fut la victime de la guerre. » (*La bataille de Hochkirch, le 14 octobre 1758.* Huile sur toile, 1758.)

courageux et travailleur est un défenseur acharné de l'absolutisme. Il est ainsi le principal artisan de l'édit de discipline de 1770 limitant les pouvoirs des cours souveraines, et de la « révolution royale » de 1771 qui réorganise l'administration parlementaire du royaume et abolit la vénalité des charges.

En 1770, Choiseul est renvoyé. Dans la nuit du 20 au 21 janvier 1771, Louis XV ordonne l'arrestation puis l'exil de 167 magistrats. En février, il adopte trois édits abolissant la vénalité et l'hérédité des offices, créant un nouveau parlement de Paris, et transformant les parlements de province en conseils supérieurs, formés de magistrats choisis par le roi. La justice devient selon les vœux du roi « prompte, pure et gratuite ». Pour une fois, Louis XV semble enfin exercer l'autorité qui lui avait tant manqué.

Il est cependant trop tard. La royauté est déjà largement discréditée. L'opinion publique se déchaîne contre la nouvelle maîtresse du roi, la jolie Jeanne Bécu, une courtisane devenue comtesse du Barry, qui dépense sans compter. La mort de Louis XV sera à l'image de cette situation désastreuse. Le 7 mai 1774, terrassé par la variole, il demande, dans sa dernière confession rendue publique, « pardon à Dieu et à ses peuples » pour le scandale qu'il a pu causer. Il s'éteindra trois jours plus tard.

Après un règne de plus de 60 ans, Louis XV meurt dans l'indifférence générale, voire dans le mépris.

Tuer le roi

1

Si le bon roi est respecté, quel sort convient-il de réserver au mauvais roi ? Jean de Salisbury, dans son *Policraticus* (1159), s'est intéressé à cette question ; il y apporte une réponse dépourvue de toute ambiguïté : « Tuer un tyran n'est pas seulement un acte permis mais un acte juste et équitable. » L'Église s'empressa de nuancer de tels propos. Il n'empêche, le tyrannicide avait de l'avenir...

À LA FIN DU MOYEN ÂGE, le tyrannicide connaît un regain d'actualité. En 1327, le roi d'Angleterre Édouard II est déposé, puis assassiné dans sa cellule. Plus au sud, Pierre le Cruel, roi de Castille, est décapité en 1369. La question aurait pu se poser dans la France de Charles VI, roi « absent », parce que frappé de crises de folie intermittentes durant la majeure partie de son règne. Pourtant, il ne fut jamais question de déposer et encore moins de tuer le roi Valois. Il faut dire que, sur fond de guerre de Cent Ans, les théories de l'Anglais Jean de Salisbury sont reçues avec circonspection. Le tyrannicide est condamné, le remède étant jugé pire que le mal ! La monarchie de France

1.
Assassinat du roi Henri III par Jacques Clément. (Gravure, XVIe siècle.)

2.
Supplice de Robert François Damien. (Faïence, XVIIIe siècle.)

3.
Assassinat d'Henri IV et arrestation de Ravaillac le 14 mai 1610. (Huile sur toile de Charles-Gustave Housez, 1860).

2.

n'est-elle pas plus sacrée que ses voisines, rendant la personne du roi inviolable ?

Contre toute attente, la tourmente des guerres de Religion qui frappe le royaume entre 1562 et 1598 malmena la figure du roi de droit divin. En 1588, Henri III, sentant son autorité menacée, donne l'ordre d'assassiner le duc de Guise et son frère. Aux yeux de la Ligue, cet acte achève de déconsidérer le souverain, désormais tyran impie. Les prêtres des églises de Paris appellent leurs fidèles au tyrannicide. C'est chose faite d'un coup de couteau porté par le régicide Jacques Clément le 1er août 1589 [1]. Moins de dix ans plus tard, l'édit de Nantes (1598) place le roi, tenant de la raison d'État, en arbitre. Le toucher des écrouelles qu'Henri IV pratique à plusieurs reprises apporte le témoignage de la sacralité retrouvée de la figure du roi. C'était compter sans la persistance des haines religieuses : Ravaillac s'était fait une mission divine de poignarder un roi hérétique [3].

3.

Le 5 janvier 1757, Louis XV est victime d'une tentative d'assassinat. Le régicide François Damiens, soumis à la question [2], reconnut avoir agi « à cause de la religion ». Un tel geste témoigne des effets négatifs de l'intervention du roi dans la querelle religieuse opposant le parlement et l'Église de France. Jugé, Damiens fut condamné au supplice des régicides : « poing droit coupé, chairs tenaillées arrosées de plomb fondu et écartèlement ».

À la fin du XVIe siècle ou au cœur du XVIIIe siècle, le régicide pose à la royauté la délicate question du lien entre le roi et ses sujets, c'est-à-dire de la cohérence de la société politique.

Le Roi Mangeant des Pieds A. La Sainte Menehoul.
Le Maitre de poste Con fronte un Assignat Et Reconnoit

Les faiblesses d'un roi éclairé

Le 21 juin 1791, au relais de Sainte-Ménéhould, le maître de poste Jean-Baptiste Drouet, qui a séjourné à Versailles, reconnaît le roi en comparant le visage de celui qui se fait passer pour un valet de chambre avec l'effigie royale d'un assignat. Les autorités de la ville sont alertées et se lancent à la poursuite des fugitifs qui sont arrêtés à Varennes. (Gravure.)

« ET BIEN ! OUI, JE SUIS VOTRE ROI, voilà la reine et la famille royale. » Il est plus de minuit ce 22 juin 1791 lorsque le valet qui disait s'appeler Durand avoue sa véritable identité. Un silence pesant règne dans l'épicerie Sauce de Varennes. Ainsi s'achève la fuite de la famille royale qui avait débuté la veille aux Tuileries. Tout avait été préparé par le général Bouillé et Axel de Fersen. L'objectif était de mettre le roi à l'abri dans une place forte de la frontière, Montmédy. Malgré les injonctions de Marie-Antoinette, Louis XVI hésita longtemps à fuir. Mais il n'avait pas supporté le vote de la Constitution civile du clergé, ni le décret imposant aux prêtres le serment à la Constitution, qu'il avait dû sanctionner. Le 18 avril, on l'avait même empêché de se rendre à Saint-Cloud. Le moment était venu. Dans la nuit du 20 au 21 juin, Louis XVI, sa sœur Élisabeth, Marie-Antoinette, leurs enfants avec leur gouvernante, partirent donc en berline pour Montmédy, sous de fausses identités. C'était sans compter sur le manque de discrétion du roi qui sera reconnu plusieurs fois au cours du voyage. Ce 22 juin, à l'aube, Louis XVI espère terminer sa route, même après l'arrivée de la garde nationale, venue de Paris. Mais il faut rentrer. À chaque étape de son retour, les cris fusent, « Vive le Roi ! » ou « Vive la Nation ! » ainsi que des insultes à la reine, « putain », et même des crachats. Louis XVI arrive à Paris dans un silence de mort. Il est désormais clair que le roi paternel a menti à son peuple en se déguisant en valet et l'a abandonné en fuyant secrètement, comme un émigré. Le lien est rompu entre le père et ses enfants, le souverain et ses sujets, la monarchie et la nation.

« Le plus instruit des rois de France »

Le 23 août 1754, Louis XV a le plaisir de contempler son petit-fils, le duc de Berry. Après avoir été décoré du cordon du Saint-Esprit, l'enfant est confié à sa gouvernante, Madame de Marsan. Sa mère, Marie-Josèphe de Saxe, est loin d'imaginer que son fils régnera un jour. Il ne vient en effet qu'en troisième position dans l'ordre de succession au trône, après son père, le Dauphin Louis Ferdinand, fils aîné de Louis XV, et après son frère, le duc de Bourgogne, plus âgé de trois ans. Cette situation lui sera fort douloureuse. Même s'il a des frères cadets, le comte de Provence et le comte d'Artois, le duc de Berry vit ses premières années dans l'ombre autoritaire du duc de Bourgogne, ce futur héritier du trône adulé par Mme de Marsan et par les courtisans. Dans ces conditions, il ne peut que développer une personnalité en demi-teinte, fragile et angoissée. La mort du duc de Bourgogne, en 1761, le laissera seul et traumatisé.

Malgré ce drame, l'éducation du duc de Berry se poursuit, sous la conduite de son précepteur, le duc de La Vauguyon. Elle est inspirée par les idées de Louis Ferdinand qui a imaginé pour ses fils un véritable plan d'instruction embrassant un large éventail de disciplines, de l'histoire aux sciences physiques en passant par les langues. L'accent est mis sur la morale chrétienne, telle qu'elle a été définie par Bossuet : piété, bonté, justice et fermeté. C'est un enseignement approfondi : le Dauphin et La Vauguyon font appel à des précepteurs éminents, comme l'abbé de Radonvilliers ou le juriste Moreau. C'est aussi une formation pratique : le duc de Berry assiste à des expériences d'électricité statique avec l'abbé Nollet et réalise des cartes avec le géographe Buache. Curieux et appliqué, c'est un bon élève, doué en latin, excellent en géographie, intéressé par l'histoire, maîtrisant trois langues. Cependant, son éducation politique est trop idéale et trop incomplète. Inspirée par les idées de Fénelon, elle présente le roi comme un père de famille, soucieux du bonheur de ses sujets, administrant son royaume selon les principes chrétiens. Mais jamais le duc de Berry ne recevra d'enseignement pratique au métier de roi, ni cours de danse ni éducation militaire. À la mort de son père en 1765, il n'est pas prêt. C'est un enfant empoté qui est marié, le 16 mai 1770, à la ravissante Marie-Antoinette, fille de l'empereur François Ier et de l'impératrice Marie-Thérèse. Jusqu'en 1777, son impuissance sexuelle, plus fantasmée que réelle, renforcera encore les doutes sur ses capacités à régner.

« Quel fardeau ! »

À la mort de son grand-père, c'est un jeune homme qui devient roi de France, le 10 mai 1774, sous le nom de Louis XVI. L'enfant chétif a pris une carrure massive et robuste qui rappelle celle de son autre aïeul, le roi de Pologne Auguste III. Son visage est à l'image de son hérédité : des cheveux blonds et bouclés, des yeux bleus de Saxon avec un nez de Bourbon. Le tout respire la joyeuse bonhomie. Même s'il a fait des progrès, Louis XVI reste lourd et pataud, dans sa bonté naïve, dans ses manières embarrassées et dans son humour trop familier pour les courtisans. Il n'en est pas moins sportif, passant de longues heures à chasser en notant scrupuleusement ses prises dans son fameux *Carnet*. Si le nouveau roi manque de majesté, c'est aussi parce qu'il ne sent pas prêt à régner. Lui-même ne se prive pas de le dire : « Quel fardeau ! » confie-t-il aux courtisans, « Ah ! Mon père ! Que n'êtes-vous pas à ma place pour faire mon bonheur et celui d'un grand peuple qui n'a que ma jeunesse pour ressource », assène-t-il à l'abbé Proyart. Timide et indécis, Louis XVI se sous-estime à tel point qu'il en vient à dévaloriser la fonction royale. Au cours d'un bal organisé à Versailles : « la foule était si considérable, que le roi pressé [...] ne trouva de siège pour s'asseoir que parce qu'une dame lui donna la moitié de son tabouret », s'offusque l'abbé de Véri.

Se jugeant inexpérimenté, Louis XVI se choisit un mentor en la personne de Maurepas, un vieillard superficiel mais rassurant. Cette décision correspond parfaitement à une éducation nourrie au *Télémaque* de Fénelon. Mais le conseiller personnel va exercer sur le jeune souverain une influence exorbitante, sans même le former au métier de roi. C'est sur ses conseils que Louis XVI inaugure son règne par une politique de rupture, en se séparant des ministres de Louis XV, notamment Maupeou, avant de rappeler les parlements révoqués par son prédécesseur ! En élève appliqué et obéissant, il brave sa timidité pour annoncer d'une voix ferme et presque menaçante le rétablissement du parlement de Paris, lors du lit de justice du 12 novembre 1774. Il en profite pour offenser les parlementaires en limitant leur droit de remontrances et en supprimant quatre chambres. C'est toute la « révolution royale » menée par Louis XV qui est désavouée et démantelée, sans pour autant calmer l'ardeur des parlementaires. Les parlements redeviennent cette force d'opposition et de harcèlement, plus revancharde que jamais. L'autorité royale est discréditée.

Plus seul que jamais

Le 11 juin 1775, le consciencieux Louis XVI est sacré à Reims dans la plus pure tradition royale. Mais il semble résigné comme s'il n'incarnait pas pleinement sa fonction. Un murmure lui échappe lorsqu'on lui pose la couronne sur la tête : « Elle me gêne. » Le roi n'en est pas moins décidé à mener des réformes pour le bien de son peuple. C'est avec plaisir qu'il a accueilli Turgot, symbole des Lumières et de la monarchie administrative, nommé contrôleur général des Finances en août 1774. Intendant du Limousin, ce grand serviteur

C'est une jeune femme rayonnante qui devient reine de France en 1774. Pourtant, elle ne remplit pas son rôle, préférant mener une vie privée dans ses appartements, entretenir une correspondance avec son frère, l'empereur Joseph II, et intervenir auprès des ministres en faveur des Habsbourg. Elle sera ainsi tenue à l'écart du gouvernement du royaume jusqu'à la crise politique de 1787. Pendant la Révolution, son influence devient prépondérante. Alter ego du roi, elle traite avec Mirabeau, organise la fuite à Varennes avant de négocier avec Barnave pour gagner du temps et sauver la monarchie, double jeu qui lui vaut la haine du peuple. Elle se lance alors dans la politique du pire, appelant de ses vœux à une intervention étrangère. Elle sera guillotinée le 16 octobre 1793. (*Portrait de Marie-Antoinette*. Huile sur toile de Louise Élisabeth Vigée-Lebrun, 1783.)

Louis XVI est à peine âgé de 20 ans lorsqu'il succède à son grand-père Louis XV, le 10 mai 1774. Peu aimé de ses parents, qui lui préfèrent un frère aîné emporté très jeune par la tuberculose, il a grandi sous la férule du duc de La Vauguyon. Ce gouverneur lui a donné la plus conventionnelle, mais aussi la plus castratrice des éducations, inhibant une personnalité déjà fortement introvertie. Féru d'histoire, de droit, de géographie, de mathématiques, intéressé par les sciences, le prince ignore tout de l'état du royaume et des pratiques gouvernementales. (*Portrait de Louis XVI*. Huile sur toile de Joseph Duplessis, XVIIIe siècle.)

de l'État qui a contribué à l'*Encyclopédie*, mène des réformes radicales pour libéraliser l'économie, en facilitant la circulation des marchandises. Il propose une audacieuse refonte de l'administration française, reposant sur l'égalité fiscale et la juste représentation des Français. Le roi l'encourage dans sa politique vertueuse de réduction des dépenses, de suppression de la corvée et de libre circulation des marchandises. Il est favorable à son projet de taxe pesant sur tous les propriétaires et destinée à compenser la disparition de la corvée. En défendant l'égalité fiscale, Louis XVI devient le monarque éclairé et paternaliste qu'il a toujours rêvé d'être.

Pourtant, il peine à suivre son contrôleur général lorsqu'il lui propose de confier l'administration royale à des assemblées provinciales pour mieux répartir les charges, bref de bouleverser la société d'ordres. Il supporte de moins en moins ses idées arrêtées et ses avis péremptoires. Mais c'est le madré Maurepas qui, jaloux de son pouvoir, le convaincra de disgracier Turgot. La dernière lettre du contrôleur général sonne comme un avertissement : « N'oubliez jamais, Sire, que c'est la faiblesse qui a mis la tête de Charles Ier sur le billot. » Louis XVI s'est une nouvelle fois rangé à l'avis de son mentor qui devient une sorte de « principal ministre ». Nommé chef du conseil royal des Finances, Maurepas recommande maintenant

Revendiquant le droit de mener une vie privée, Marie-Antoinette se réfugie dans ses petits appartements, qu'elle ne cesse de réaménager. En compagnie de quelques amis choisis selon son cœur, abolissant les pesanteurs du protocole, elle se conduit comme une princesse sans royaume. Très vite des pamphlets circulent : on l'accuse d'avoir des amants (le comte suédois Axel de Fersen), des maîtresses (la duchesse de Polignac), de dilapider l'argent public, de faire le jeu de l'Autriche désormais dirigée par son frère Joseph II. (*Marie-Antoinette et la duchesse de Polignac*. Gravure.)

À l'avènement de Louis XVI, le budget de l'État royal présente un excédent de 18 millions de livres, résultat des efforts accomplis par le contrôleur général des Finances Terray. En 1788, la situation est dramatique. Le budget accuse un déficit de 160 millions de livres. Pour la moitié, les dépenses de l'État servent à éponger la dette qui a augmenté de 30 % depuis 1778. C'est surtout la facture militaire qui déséquilibre le budget. La guerre d'Amérique a coûté 1,5 milliard de livres. Pour la financer, Necker a choisi l'emprunt, avec des intérêts exorbitants. À côté, les dépenses de la cour, qui représentent 5,7 % du budget, sont dérisoires. La pression fiscale qui s'élève pourtant à 380 millions de livres ne suffit pas à équilibrer la balance car elle ne pèse pas réellement sur la haute noblesse et le haut clergé qui bénéficient d'importantes exemptions. C'est pourquoi les contrôleurs généraux des Finances vont s'évertuer à instaurer cette égalité fiscale, vitale pour le régime. En vain. (*Le pillage des boulangeries*. Gravure.)

Au matin du 14 juillet 1789, une foule d'artisans et de commerçants du faubourg Saint-Antoine se presse aux Invalides, à la recherche d'armes. Ils se plaignent de la pénurie de pain et s'inquiètent de la concentration des troupes autour de Paris. Après s'être emparés des fusils et des canons des Invalides, ils se dirigent vers la Bastille, prison mais aussi dépôt de poudre, défendue par une centaine de gardes. Le gouverneur Launay promet de ne pas tirer sauf s'il est attaqué. Une fusillade éclate. Les émeutiers défoncent les portes et pénètrent dans la forteresse. La foule s'empare des armes. Le bilan de la journée est lourd : une centaine de morts, pour la plupart parmi les assaillants. La prise de la Bastille devient le modèle de la journée révolutionnaire où la violence populaire joue un rôle politique décisif. (*La prise de la Bastille*. Gouache et trait de plume, encre sepia sur carton de Claude Cholat, XVIIIe siècle).

à son élève d'essayer un autre ministre plus conservateur : Necker. Rien ne prédisposait ce banquier genevois à accéder au pouvoir. L'homme est calviniste et connaît à peine l'histoire de France. Pourtant, il s'est rendu populaire en prêtant d'importantes sommes d'argent au trésor royal et en s'opposant aux réformes radicales de Turgot. En octobre 1776, il est nommé, en raison de sa religion, directeur général des Finances et non pas contrôleur. Conservateur et libéral, philanthrope et pragmatique, il réduit les dépenses de l'État et démantèle la Ferme générale. Louis XVI s'enthousiasme pour ce directeur général des Finances qui reprend certaines idées de Turgot, mais sans l'avouer et sans volonté de bouleverser le régime. Il soutient ses réformes humanitaires visant à améliorer l'état des hôpitaux et des prisons. Mais l'influençable Louis XVI ne résistera pas à la campagne d'opinion menée par Maurepas contre ce ministre populaire et dominateur, ce « républicain » qui veut maintenant instaurer des assemblées provinciales. Il cède aussi à Marie-Antoinette qui n'a pas pardonné à Necker d'avoir publié, dans son *Compte rendu au Roi*, un état des Finances royales. Le roi se soumet et contraint le directeur général à la démission, le 19 mai 1781. Six mois plus tard, Maurepas s'éteint. La monarchie est bloquée et Louis XVI plus seul que jamais.

La révolution royale manquée

Libéré de la tutelle de son mentor, Louis XVI reprend confiance. En juin 1786, au cours d'un voyage sur le chantier du port de Cherbourg, il a pu mesurer son immense popularité et se sentir en parfaite communion avec son peuple. Il est enfin prêt à mener cette « révolution royale » que lui propose Calonne, son nouveau contrôleur général, pour régler la crise financière du régime. « Je n'ai pas dormi de la nuit, mais c'est de plaisir », lui confie-t-il après avoir lu ses propositions : suppression de la corvée, liberté du commerce des grains, création d'assemblées provinciales et d'un impôt direct et permanent frappant tous les revenus fonciers, bref un mélange de Turgot et de Necker pour renforcer le pouvoir royal. Lorsque Calonne lui propose de réunir une assemblée des notables, il accepte... avec naïveté.

Car Louis XVI va se heurter, lors de cette assemblée, à l'opposition massive du haut clergé, des noblesses d'épée et de robe, tous cramponnés à leurs privilèges. C'est bientôt la bourgeoisie qui s'allie à eux pour former un « front patriotique » contre la révolution royale. La mort dans l'âme, Louis XVI s'exécute, le 8 avril 1787. En se déterminant par rapport à ces pressions contradictoires, il n'est plus vraiment un despote éclairé. Il se trouve désormais confronté à la guerre ouverte des parlementaires qui réclament la réunion

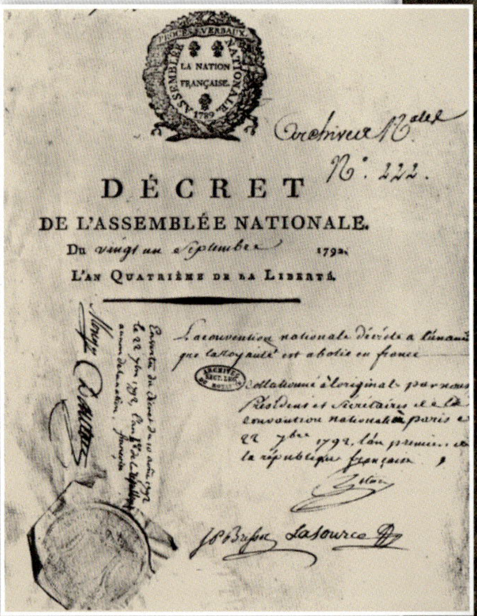

DÉCRET
DE L'ASSEMBLÉE NATIONALE.
Du vingt un septembre 1792.
L'AN QUATRIÈME DE LA LIBERTÉ.

La convention nationale décrète à l'unanimité que la royauté est abolie en france

Collationné à l'original par nous président et secrétaires de la convention nationale à paris ce 22 7bre 1792, l'an premier de la république française.

Lasource

Dès sa première séance, le 21 septembre 1792, la Convention abolit la royauté et décide, le lendemain, de dater désormais les actes publics de « l'an I de la République ».

La première Constitution française est votée le 3 septembre 1791 et acceptée par le roi dix jours plus tard. Elle instaure un régime politique nouveau en France, la monarchie constitutionnelle. Inspirée par Montesquieu, elle repose sur les droits de l'homme, la séparation des pouvoirs et la souveraineté nationale. Représentant l'exécutif, le roi « inviolable et sacré » dirige la politique extérieure, nomme et peut démettre ses ministres. Par son veto, il peut retarder la promulgation des lois pendant quatre ans. Mais ses décisions doivent être contresignées par un ministre. Le pouvoir législatif est incarné par une Assemblée élue pour deux ans, qui élabore et vote les lois ainsi que le budget, décide de la guerre ou de la paix. Par ailleurs, la Constitution instaure un régime censitaire qui n'accorde le droit de vote qu'aux 4 millions de citoyens les plus riches. Condamnée le 10 août 1792, la monarchie constitutionnelle est abolie le 21 septembre suivant. (*Louis XVI jurant fidélité à la Constitution.* Huile sur toile attribuée à Nicolas-Guy Brenet, XVIIIe siècle.)

Le 5 décembre 1792, la Convention s'attribue le droit de juger Louis XVI. Les 718 députés jugent le roi coupable à l'unanimité. Trente-six heures sont nécessaires pour voter la sentence, car chaque député est appelé nominalement. Le 20 janvier, le « citoyen Louis Capet » est condamné à mort avec une majorité de cinq voix, dont celle de son cousin Philippe l'Égalité. Le roi obtient de passer la soirée avec un prêtre réfractaire. Le 21 janvier, les tambours battent pour couvrir les dernières paroles du condamné. Au moment où sa tête roule dans le panier, la foule s'écrie « Vive la nation ! » (*L'exécution de Louis XVI*. Estampe, 1793).

des états généraux. Lorsqu'en novembre 1787 le roi tente d'imposer l'enregistrement d'un emprunt, le duc d'Orléans, fer de lance de l'opposition, lui déclare « c'est illégal ! », ce à quoi le roi répond : « Si, c'est légal parce que je le veux. » La guerre continue plus brutale que jamais. Lorsque le 8 mai 1788, Louis XVI fait enregistrer, en lit de justice, une réforme judiciaire qui retire aux parlements leurs pouvoirs législatif et fiscal, c'est toute la France qui prend fait et cause pour les parlementaires. Seul et vaincu, le roi sombre dans une profonde dépression. Incapable de régner, il capitule sur tous les plans. Il se résigne le 8 août 1788 à convoquer les états généraux, avant de rappeler, à la demande de Marie-Antoinette, le populaire Necker. Le 23 septembre 1788, il rétablit les parlements dans toutes leurs fonctions. En moins de deux mois, c'est presque toute la monarchie héritée des quatre premiers Bourbons qui est ainsi démantelée.

Louis Capet

Ce 5 mai 1789, Louis XVI ouvre les états généraux. Sa simplicité et ses discours « aux représentants de la nation » pour le « bonheur de la France » impressionnent le tiers état. Mais le roi, accablé par le décès survenu la veille du Dauphin, est trop désespéré pour profiter de la situation. Dépressif, il ne fait qu'arbitrer l'épineuse question du vote par ordre ou par tête aux états généraux. Le 20 juin, il est dépossédé de son pouvoir législatif par l'Assemblée nationale lors du serment du Jeu de Paume. Louis XVI laisse faire, assistant résigné à la mort de la monarchie de droit divin. Épouvanté par la prise de la Bastille, il se soumet à la Révolution. Sacrifiant sa liberté pour une popularité éphémère et illusoire, il accepte, sous la pression des manifestants, de s'établir aux Tuileries, le 6 octobre 1789, à la plus grande joie des Parisiens.

Car le « roi des Français par la grâce de Dieu et la loi constitutionnelle de l'État » est devenu le prisonnier du peuple. Après la fuite à Varennes, son sort est entre les mains de l'Assemblée qui l'innocente, en imaginant la thèse de l'enlèvement pour éviter une révolution populaire. Le roi est bientôt harcelé par les députés de gauche qui votent l'abolition des titres « Sire » et « Majesté », renforcent les peines contre les émigrés et les réfractaires. Révulsé, Louis XVI n'a d'autre choix que d'appeler le roi de Prusse à intervenir pour « arrêter les factieux », et à souhaiter la guerre contre l'Autriche. L'humiliation atteint son paroxysme le 20 juin 1792, lorsqu'il est contraint par la foule de porter le bonnet rouge et de boire à la santé de la nation. C'est déjà un condamné qui trouve refuge dans l'Assemblée, après la prise des Tuileries, le 10 août 1792. Suspendu par les députés, il est arrêté et emprisonné avec sa famille dans la prison du Temple. Épuisé, amaigri et mal rasé, il se présente, le 11 décembre, devant la Convention transformée en cour de justice. Les accusations pleuvent : le double jeu de son épouse avec Mirabeau, sa fuite à Varennes, sa collusion avec l'étranger... À chaque fois, « Louis Capet » répond sans conviction. Le 26 décembre, il prononce un dernier plaidoyer : « Je vous déclare que ma conscience ne me reproche rien. » Il est déjà trop tard. Le 17 janvier 1793, il est déclaré « coupable de conspiration contre la liberté de la nation et contre la sûreté générale de l'État » et condamné à mort.

Le « roi-cochon »

En 1792, Jacques-Marie Boyer publie une *Histoire des caricatures de la révolte des Français*. Il y soutient que « l'histoire des caricatures tient directement à l'histoire de l'opinion ». Il aurait été hardi pour ce royaliste engagé d'affirmer que la caricature du roi reflète l'état de l'opinion ! Reste qu'elle est révélatrice de la fragilité du lien qui unit le roi à ses sujets.

1.

2.

1.
Le roi caricaturé. (Miniature extraite du *Roman de Fauvel* de Gervais du Bus, XIVe siècle.)

2.
Caricature contre Louis XVI. (Gravure anonyme.)

3.
Les sorcelleries d'Henri de Valois. (Gravure sur bois, anonyme, 1589.)

4.
Napoléon le Petit. (Caricature de Charles Frondat, XIXe siècle.)

5.
La Poire. (Caricatures de Louis Philippe Ier par Charles Philipon, 1831.)

3.

EXCEPTION MÉDIÉVALE, *Le Roman de Fauvel* de Gervais du Bus, enluminé à Paris vers 1316, dénonce les abus du règne de Philipe IV le Bel et de son favori, Enguerrand de Marigny. En marge des discours officiels, il s'en prend à la personne du roi. Une miniature [1] représente le conseil de l'âne Fauvel (acronyme de Flatterie, Avarice, Vilenie, Vanité, Envie et Lâcheté). Si ce dernier fut souvent identifié à Enguerrand de Marigny, la couronne dont il est coiffé ne permet pas d'écarter une représentation du roi.

4.

Le temps des guerres de Religion (1562-1598) crée une rupture dans le traitement de l'image royale. Ce champ du discours politique jusqu'alors réservé à l'exaltation du roi est investi par la critique. La personne d'Henri III cristallise les haines et les violences, comme en témoigne cette caricature représentant le dernier Valois en une monstrueuse chimère [3]. Henri IV, habile politique, s'emploie avec succès, à restaurer l'image royale et à gagner le cœur de ses sujets. Près de deux siècles plus tard, dans le tourbillon révolutionnaire, face à un Louis XVI caricaturé en cochon le premier Bourbon s'interroge : « Où est mon fils ? » [2]. Si Henri IV joue encore le rôle de figure tutélaire, l'épisode de Varennes participe de la déconstruction de l'image royale. Au roi de gloire succède le roi-cochon.

Le premier tiers du XIXe siècle s'accompagne de tout un arsenal de lois visant à contrôler la presse. La déclaration préalable tempère les ardeurs critiques des dessinateurs, d'autant plus que les tribunaux ont le jugement sévère. La fin du mois de juillet 1830 voit se multiplier les caricatures contre un Charles X parti en exil. Les débuts de la monarchie de Juillet se font sous ces heureux auspices : la Poire de Philipon date de 1831 et fixe l'image de Louis-Philippe [5]. En 1835, la censure est rétablie. La chute du second Empire autorise enfin la caricature de Napoléon III, souvent représenté sous les traits de Badinguet [4], ouvrier dont il a pris les papiers et les vêtements lors de son évasion du fort de Ham (1846). Grâce au *Canard enchaîné*, la caricature du pouvoir réapparaît durant la présidence de Charles de Gaulle, sous la forme d'une « Chronique de la Cour », parodiant le Versailles de Louis XIV. L'humour sarcastique a pris le pas sur la violence révolutionnaire.

5.

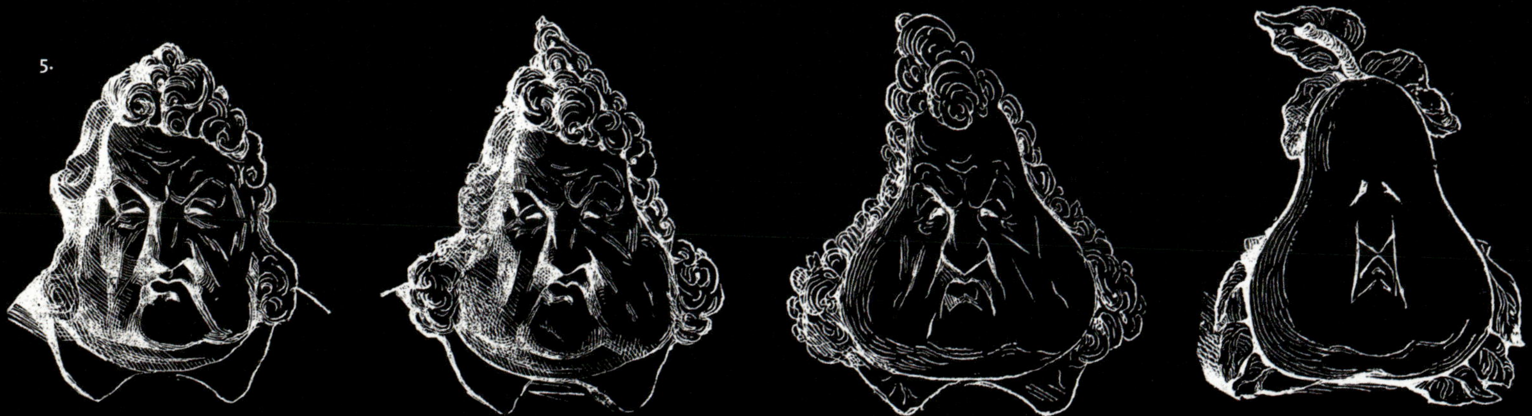

Ce croquis ressemble à Louis-Philippe, vous le condamnerez donc ?

Alors il faudra condamner celui-ci, qui ressemble au premier.

Puis condamner cet autre qui ressemble au second.

Et enfin, si vous êtes conséquens, vous ne sauriez absoudre cette poire, qui ressemble aux croquis pérécédens.

De la République aux Bonaparte

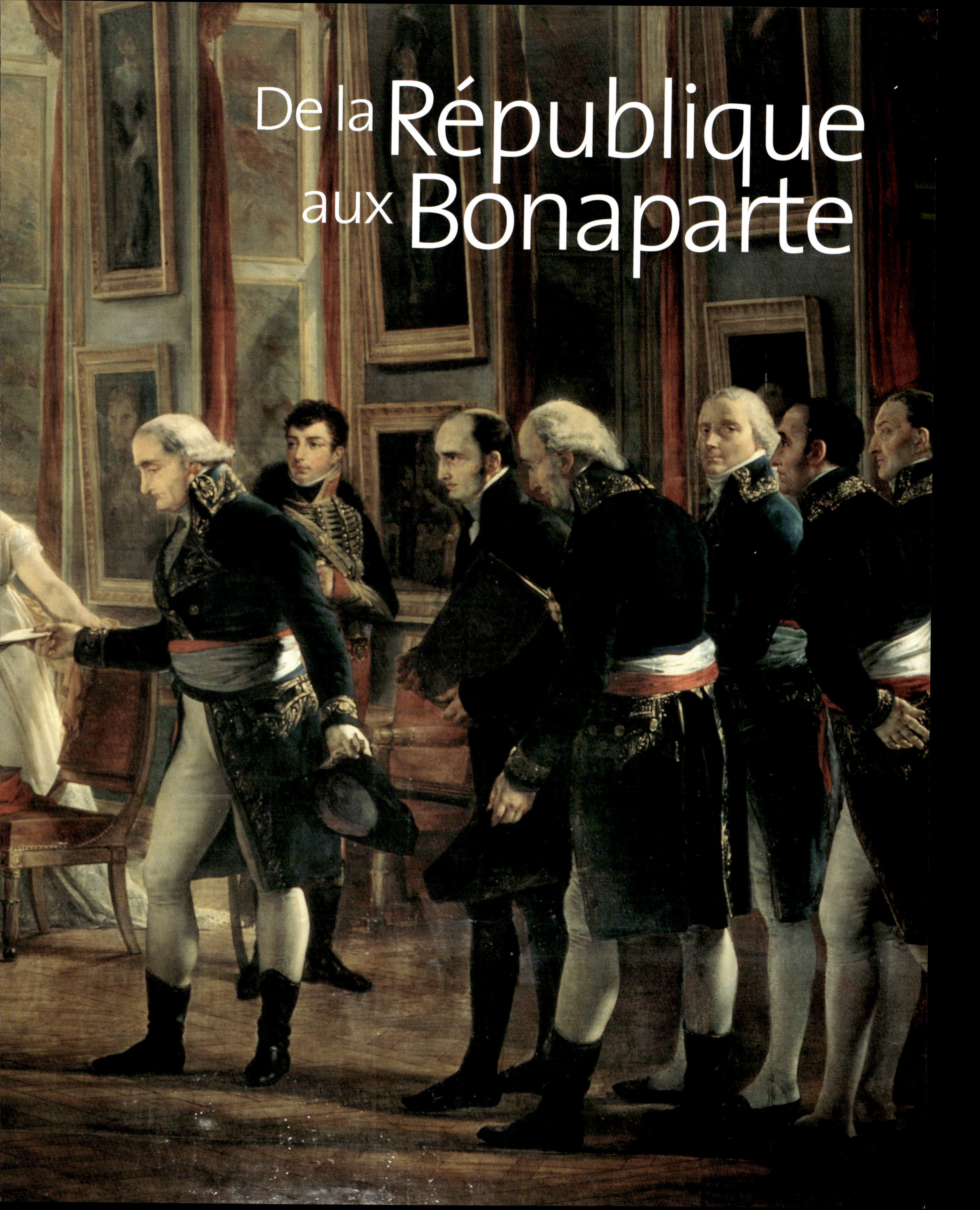

Du peuple souverain au souverain empereur

Le 18 brumaire, à Saint-Cloud, Bonaparte, chargé d'intimider les parlementaires, perd son sang-froid devant les Cinq-Cents. Pour lui éviter d'être mis hors la loi, son frère Lucien doit faire intervenir l'armée avec Murat. De parlementaire, le coup d'État devient militaire. L'homme fort n'est plus Sieyès, mais Bonaparte. (*Bonaparte au Conseil des Cinq-Cents*. Huile sur toile de Joseph Léon de Lestang-Parade, v. 1834.)

EN CE 9 NOVEMBRE 1799, la cour du château de Saint-Cloud est encombrée de soldats. Le coup d'État, fomenté par Sieyès, doit être exécuté par le vainqueur d'Italie. Aujourd'hui, 18 brumaire de l'an VIII, tout doit se jouer ! Vers 15 heures 30, le général Bonaparte pénètre dans la galerie d'Apollon où siège le Conseil des Anciens. Aussitôt, il se lance dans une harangue incohérente dans laquelle se mêlent menaces et promesses. Les députés manifestent et ce sont finalement Bourrienne et Berthier qui entraînent leur chef hors de la salle. Mais le général ne renonce pas et se dirige peu après vers la salle de l'Orangerie où siège la seconde assemblée, le Conseil des Cinq-Cents. Accompagné de quelques soldats, celui-ci s'avance vers la tribune sous les huées des députés. Les cris fusent : « À bas le dictateur ! », « À mort le tyran ! ». Bousculé, Bonaparte, pris d'un malaise, tombe dans les bras de ses grenadiers qui le portent hors de la salle. Le président des Cinq-Cents, Lucien, comprend qu'il faut agir vite, il sort précipitamment et fait appel à la troupe. Il dirige alors la pointe d'une épée vers la poitrine de son frère en s'écriant : « Je jure de percer le sein de mon propre frère si jamais il porte atteinte à la liberté des Français ! » À l'instant, les grenadiers acclament Bonaparte et Murat se porte à leur tête. Aux cris de « Vive Bonaparte ! », ils pénètrent dans le château et mettent en fuite les députés auxquels Murat hurle : « Vous êtes dissous ! » À la nuit tombante, les députés prononcent l'installation d'un consulat composé de Sieyès, Roger Ducos et Bonaparte. Ce dernier s'est montré plutôt maladroit en cette journée ; c'est pourtant lui qui, après avoir écarté Sieyès, va devenir l'homme fort du nouveau régime.

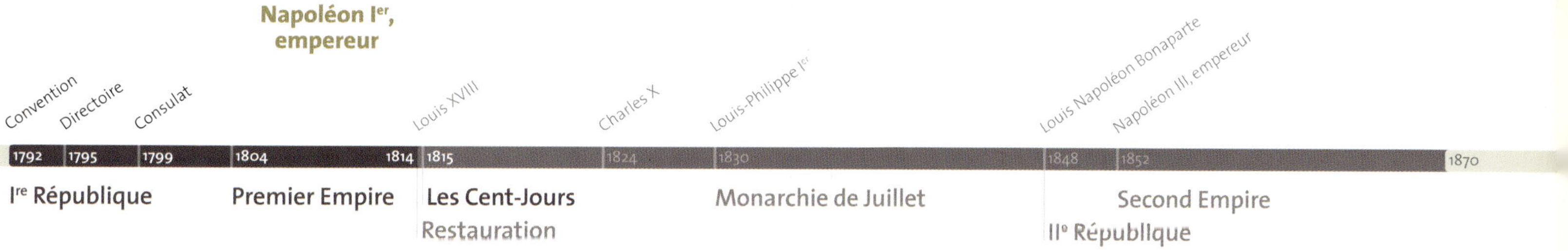

« La Patrie en danger »

Après deux années de Révolution, au cours desquelles les événements se sont succédé à une vitesse vertigineuse, la monarchie vit ses derniers instants. En vingt-six mois seulement, la France est passée d'une monarchie de droit divin à une monarchie constitutionnelle. C'est maintenant l'Assemblée législative composée de 745 membres qui a l'initiative des lois et devient le premier pouvoir de l'État. La souveraineté ne réside plus dans la personne du roi mais se trouve désormais entre les mains du peuple par la voix des députés. Les sans-culottes, révolutionnaires parisiens issus de sa fraction la plus modeste, constituent dorénavant un puissant groupe de pression avec lequel les politiques doivent composer. Les royautés d'Europe craignent que ce mouvement français soit contagieux et la plupart d'entre elles déclarent la guerre à la France en avril 1792.

Le 11 juillet, l'Assemblée déclare « la patrie en danger » et les volontaires nationaux affluent pour défendre les frontières. Rouget de l'Isle compose *la Marseillaise* pour stimuler cet élan national. Le 10 août, sous l'influence des Jacobins et des Cordeliers, les deux clubs les plus révolutionnaires, les sans-culottes se soulèvent et prennent les Tuileries. La famille royale est enfermée dans la prison du Temple à partir du 13 août. Finalement, la royauté est abolie le 21 septembre 1792 et la République est proclamée le 22. À partir de ce jour, tous les actes publics portent la date de l'an I de la République. La Convention nationale, composée de 749 élus, assure le pouvoir exécutif de ce nouveau régime. Les députés siègent selon leur appartenance politique : à droite les Girondins, issus le plus souvent de la bourgeoisie provinciale et peu favorables aux sans-culottes ; à gauche, les Montagnards, emmenés par Robespierre, beaucoup plus radicaux et prêts à prendre des mesures d'exception pour sauver la République. Les deux groupes ne tardent pas à s'opposer de manière très violente. Les Montagnards obtiennent l'ouverture du procès de Louis XVI, le 10 décembre 1792. Reconnu coupable de onze chefs d'accusation et notamment celui de n'avoir pas tenu le serment de fidélité à la Constitution de 1791, le roi est guillotiné le 21 janvier 1793. Moment fort de la Convention ! Plus que la mort d'un homme, c'est la condamnation d'un système, la mise à mort de la monarchie. La conséquence immédiate de cette exécution est la formation de la première coalition européenne contre la République.

« Le roi est mort ! Vive la République ! »

La guerre aux frontières, le début des guerres de Vendée et des difficultés économiques créent une situation de crise à laquelle les Girondins ne peuvent faire face. Avec l'appui des sans-culottes, les Montagnards les écartent du pouvoir au cours des journées d'émeute des 31 mai et 2 juin 1793. Le Comité de salut public, créé le 6 avril 1793, devient alors l'organe le plus important du gouvernement révolutionnaire. Il est chargé de prendre toutes les mesures énergiques nécessaires à la défense du pays et de la République. Il est d'abord dominé par Danton qui est jugé trop modéré par Robespierre. Ce dernier parvient à l'éliminer et prend sa place le 27 juillet. Une nouvelle Constitution est votée par l'Assemblée mais Robespierre juge qu'elle ne peut être appliquée tant qu'une situation de paix extérieure et intérieure ne sera pas rétablie. Il s'agit d'instaurer une dictature révolutionnaire qui saura faire face à cette situation critique. Dans un discours célèbre, il déclare : « Le gouvernement révolutionnaire doit au bon citoyen toute la protection nationale, il ne doit aux ennemis du peuple que la mort. » C'est le début de la Terreur et son lot de mesures radicales. La « loi des suspects », le 17 septembre 1793, est destinée à reconnaître « les ennemis de la liberté et ceux qui se sont montrés partisans de la tyrannie ». Le tribunal révolutionnaire envoie à la guillotine des milliers d'hommes et de femmes ; l'armée est épurée et réorganisée par Lazare Carnot ; le tutoiement devient obligatoire.

Pour asseoir la République, le Comité souhaite développer une classe de petits propriétaires. Aussi ordonne-t-il la confiscation des biens des ennemis de la République afin de les distribuer aux

Le 11 juillet 1792, l'Assemblée décrète « la Patrie en danger » ; un appel aux volontaires est lancé : tout citoyen a désormais le droit de porter les armes. Des dizaines de milliers d'hommes s'engagent. Ils contribuent largement aux victoires de l'automne 1792, mais beaucoup rentrent chez eux en hiver. Pour résoudre cette crise des effectifs, la Convention ordonne une levée de 300 000 hommes. (*Un forgeron quittant son enclume et volant au combat avec son marteau*. Gravure de J.-L. Copia.)

Le Directoire, régime politique mis en place à partir d'octobre 1795 et aboli en 1799 par le coup d'État du 18 Brumaire de Bonaparte, est un système qui, en vigueur pendant près de la moitié de la période révolutionnaire, a contribué à asseoir définitivement les innovations de la Révolution. (*Audience publique du Directoire*. Gravure d'après Alexis Chataignier.)

citoyens indigents. Ce qui a comme vertu d'attacher à la République bon nombre de citoyens. Les Vendéens sont écrasés, les armées françaises repoussent les ennemis étrangers aux frontières et la situation économique s'améliore. Alors que les succès se multiplient, la Terreur ne cesse pas pour autant. L'opposition de certains députés à Robespierre devient de plus en plus forte. Le 27 juillet 1794, une coalition de députés modérés décide de son arrestation puis de son exécution. Après cette période radicale, les partisans d'un retour à la monarchie se font entendre et des menaces pèsent sur la République. Mais ce mouvement est réprimé dans le sang et un nouveau régime s'installe à partir du 26 octobre 1795 : le Directoire. Le texte fondateur de ce nouveau système est la Constitution du 5 fructidor an III (22 août 1795) qui confie le pouvoir législatif à deux chambres, le Conseil des Anciens et le Conseil des Cinq-Cents. Cinq Directeurs, parmi lesquels on retrouve Barras, Sieyès et Rewbell se chargent de l'exécutif. Cette période du Directoire va durer plus de quatre ans et apparaît comme un temps calme par rapport à la période précédente. Souvent mal considéré, ce régime apporte pourtant une relative stabilité à la France et permet d'ancrer certains acquis de la Révolution. Certes, des difficultés financières et une forte opposition politique assombrissent la période mais la campagne d'Italie de Bonaparte lui donne aussi de l'éclat. Sieyès, hostile à la Constitution, cherche à renforcer le pouvoir exécutif et envisage rapidement un coup d'État. Mais pour cela, il a besoin d'aide. Son choix se portera sur le général Bonaparte.

L'ascension d'un petit caporal

L'homme qui va dominer la France pendant près de quinze ans est originaire d'Ajaccio en Corse où il est né le 15 août 1769. Napoléon Bonaparte a bien failli naître italien puisque l'île n'a été cédée à la France qu'en mai 1768. Il grandit dans une famille de petite noblesse très attachée au sol natal. Il entre à 5 ans dans un pensionnat où

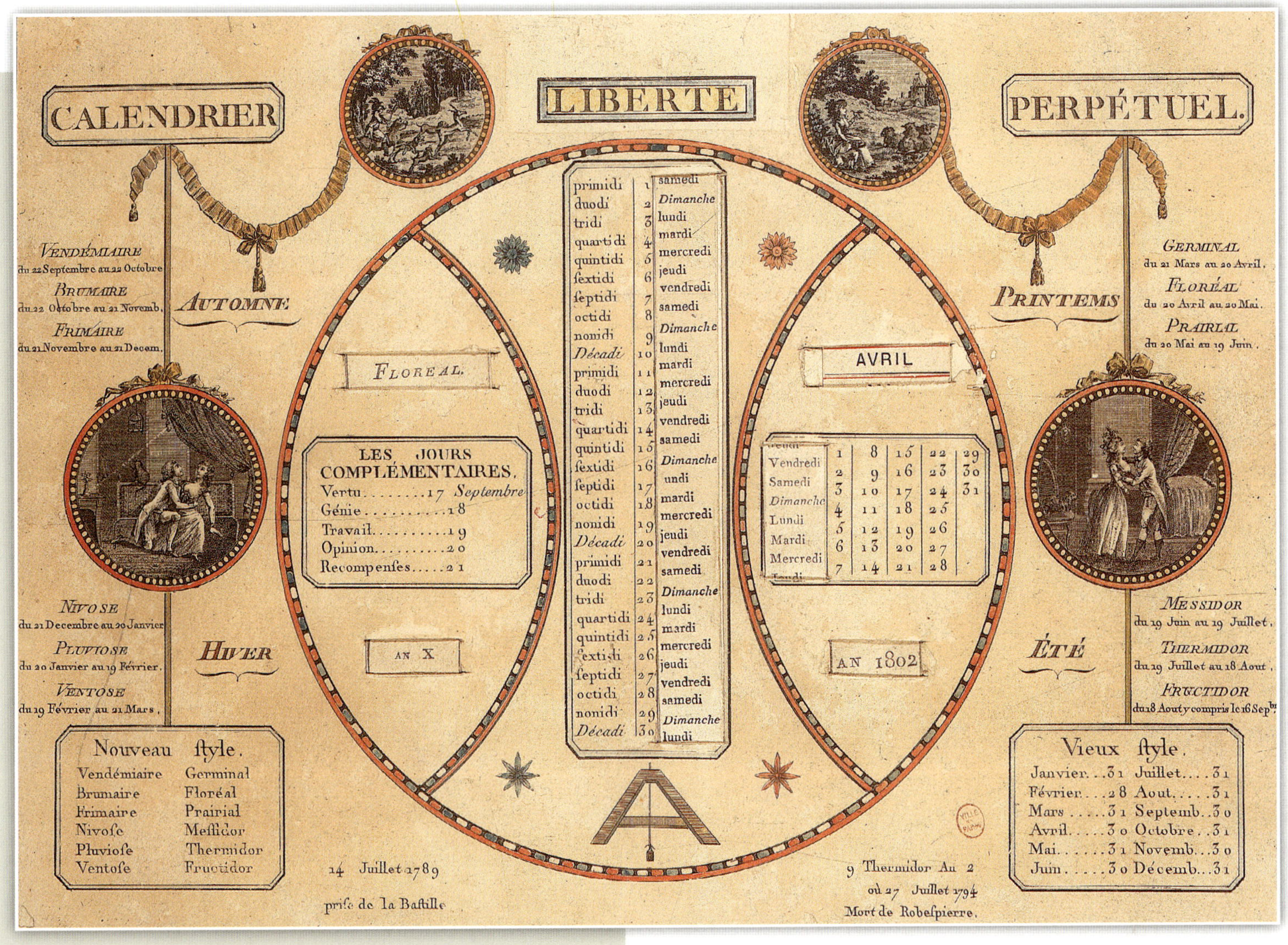

Alors que plus d'un mois s'est écoulé depuis la chute de la monarchie (10 août 1792), le décret d'abolition de la royauté n'a pas entraîné sur-le-champ la proclamation officielle de la République. La Ire République est le régime instauré le 22 septembre 1792, quand la Convention nationale décrète que les actes sont désormais datés de l'an I de la République. Elle adopte le lendemain la formule de la « République une et indivisible ». (*La République française*. Huile sur toile d'Antoine-Jean Gros, XIXe siècle.)

Adopté le 24 octobre 1793, le calendrier révolutionnaire, élaboré notamment par le mathématicien Monge et les poètes Chénier et Fabre d'Églantine, symbolise incontestablement la rupture avec l'ordre ancien. Le début de la nouvelle ère est fixé au 22 septembre 1792, jour de la proclamation de la République qui devient ainsi le 1er vendémiaire an I. L'année de ce nouveau calendrier est divisée en 12 mois de 30 jours, complétés par 5 jours appelés sans-culotides. Les mois portent des noms évoquant les saisons ou les productions de la terre, comme floréal, ventôse, brumaire ou germinal. (*Calendrier révolutionnaire de l'An V (1796)*. Gravure.)

il se fait très tôt remarquer pour son goût pour le calcul. Il n'a pas encore 10 ans lorsque son père Charles l'amène sur le continent et le fait entrer au collège d'Autun. Il se révèle un jeune garçon doué pour les mathématiques, à l'humeur taciturne et volontiers bagarreur. Napoléon entre à l'École royale militaire de Brienne le 15 mai 1779 grâce à ses origines nobles. Son peu de fortune et son accent corse très prononcé sont l'objet des railleries de ses camarades plus fortunés, et la mauvaise prononciation de son prénom lui vaut le surnom de « la paille au nez ». Peu après, il accède à l'École militaire de Paris où il apprend toutes les règles de l'usage de l'artillerie.

En 1784, il est nommé sous-lieutenant au régiment de La Fère en garnison à Valence. Il vit alors très pauvrement et son unique occupation est la lecture. Il se montre très solitaire et dévore en effet les œuvres de Cicéron, Plutarque, Montaigne et des philosophes des Lumières. Surtout concerné par les problèmes de son île, Napoléon ne se préoccupe guère des prémices révolutionnaires.

Mais, le 14 juillet 1791, il prête le serment civique à « la Nation, à la loi et au Roi ». Cette date marque, semble-t-il, une rupture dans la vie de Bonaparte puisqu'il s'affirme désormais républicain et prêt à défendre la Constitution. C'est lors du siège de Toulon que sa carrière militaire va véritablement prendre essor. Il est alors jeune capitaine lorsqu'il arrive en septembre 1793 à proximité du port tenu par les Anglais. Aussitôt, son sens des armes fait merveille et grâce à sa détermination et son sens aigu de la tactique, les Anglais quittent Toulon le 18 décembre 1793. Cet exploit lui vaut une ascension fulgurante, chef d'escadron, colonel, puis général de brigade le 22 décembre, il a 24 ans !

C'est également à Toulon qu'il fait connaissance avec les militaires qui l'accompagneront plus tard dans la conquête de l'Europe tels que Marmont et Junot. Le nom de Bonaparte commence ainsi à circuler dans les instances du pouvoir. Il devient même un protégé de Robespierre, ce qui lui vaut quelques jours d'emprisonnement après le 9 thermidor. Réintégré dans l'armée, Barras, conventionnel et chef de l'armée de l'intérieur, le charge de réprimer l'insurrection royaliste qui s'amplifie. Le 5 octobre, le général Bonaparte mitraille les insurgés devant l'église Saint-Roch et sauve ainsi la Convention. Désormais, il fait partie des hommes forts du Directoire.

« La Révolution est finie »

Ses nouveaux amis politiques le font général de division en octobre 1795 puis le placent à la tête de l'armée d'Italie en mars 1796. À partir de ce moment, les succès de Bonaparte s'enchaînent et vont le mener jusqu'au sommet. Les victoires de Montenotte, Dego, Rivoli en 1797 lui assurent la notoriété en France. Il devient l'un des généraux les plus célèbres et se montre un meneur d'hommes extraordinaire. Ses soldats le vénèrent. En Italie, il se conduit en véritable chef doté de tous les pouvoirs ; il traite avec le pape, avec les Autrichiens et jette les bases de la République cisalpine. Il fait ainsi l'expérience du pouvoir politique.

De retour à Paris en décembre 1797, il est accueilli en véritable héros. Tout lui a réussi, ses victoires ont permis de vaincre les Autrichiens et aussi de renflouer le Trésor. Désormais, ses ambitions ne seront plus seulement militaires: il songe également au pouvoir en France. Mais il sent qu'il n'en a pas encore les moyens et que toute prise de pouvoir serait prématurée. Aussi, pour ne pas rester dans l'ombre, il propose une expédition en Orient pour contrarier la puissance anglaise. Le Directoire, trop heureux d'éloigner l'ambitieux vainqueur d'Italie, accepte. Le 19 mai, l'armée d'Égypte quitte Toulon accompagnée de 167 savants. L'expédition militaire n'est pas un triomphe mais grâce à une habile propagande, Bonaparte parvient à minimiser cet échec.

En juillet 1793, une insurrection fédéraliste éclate à Toulon. Les notables de la ville se soulèvent contre la Convention montagnarde. Le mouvement est progressivement « récupéré » par les royalistes. À la fin du mois d'août, ceux-ci entrent en contact avec l'amiral Hood, commandant des forces anglaises, et lui remettent la ville. La Convention réagit au début du mois de septembre : la ville est encerclée. Bonaparte s'illustre à Toulon, qu'il contribue efficacement à reprendre aux Anglais. Remarqué par le frère de Robespierre, représentant en mission dans le Var, il devient général de brigade. Mais un tel parrainage s'avère compromettant : la chute de Robespierre aîné, le 9 thermidor, le laisse sans commandement. (*Bonaparte au siège de Toulon*. Gouache sur carton de Jean-Baptiste Édouard Detaille, XIXe siècle.)

L'œuvre des années 1800-1803 est remarquable : pacification intérieure avec l'amnistie permettant le retour des immigrés, fin de la guerre de Vendée, effacement des factions et répression du brigandage, pacification religieuse, redressement financier, mise en place d'institutions nouvelles comme le corps des préfets ou le Conseil d'État, dont les membres sont divisés en cinq sections : finances, législation, guerre, marine, intérieur. (*Installation du Conseil d'État avec Napoléon au Petit Luxembourg, le 25 décembre 1799*. Huile sur toile d'Auguste Couder, 1856.)

Le climat et la perte de la flotte limitent les succès français. Pourtant, le prestige de Bonaparte ne cesse de croître en France, et lors de son retour en octobre 1799, il apparaît toujours comme un sérieux candidat aux plus hautes fonctions politiques supplantant Bernadotte ou Moreau. Son frère Lucien est déjà président du Conseil des Cinq-Cents et le rapproche de Sieyès. Ce dernier lui confie alors l'organisation pratique de son coup d'État. Ce que n'avait pas prévu le Directeur, c'est que la « main armée » de son dessein l'évincerait rapidement du pouvoir.

Dès sa première déclaration, le consul Bonaparte affirme : « Citoyens, la Révolution est fixée aux principes qui l'ont commencée. Elle est finie. » Sa volonté de réconcilier tous les partis est ainsi nettement affichée. La Constitution du 22 frimaire an VIII (13 décembre 1799) rédigée en douze jours par Daunou est un texte très particulier. Il donne en effet quasiment les pleins pouvoirs au Premier consul qui est très clairement désigné en la personne de Napoléon Bonaparte. Sieyès est ainsi évincé. Aigri et contraint de se rendre à l'évidence qu'il ne sera pas l'homme fort du régime, ce dernier se retire peu à peu de la vie politique.

Le Premier consul souhaite instaurer la paix civile. Il invite le clergé à rentrer en France et accorde la liberté de culte le 28 décembre 1799. Il stoppe la vente des biens nationaux et décrète l'amnistie générale pour les émigrés. Les guerres de l'Ouest s'apaisent et la paix intérieure revient peu à peu. Sur le plan extérieur, les victoires de Bonaparte à Marengo le 14 juin 1800 puis celle de Moreau à Hohenlinden le 3 décembre contraignent les puissances alliées à demander la fin des hostilités. La paix d'Amiens, le 9 février 1801, met fin à la guerre avec l'Autriche et l'Angleterre signe le traité de Lunéville le 25 mars 1802. Le calme revenu partout, le Premier consul peut se consacrer à bâtir la société qu'il souhaite. Il entend donner à la France des institutions solides et durables et construire un État puissant, centralisé et autoritaire. Ainsi, au cours de ce Consulat, prélude à un pouvoir plus fort encore, de grandes lois « organiques » sont promulguées. La Banque de France est créée le 6 janvier 1800 et sera chargée d'émettre la monnaie. Les préfets sont institués le 17 février de la même année, ils seront les relais du pouvoir central dans les départements. Le 18 mars, la justice est complètement réorganisée, des tribunaux de première instance, des cours d'appel, des Cours de cassation voient le jour. En quelques mois, une nouvelle France est en train de naître. Pour parfaire ce que le Premier consul appelle lui-même les « masses de granit », il ordonne la rédaction d'un Code civil. Un comité de 4 rédacteurs, Portalis, Bigot de Préameneu, Maleville et Tronchet, est chargé de son élaboration qui prend quelques années. Le texte définitif est promulgué le 21 mars 1804, il regroupe les lois relatives au droit civil français, c'est-à-dire l'ensemble des règles qui déterminent le statut des personnes, celui

des biens et celui des relations entre les personnes. Il s'agit sans doute là de la contribution la plus remarquable de la Révolution à la France. Fort de ses succès politiques et de sa popularité, Bonaparte souhaite aller encore plus loin. Encouragé par Cambacérès, il organise le 2 août 1802 un plébiscite par lequel il pose cette question aux électeurs : « Napoléon sera-t-il consul à vie ? » La réponse est « oui » à une écrasante majorité. Deux jours plus tard, Napoléon fait adopter un nouveau sénatus-consulte, appelé « Constitution de l'an X », qui renforce encore ses pouvoirs en l'autorisant notamment à désigner son successeur. La voie est ainsi toute tracée pour la proclamation d'un empire. Ce sera chose faite le 18 mai 1804.

Un nouveau César ?

Dès son sacre, le 2 décembre 1804, Napoléon Bonaparte apparaît comme un nouveau César. Cette cérémonie somptueuse confirme la gloire et le pouvoir d'un seul homme. Dans la cathédrale de Notre-Dame de Paris que le peintre David représente à la manière d'un temple antique, Napoléon devient Empereur des Français. Il jure solennellement sur les Évangiles de « maintenir l'intégrité du territoire de la République, de respecter et de faire respecter l'égalité des droits, la liberté politique et civile et l'irrévocabilité des ventes des biens nationaux... » Tout dans cet Empire qui commence rappelle les signes de l'antique Empire romain. Le mobilier se charge d'attributs

Ce tableau, commandé par Napoléon pour représenter un épisode de la campagne d'Égypte, est exposé au salon de Paris en septembre 1804, c'est-à-dire juste trois mois avant le sacre. Le général en chef de l'armée d'Orient est montré en train d'approcher les malades d'une épidémie de peste qui sévit alors dans l'armée française. Cette scène n'est pas sans rappeler le pouvoir thaumaturgique des rois de France, réputés guérir par simple imposition des mains les malades atteints des écrouelles, abcès d'origine tuberculeuse. Ainsi, Napoléon, tout en préservant de grands principes issus de la Révolution comme la Déclaration des droits de l'homme et du citoyen, souhaite aussi s'inscrire dans une continuité en se référant à la royauté et à ses rites. (*Bonaparte visitant les pestiférés de Jaffa.* Huile sur toile d'Antoine Jean Gros, 1804.)

Nommé premier peintre de l'empereur, David ne jouira pourtant jamais d'une indépendance complète. Ainsi, au cours des années que dure l'exécution du *Sacre*, il subit des pressions de dignitaires souhaitant occuper une place plus centrale ou se voir décorés d'accessoires qui les distinguent mieux. Napoléon lui-même veille à compléter l'image par quelques détails. C'est ainsi qu'il fait placer sa propre mère, absente ce jour-là, bien en vue dans une tribune dominant la scène. Il demande aussi au peintre de représenter le pape non comme le témoin récalcitrant et passif qu'il a été pendant la cérémonie mais bénissant le couronnement : « Je ne l'ai pas fait venir de si loin pour ne rien faire. » (*Le Couronnement de l'empereur et de l'impératrice.* Huile sur toile de Jacques-Louis David, 1805-1807.)

décoratifs en bronze ou en bois tels les sphinx, les renommées, les casques, ou les dauphins qui sont autant de références à l'Antiquité. La capitale s'orne d'arcs de triomphe, celui de l'Étoile d'abord, dont la construction commence en 1806, puis celui du Carrousel en 1809. L'Aigle, choisi comme premier symbole impérial, évoque à la fois les origines de Rome et l'Empire carolingien.

Comme Charlemagne ou Auguste, Napoléon rêve d'un véritable Empire continental qui unifierait les différents peuples européens. Et de fait, ses victoires militaires lui donnent bientôt le contrôle d'un territoire immense. L'Empereur parvient à dominer toute l'Europe continentale. En 1810, la France compte 130 départements dont certains se trouvent aujourd'hui en Belgique, en Hollande et en Italie. Elle est peuplée de 44 millions d'habitants, et couvre 800 000 km. Napoléon ordonne de grands travaux à l'intérieur de son Empire : les ports comme Cherbourg sont agrandis, des canaux sont creusés et un formidable réseau routier est aménagé. L'Empereur rêve de faire de Paris la capitale de l'Europe, aussi la ville est-elle considérablement embellie : les quartiers du Louvre, des Tuileries sont redessinés.

Napoléon place ensuite les membres de sa famille sur les principaux trônes européens, ses frères – Louis en Hollande, Joseph en Espagne, Jérôme en Wesphalie –, et son beau-frère le maréchal Murat à Naples. Il s'appuie également sur un vaste réseau d'États satellites : le royaume d'Italie et les Provinces Illyriennes sont placés sous son autorité, mais il y est représenté par un vice-roi, respectivement Eugène de Beauharnais et Marmont. Napoléon exerce une influence considérable sur de nombreux territoires étrangers ; depuis 1803, il est aussi médiateur de la Confédération helvétique et il devient en 1806 protecteur de la Confédération du Rhin. Dans tous ces États, Napoléon tente d'introduire des institutions comparables à celles de la France.

D'Austerlitz à Waterloo

Durant tout son règne, Napoléon n'a eu qu'une seule obsession : vaincre le principal ennemi de la France, l'Angleterre. Pour cela, il lui faut vaincre aussi les principaux alliés des Britanniques. L'Empereur s'y emploie. Il dispose avec son armée d'une formidable machine de guerre. Le 2 décembre 1805, les soldats français qui mettent en déroute l'armée du tsar ont, pour la plupart, une expérience des combats de plus de dix ans. Ce sont de redoutables guerriers qui ont connu toutes les guerres de la Révolution. Si certains d'entre eux, fidèles aux idéaux révolutionnaires, ont vu d'un mauvais œil le sacre de Napoléon, ce dernier est tellement proche d'eux qu'ils l'ont vite idolâtré.

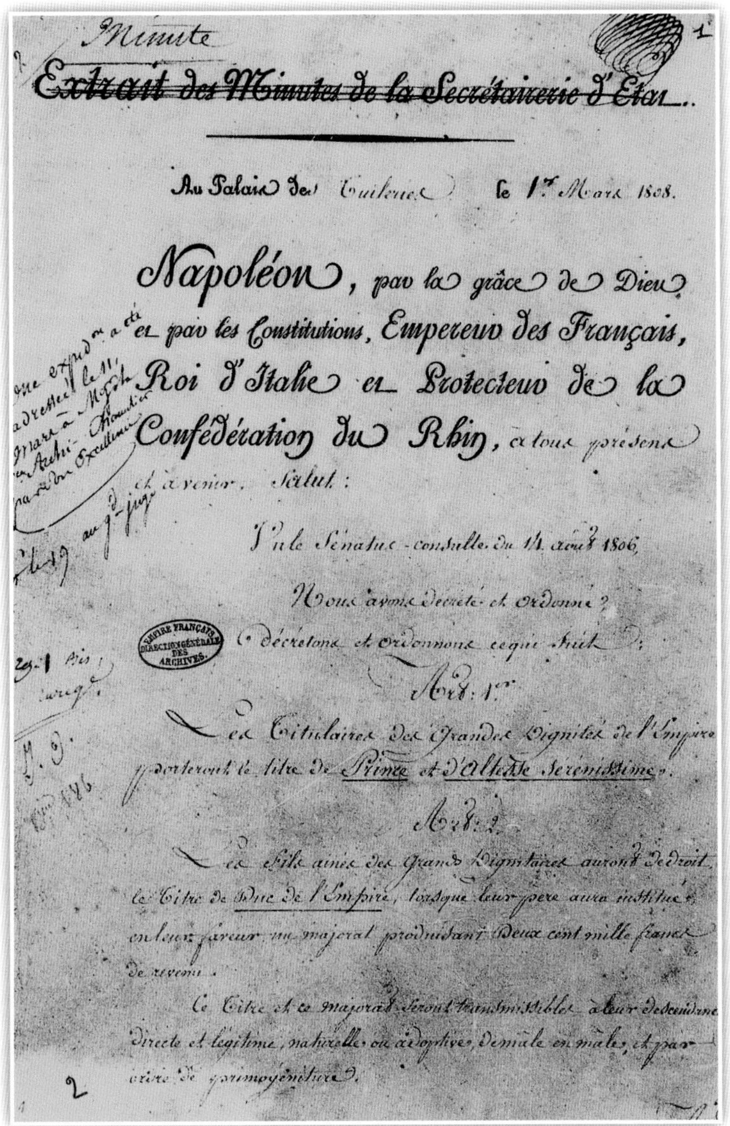
Minute

~~Extrait des Minutes de la Secrétairerie d'État.~~

Au Palais des Tuileries le 1er Mars 1808.

Napoléon, par la grâce de Dieu et par les Constitutions, Empereur des Français, Roi d'Italie et Protecteur de la Confédération du Rhin, à tous présens et à venir, Salut :

Vu le Sénatus-consulte du 14 août 1806,

Nous avons décrété et ordonné,
décrétons et ordonnons ce qui suit :

Art. 1er

Les Titulaires des Grandes Dignités de l'Empire porteront le titre de Prince et d'Altesse Sérénissime.

Art. 2.

Les fils aînés des Grands Dignitaires auront de droit le Titre de Duc de l'Empire, lorsque leur père aura institué en leur faveur un majorat produisant deux cent mille francs de revenu.

Ce Titre et ce majorat seront transmissibles à leur descendance directe et légitime, naturelle ou adoptive, de mâle en mâle, et par ordre de primogéniture.

Le 8 février 1807, l'empereur affronte les Russes et les Prussiens à Eylau, en Prusse Orientale. La Grande Armée, qui compte 55 000 hommes épuisés par onze jours de marche dans la neige, fait face à 60 000 Russes et Prussiens. Le bilan de la bataille est effroyable. L'empereur refusera qu'un *Te Deum* soit chanté pour la victoire et écrira : « Un père qui perd ses enfants ne goûte aucun charme à la victoire. » (*La bataille d'Eylau*. Huile sur toile d'Adolphe Roehn, XIXe siècle.)

Le 1er mars 1808, par décret, Napoléon crée la noblesse d'Empire. Il pense ainsi établir une nouvelle élite fondée sur le mérite et non plus sur le sang. Elle doit récompenser les sujets « grands par leurs talents, par leurs services et leur caractère... ». Ainsi il distribue des titres de barons, comtes, princes tandis que les membres de la Légion d'honneur seront faits chevaliers. Napoléon estime que la noblesse d'Empire « est le seul moyen de déraciner l'ancienne » et de la fondre dans sa nouvelle société. Il espère aussi que cette aristocratie d'État sera pour lui un soutien fidèle et sûr. Malheureusement, la noblesse d'Empire n'aura pas les effets escomptés. Elle ne deviendra pas la classe privilégiée, fondement d'un nouveau système, qui pourra assurer la pérennité du régime. (*Institution de la noblesse d'Empire*. Gravure, 1808.)

L'Empereur aime en effet cheminer au milieu de ses troupes, rencontrer ses soldats, leur parler. Les hommes de la Grande Armée aiment cette proximité et ils sont prêts à mourir pour « le petit caporal ». Les officiers qui les commandent sont également d'une valeur exceptionnelle. Officiers sortis du rang, ils ont prouvé leur bravoure à maintes reprises. Napoléon bat ainsi successivement, l'Autriche et la Russie en 1805, la Prusse en 1806, la Russie à nouveau en 1807, et encore l'Autriche en 1809. Toutes ces victoires lui donnent le contrôle d'un territoire immense. Cette soif de puissance et de pouvoir le conduit peu à peu à un pouvoir autoritaire extrême. Il écarte ceux qui lui résistent ou qui s'opposent pour ne garder près de lui que des courtisans. Son désir d'asphyxier l'Angleterre l'amène à décréter le Blocus continental qui prévoit l'isolement économique de l'île. Il ordonne à tous les pays qu'il a vaincus de ne plus commercer avec les Britanniques. La Russie, le Portugal et l'Espagne s'y soumettent à contrecœur et sont les plus récalcitrants. Pour faire respecter le Blocus, Napoléon engage la France dans des sacrifices qu'elle ne peut supporter. Il intervient ainsi militairement en Espagne à partir de 1808 et entame la campagne de Russie en 1812.

Ce sont là ses deux plus grandes erreurs qui vont le conduire à sa perte. L'Espagne est un guêpier inextricable où périssent des milliers de soldats français dans une guerre terrible d'embuscades, inconnue pour eux. La campagne de Russie est une déroute militaire qui réveille tous les adversaires de la France. Peu à peu, la popularité de l'empereur s'effrite et l'opinion publique lui est de plus en plus défavorable.

En octobre 1812, à Paris, alors que Napoléon est encore en Russie, le général Malet annonce la mort de l'Empereur et tente de prendre le pouvoir. Parmi les fidèles partisans de Napoléon, aucun d'entre eux ne songe alors au fils de l'Empereur pour lui succéder. Preuve que l'entreprise de Napoléon de fonder une nouvelle dynastie est un échec, même si le Roi de Rome n'est qu'un enfant. À la fin de l'année 1813, Napoléon ne parvient pas à susciter ce grand élan national lorsque les soldats étrangers foulent le sol français pour la première fois depuis la Révolution. Après une dernière campagne, celle de France en 1814, il doit s'avouer vaincu, abandonné même par ses plus fidèles lieutenants comme Ney ou Duroc. Il lui faut abdiquer et partir en exil sur l'île d'Elbe. Il y arrive le 3 mai 1814 mais il ne s'avoue pas encore battu. Il se joue de ses gardiens, s'échappe de son lieu de captivité et débarque à Golfe-Juan le 1er juin 1815. Il reprend le pouvoir pour cent jours seulement ; cette fois il s'agit d'un Empire libéral dans lequel l'Empereur est soumis à deux Chambres, celle des pairs, nommés par lui, et celle des représentants élus. Il est définitivement vaincu à Waterloo le 18 juin 1815 et se résout à l'exil sur l'île de Sainte-Hélène où il meurt le 5 mai 1821.

Restauration et monarchie de Juillet

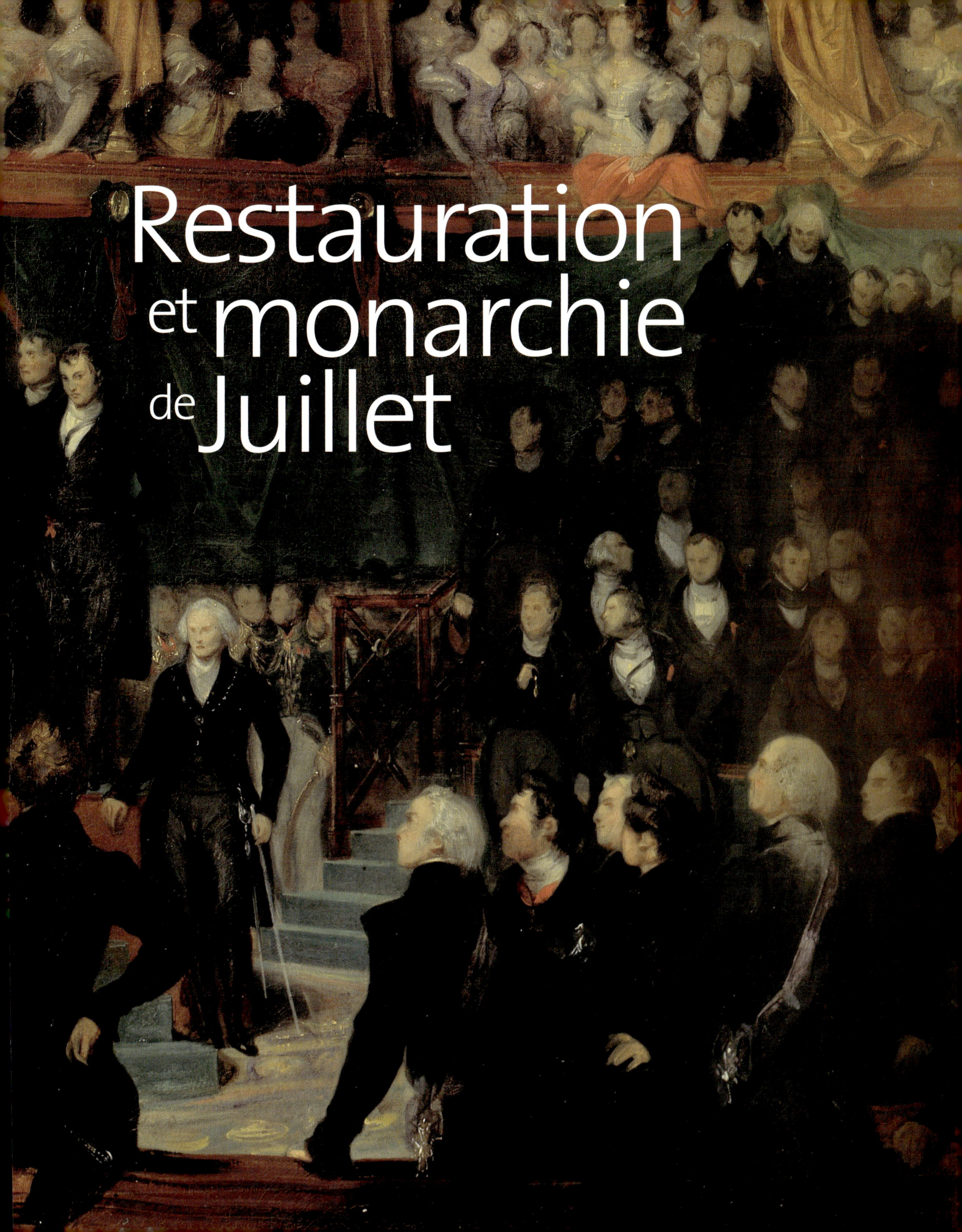

La réconciliation introuvable

Le 13 février 1820, le second fils du comte d'Artois (futur Charles X), qui était destiné à monter sur le trône à la mort de son père, est assassiné par l'ouvrier sellier Louvel, en sortant de l'opéra. Le prince meurt quelques heures plus tard alors que le gouvernement craint une émeute, persuadé que Louvel n'a pas agi seul. Cet événement marque un tournant majeur dans l'histoire de la Restauration, car il favorise le retour en force des ultraroyalistes, irrités depuis l'arrivée au pouvoir des constitutionnels en septembre 1816. (*Les derniers moments du duc de Berry dans le foyer de la salle d'opéra à Paris.* Huile sur toile d'Alexandre Menjaud, XIXe siècle.)

L'ÉPOQUE ÉTAIT DÉJÀ À LA POÉSIE DE BYRON, aux drames de Shakespeare et à l'opéra italien. Mais sur la scène de l'Opéra, rue de Richelieu, seule la musique française occupait les oreilles du public. Ce 13 février 1820, dernier dimanche avant le carême, le duc de Berry y assiste à la représentation d'ouvrages légers de Lebrun et Milon. Caroline, sa jeune épouse, se sentant fatiguée, demande à rentrer. Le prince la raccompagne à sa voiture, sans escorte. Alors qu'il s'apprête à rejoindre sa loge, un homme profite du mouvement et du faible éclairage pour surgir et le poignarder au cœur. Ouvrier bonapartiste, le nouveau Ravaillac a agi par fanatisme politique. Ce Louvel entendait frapper les neveux de Louis XVIII pour « tuer en [eux] toute sa race ». Sombre dessein, qui ne se réalisera qu'à demi. Après de longues souffrances, le duc de Berry meurt au milieu des siens, en demandant la grâce de son assassin. « La monarchie de Saint Louis dans un lieu frappé des foudres de l'Église, parmi les débauches du carnaval, expirait sous le masque », écrit Chateaubriand dans ses *Mémoires sur le duc de Berry*, qui paraîtront en mai 1820. Avant de mourir, le duc de Berry avait annoncé l'« enfant du miracle », le duc de Bordeaux, qui vit le jour le 29 septembre. Louvel, exécuté en place de Grève, n'eut pas le loisir de voir se réveiller les espoirs dynastiques de la famille royale. La fin héroïque du duc de Berry galvanisa les ultras, obligeant le roi à changer de politique contre son gré. Une période se refermait sur l'échec de la réconciliation entre les deux France, celle de l'émigration et celle de la Révolution.

Louis XVIII

Convention 1792 – Directoire 1795 – Consulat 1799 – Napoléon Ier, empereur 1804 – **1814** – Charles X **1824** – Louis-Philippe Ier 1830 – Louis Napoléon Bonaparte 1848 – Napoléon III, empereur 1852 – 1870

Ire République – Premier Empire – **Restauration** – Monarchie de Juillet – IIe République – Second Empire

L'union et l'oubli

En 1820, Louis XVIII est un roi obèse et presque impotent de soixante-cinq ans. Peu de prestance, aucun héritier, il incarne aux yeux de l'opposition le survivant d'un monde révolu. Sans la conscience qu'il manifeste en permanence de descendre d'Henri IV et de Louis XIV, la majesté que lui reconnaît Chateaubriand jusqu'au bout serait profondément atteinte. Dès la mort du dauphin, en 1795, il s'est saisi de la couronne de Louis XVII. Point de rupture donc, même en l'absence d'un trône pour affirmer la continuité royale... Des deux frères de Louis XVI, le comte de Provence était le plus favorable aux réformes quand éclata la Révolution. Et contrairement au futur Charles X, précoce exilé, il ne prit le chemin de l'émigration qu'en 1791. Bruxelles, Coblence, Vérone, l'Angleterre... De 1807 à 1814, la petite cour d'Hartwell trompe son impatience au trône par ses flagorneries. Lui reste lucide. Durant ces années passées hors de France, Louis XVIII a multiplié les démarches auprès des adversaires de Napoléon, à défaut de conquérir Bonaparte. Preuve d'une réelle intelligence politique, sa conception de la monarchie ne s'est pas figée. Certaines de ses déclarations publiques font entendre qu'il est prêt à accepter en partie l'héritage révolutionnaire. Pourtant son nom ne fait pas l'unanimité parmi les monarques coalisés contre Napoléon. Mais à qui confier, en 1814, le pays libéré des abeilles ?

Épaulé par son frère et le duc d'Angoulême, qui préparent son retour en France, Louis XVIII finit par s'imposer. Le 24 avril, il débarque à Calais ; le 3 mai, il entre dans Paris et balaie d'une main souveraine la Constitution que le Sénat impérial croit pouvoir lui faire accepter. En échange, une Charte est « octroyée » aux Français afin de leur faire comprendre que les concessions faites au pays sont librement consenties. Mot malheureux, certes, qui dit d'emblée les difficultés que Louis XVIII éprouve à accepter et à faire comprendre autour de lui la nécessaire adaptation aux temps nouveaux. La Charte est pourtant d'esprit très libéral au regard des usages tardifs de l'Empire. Elle garantit les propriétés qu'on appelle « nationales », l'égalité devant la loi et l'impôt, la liberté de la presse et la liberté de culte, bien que le catholicisme soit reconnu « religion d'État ». Son article 11 est aussi de nature à rassurer : « Toutes recherches des opinions et votes jusqu'à la Restauration sont interdites. Le même oubli est commandé aux tribunaux et aux citoyens. » Union des Français autour d'un monarque éclairé, oubli pour tous, les nostalgiques de l'ancienne France comme les enfants de la nouvelle.

La légitimité incarnée

Louis XVIII fut pour beaucoup dans la rédaction de la Charte. Elle lui conférait d'ailleurs tous les pouvoirs dévolus au « chef suprême de l'État », depuis le législatif et le commandement des forces armées jusqu'au contrôle de la haute administration. L'examen des lois n'échappe pas toutefois aux deux assemblées qui assistent le monarque, la Chambre des pairs et la Chambre des députés. Les membres de la première sont désignés par Louis XVIII ; quant aux représentants masculins de la nation, ils sont élus au suffrage censitaire. Pour une population de 32 millions, le corps électoral ne dépasse pas 120 000 têtes ! Monarchie constitutionnelle et non régime parlementaire, donc. Et les ministres ne sont responsables que devant le roi. Profitant d'une plus grande tolérance que sous l'Empire, la gravure en plein essor allait exploiter les contradictions et tensions du moment. Elle puise son ironie ou son amertume parmi les demi-soldes d'une armée devenue inutile ou dangereuse, l'arrogance de certains émigrés, les premières compensations accordées aux propriétaires spoliés, le corset enfin de cérémonies religieuses et d'hommages aux martyrs de la Révolution qu'on applique brutalement à la société.

La monarchie renaissante n'exalte pas seulement sa légitimité exclusive à incarner l'histoire, son passé et son futur, elle s'enveloppe de la mémoire des victimes de la Terreur. Réparations, processions, double onction : le présent se remplit des cadavres d'hier... Où est passé le devoir d'oubli ? De sorte qu'il suffit d'un an pour que Napoléon, despote honni au printemps 1814, puisse resurgir et chasser les Bourbons pendant cent jours ! Louis XVIII prend la route de Gand avec ses mousquetaires. Le vol de l'Aigle vers Paris doit autant à l'intrépidité d'un homme unique qu'à l'état d'esprit des populations. La France paiera cher cette dernière toquade. Sans parler de la durable blessure de Waterloo, le pays doit subir les conséquences d'une armée d'occupation et le poids d'une écrasante indemnité de guerre. Tandis que les cosaques campent sur les Champs-Élysées et qu'on vide le Louvre des rapines du Directoire et de l'Empire, Talleyrand et Fouché préparent le retour de Louis XVIII. Le 8 juillet 1815, s'annonce la seconde Restauration.

« Nationaliser le royalisme »

Cette fois-ci, la situation de Louis XVIII est autrement moins confortable. Terreur blanche dans le sud, humiliation au nord : il affronte bientôt la rancœur des uns et la blessure de tous. Été noir. On fusille les officiers qui ont trahi le drapeau blanc et rejoint Napoléon dans sa folle équipée. Ney, en décembre, commande lui-même ceux qui font feu sur le « brave des braves ». La Chambre des pairs est purgée des hommes compromis sous les Cent-Jours. Quant aux régicides qui ont choisi le mauvais camp, il leur faut quitter la France, comme Fouché quitte le gouvernement après l'élection de la « Chambre introuvable ». On y a fait place nette de l'opposition libérale. D'où le nom qui lui est resté, signe de la menace ultra qui pèse désormais sur

Le sacre impossible. Grande vitrine des artistes vivants réunis au Louvre, le Salon de 1814 ouvre ses portes le 1er novembre. Six mois, à peine, se sont écoulés depuis l'entrée de Louis XVIII à Paris. Mais les artistes ont vite abandonné les abeilles pour le lys. Les portraits du monarque abondent déjà. Gérard, peintre chéri de Napoléon et des siens, en expose un. Paulin Guérin, quant à lui, attend 1817 pour montrer au public sa propre image du roi en majesté, revêtu des habits du sacre et debout devant son trône, dont la massive apparence et les ornements rappellent le régime déchu. La forte ressemblance entre ce portrait et celui de Louis XVI par Duplessis est tout sauf fortuite. À cette date, le tableau de 1817 n'est pas encore de message périmé. Deux ans plus tard, Louis XVIII devait en effet annoncer son intention d'aller à Reims, conformément à l'article 74 de la Charte. L'état physique du roi fit réfléchir et ses convictions profondes lui en firent abdiquer l'idée. (*Portrait de Louis XVIII en grand costume royal*. Huile sur toile de Jean-Baptiste Paulin Guérin, 1820.)

le pays. Talleyrand cède la tête du gouvernement au duc de Richelieu, qui a servi d'administrateur en Russie. De la fin octobre 1815 à janvier 1816, une série de lois sont votées en réaction à la flambée des Cent-Jours. Lois répressives à l'encontre des ennemis de la Couronne comme de toute forme de sédition.Des bannissements s'ensuivent, qui rappellent l'arbitraire jacobin et napoléonien. Le fringant Decazes, ministre de la Police et favori du roi, seconde cette politique avant de s'y opposer en poussant Louis XVIII à dissoudre la Chambre des députés, devenue trop impopulaire, le 5 septembre 1816.

La nouvelle assemblée, moins ultra, va entériner des mesures plus conformes aux attentes du pays. Le groupe des doctrinaires, Royer-Collard, Prosper de Barante et Guizot en tête, inspire le travail législatif du gouvernement par un rapprochement plus prononcé entre la monarchie et la Révolution. Decazes résume : il s'agit de « nationaliser le royalisme ». La loi Lainé de février 1817, « acte d'investiture de la classe moyenne comme classe gouvernante » (Charles de Rémusat), affecte moins le nombre des électeurs qu'elle ne pose le principe de l'élection directe des députés. Pour voter il faut avoir au moins trente ans et s'acquitter de trois cents francs d'impôt. Le système de la double élection, favorable au contrôle des urnes par les grands propriétaires conservateurs, cède la place au rôle plus actif des nouvelles couches sociales. Faible poussée, elle suffira à grossir les rangs de la gauche dès les législatives de septembre, puis aux partielles d'octobre 1818. Benjamin Constant et La Fayette entrent à la Chambre.

« Nous venons tous d'être assassinés »

Le parti libéral, prêt à en découdre avec la Contre-Révolution armée, trouve en Manuel un troisième ténor de haute volée. Après avoir inspiré la loi électorale qui a accouché d'une chambre enfin plurielle, Guizot agit de façon décisive sur le programme d'ouverture du gouvernement. Attaché au ministère de l'Intérieur, il rédige rapports et discours, à l'origine de la loi Gouvion Saint-Cyr sur l'armée en 1818 et des lois de Serre sur la presse en 1819. D'un côté, on sort du favoritisme d'Ancien Régime en matière de recrutement et d'avancement militaires ; de l'autre, on éradique la censure au nom de la liberté des opinions et des vertus, plus constitutionnelles qu'insurrectionnelles, du journal. À travers les médias modernes et leur contrôle, certains le soupçonnent déjà, se joue l'avenir de la monarchie. D'ailleurs le parti ultra, la plume enflammée de Chateaubriand parmi d'autres, use de ce levier pour dénoncer la « dictature », supposée néo-jacobine, de Decazes.

Mais Louis XVIII, contre les ultras, lui maintient sa confiance et l'étend en le nommant à la tête du gouvernement le 29 décembre 1818. Alors que les troupes d'occupation libèrent le territoire, ultime

Ouvert le 24 avril, date anniversaire du débarquement de Louis XVIII à Calais, le Salon de 1817 fut le premier à se remplir d'images de circonstance. Alors que les tableaux religieux reviennent en force, Pierre Guérin exhibe une toile appelée à faire époque par sa beauté fougueuse et son symbolisme polémique. Le portrait de La Rochejaquelein appartenait à la série des chefs vendéens, martyrs de la Terreur et héros de la contre-révolution, dont Louis XVIII avait arrêté la commande le 10 juin 1816.

Deux ans après la parution des *Mémoires* de la marquise de La Rochejaquelein, il faut comprendre l'entreprise comme une réparation symbolique dont la mémoire nationale était l'enjeu. Guérin parvient d'ailleurs à exalter le défenseur du drapeau blanc sans montrer réellement les soldats de la République. Difficile équilibre, à l'image de la politique de Louis XVIII. (*Henri du Vergier, comte de la Rochejaquelein, chef vendéen.* Huile sur toile de Pierre Guérin, 1817.)

Sous l'égide de Richelieu et de Decazes, la Restauration connaît de septembre 1816 à février 1820 une phase constitutionnelle marquée par une œuvre législative importante. Mais les progrès de l'opposition libérale (La Fayette, Manuel, Foy) et surtout l'assassinat du duc de Berry précipitent la chute de Decazes. En effet, les ultraroyalistes rendent le ministre responsable du climat politique qui aurait favorisé ce crime. (*La débâcle*. Caricature sur la démission de Decazes, le 20 février 1820.)

succès de Richelieu, le favori du roi triomphe du grand seigneur. Il est vrai que la progression de la gauche libérale et la virulence de ses journaux inquiètent jusqu'à Decazes, qui va pourtant jouer la carte des doctrinaires tant qu'ils se gardent de tout ralliement avec l'aile radicale de la Chambre.

Cette dernière marque de nouveaux points aux grandes élections de septembre 1819. Trente-cinq sièges sur les cinquante à pourvoir, la victoire est éclatante. Elle effraie même, quand on découvre que l'abbé Grégoire, incarnation de la Révolution régicide, a été élu dans l'Isère très bonapartiste ! Decazes, pour répondre aux craintes du centre, tente de convaincre cette base fluctuante des nécessités d'une réforme, qui juguleraient les effets de la loi Lainé. Mais la coalition rêvée ne fonctionne pas ; en conséquence, le 20 novembre 1819, la recomposition du ministère penche à droite. Grégoire est invalidé en décembre. Fin de la restauration libérale. L'assassinat du duc de Berry en février en est moins la cause que l'accélérateur. Decazes, autre victime de Louvel, démissionne une semaine après la mort du duc de Berry. Richelieu revient aux affaires.

La double mort du roi

Avant de partir pour la très convoitée ambassade de Londres, Decazes préconise des mesures d'exception, quant à la presse, et une loi électorale contraire aux rouges… Lui écarté, le projet resta. À la faveur du « double vote », deux cinquièmes de l'assemblée seraient désignés par les plus imposés des Français, les plus attachés au contre-pouvoir qu'ils constituaient depuis les départements. Non moins que le clergé, les grands électeurs entendaient bien rester maîtres de populations essentiellement rurales. Voilà consacré l'« ascendant de la minorité privilégiée sur la masse nationale », selon les termes de Benjamin Constant. Au coup de force, la rue va répondre par le coup de poing. La jeunesse libérale, privée de journaux libres et de sa citoyenneté, s'embrase durant plusieurs journées insurrectionnelles. La naissance du duc de Bordeaux, « calamité nationale » (Rémusat) pour les libéraux, conforta le parti de la réaction, devenu assez fort en décembre 1821 pour obtenir la démission de Richelieu. Entre-temps les nouvelles règles électorales ont bien profité aux ultras. Le centre est liquidé, la Chambre clivée comme jamais.

Quant au roi, très diminué par la maladie et sa mobilité restreinte, il rend les armes. C'est une forme d'abdication, de mort avant la mort. Désormais le futur Charles X peut diriger en sous-main la politique du comte de Villèle, plus adroite qu'idéologique, mais assez contre-révolutionnaire pour composer un gouvernement sans concession. Avec Mathieu de Montmorency aux Affaires étrangères et Chateaubriand à Londres, en remplacement de Decazes, le nouvel homme fort ne cache rien de ses orientations. Et si l'année 1822 est marquée par la répression des complots carbonaristes, dont on amplifie le danger réel à dessein, 1823 voit l'engagement militaire de la France aux côtés de Ferdinand VII. La chambre est dissoute et « retrouvée » après les élections de février 1824. Quand Louis XVIII s'éteint, le 16 septembre, la majorité parlementaire, la censure et l'Église étaient définitivement restaurées. Il ne manquait qu'un sacre pour accomplir ou détruire la Restauration.

«Le roi est mort ! Vive le roi !»

phin âgé de 5 ans : « Ne m'imitez pas dans les guerres ; tâchez de maintenir toujours la paix avec vos voisins, de soulager vos peuples autant que vous pourrez... »

Le roi mort, les funérailles se décomposent en deux temps forts : l'exposition du corps et sa translation vers l'abbaye de Saint-Denis, nécropole des rois de France – à l'exception de Philippe Ier, Louis VII et Louis XI.

Le corps est exposé dans une chambre mortuaire où est dressée une chapelle ardente. Pour cette ultime apparition publique, il est paré des insignes de la royauté : manteau fleurdelisé, couronne, sceptre et main de justice [1]. Au Moyen Âge, l'exposition du corps ne va pas sans poser certains problèmes. Plus que rudimentaires, les techniques d'embaumement alors connues

3.

4.

ne permettent pas de retarder longtemps le processus de décomposition. Si le roi décède dans une de ses résidences franciliennes comme Philippe le Bel en 1314 à Fontainebleau, le corps peut être apprêté, vêtu des *regalia* et conduit à Saint-Denis pour y être inhumé [**5**]. Lorsque Louis IX meurt devant Tunis, la translation du corps n'est pas envisageable. Celui-ci est alors bouilli pour séparer les os des chairs. Seuls les os sont rapportés dans le royaume, transportés dans un reliquaire sur le passage duquel la foule se presse, avide de miracles. Le corps du roi défunt jouit d'un immense prestige et fait l'objet d'une âpre concurrence : Charles d'Anjou, roi de Sicile et frère du roi, obtient de conserver le cœur et les entrailles qu'il expose à l'abbaye de Monreale près de Palerme. Entrailles et cœurs ont désormais leur propre tombeau, et jusqu'à Louis XIII tous les rois auront trois tombeaux. Si Saint-Denis et les Dominicains se disputent le cœur de Philippe III mort en 1285, celui d'Henri IV rejoint le collège jésuite de La Flèche [**3**] comme l'avait décidé le feu roi.

Les funérailles de Charles VI en 1422 [**2**] marquent un tournant majeur. Le corps du roi n'apparaît plus en tant que tel, il est

3.
Transfert du cœur d'Henri IV au collège des Jésuites de La Flèche, le 4 juin 1610. (Dessin.)

4.
Masque mortuaire d'Henri IV. (Cire, XVIIIe siècle.)

5.
Philippe le Bel enseveli en 1314 dans le chœur de l'abbaye de Saint-Denis. (Miniature extraite des *Grandes Chroniques de France* de Fouquet, XVe siècle.)

6.
Translation des corps de Louis XVI et de Marie-Antoinette à Saint-Denis, le 21 janvier 1815. (Aquarelle anonyme.)

5.

remplacé par une effigie portant les attributs de la royauté. Cette innovation perdure jusqu'en 1610 avec le mannequin d'osier au masque de cire d'Henri IV [**4**]. Entre le xve et le xvie siècle, la durée des funérailles s'est allongée ; il est désormais fréquent que le roi soit inhumé à Saint-Denis quarante jours ou plus après son décès. L'effigie devient nécessaire : le corps périssable ne peut être conservé. Ce rituel évolue : des repas sont servis au roi, mannequin d'osier, auquel on témoigne une grande déférence ; l'effigie ressemble de plus en plus au roi, ressemblance qui culmine avec le masque de cire d'Henri IV... En somme tant qu'il n'est pas porté en terre, le roi est encore roi. Ce qui explique que son successeur se fasse discret jusqu'à ne pas faire partie du convoi funèbre : deux rois ne sauraient régner simultanément en France. Henri IV meurt en laissant un roi mineur ; ce dernier ne peut rester dans l'ombre et tient deux jours plus tard un lit de justice confirmant la régence de Marie de Médicis. Ce besoin impératif du nouveau roi sape les funérailles telles qu'elles se sont mises en place depuis 1422. Le nouveau roi éclipse le roi défunt. Désormais, le centre de gravité des grands rituels monarchiques se déplace vers le sacre ; les funérailles royales toujours somptueuses sont moins riches de significations. La mort du roi comme ses obsèques tendent à s'aligner sur celles des particuliers ; la mort chrétienne, religieuse donc, prend le pas sur le cérémonial politique qui est en quelque sorte rechristianisé.

En 1815, les funérailles de Louis XVI et de Marie-Antoinette sont organisées en grande pompe [**6**], la royauté restaurée ayant décidé de tourner le dos aux obsèques sans faste de Louis XIV et de Louis XV. En 1824, Louis XVIII fut le dernier roi de France à bénéficier de funérailles royales.

6.

Un roi sans concessions

LE 3 MAI 1826, au terme d'une procession partie de Notre-Dame, Charles X posait en grande pompe la première pierre d'un monument expiatoire, dressé en souvenir de Louis XVI, au centre de l'actuelle place de la Concorde. La visibilité éclatante qu'on entendait donner au « devoir de mémoire » était désormais pleine et entière. Accompagné de dignitaires en grand uniforme et de la famille royale en grand deuil, le roi procéda à l'inauguration, sous l'œil attentif de la cour et des invités. Si l'ombre de Louis XVI fut constamment convoquée par ses frères durant leurs règnes respectifs, elle investit tout autant l'espace public des signes du repentir national. Après le sacre de Charles X, la conduite des arts appuie largement cette réparation symbolique des crimes de la Révolution. À dire vrai, dès le 21 janvier 1815, Louis XVIII envisageait de rendre hommage à Louis XVI sur le lieu même de sa décapitation. Dix ans plus tard, rien n'avait encore vu le jour. Charles X revint à l'idée d'une statue isolée et de la place ensanglantée. Le sculpteur Cortot imagina un groupe monumental : Louis XVI, revêtu du manteau fleurdelisé et tenant la palme du martyre avec transport, s'élevait au-dessus des allégories de la Modération, de la Justice, de la Piété et de la Bienfaisance. La fonte allait débuter quand la révolution de 1830 interrompit des travaux qui avaient traîné. L'obélisque de Louqsor, six ans plus tard, célébrerait un autre monde.

En 1824, Charles X inaugure le monument à la mémoire de Louis XVI. Entouré du clergé, il reçoit la truelle qui lui permettra de poser la première pierre, à l'endroit même où son frère fut exécuté. (*Charles X pose la première pierre du monument à la mémoire de Louis XVI, place Louis XVI, le 3 mai 1826*. Huile sur toile de Joseph Beaume, XIXe siècle.)

« Plutôt scier du bois qu'être roi d'Angleterre »

Le parcours très habile de Louis XVIII s'était achevé sur une faute, le renvoi brutal en juin 1824 de Chateaubriand. Profondément blessé, le vicomte exerça sa verve de pamphlétaire sur les ministères oublieux de la Charte. La réorganisation du gouvernement porte la marque du futur Charles X. Le duc de Doudeauville à la tête de la Maison du roi et son fils, le fier Sosthène de La Rochefoucauld, à celle de la division des Beaux-Arts, voilà deux hommes acquis au prince. Plus significative encore est la réunion de l'Instruction publique et des Cultes sous l'autorité de Mgr Frayssinous, à qui les étudiants du Quartier latin ont donné le surnom de « ténébrissous ». Sans commentaire. On choisit enfin la date du 15 août 1824, jour de la Fête-Dieu, pour rétablir la censure sur la presse et les libelles qui pourraient troubler les derniers jours, pathétiques, de Louis XVIII.

Son frère monte donc sur le trône paré de tous les prestiges de la contre-révolution. Svelte et bon cavalier, portant beau malgré ses soixante-sept ans, plus habitué cependant à la parade qu'au champ de bataille et aux salons dorés qu'à la réflexion politique, l'ancien viveur a tourné au prince bigot sous l'Empire. Reste qu'il a des convictions et qu'il ne les sacrifia jamais à la politique d'agiotage parlementaire qui aurait pu être la sienne. Son règne de moins de six ans ne doit pas être évalué seulement à la sanction humiliante que lui inflige la révolution de 1830. Charles X croit à une trinité mystique, tissée entre sa personne, Dieu et son peuple. Il gouvernera par conséquent sans limites. Le parlementarisme anglais lui fait horreur et les turbulences des députés ne sauraient à ses yeux briser le lien d'amour rétabli entre la royauté légitime et la France. D'ailleurs, il rassure d'emblée tous ceux pour qui la Charte est le rempart à un nouvel absolutisme. La liberté de culte est réaffirmée et la censure levée. À l'inverse, le discours du trône, prononcé avec fermeté le 22 décembre 1824, frappe par son caractère réactionnaire et l'annonce du sacre refroidit. « Là, prosterné au pied du même autel où Clovis reçut l'onction sainte », Charles X veut jurer fidélité à la Charte. C'est toute l'ambiguïté du voyage à Reims.

D'un sacre l'autre

Avant d'être stigmatisée comme le « milliard des émigrés », la loi d'indemnité entendait bénéficier à tous, en levant la menace d'une restitution réclamée par certains ultras enragés, en valorisant les biens concernés et en faisant verser aux propriétaires lésés une compensation sous forme de rente... Les Chambres renâclent, mais la votent en avril 1825. Elles acceptent avec plus de mal la « loi sur le sacrilège », qui prévoit de punir des travaux forcés ou de mort « la profanation des vases sacrés et des hosties consacrées ». Cette confirmation par la loi du dogme catholique de la « présence réelle » ne se fait pas sans rendre plus évidente l'emprise de l'Église sur le roi et sa mainmise grandissante sur la société civile. Les libéraux, voltairiens ou seulement soucieux d'un partage entre le laïc et le sacré, stigmatisent une nouvelle Saint-Barthélemy avant d'ironiser sur le sacre. On oublie souvent que Louis XVIII n'y avait renoncé qu'à contre cœur.

Tout autrement disposé était Charles X pour qui la Couronne ne pouvait se dispenser de cette consécration divine. Ainsi fut-il fait dans une cathédrale de Reims affublée d'un apparat néogothique, très, trop théâtral. La longue cérémonie, malgré un discours aménagé et la présence des maréchaux de l'Empire pour porter les *regalia*, déçut et déplut. Le spectacle du roi agenouillé devant le haut clergé pâlit au souvenir de l'autoproclamation de Napoléon Ier. Dès son retour dans la capitale, Charles X put mesurer l'impopularité de ce que Volney dénonçait en 1819 comme une mascarade moyenâgeuse. Le projet de loi sur le droit d'aînesse, conçu pour freiner la double fragmentation de la propriété foncière et du pouvoir coercitif des grands électeurs, est de même rejeté par les Chambres en avril 1826. On note la recrudescence de libelles visant sans détour le cléricalisme du régime, la collusion réelle et rêvée entre les jésuites et les milices du parti ultra, la Congrégation comme les Chevaliers de la foi. Plutôt que de plier, le roi persiste à multiplier les « démonstrations religieuses au milieu d'une population travaillée contre lui, sous ce rapport, par les agitateurs » (Villèle). Le « parti-prêtre » semble partout...

1827, l'année de tous les dangers

Irrité par le déferlement des voix contraires et la difficulté des juges à punir ce qu'il estime être des attaques contre « le trône et l'autel », Charles X pousse ses ministres au conflit ouvert avec les Chambres et l'opinion publique. En décembre 1826, le gouvernement présente le projet d'une loi « de justice et d'amour » (Peyronnet), qui équivaudrait au rétablissement de la censure. Elle fait contre elle l'unanimité. Chateaubriand, désormais dans l'opposition dynastique, y décèle « une horreur profonde des lumières, de la raison et de la liberté », de même qu'une « violente antipathie contre l'ordre des choses établi par la Charte ». Plus à gauche, Royer-Collard s'en prend aussi à la faction qui entraîne le roi à sa perte, tire la France « en arrière », dégrade l'humanité et outrage la justice. Adoptée de justesse par les députés, la loi est tellement amendée par les pairs que le président du Conseil préfère la retirer. C'est une victoire humiliante pour les adversaires, quels qu'ils soient, du ministère. La dissolution de la Garde nationale, dont certains membres ont manifesté bruyamment leur résistance aux dérives absolutistes, reste cependant « la principale faute de Villèle » (B. Yvert). C'est frapper,

En août 1829, Charles X forme un ministère de combat entièrement composé d'ultraroyalistes. Le conflit avec la majorité libérale de la Chambre des députés, attachée aux libertés constitutionnelles et au principe de responsabilité ministérielle, est inévitable. Après l'échec de nouvelles élections, au terme d'une dissolution, Charles X et ses ministres choisissent la voie de l'affrontement et promulguent quatre ordonnances : l'une muselle la presse, l'autre dissout la Chambre des députés fraîchement élue, une troisième modifie la loi électorale au seul profit des grands propriétaires fonciers, la quatrième enfin fixe la date des nouvelles élections. (*Caricature de Charles X reniant la charte constitutionnelle.* Gravure, XIXe siècle.)

au-delà des vrais réfractaires, la fierté et les intérêts de plusieurs milliers de Parisiens. Lors de la révolution de 1830, cette milice bourgeoise rejoindra l'insurrection des parias. Pour réconcilier autour de lui les droites, Villèle va alimenter la menace libérale. La censure est rétablie le 24 juin 1827. Le tollé est immédiat.

Par la suite, la Chambre des députés est dissoute début novembre. Les électeurs, petits et grands, sont appelés à voter dès le 17. La censure suspendue, le climat est donc chauffé à blanc, d'autant que les libéraux s'organisent et permettent à de nouveaux électeurs de se présenter aux urnes. Le premier vote leur donne une écrasante majorité. Les 19 et 20 novembre, la rue gronde et la troupe tire. L'attitude des grands électeurs, l'autre France, répond à cet élan révolutionnaire par un vote réactionnaire, du reste attendu. Il ne suffit pas cependant à inverser la tendance. Désormais, forte du soutien des ultras recentrés, l'opposition domine. Celle de Guizot et des lecteurs du *Globe* plus encore que les troupes de Chateaubriand. Villèle sera en janvier leur première victime... C'est dans ce climat insurrectionnel que se déroulent le Salon de 1827, troublé par le débat sur le romantisme, et l'inauguration des nouvelles salles du Louvre, celles du Conseil d'État et celles du musée Charles X, aux décors peints par toute la génération montante. La jeunesse parle, ici comme ailleurs. Et Hugo renie son ultracisme.

« Ce moment calme et sensé de la Restauration »

Seule la victoire navale de Navarin sur la flotte turque, le 20 octobre 1827, vint adoucir le solde négatif de l'année. La France avait fini par rejoindre l'Angleterre et la Russie aux côtés des insurgés grecs. Longtemps attentiste, ce qu'on lui reprocha dès 1821, la Couronne sortait enfin de sa réserve en portant le fer, sans grande conviction, contre l'Empire ottoman. Martignac, qui prend l'Intérieur et devient le chef du gouvernement en janvier 1828, exploitera la situation ouverte dans le Péloponnèse par l'envoi de 15 000 hommes. Pour rompre plus nettement avec la politique de son prédécesseur, il épura la haute administration de quelques noms compromis, liés à la Congrégation ou trop ouvertement associés aux intrigues. À l'inverse, Chateaubriand et quelques-uns de ses amis rejoignaient l'équipe gouvernementale. Martignac fit même accepter une révi-

Entre 1821 et 1830, le combat des Grecs pour leur indépendance passionna et divisa les Français. Prenant d'abord l'apparence d'une révolution nationale, compliquée d'un conflit culturel et religieux, l'insurrection était de nature à rallier à sa cause d'autres sympathisants que les seuls libéraux. L'attentisme de la couronne exaspérait à gauche comme à droite. Et le Comité grec qui se constitua en 1825 autour de Chateaubriand, ministre démissionné, n'avait rien d'homogène. Dès 1822, les premières images à soutenir les insurgés paraissent, conspuant la barbarie du Turc sanguinaire et fanatique. Cette année-là, l'île de Chio et sa reprise en main par l'armée ottomane inspirent à Delacroix le désir de témoigner des horreurs de la guerre en attirant l'attention sur lui. En 1824, sa grande toile enflamme le Salon par son réalisme et le constat d'un peuple enchaîné. Il faudra attendre juillet 1827 pour que Charles X décide de prendre part au conflit aux côtés de la Russie et de l'Angleterre. (*Scène des massacres de Scio.* Huile sur toile d'Eugène Delacroix, 1824.)

sion des règles électorales, moins soumises à l'action des préfets dociles au château. On a pu dire que la loi du 2 juillet 1828 constituait une révolution, qui aurait pu éviter celle qui renversa Charles X.

Comme toute la presse ultra, *la Gazette de France* fustigea l'« organisation du principe démocratique, l'enrôlement et le recrutement à perpétuité de la milice des révolutions ». Est-ce à dire que le roi laissait faire et qu'il aurait médité aussi bien la leçon des urnes que l'héritage de Louis XVIII ? En fait, les concessions de Martignac, pour employer un mot qu'ils n'entendaient pas de la même façon, exaspéraient le monarque, qui se rêvait en homme à poigne alors que seule la plus grande intelligence politique aurait pu sauver le trône. Nouveau Decazes par son charme et son modérantisme, le ministre de l'Intérieur poursuivit de son côté sa restauration des principes de la Charte. Dans le domaine très sensible de l'Instruction publique, séparée fort à propos des Affaires ecclésiastiques, le rôle des jésuites est jugulé et les écoles religieuses plus contrôlées. Paradoxalement, il manqua au réformateur le soutien de la gauche modérée pour accentuer sa rupture. Sur les questions de la presse et de la loi électorale, traditionnelles pierres d'achoppement, libéraux et ultras vont faire le jeu du roi en laminant Martignac, trop prudent pour les uns, trop dangereux pour les autres. Fatale erreur.

« Coblence, Waterloo, 1815 »

(Saint-Marc Girardin)

Martignac remercié, un ministère de « Défense royale » se met en place. Le roi en confie la direction à un proche, Jules de Polignac. C'est l'un des fils de la favorite de Marie-Antoinette. Émigré de la première heure, conspirateur sous Bonaparte, il n'a jamais quitté le sillage du comte d'Artois. En 1815, il a refusé de prêter serment à la Charte. Joli début. Il s'adjoint, première faute, Bourmont à la

La réaction à la promulgation des ordonnances est immédiate et radicale. Pendant les journées des 27, 28 et 29 juillet – les Trois Glorieuses –, le peuple se soulève. Le 27, ouvriers, étudiants et journalistes dressent des barricades ; le 28, tout l'est de Paris, qui abrite les quartiers populaires, est mobilisé et se révèle imprenable : 25 000 soldats de l'armée royale sont tués et la garde nationale rallie les insurgés ; le 29, le Palais-Bourbon et le Louvre sont investis par le peuple de Paris. Charles X retire alors ses ordonnances, mais il est trop tard : le peuple est victorieux. (*La prise du Louvre, le 29 juillet 1830 : massacre des gardes suisses.* Huile sur toile de Jean-Louis Bézard, 1890.)

Guerre. Le général ne peut faire oublier sa trahison à Waterloo et son attitude méprisable lors du procès de Ney en 1815. Confier l'Intérieur à La Bourdonnais est peut-être plus grave encore. L'homme n'est qu'élans incontrôlés et ultracisme inflexible. Si l'on en croit la duchesse de Maillé, le roi exulte de se sentir si bien entouré. La logique réactionnaire exigeait un contrôle absolu aux deux extrémités de l'opinion publique, la presse et le terrain. Museler la première, rendre le second aux notables qui pensent bien et, appuyés par le clergé, tiennent leur monde. Le roi, qui ne craint pas les redites, fait donc le choix du féodalisme contre les progrès du parti de la « révolution ». Chateaubriand, démissionnaire, rentre de Rome pour assister à l'agonie de la monarchie, son rôle préféré.

Au *Journal des débats*, fief de l'écrivain, Bertin sonne le glas : « Ainsi, le voilà encore une fois brisé, ce lien d'amour et de confiance qui unissait le peuple au monarque ! Voilà encore une fois la cour avec ses vieilles rancunes, l'émigration avec ses préjugés, le sacerdoce avec sa haine de la liberté, qui viennent se jeter entre la France et son roi ! » La gauche la plus hostile à Polignac va se donner une tribune plus virulente que toutes les autres, *le National* de Carrel, Mignet et Thiers. De même Hugo : « Le romantisme n'est, à tout prendre, que le libéralisme en politique », écrit-il en tête d'*Hernani*. Nous sommes en février 1830. Tout va se précipiter désormais comme au théâtre. En mars, 221 députés expriment leur défiance à Polignac. Inébranlable, Charles X dissout la Chambre en mai. La prise d'Alger, pourtant foudroyante début juillet, ne détourne pas longtemps les Français de leurs luttes internes. Aux quatre ordonnances du 25 juillet 1830, qui bâillonnent une fois de plus les urnes et les journaux, les Parisiens répondent par les Trois Glorieuses. Des barricades surgit le cousin du roi, un Orléans. Charles X, exilé, survécut encore six ans à l'affront. La vieille monarchie s'éteignait avec lui.

Régner et gouverner

Le 10 juin 1837 Louis-Philippe **inaugure** le musée de l'histoire de France de Versailles, dédié à « toutes les gloires de France », dans le cadre des festivités qui marquent le mariage du prince Ferdinand-Philippe avec la princesse Hélène de Mecklembourg. Le musée rencontre un très grand succès. « Ce que le roi Louis-Philippe a fait à Versailles est bien, commente Victor Hugo. Avoir accompli cette œuvre, c'est avoir été grand comme roi et impartial comme philosophe ; c'est avoir fait un monument national d'un monument monarchique ; c'est avoir mis une idée immense dans un immense édifice ; c'est avoir installé le présent dans le passé [...] ; en un mot, c'est avoir donné à ce livre magnifique qu'on appelle l'histoire de France cette magnifique reliure qu'on appelle Versailles. » (*Louis-Philippe se fait présenter le corps diplomatique dans la galerie des batailles lors de l'inauguration du musée de Versailles, le 10 juin 1837.* Huile sur toile de Francois Joseph Heim, XIXe siècle.)

Le 6 NOVEMBRE 1836, Charles X s'éteignait à Görz, loin de Paris et de Reims, entraînant dans sa mort la branche aînée. Son cousin Louis-Philippe n'avait plus de temps à perdre pour marier le plus âgé de ses fils, le beau Ferdinand, duc d'Orléans, et consolider ainsi l'étrange monarchie sur laquelle sa famille cherchait à arrimer le destin du pays depuis la révolution de 1830. L'entreprise ne manquait pas de difficultés. Cible permanente d'exaltés de tous bords, le roi était traité en usurpateur par les principales cours d'Europe. Louis-Philippe devra subir bien des déconvenues, assez cuisantes souvent, avant que ne soit célébrée l'heureuse union entre Ferdinand, « prince royal de France », et Hélène de Mecklembourg, nièce du roi de Prusse. Si la cérémonie se déroule à Fontainebleau, choix déjà symbolique, l'ouverture du musée de Versailles en constitue le vrai couronnement. Le 10 juin 1837, il y a foule au château pour assister à sa résurrection en livre d'histoire. Les dorures, les marbres et des boiseries de l'absolutisme solaire servent d'écrin aux héros du passé national, des Mérovingiens à la monarchie régnante. Déchu dès le printemps 1789 et promis à la destruction, sauvé mais abandonné pour ainsi dire à son destin d'astre froid, Versailles renaissait au prix d'une mutation essentielle. Le palais entre en travaux dès 1833 afin d'accueillir des milliers de peintures et de sculptures, anciennes et modernes, dans un décor lui-même nettement historiciste.

Louis-Philippe Ier

Convention — Directoire — Consulat — Napoléon Ier, empereur — Louis XVIII — Charles X — Louis Napoléon Bonaparte — Napoléon III, empereur

1792 | 1795 | 1799 | 1804 | 1814 | 1824 | **1830** | **1848** | 1852 | 1870

Ire République — Premier Empire — Restauration — **Monarchie de Juillet** — Second Empire — IIe République

Un prince du sang

Au dire de ses ennemis, légitimistes ou républicains, Louis-Philippe aurait saisi la couronne de Charles X dans le ruisseau ; il n'en sortait pas lui-même. Depuis le Régent, son ancêtre en ligne droite, la branche cadette attendait une nouvelle occasion pour retrouver une prééminence politique à laquelle elle estimait avoir droit. Le père de Louis-Philippe n'avait pas ménagé le trône affaibli de Louis XVI. Mais, régicide en janvier 1793, le duc d'Orléans mourut en novembre sur l'échafaud. Par sa mère, une Bourbon-Penthièvre, Louis-Philippe pouvait également se prévaloir d'être l'arrière-petit-fils de Louis XIV, auquel il devait ressembler de plus en plus en vieillissant.

On ne doit pas méconnaître pour autant ce qui le rattache aux Lumières et à la Révolution. Membre des Jacobins en 1790, à 17 ans, le prince reçoit le baptême du feu sous l'uniforme de la République, à Jemmapes et Valmy, deux batailles qu'il fera peindre par Horace Vernet au début des années 1820. Il fallait alors faire oublier qu'il avait suivi ensuite le général Dumouriez, partisan d'une monarchie constitutionnelle, dans sa rupture avec la Convention. La vie d'émigré va durer près de vingt-cinq ans pour lui, durant lesquels il découvre l'Europe et même les États-Unis. Deux expériences politiques se dégagent de cette longue et incertaine parenthèse, ses séjours en Angleterre et en Sicile, dont il devient prince par son mariage en 1809 avec Marie-Amélie de Bourbon. Devenu gendre du roi de Naples, Louis-Philippe rentre en France dès la première abdication de Napoléon Ier. Mais les Cent-Jours le renvoient à Londres, via Gand et la Hollande. Il y restera après le retour de Louis XVIII en France, soucieux de ne pas trahir ses convictions et de ne pas brûler ses chances en s'associant au régime rétrograde de la seconde Restauration. Le général patriote ne rentre avec sa nombreuse famille qu'en 1817 pour retrouver ses biens, ses terres et bientôt les prérogatives dues à son rang. Sa présence aux côtés du roi lors du sacre de Charles X témoigne des nouveaux égards que lui accorde la Couronne. En cette même année 1825 il profite du « milliard des émigrés » pour arrondir une fortune qui va continuer à s'accroître. Collectionneur et mécène en vue, couvrant de son nom Géricault, Delacroix et Vernet, le duc d'Orléans contrôle une clientèle importante. Le pouvoir surveille ses agissements et même ses achats de tableaux. Autre cause d'effroi, ses fils, boudés des salons aristocratiques, se mêlent à la jeunesse libérale. La chute de Charles X achève de le transformer en « solution » idéale. Dès le 31 juillet 1830, le vieux La Fayette le fait acclamer à l'Hôtel de Ville ; le 9 août, Louis-Philippe jure de respecter une Charte révisée devant les représentants de la Nation. Un sacre laïc !

Le trône, après quarante années d'attente, s'ouvre enfin, il est même offert à « ses descendants de mâle en mâle et à perpétuité ». Le « roi des Français », par son passé et ses idées, semblait le meilleur garant alors d'une politique ramenée au centre, qu'il symboliserait plus qu'il ne la mènerait. C'était bien connaître le modérantisme de l'élu, c'était mal connaître en revanche sa fibre autoritaire, son désir de gouverner et sa capacité à durcir le ton au besoin. Mais il sait se montrer habile, conscient que les derniers Bourbons ont moins été les victimes de leur supposé absolutisme que de « la réaction féodale » qui s'exprimait par leur attitude et leur vie de cour désuètes. Le 8 août, avec son accord, les libéraux du gouvernement lui ont fait renoncer à tout lien affirmé entre le nouveau et l'ancien régime. Mais une certaine symétrie compensatrice s'observe : Louis-Philippe Ier ne sera pas Philippe VII ; en revanche, les armes de la famille d'Orléans seront désormais celle de la France. « Le sceau officiel de l'État portera donc d'azur à trois lys d'or au lambel d'argent, surmonté de la couronne royale » (Guy Antonetti). Selon une alchimie identique, les Premiers ministres dont le roi s'entoure restent les hommes de Juillet, à l'exception notoire des républicains. Tout se joue en effet

Sous la Restauration, La Fayette est un symbole de 1789. Sa légende est intacte sous les Trois Glorieuses : il est proclamé commandant de la Garde nationale par les combattants (29 juillet 1830) puis ouvre la voie à Louis-Philippe, qu'il accueille à l'Hôtel de Ville. Au début de son règne, afin de ne pas trop décevoir les espoirs que la révolution de 1830 avait donnés aux républicains et aux bonapartistes, Louis-Philippe laisse un certain nombre de personnalités libérales, comme La Fayette, mais aussi le banquier Laffitte, graviter autour du pouvoir. (*Louis Philippe embrassant le général la Fayette et arborant les couleurs nationales sur la terrasse du Palais-Royal.* Lithographie de Fonrouge d'après un dessin de Labastide, XIXe siècle.)

Alors que la situation du pays s'était dégradée, affaiblissant le trône du roi, le tableau fut conçu et exposé au Salon comme une sorte de « bulletin de santé » et d'affirmation dynastique forte. Cette cavalcade enlevée avec brio, d'une facture nerveuse et d'une palette très sonore, comporte de nombreuses allusions à la continuité de la couronne des Orléans. Versailles, tant le palais de Louis XIV que le musée des gloires de la France, est présent dès les fleurs de lys de la grille. Les cavaliers qui viennent de la franchir apparaissent comme l'émanation vivante d'une double histoire, le passé des Bourbons et le présent des cadets. Depuis la gauche, on voit Joinville, Montpensier, Orléans, Nemours et Aumale. Le tour de force combine esthétique et politique, la frontalité audacieuse de la composition et le sentiment d'un destin familial durable. La présence de Ferdinand, décédé en juillet 1842, est tout un symbole. Quelques mois plus tard, la révolution de 1848 devait infliger un cruel démenti à ce tableau trop optimiste. (*Portrait équestre du roi au milieu de ses fils*. Huile sur toile d'Horace Vernet, 1847.)

entre les différentes sensibilités du libéralisme issues des années 1820… À cette aune seulement, Guizot et Broglie passent pour moins progressistes que Casimir Perier et Laffitte.

Plus significatif est le choix du comte Molé aux Affaires étrangères. Aux yeux de Louis-Philippe, qui veut contrôler la diplomatie, le grand aristocrate rompu à la politique sous l'Empire est le parfait serviteur. Il faut que l'Europe accepte celui qui passe parfois pour un usurpateur. En France, le roi a aussi fort à faire pour contenir la logique de l'extrême gauche. On abolit les lois scélérates de Charles X, on emprisonne à vie ses ministres, dont la tête est réclamée par les clubs et la rue. Pour calmer les républicains et les socialistes, Louis-Philippe accepte de confier en novembre un nouveau gouvernement à Laffitte, misant sur son incapacité à y rester longtemps et à transformer la monarchie constitutionnelle en république modérée. Le sac de Saint-Germain-l'Auxerrois par la foule, le 14 février 1831, émeut moins ce voltairien de Louis-Philippe qu'il n'inquiète l'ennemi de l'émeute et ne lui donne un prétexte pour changer de ministère. Casimir Perier, peu ouvert aux « innovations politiques », met alors en train des réformes, tant électorales qu'administratives, propres à séduire les classes moyennes. Mais la France qui a faim ou qui reste à l'écart des nouveaux « notables » le fait savoir à travers une presse « libérée » et des actions de rue. Lyon en 1831 se soulève. Et Paris en 1832, à la suite de l'hécatombe du choléra.

Le retour de la censure

Les plus indigents périrent donc les premiers. Mais ils ne furent pas les seuls à être emportés par la vague mortelle. Le 16 mai, l'homme de fer, l'inflexible Casimir Perier, rendait les armes. Les « passions révolutionnaires », tant redoutées par Guizot, n'attendaient qu'un signe pour se réveiller. Deux semaines avaient suffi pour que la catastrophe sanitaire, soufflant sur la colère des déçus de juillet

1830, fit à nouveau resurgir les barricades, décrites par le Hugo des *Misérables*. Le vent des révolutions enflamma ainsi les quartiers des Halles et de Saint-Merry, il ne parvint pas à soulever tous les chefs du mouvement républicain et à faire fléchir la garde nationale. Le 6, c'en était fini des faiseurs de barricades. Au canon méthodique, Gavroche et les siens ne pouvaient opposer que leur insolent mépris de la mort. Au moment où la répression la plus dure s'abattait sur Paris, le gouvernement affrontait en Vendée un autre front, où la duchesse de Berry tentait de soulever le vieux pays chouan. Son emprisonnement dresse un peu plus le faubourg contre Louis-Philippe et son nouveau ministre de l'Intérieur. Thiers est en effet entré au gouvernement, le 11 novembre 1832, en même temps que deux autres ténors de la « Résistance », Broglie aux Affaires étrangères et Guizot à l'Instruction publique. Le roi et ses ministres, excédés de leur dépendance, ont beau suivre le programme de 1830 dans maints domaines, l'opposition juge ces avancées trop timides. Le divorce central entre les principes libéraux du régime et son fonctionnement réel finira par tout emporter quand la question sociale armera aussi le peuple en février 1848. Les insurrections de 1834, à Lyon et Paris, réprimées dans le sang, en sont le triste présage. L'opposition, légitimiste et républicaine, se déchaîne contre le régime et la personne du roi avec une violence qu'on n'imagine plus. Le 28 juillet 1835, durant une revue militaire organisée en souvenir des Trois Glorieuses, Louis-Philippe et ses fils sont la cible d'une « machine infernale » sur le boulevard du Temple. Mais les balles de Fieschi n'atteignent que leur entourage. Vingt morts, un vrai choc dans tout le pays. Le gouvernement réplique par plusieurs « lois répressives », qui touchent les tribunaux et surtout la presse. Cette radicalisation des ministères successifs, jusqu'à la fin 1840, s'accompagne d'une présence accrue des Français en Algérie et d'une active politique dynastique. Marié, Ferdinand, officier aguerri, semble un rempart rassurant face à un mécontentement toujours plus organisé. Alors que Louis-Philippe se sépare du belliqueux Thiers, le 29 octobre 1840, il a déjà mis aux fers le chef des bonapartistes, Louis Napoléon, piètre conspirateur.

Le moment Guizot

La question égyptienne avait dressé l'Angleterre contre la France et le pire avait été évité de peu. Asseyant sa popularité sur l'honneur blessé de 1815, Thiers voulait la guerre que refusait Louis-Philippe. C'était accepter de mettre la fièvre cocardière du côté du ministre remercié. Tocqueville diagnostique à chaud : « Jamais, depuis 1830, le danger n'a été aussi grand. » Ce que le roi perdait d'un côté, il le regagnait, en partie au moins, sur d'autres fronts : le 15 décembre, la dépouille de Napoléon rentre en France, sous la conduite du prince de Joinville, celui de ses fils qui avait choisi la marine ; les autres, Aumale notamment, s'illustrent en Afrique dans la cavalerie. Pour assurer la cohérence du nouveau cabinet, on rappela Guizot de Londres, qui prit les Affaires étrangères. Ses réserves oubliées envers cet homme aussi brillant qu'inflexible, le roi devait former avec son ministre dévoué « le couple gouvernemental le plus solide que la France ait connu depuis le début du XIXe siècle »

Le 28 juillet 1835, à l'occasion du cinquième anniversaire de la révolution de Juillet, le roi passe en revue la Garde Nationale. Il échappe de peu à un attentat, mais l'explosion fait dix-huit victimes. Thiers, ministre de l'Intérieur, profite de l'occasion pour faire voter des lois répressives : il réorganise les cours d'assises pour le jugement des actes de rébellion et interdit toute contestation des principes du régime. Cette censure entraîne la disparition de trente journaux républicains. (*Explosion de la machine infernale de Fieschi, Pépin et Morey*. Lithographie du XIXe siècle.)

Le duc d'Orléans se préparait à régner quand un accident de cheval, sur la route du château de Neuilly, mit fin brutalement à son destin princier. Ayant acquis des galons très tôt, en Belgique lors de l'indépendance, puis en Algérie, mais aussi en menant l'armée contre les « misérables » canuts de Lyon en 1834, Ferdinand était de plus un collectionneur des modernes hors pair. Esprit et cœur larges, il protégea aussi bien Delacroix qu'Ingres. Le portrait du soldat, achevé et exposé peu avant la mort de « l'aimable mécène », rappelle ceux des officiers de l'Empire par son énergie conquérante. (*Portrait de Ferdinand Philippe Louis de Bourbon-Orléans, duc d'Orléans*. Huile sur toile de Jean Auguste Dominique Ingres, 1842.)

(G. de Broglie). Complicité étonnante, qui dura huit ans. Nourrie d'un commun conservatisme éclairé, elle se consolida d'épreuves que les deux hommes vécurent en s'épaulant. La mort inattendue et accidentelle de Ferdinand, le 13 juillet 1842, fut de loin la plus terrible. Frappant au cœur la famille royale, elle affaiblissait le régime de Juillet : « Une heure a détourné tout un siècle », écrit Musset, grand ami du prince comme une partie de la jeunesse romantique de 1830. La prospérité économique du pays et l'habileté redoutable de Guizot, grand tribun et grand manœuvrier, prémunirent Louis-Philippe contre les effets conjugués de cette perte et de son immobilisme. Mais la situation commença à se dégrader sérieusement en 1847, année pourtant des « mariages espagnols », autre victoire que Guizot avait obtenue à la barbe des Anglais. L'extension européenne du réseau dynastique, amorcée en 1831 avec le mariage de Louise au roi des Belges, ne pouvait à elle seule inverser les conséquences de la crise économique qui se dessina à partir de l'été 1846 et ses mauvaises moissons. Au cours de l'année suivante, ajoutant à l'effet des scandales qui éclaboussaient la haute administration, d'autres secteurs – économique et bancaire – trahirent à leur tour les signes d'une fragilité inquiétante. Pour l'opposition républicaine, l'heure du tocsin avait sonné. Guizot déstabilisé sur le terrain de la prospérité, le roi vieillissant et plus raide que jamais, comme s'en inquiètent ses fils, il fallait précipiter le régime à sa fin. Par une série de banquets, républicains et socialistes électrisèrent la rancœur ou la colère des ventres creux. Trois jours avaient porté Louis-Philippe au pouvoir ; trois jours l'en firent glisser à jamais.

Le roi mécène

N'en déplaise à Louis XIV, le roi mécène n'est pas une figure propre au Grand Siècle ! Dès le XIIIe siècle, les Capétiens sont les artisans d'une politique culturelle qui touche à tous les domaines de la production artistique et intellectuelle de l'époque. Les Valois amplifient ce volet de l'action royale auquel les guerres d'Italie (1494-1559) donnent un nouveau souffle. Les Bourbons enrichissent les collections royales, qu'ils ouvrent à un public restreint. C'est à la Révolution qu'il appartient de les dévoiler aux yeux de la Nation.

1.
Image de Notre-Dame, dite *Goldenes Rössl* (Cheval d'or). (Or émaillé et ciselé, argent doré, saphirs, rubis, perles.)

2.
Salière et poivrière de François Ier, dessinée et fondue par Benvenuto Cellini. (Or et email sur socle en ébène, 1539.)

3.
Puget présentant sa statue de Milon de Crotone à Louis XIV dans les jardins de Versailles. (Huile sur toile d'Eugène Deveria, 1832.)

1.

PREMIER CAPÉTIEN à jouer le rôle de mécène à grande échelle, Louis IX intervient dans des projets où sa piété le pousse à agir. Ainsi, de 1242 à 1248, il s'implique personnellement dans la construction de la Sainte-Chapelle, destinée telle une immense châsse, à abriter et à exposer des reliques de la Passion du Christ. Quelques années plus tard, il aide Robert de Sorbon à ouvrir un collège promis à un grand avenir. Proche du dominicain Vincent de Beauvais, le roi intervient dans la rédaction de son encyclopédie, somme des savoirs du XIIIe siècle.

Sous le règne de Charles VI, la cour est traversée par un brillant courant intellectuel et artistique qui préfigure la Renaissance. Les lettres comme les arts décoratifs atteignent des sommets

2.

de raffinement, comme en témoigne ce chef-d'œuvre d'orfèvrerie offert par la reine Isabeau au roi pour le nouvel an 1405 [1].

François Ier profite des guerres d'Italie pour importer la Renaissance et invite les artistes parmi les plus célèbres de la péninsule. Léonard de Vinci suit le roi pour mourir au château d'Amboise en 1519. À Fontainebleau, entre 1533 et 1539, le peintre Rosso supervise le décor de la galerie reliant l'appartement du roi à la chapelle ; stuc et fresques, techniques jusqu'alors inconnues en France, magnifient le roi. Ce nouveau style suscite l'admiration de Charles Quint puis de toute l'Europe. François Ier sollicite tous les talents : l'orfèvre Benvenuto Cellini donne leurs lettres de noblesse aux arts de la table [2].

Avec Louis XIV, le mécénat, d'affaire de prince, devient affaire d'État. À la suite de l'Académie française créée en 1635, l'Académie royale de peinture et de sculpture [3] voit le jour en 1648, suivie par celle d'architecture en 1671. Liées à la politique de prestige de la royauté, les académies modèlent la vie artistique du royaume. L'action de Louis XIV a investi les sphères musicale (Lully) et littéraire (Corneille, Racine...). Rien ne paraît résister à l'attraction de l'astre de Versailles. Pourtant, à partir des années 1750, le mécénat royal est concurrencé par de nouveaux mécènes comme les fermiers généraux ou les financiers. La création artistique et intellectuelle bénéficie de plusieurs foyers.

En transformant le Louvre en musée national ouvert à tous, la Révolution ne fait qu'entériner un projet initié par Louis XVI. Charles X inaugure en 1827 une galerie regroupant des antiquités égyptiennes, des bronzes antiques, des vases étrusques ainsi que des objets d'art médiévaux et de la Renaissance. Pour le décor de ces nouvelles salles, le roi a fait appel aux plus grands artistes du moment, dont Ingres qui livre une magnifique *Apothéose d'Homère*. Louis-Philippe entreprend de sauver Versailles du délabrement et d'en faire, avec la galerie des Batailles, un musée dédié « à toutes les gloires de la France » (1837).

3.

N.G. de Magrath . Paris 1861.

République et second Empire

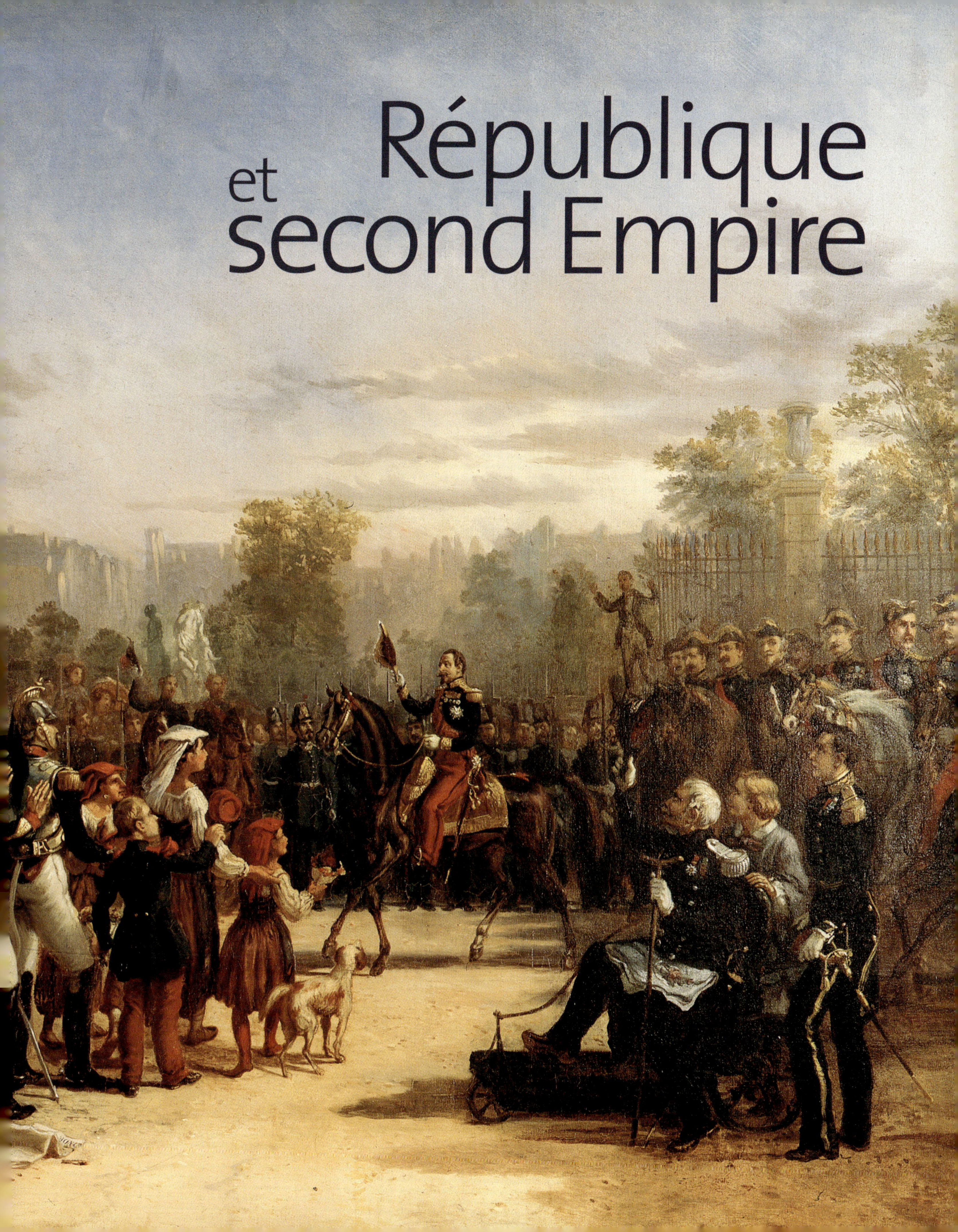

Un despote éclairé

La guerre d'Italie commence le 29 avril 1859. La campagne d'Italie n'est pas plus brillante que ne l'a été celle de Crimée. L'empereur a pris lui-même le commandement des troupes. Mais l'armée est mal préparée et mal remise de la guerre de Crimée. L'armée autrichienne ne vaut pas beaucoup mieux. Sans consulter son allié piémontais, l'empereur accorde brusquement un armistice à l'Autriche, le 12 juillet. La France en sort diminuée : Napoléon III a capitulé trop tôt. (*Napoléon III visite les blessés français, piémontais et autrichiens du combat de Montebello, en mai 1859*. Huile sur toile de Jules Rigo, 1859.)

AU SOIR DU 24 JUIN 1859, après douze heures de combats acharnés, près de 40 000 hommes avaient trouvé la mort ou mordu la poussière aux portes de Solferino. Le nom de ce village piémontais, situé sous le lac de Garde, entrait brusquement dans l'histoire. Quoique les pertes fussent plus importantes parmi les Autrichiens et qu'il sortît vainqueur de cette boucherie, Napoléon III éprouva une sorte de vertige à la vue de tant de cadavres, comme la peinture militaire devait le dire à sa façon. La récente guerre de Crimée contre le tsar, plus meurtrière mais lointaine, avait épargné cet homme trop sensible pour surmonter les effets de son bellicisme. La nouvelle campagne d'Italie, qui hantait l'empereur depuis longtemps, se payait donc au prix fort. Pour quels résultats ? Née d'un traité secret entre la France et le Piémont, alliés dans le refus des accords de 1815 et de la présence de l'Autriche en Italie du Nord, la guerre s'acheva en dehors de toute concertation et de résultat solide. Sans consulter Victor-Emmanuel II, le roi de Sardaigne, ni respecter ses engagements envers d'autres partisans de l'unité italienne, Napoléon III décida de suspendre les opérations qu'il avait lui-même suivies sur le terrain. Lors de l'armistice de Villafranca, conclu avec l'empereur François-Joseph le 11 juillet 1859, la France obtint des Autrichiens l'abandon de la Lombardie contre leur maintien en Vénétie. Magenta et Solferino, saluées à Paris comme de glorieuses victoires, signaient plutôt les ambiguïtés et l'incertitude de la politique étrangère du régime. En affaiblissant Vienne, acquis immédiat, on avait indirectement renforcé Bismarck et préparé Sedan.

Napoléon III, empereur

Convention 1792 · Directoire 1795 · Consulat 1799 · Napoléon Ier, empereur 1804 · Louis XVIII 1814 · Charles X 1824 · Louis-Philippe Ier 1830 · Louis Napoléon Bonaparte 1848 · 1852 · 1870

Ire République · Premier Empire · Restauration · Monarchie de Juillet · IIe République · Second Empire

Élu député de Paris, Victor Hugo défend le régime de Louis-Napoléon Bonaparte tout en exigeant plus de réformes, prenant fait et cause pour l'instruction publique, l'abolition de la peine de mort, la liberté de la presse. La rupture avec Louis Napoléon Bonaparte est consommée après le coup d'État du 2 décembre. Hugo prend alors la tête de l'opposition, appelle aux barricades… (*Victor Hugo et Émile de Girardin soutenant la candidature de Napoléon Bonaparte.* Caricature d'Honoré Daumier parue dans *Le Charivari*, XIXe siècle.)

« L'espoir de ma race »

Relever le pays sous son autorité, lui rendre une place dans le concert européen, tenir tête à Vienne et aux Russes, unifier l'Italie, Louis Napoléon Bonaparte en caressait le projet depuis longtemps. Fils de l'éphémère roi de Hollande et de la reine Hortense, il avait vu le jour en 1808 et connu l'exil dès 1815. Au moment de prendre la route de Sainte-Hélène, Napoléon Ier aurait dit de lui au maréchal Bertrand : « Embrassez cet enfant ; il a bon cœur. Peut-être sera-t-il un jour l'espoir de ma race. » Apocryphes sans doute, ces paroles prophétiques serviront plus tard… Séparé de son frère aîné, le futur empereur est élevé en Allemagne, puis en Suisse, dans le culte de son oncle et le désir de rendre aux Bonaparte le rang dont Waterloo et le congrès de Vienne les a spoliés.

À Arenenberg, un petit château de style troubadour bâti sur les bords du lac de Constance, l'enfant frotté à l'héritage révolutionnaire reçut une éducation exigeante. Son précepteur, Philippe Le Bas, aussi républicain que son père avait été robespierriste, le rompit à la pensée politique moderne, tandis que sa mère le préparait à la vie mondaine en recevant les voyageurs de passage. L'un d'eux, Chateaubriand, découvrit alors « un jeune homme studieux, instruit, plein d'honneur et naturellement grave ». Mais Louis Napoléon n'est pas seulement un chien savant, polyglotte et réfléchi, il cherche à se donner très tôt une carrière sous l'uniforme, pourvu que la cause serve la sienne.

Ayant échoué à se mettre au service du tsar contre la Turquie, il rejoint l'artillerie suisse en juin 1830. Mais la déchéance de Charles X, un mois plus tard, donne des ailes à son bonapartisme, auquel l'agitation nationaliste en Italie ouvre un accès héroïque. Aux côtés de son frère, en 1831, le voilà en Romagne faisant le coup de feu sur les soldats du pape et l'armée autrichienne. Mais les insurgés en herbe n'inquiètent pas longtemps le pouvoir en place. La fuite s'impose, mortelle. Le plus âgé des fils d'Hortense meurt bêtement des effets de la rougeole. Louis Napoléon, chef de la famille, devient l'année suivante, après la mort de l'Aiglon, le seul prétendant à la couronne perdue…

L'heure serait-elle venue ? Certains, comme le jeune Persigny l'en convainquent. Tournant ses yeux vers la France de Louis-Philippe, où la légende napoléonienne fait florès, le prince tente de précipiter l'histoire par deux coups de force aventureux, en 1836 à Strasbourg, puis en 1840 à Boulogne-sur-Mer. Entre ces deux dates, le conspirateur sera contraint à vivre aux États-Unis. Après le soulèvement raté de Boulogne, Louis-Philippe fut moins clément. On enferma le carbonaro au fort de Ham. Captivité longue, elle dura six ans, captivité dorée cependant, riche en lectures et publications. Bousculant le destin une fois de plus, le captif parvient à s'évader en 1846.

Entre coup d'éclat et coup d'État

Louis Napoléon ne rentrera dans sa patrie qu'en septembre 1848, précédé par l'aura de l'oncle et l'écho de ses propres écrits. Des *Rêveries politiques* en 1832 à *De l'extinction du paupérisme* en 1844, il s'est posé en avocat des classes laborieuses. On ne peut régner sans elles. Point de gouvernement stable sans suffrage universel et arbitrage étatique de l'économie, à l'heure du capitalisme naissant. Un régime fort, mais parlementaire, un chef, mais attentif à tous. Le césarisme démocratique a été pensé avant de se réaliser et de se durcir dans les faits. En décembre, alliant l'humilité feinte à la

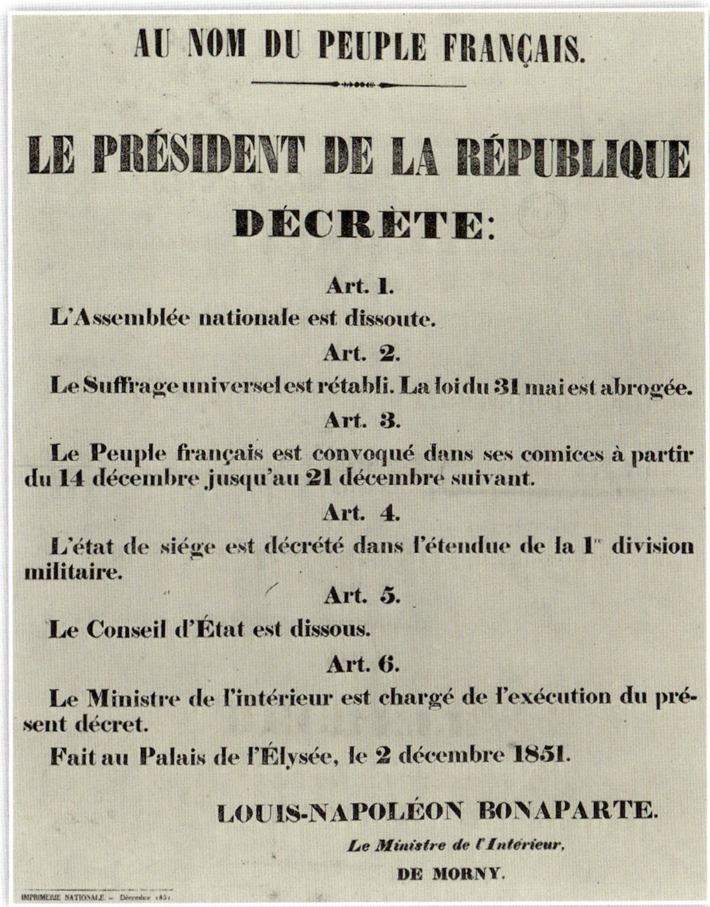

AU NOM DU PEUPLE FRANÇAIS.

LE PRÉSIDENT DE LA RÉPUBLIQUE

DÉCRÈTE:

Art. 1.

L'Assemblée nationale est dissoute.

Art. 2.

Le Suffrage universel est rétabli. La loi du 31 mai est abrogée.

Art. 3.

Le Peuple français est convoqué dans ses comices à partir du 14 décembre jusqu'au 21 décembre suivant.

Art. 4.

L'état de siége est décrété dans l'étendue de la 1re division militaire.

Art. 5.

Le Conseil d'État est dissous.

Art. 6.

Le Ministre de l'intérieur est chargé de l'exécution du présent décret.

Fait au Palais de l'Élysée, le 2 décembre 1851.

LOUIS-NAPOLÉON BONAPARTE.

Le Ministre de l'Intérieur,

DE MORNY.

Désireux de solliciter du peuple un second mandat présidentiel, Louis-Napoléon engage une campagne pour la révision de la Constitution mais ne peut obtenir à l'Assemblée la majorité des trois quarts éligible. Il se résout dès lors à faire un coup d'État. Le 2 décembre 1851, il dissout l'Assemblée, rétablit le suffrage universel et annonce un plébiscite pour une nouvelle Constitution. (Décret imprimé dans la nuit du 1er au 2 décembre 1851 et affiché sur tous les murs de Paris sur ordre du ministre de l'Intérieur, de Morny.)

séduction des hommes providentiels, Louis Napoléon est candidat à la présidence de la République et organise une propagande efficace. Au lendemain de la grande peur de juin 1848 et de la dictature jacobine de Cavaignac, son programme a de quoi convaincre le centre droit, un Hugo encore très peu républicain, mais aussi le centre gauche, que Lamartine ne parvient pas à entraîner, et tous les partisans d'un ordre sans appel ni faiblesse. Les notables et les campagnes se rejoignent autour d'un nom qui symbolise, la nostalgie aidant ou abusant, la gloire dans la stabilité. L'hydre de la République sociale est comme écrasée, le 10 décembre, sous le fracassant résultat des urnes. Un vrai coup de masse : 5,4 millions sur 7,7 millions de votants, c'est-à-dire les hommes en âge d'être électeurs. Dans *la Presse*, Émile de Girardin parle d'« acclamation », de plébiscite autrement dit. C'est précisément la ligne que Louis Napoléon suivra à chaque étape d'une carrière qui n'a pas fini d'étonner. La situation qu'il devait affronter au cours des mois suivants ne fut pas non plus sans surprises.

L'Assemblée élue en mai 1849, pour commencer, se révéla majoritairement royaliste… Lui-même avait confié son gouvernement à l'orléaniste Odilon Barrot, qui resta en place après les élections législatives. Le prince-président, carbonaro repenti, n'hésite pas alors à s'aliéner la gauche : en juin 1849, un corps expéditionnaire est envoyé à Rome afin de la reprendre aux Républicains romains et de restaurer Pie IX. La manifestation montagnarde qui s'ensuit est durement réprimée. Menant une politique de bascule, le président décide d'affronter les conservateurs de la chambre en champion du suffrage universel. La loi du 31 mai 1850 l'ayant réduit devant le réveil des rouges, Louis Napoléon demande son abrogation en novembre. Puis, ayant échoué à faire réformer la Constitution, qui l'empêche de se représenter, il s'offre un nouveau Brumaire. Le 2 décembre 1851, anniversaire d'Austerlitz, un coup d'État sanglant mit fin à la République de 1848. Fuyant aussitôt la répression et la France, Hugo entre en résistance contre « Napoléon le Petit ». Dès le 1er janvier 1852, Louis Napoléon quitte le palais de l'Élysée pour celui des Tuileries, où les aigles resurgissent. À peine masqué, l'Empire est de retour.

« Il ressentait très peu de goût pour la liberté. » (Tocqueville)

La Constitution du 14 janvier donnait déjà tous les pouvoirs à l'homme du 2 décembre, qui se dévoilait un peu plus à chaque décision. Le 15 août, jour de la Saint Napoléon, devenait fête nationale ; plus significatives encore, les tournées de Louis Napoléon en province offrirent l'occasion de tester l'idée impériale avant de la rétablir et de la faire plébisciter massivement. Le 2 décembre 1852, aux Tuileries, Napoléon III inaugurait son règne en recevant les dignitaires de toute nature, à l'exception de l'ingrat Pie IX !

À défaut du sacre dont le nouvel empereur rêva un temps, la cérémonie renvoyait par sa date au couronnement de Napoléon Ier. Le calendrier devenait synonyme de dessein supérieur. Mais le despote était trop intelligent pour croire que le prestige de l'oncle suffirait à lui assurer une durable légitimité. Il faut à ses électeurs des paroles qui frappent, des signes qui fondent et des hommes qui agissent. À Bordeaux, le 9 octobre 1852, rejetant « les idéologues », Louis Napoléon promet sécurité, religion, paix et une embellie

Louis-Napoléon veut faire entrer le pays et sa capitale dans l'ère de la modernité. Les grands travaux vont très vite trouver au centre de Paris un laboratoire parfait. À la suite des rois de France et de Napoléon Ier, la réunion du Louvre et des Tuileries va être menée de façon magistrale en cinq ans. Le grand dessein national de la IIe République change de sens en se réalisant sous Napoléon III. L'empereur en fait le triple symbole de sa légitimité dynastique, de sa puissance et du système impérial. Car les transformations que subit le palais répondent aux besoins d'abriter les principales administrations du régime et ne profitent que très peu au musée. À l'extérieur, l'ostentation d'un bâtiment spectaculaire ; à l'intérieur, les rouages huilés d'un autocrate qui agit directement sur le gouvernement à travers le ministère d'État, véritable échangeur de l'action politique. (*L'architecte Visconti présente à Napoléon III les plans du Nouveau Louvre.* Huile sur toile d'Ange Tissier, 1865.)

économique qui profiterait à tous en modernisant le pays et en le dotant de vraies colonies : « Nous avons d'immenses territoires incultes à défricher, des routes à ouvrir, des ports à creuser, des rivières à rendre navigables, des canaux à terminer, notre réseau de chemins de fer à compléter. Nous avons, en face de Marseille, un vaste royaume à assimiler à la France. » Avec l'appui de banques entreprenantes, ce grand programme, inspiré du saint-simonisme, va en effet redessiner le pays, parallèlement à la mise en place d'un exécutif renforcé, d'une chambre introuvable, de ministres impuissants, d'une censure omniprésente et d'une ostentation régalienne. Depuis le mariage de Napoléon III avec Eugénie de Montijo, célébré en janvier 1853, la cour fonctionne à plein.

Quant à la paix, elle ne résiste pas longtemps au désir de laver l'humiliation de 1815. Napoléon III veut peser sur l'Europe. Elle penche alors à l'est, dominée par la Russie et fragilisée par le déclin ottoman dont le tsar tire avantage. L'Angleterre ne souhaite pas non plus lui céder le contrôle des détroits. Préférant vite les armes à la diplomatie, Paris et Londres engagent en Crimée une guerre mal préparée. Mais devant le risque de voir l'Autriche entrer dans le conflit, la Russie capitule. Napoléon III peut parader lors du traité de Paris, signé le 30 mars 1856. Si la France retrouve une place éminente dans le concert européen, la question italienne se pose dès lors de façon très aiguë. Le 14 janvier 1858, les bombes de Felice Orsini manquent de tuer un empereur trop indécis aux yeux des patriotes de la péninsule. La campagne qui devait s'achever à Solferino ne résoudrait rien. Elle a irrité les soutiens catholiques du régime sans convaincre les libéraux, en France comme en Italie. Le traité de libre-échange avec l'Angleterre, entorse au vieux protectionnisme, inquiète quant à lui d'autres intérêts.

Un dictateur libéral ?

Aussi les années 1859-1860 sont-elles « marquées par un réveil de l'opinion publique que l'Empire s'était appliqué à détourner du débat politique depuis le coup d'État » (J.-Cl. Yon). Contre toute attente, Napoléon III accepte de faire quelques concessions au parlementarisme que réclament de plus en plus les députés de l'opposition républicaine ou orléaniste. Il semble même prêt à accorder progressivement « toutes les libertés publiques, qui constituent

Manipulant Guillaume Ier et l'opinion publique, Bismarck entraîna tous les va-t'en-guerre, de part et d'autre du Rhin. Émile Ollivier a fini par convaincre l'empereur d'entrer en guerre... Cette fois-ci, l'erreur lui sera fatale. Très malade, conscient des insuffisances de ses armées, Napoléon III fit comprendre aux Français qu'il obéissait avant tout à la fièvre cocardière. Avec panache cependant, aux côtés du prince impérial mais sans l'appui d'aucun de ses alliés naturels, il prendra la tête des opérations depuis Metz. Fin juillet, la situation s'avère confuse, très critique. Aux défaites écrasantes, de Wissembourg à Reichshoffen, succèdent les erreurs stratégiques de Bazaine, à qui le commandement général a été confié le 12 août. Puis viendront l'enfermement dans Metz et le massacre de Sedan. Napoléon ne reverra plus Paris ; il meurt le 9 janvier 1873, en Angleterre. (*La charge des dragons à Gravelotte, le 16 août 1870.* Peinture de Brisset, XIXe siècle.)

un grand pays et une grande civilisation ». Désormais l'Assemblée est autorisée à répondre au discours que le chef de l'État prononce au seuil de chaque session. La gauche et le centre saisissent cette occasion pour en appeler au contrôle collectif de la politique économique et étrangère. Mais Napoléon III ne se laissera arracher de nouvelles réformes qu'à la faveur de ses échecs électoraux.

En 1863, les députés officiels restent majoritaires... mais leur nombre de sièges est un leurre ! Surtout il apparaît que les grandes villes virent à gauche, républicaine ou libérale. Thiers est élu à Paris au grand dam du fidèle Persigny, le ministre de l'Intérieur, sacrifié aussitôt à la sanction des urnes. Conservant encore l'essentiel de l'exécutif, Napoléon III ne néglige pas le terrain social. Il a toujours entretenu une image de monarque attentif aux pauvres et aux prolétaires. Cela se traduit par une forme de philanthropie efficace, tant paternaliste que progressiste. D'un côté les hospices, les orphelinats, les cités ouvrières, occasions d'expérimenter une architecture moderne ; de l'autre, l'aide aux sociétés de secours mutuel et le droit de grève accordé en 1864. Malgré le soutien des campagnes, Napoléon III doit bientôt admettre les effets de son « tournant libéral ». La montée en puissance de la Prusse pousse l'opposition à s'immiscer davantage dans la politique étrangère, quelque peu ternie en 1867 par l'échec mexicain. Affaibli par la maladie de la pierre, mais lucide quant à la nécessité de réformer l'armée, l'empereur ne parvient qu'en partie à ses fins. En revanche, la liberté de la presse est presque rétablie en 1868, libérant une verve longtemps muselée. *La Lanterne* de Rochefort, que lit Courbet, est aussi virulente que certaines des attaques du peintre. L'année suivante, avec la victoire de l'opposition, toujours plus sensible en voix qu'en sièges, c'est la fin des illusions. En janvier 1870, Émile Ollivier, chef de la gauche rallié, compose une équipe gouvernementale qui lui ressemble par son centrisme flottant. Le 20 avril, la Constitution est largement modifiée sans adopter un vrai régime parlementaire. Le plébiscite de mai 1870 renforce la position de l'empereur mais déçoit ses ennemis, Bismarck en tête. L'éternelle impuissance dynastique de l'Espagne va jeter les deux nations dans une guerre absurde. Après la défaite de Sedan, le 2 septembre, elle mettra un point final à la carrière de l'homme du 2 décembre. Les dates ne souriaient plus.

la royauté en République

LA FRANCE
FAITE PAR SES ROIS
HENRI
COMTE DE CHAMBORD
LOUIS IX
HENRI IV
LOUIS XIV
LOUIS XVIII
J'ai la vieille épée de la France dans la main et dans la poitrine ce cœur de Roi et de père qui n'a point de parti......
Je n'ai ni injure à venger ni ennem à écarter ni fortu ne à refaire sauf celle de la France.
LOUIS XI
PHILIPPE AUGUSTE
HUGUES CAPET
PHILIPPE LE LEBEL
FRANÇOIS Ier
LOUIS XIV
LOUIS XI
FRANÇOIS Ier
PHILIPPE LE BEL
CHARLES V
LOUIS XIII
PHILIPPE DE VALOIS
LOUIS XVI
CHARLES VII
PHILIPPE LE HARDI
CHARLES VIII
HENRI IV
LOUIS XV
CHARLES X

ALORS QUE LES ÉLECTIONS du 8 février 1871 se sont traduites par le retour en force des monarchistes, les derniers mois de l'année 1872 ont été marqués par les manifestations d'une ferveur républicaine certaine. En août, lors d'un voyage en Normandie, Thiers est acclamé aux cris de « Vive la République ! » ; en septembre, à Grenoble, Gambetta, avec une verve que n'aurait pas reniée le Hugo des *Misérables*, adopte le ton de la prophétie et annonce « la venue et la présence dans la politique d'une couche sociale nouvelle, qui est aux affaires depuis dix-huit mois, et qui est loin à coup sûr d'être inférieure à ses devancières » ; en novembre, c'est au tour de Thiers de déclarer : « La République existe, elle est le gouvernement légal du pays. » Face à ce virulent prurit républicain, les monarchistes ne désarment pas et relancent les négociations pour la « fusion » entre légitimistes et orléanistes. La pomme de discorde demeure la question du drapeau. Pour le petit-fils de Charles X, Henri, comte de Chambord, candidat des légitimistes sous le nom d'Henri V, il est impensable de ne pas rester fidèle au drapeau blanc d'Henri IV ; pour le comte de Paris, candidat orléaniste sous le nom de Philippe VI, le ralliement au drapeau tricolore n'est pas une pierre d'achoppement. Afin de servir la cause monarchiste, ce dernier rend visite au comte de Chambord dans son exil autrichien de Frohsdorf et accepte de s'effacer devant le prétendant de la branche aînée (août 1873). En vain. Le 27 octobre suivant, Chambord fait publier une lettre dans *l'Union*, feuille légitimiste : « Ma personne n'est rien. Mon principe est tout. » C'est la consternation dans les rangs monarchistes, y compris légitimistes. En faisant du symbole du drapeau blanc une déclaration de principe, le comte de Chambord a sabordé une restauration que le contexte politique aurait rendue possible. La royauté en tant que régime politique a vécu. Les tentatives ultérieures de restauration ne bénéficieront jamais d'un contexte aussi favorable. Peut s'ouvrir le règne de la mémoire et des résurgences royales.

Fils posthume du duc de Berry et de Marie-Caroline de Bourbon-Sicile, petit-fils de Charles X, le duc de Bordeaux est salué, à sa naissance, sept mois après l'assassinat de son père par Louvel, comme « l'enfant du miracle » : l'arrivée de cet héritier unique mâle ressuscite la dynastie des Bourbons et apparaît comme un signe d'élection divine. Il prétendra au trône sous le nom d'« Henri V ». Mais son exigence du retour au drapeau blanc de la Restauration jugée incongrue par ses partisans et intolérable par le reste des Français privera Henri V de son trône. Cette obstination est à l'origine de la loi sur le septennat présidentiel. (*La France faite par ses rois*. Lithographie, XIXe siècle.)

Seul fils de Jean d'Orléans, « duc de Guise » et de son épouse et cousine germaine Isabelle d'Orléans, Henri d'Orléans est prétendant à la couronne depuis 1940. Ses partisans, qui voient en lui le successeur légitime des rois de France, le nomment « Henri VII ». S'y opposent les partisans de Louis de Bourbon, pour qui Henri d'Orléans est « duc d'Anjou ». La loi d'exil de 1886 n'est abolie qu'en 1950 : Henri d'Orléans vit en Belgique puis au Maroc, en Espagne, et au Portugal. Convaincu d'avoir un rôle politique à jouer, il se bat pour retrouver le trône que ses ascendants ont perdu en 1848. Mais son influence est très limitée, et sa principale réalisation est sa participation au complot qui vise à éliminer Darlan en décembre 1942. En 1967, il cesse définitivement sa propagande, et soutient François Mitterrand en 1981...

« Vive la France ! Vive la République ! »

Il est une heure quarante-cinq ce 4 septembre 1870 lorsque la séance du Corps législatif est suspendue. Les députés n'y sont alors plus qu'une quinzaine. La foule massée place de la Concorde et devant le Palais-Bourbon profite de l'interlude pour envahir la Chambre. Bientôt les cris de « La déchéance ! », « Vive la France ! Vive la République ! » retentissent. Si le second Empire n'est plus, la jeune République n'est pas encore bien amarrée. Elle n'a fait l'objet d'aucune ratification électorale ; le gouvernement fait figure d'un ensemble composite : la ligne de faille court sur la question de la poursuite de la guerre et départage les libéraux (Jules Ferry) des démocrates (Gambetta). L'épisode de Gambetta quittant Paris assiégé en ballon est connu, tout autant que l'énergie inlassable qu'il déploya pour organiser les combats. L'esprit du Comité de salut public de 1793 allait se heurter aux réalités de 1870 : la France est vaincue et les assauts remportés ponctuellement sont impuissants à endiguer l'avancée ennemie ; l'Europe, en dépit de la tournée de Thiers à Londres, Vienne et Saint-Pétersbourg, est indifférente. Encerclés par l'armée prussienne, les ministres restés à Paris se résolvent à demander l'armistice le 28 janvier 1871. Bismarck, hostile à toute négociation avec le gouvernement né du 4 septembre qui lui paraît dépourvu de légitimité, exige des élections. Celles-ci se déroulent le 8 février et se cristallisent autour de la paix, thème de campagne des listes conservatrices. Les résultats sont à l'image des Français qui ont « plébiscité » la paix. L'Assemblée compte 400 députés monarchistes, près des deux tiers des sièges. La situation issue des urnes est rien moins que paradoxale : les députés républicains de Paris ont fondé un régime que les nouvelles élections semblent condamner ; les monarchistes détenteurs de la légitimité des urnes, surpris de leur succès et prisonniers de leurs divisions, vont se révéler incapables d'exploiter leur victoire électorale.

En attendant, l'Assemblé s'installe à Bordeaux et élit le 17 février Thiers « chef du gouvernement exécutif provisoire de la République française ». Près d'un mois plus tard, Thiers conclut le « pacte de Bordeaux » : la nature du régime n'est pas disputée tant que le pays n'est pas réorganisé, ce qui se traduit concrètement par un gouvernement ouvert à tous les vents, à commencer par celui de l'union nationale, réunissant légitimistes, orléanistes, bonapartistes et républicains libéraux. Aux divisions des monarchistes répondent celles des républicains, toutes butant sur la même pierre d'achoppement : quel régime pour la France ? Au-delà de sa dimension tragique, l'écrasement de la Commune en mai 1871 écarte l'hypothèse d'une République démocratique, et place Thiers en situation d'instaurer la République conservatrice à laquelle il semble désormais acquis.

Nommé ministre de la guerre en 1886, Georges Boulanger est convaincu de la nécessité de préparer une guerre de revanche contre les Allemands. Sa popularité grandit très vite ; les conservateurs s'inquiètent de ce ministre qu'ils perçoivent comme une « créature de Clemenceau ». L'agitation qui se crée autour du « général Revanche » inquiète aussi les républicains. Boulanger n'est pas repris dans le gouvernement en 1887. Les boulangistes s'unissent autour d'un « parti national » qui rassemble tous les mécontents de la République. Mis à la retraite en 1888, il devient éligible. Son audience électorale s'étend. Certains le poussent au coup d'État, mais il préfère attendre les élections générales qui doivent se dérouler à l'automne. Le gouvernement lui tend un piège, il doit s'enfuir à Bruxelles. Divisé, son parti échoue aux élections de septembre. (Dessin paru dans *le Grelot*, 1er septembre 1889.)

« Nous avons fait un beau rêve ; il est brisé ! »

Les différentes élections (partielles, municipales, cantonales) qui se déroulent en 1871 et en 1872 confortent Thiers dans l'idée que le pays réel, en avance sur le pays légal, penche pour l'option républicaine. Dès lors reste à imposer la République… à l'Assemblée du 8 février dominée par les monarchistes ! Hormis les fidèles du comte de Chambord, ces légitimistes ultras affublés du sobriquet éloquent de « chevaux-légers », les orléanistes et la majorité des légitimistes sont prêts à accepter le legs de la Révolution, y compris le régime parlementaire et le drapeau tricolore. Seul le comte de Chambord, confiné dans une attitude intransigeante, s'accroche au drapeau blanc de ses ancêtres ; cette prise de position rendue publique le 5 juillet 1871 traduit son rejet de la France révolutionnaire et rencontre l'hostilité de presque tous les députés. Dès lors Thiers prépare son « coup d'éclat » républicain ; il rassure les républicains, attribue à la République le redressement national – les emprunts lancés pour payer l'indemnité de guerre ont été couverts au-delà de toute espérance ; les troupes prussiennes ont commencé à quitter les départements occupés. « La République existe, elle est le gouvernement légal du pays. » Superbe déclaration qui a passablement irrité les monarchistes, décidés à se débarrasser de Thiers. Leur chef de file sera l'orléaniste duc de Broglie. En mai, il ouvre le tir parlementaire sur Thiers en réclamant « une politique résolument conservatrice ».

En guise de politique, c'est une « République conservatrice » que Thiers appelle de tous ses vœux. La nuance est de taille et le désaccord patent. Mis en minorité, Thiers démissionne, remplacé au pied levé par un nouveau président de la République, Mac-Mahon. De sensibilité légitimiste, l'homme apparaît comme un rempart à l'établissement de la République. Élu pour sept ans, Mac-Mahon appelle le duc de Broglie pour mettre en œuvre la politique annoncée d'« Ordre moral ». Les députés monarchistes définissent les conditions de la restauration ; le maintien du drapeau tricolore est la condition *sine qua non* de la résolution adoptée.

Dès lors, les allers-retours entre l'émissaire des groupes parlementaires monarchistes et le comte de Chambord coupé des réalités politiques françaises dans son exil autrichien de Frohsdorf se multiplient, suscitant espoirs et surtout malentendus. Alors que les monarchistes rédigent l'acte rétablissant la monarchie en France, Chambord réaffirme son intransigeance. Comme l'a dit un député légitimiste : « Nous avons fait un beau rêve ; il est brisé ! » Ironie de l'histoire ou incurie des hommes, quelques jours plus tard, le prétendant demande à être reçu à Versailles par Mac-Mahon, convaincu que le président allait le faire proclamer roi par l'Assemblée...

La République... faute de monarchie ?

Face au vide légitimiste, l'orléaniste duc de Broglie forge une seconde solution monarchique : attendre la disparition du comte de Chambord pour offrir le trône au candidat Orléans, acquis au drapeau tricolore et à un régime parlementaire. La transition doit être assurée par Mac-Mahon qui, par la loi du 20 novembre 1873, voit ses fonctions présidentielles prorogées de sept ans : « Le pouvoir exécutif est confié pour sept ans au maréchal de Mac-Mahon. » Pomme de discorde entre les tenants de l'« Ordre moral » et les républicains libéraux, le pouvoir présidentiel n'est pas le fait d'une règle constitutionnelle, mais l'apanage d'un homme désigné par la loi. Aussi de Broglie concède-t-il la formation d'une commission constitutionnelle.

Toujours prégnante, la question du régime politique à donner à la France semble devoir trouver son règlement dans l'affrontement entre monarchistes, républicains auxquels se sont ralliés certains orléanistes las de l'option attentiste orchestrée par de Broglie. De fait la guerre de Troie n'aura pas lieu : le décès politiquement tardif du comte de Chambord rend caduque toute restauration et condamne l'hypothèse Orléans à arriver, tels les carabiniers des *Brigands* d'Offenbach, après la bataille... Et ce d'autant plus que les élections partielles confirment les succès républicains des années précédentes.

En cette année 1874, le bonapartisme retrouve un regain d'influence : avec la mort de Napoléon III en 1873 disparaît le prisonnier de Sedan ; le jeune prince impérial peut désormais capitaliser espoirs et attentes du parti « impérialiste ». Entre bonapartistes et légitimistes, la situation du duc de Broglie n'est rien moins qu'incertaine. D'autant plus que certains républicains radicaux comme Gambetta opèrent un mouvement vers les libéraux, républicains comme Thiers ou Ferry, et à terme monarchistes. Faute d'avoir tranché, de Broglie est renversé sans avoir livré bataille ; un projet constitutionnel est enfin à l'ordre du jour.

Cette fois-ci, l'idée républicaine transcende bien des clivages et l'emporte, d'une voix, il est vrai. Le 30 janvier 1875, l'amendement Wallon stipule que « le président de la République est élu à la majorité absolue des suffrages par le Sénat et la Chambre des députés réunis en Assemblée nationale. Il est nommé pour sept ans ; il est rééligible. » Changement d'importance : la présidence n'est plus le fait d'un homme, dût-il la recevoir par la loi, mais une fonction du régime. Né d'un compromis, le nouveau régime se prête à une double lecture. Pour les orléanistes prime le président, le chef de l'exécutif doté de pouvoirs qui ne sont pas sans rappeler ceux d'un souverain ; un glissement vers une monarchie constitutionnelle pourrait se faire sans trop de heurts. Pour les républicains prime l'Assemblée nationale qui désigne le président, soit le législatif. Si la République est stabilisée, son avenir est ouvert sur... de nouvelles querelles.

En 1940, Pétain, sûr de sa propre valeur autant qu'il est convaincu de l'échec du régime républicain, se donne pour mission de restaurer l'ordre et se drape dans l'image flatteuse du sauveur de la France. En 1916, l'armée a créé ce mythe du héros de Verdun. Pétain devient le symbole des souffrances de la Grande Guerre, et de la victoire. Rien d'étonnant à ce qu'il occupe dans les années 1930 des postes de la plus haute importance dans le domaine de la défense. Adulé par la droite et respecté par la gauche, il obtient les pleins pouvoirs constituants le 10 juillet 1940. La IIIe République disparaît avec la défaite. Lui succède un régime autoritaire qui organise le culte de la personnalité de Philippe Pétain. On le voit ici sur un cheval blanc, qui n'est pas sans en rappeler un autre... (*Triomphe du maréchal Pétain*. Huile sur toile de Jean Droit.)

SMOLENSK
VALONTINO
POLOTSK
KRASNOE
WURSCHEN
Jean Droit

Parlementaire ou présidentielle, quelle République ?

Plus qu'une Constitution, les lois votées en 1875 instaurent un compromis institutionnel, tant elles furent l'objet de tractations, pour simplifier l'échiquier politique, entre orléanistes et républicains. Les élections de février 1876 portent à la Chambre une majorité républicaine. Dès lors le président de la République, de sensibilité monarchiste, voit se multiplier les tensions avec la Chambre. La nomination par Mac-Mahon du républicain Jules Simon à la présidence du Conseil marque une première étape – le titre de président du Conseil fut introduit pour la circonstance, Mac-Mahon refusant de présider un gouvernement contraire à ses convictions. La crise du 16 mai 1877 et ses conséquences marquent à la fois le point culminant et le dénouement de ces tensions institutionnelles. L'Assemblée donnant directement ses instructions au gouvernement a mis le feu aux poudres : Mac-Mahon s'insurge et Simon démissionne. De Broglie forme un nouveau ministère, bientôt sanctionné par un vote de défiance. Mac-Mahon use alors de son droit de dissolution de l'Assemblée.

Durant la campagne, les enchères montent : Gambetta clame « il faudra se soumettre ou se démettre » ; Mac-Mahon se refuse à tout abandon du « poste où la Constitution l'a placé ». Les résultats des législatives d'octobre ont consacré la prépondérance républicaine. Entre un gouvernement et une Assemblée qui lui sont tous deux hostiles, la position de Mac-Mahon n'est guère tenable. Ce dernier remet sa démission le 30 janvier 1879. La République présidentielle est morte ! Vive la République parlementaire !

Très vite une lecture normative est faite de l'épisode du 16 mai ; celle-ci pèsera sur l'avenir de la IIIe République. Toute velléité de dissolution de l'Assemblée par le président de la République est assimilée à un coup de force ; toute affirmation de l'autorité du président, pourtant établie sur une des lois de 1875, est frappée de l'infamie du pouvoir personnel ; la prépondérance de l'Assemblée est élevée au rang d'arche sainte de la République. Cette lecture des institutions et du jeu politique républicain perdure au-delà de la IIIe République ; elle reste le socle sur lequel sera érigée la Constitution de la IVe République (1946), et rejouera comme ligne de faille lors de l'instauration d'une Ve République à double détente : 1958 (Constitution) et 1962 (élection du président au suffrage universel direct).

Pour l'heure, les événements placent la République à l'abri d'une restauration de type monarchique. La mort du prince impérial en 1879 coupe court aux velléités bonapartistes ; en 1886, le comte de Paris convie au mariage de sa fille, à côté du gotha parisien, parlementaires et généraux. Ce banquet nouvelle mode inquiéta le gouvernement qui fit promulguer une loi d'exil interdisant aux

La Constitution élaborée par de Gaulle revêt un aspect trop monarchique pour de nombreux Français, ou trop présidentiel (à l'américaine) pour d'autres. Les adversaires de ce système « fort » (encore renforcé par l'élection du président de la République au suffrage universel), tels Pierre Mendès France ou François Mitterrand, ont beau jeu d'incriminer certaines outrances du pouvoir, « dictatorial » ou « consulaire », le contrôle abusif des médias, les risques d'autoritarisme que fait courir à la République l'article 16 de la Constitution qui prévoit en cas d'urgence la restriction des libertés publiques. Ici le Général est représenté en habits royaux, la politique de la main tendue étant ironiquement symbolisée par un sceptre.

Entre devoirs diplomatiques et nostalgies monarchiques. Jusqu'au début du XVe siècle, de part et d'autre de la Manche, la même langue est parlée à la Cour du roi, le vieux français. En témoigne, aujourd'hui encore, la devise de la couronne britannique « Dieu seul est mon droit ». Aussi lorsque Jacques Chirac reçoit à l'Élysée la reine Élisabeth II pour commémorer le centenaire de l'Entente cordiale de 1904, l'événement transcende le cadre protocolaire d'une réception entre deux chefs d'État pour toucher à la symbolique et à l'imaginaire de deux royautés parmi les plus anciennes d'Europe.

chefs de famille ayant régné en France de séjourner sur le territoire. Abrogée en 1950 par l'Assemblée nationale, elle autorise Henri d'Orléans, comte de Paris à rentrer en France : le prétendant n'est alors plus un sujet de crainte.

Un flambeau pour sortir de l'ombre ?

Si l'épisode boulangiste qui s'étale sur trois années (1886-1889) éloigne définitivement le spectre d'une restauration, il a surtout le mérite de rassembler les partisans du régime et d'ériger, une nouvelle fois, tout exécutif fort comme antinomique avec la République. Les législatives de 1889 consacrent de nouveau la prépondérance républicaine et avec elle le parlementarisme comme garant de la République. C'est son inclination pour une présidence rehaussée qui vaut à Jean Casimir-Perier, nouvellement élu président (1894) l'hostilité des radicaux doublée d'une campagne calomnieuse, le tout se soldant par sa démission (1895).

Déjà au début des années 1880, Gambetta, pourtant un des hommes politiques les plus populaires parmi les républicains, avait suscité la méfiance de ses pairs, ces derniers craignant que le front ambitieux de cet orateur de talent ne brigue les lauriers du pouvoir personnel. Près de trente ans plus tard, le président Alexandre Millerand, tenant d'une présidence active, est contraint à la démission. Il n'est jusqu'au projet de réformes constitutionnelles de Jean Tardieu, proche de Poincaré et de Mandel, qui, visant un renforcement de l'exécutif, vaut à son promoteur un relatif isolement. Si l'exercice d'un pouvoir un tant soit peu émancipé du Parlement a quitté la sphère moribonde des députés monarchistes tant la nécessité s'en fait sentir pour certains, l'idée monarchique n'a pas pour autant déserté le sol national. Même si le lys peine à fleurir. Le ralliement à la République prôné par Léon XIII à partir de 1890 porte un coup aux royalistes qui voient se détacher d'un trône plus chimérique que jamais leur allié naturel... Les élections de 1893 sonnent le glas des royalistes sur la scène de la représentation nationale. À la fin du siècle, tant au niveau de la production des idées que de leur diffusion par la presse, le royalisme est en crise.

C'est de Charles Maurras que vient le renouveau. En 1900, il publie une *Enquête sur la monarchie* qui fixe la doctrine politique à laquelle il restera jusqu'à la fin de sa vie d'une fidélité absolue. Maurras est désormais le farouche partisan d'une monarchie autoritaire, antiparlementaire, antidémocratique et décentralisée, qui s'appuie sur un « nationalisme intégral » d'abord construit contre « les quatre États confédérés », juif, protestant, métèque et franc-maçon, constitutifs de « l'anti-France ». Il ne propose rien moins qu'« un roi dictateur pour assainir la nation », option loin d'être partagée par tous les orléanistes, plutôt de sensibilité parlementaire et libérale. Le succès de l'*Enquête sur la monarchie*, abondamment commentée par la presse parisienne et les titres de province, apporte à Maurras crédit et autorité qui lui permettent de régner en maître sur *l'Action française*, devenue un quotidien en 1908. En dépit de la condamnation pontificale (1926) qui frappe autant l'œuvre de Maurras que *l'Action française*, et de la reprise en main du mouvement royaliste par le comte de Paris au lendemain du 6 février 1934, le prestige de Maurras est immense dans l'entre-deux-guerres. Nombre d'étudiants sont séduits par ses thèses, à tel point que certains, tel le disciple de *Mon Faust* de Valéry, le verraient volontiers comme « le flambeau même de ce temps ». Maurras, rallié à la révolution nationale de Vichy et tenant d'une politique antisémite d'État, aurait-il répondu : « Alors, il est possible, car ce temps ne vaut rien, et son flambeau est celui qu'il mérite… » ? C'est peu probable, enfermé qu'il était dans son système.

« Philippe le Dernier, roi de France » (Céline)

Le 10 juillet 1940, l'Assemblée nationale accorde « tous pouvoirs au gouvernement de la République, sous l'autorité et la signature du maréchal Pétain […] ». Le 11 juillet sont promulgués des Actes additionnels instituant l'État français : Philippe Pétain, maréchal de France est le chef absolu du nouveau régime. L'image du vieillard sage et rassurant, incarnant le sauveur de la France n'est pas apparue *ex nihilo* durant les jours sombres de la débâcle de 1940. Après la mort de Foch (1929) et celle de Joffre (1931), Pétain est le dernier des grands maréchaux de la Première Guerre mondiale, ce qui lui confère une autorité morale, aussi bien dans les sphères politiques qu'auprès de l'opinion. Au lendemain du 6 février 1934, Gaston Doumergue, dans une volonté d'unité, appelle Pétain, alors considéré comme fidèle à la République, au ministère de la Guerre. Le « vainqueur de Verdun » se voit déjà en père de la France et en gardien de la nation. Il appelle au redressement moral, et laisse entendre à mots couverts que le ministère de l'Éducation nationale ne lui déplairait pas : élèves et enseignants ne sont-ils pas à reprendre en main comme les mutins de 1917 ? Élan moral sans suite.

Toujours est-il que la République en fait un symbole rassurant en marge des luttes politiques, salué tant à gauche qu'à droite – le « C'est Pétain qu'il nous faut ! » lancé par Gustave Hervé en 1935 paraît, rétrospectivement, tristement prémonitoire. Comme l'ont rapporté bien des témoins de la période 1940-1944 : la noble figure du vieillard, ses yeux bleus ont un temps personnifié l'État. Pétain avait parfaitement compris la nature du lien l'unissant aux Français, qui déclare le 19 novembre 1942, alors que la zone libre vient d'être envahie par les troupes allemandes : « Vous n'avez qu'une patrie, que j'incarne, la France. » Louis XV n'aurait pas mieux dit. De nouveau affleurent les résurgences royales : Pétain désigne son successeur, le « Dauphin », prérogative dont aucun roi de France ne disposa et, grâce à une habile propagande, se pose en père des Français auxquels, dans une eucharistie inattendue, il fait « don de [sa] personne pour atténuer [leur] malheur ». L'alliance de la francisque et de l'autel semblait scellée. Céline avait parfaitement saisi le phénomène : « Pétain fut notre dernier roi de France. » Pour le pire.

« Le charme séculaire de la monarchie » (Jaurès)

Une fois levée l'hypothèque royaliste, la IIIe République renoue avec la Révolution de 1789 – le centenaire de 1889 en sera la preuve éclatante. Pourtant l'ère de l'État-nation républicain s'ouvre sur une question délicate : comment marquer la rupture avec l'Ancien Régime et assumer le passé de la France, c'est-à-dire la royauté et ses rois ? La nation France étant bien antérieure à 1789, la République se devait de trouver comment en articuler l'héritage complexe. La réponse est fournie par les livres d'histoire de l'École républicaine : la royauté d'avant 1789 n'est pas vouée aux gémonies et un tri est opéré entre les bons et les mauvais rois ! Charlemagne, Saint Louis et Louis XIV contre Louis XI, Louis XV et Louis XVI.

Fait notable, les manuels en vigueur sous la IIIe et la IVe République mettent hors de cause le pouvoir souverain ; seul est critiqué l'usage qu'en ont fait les derniers rois, responsables de la chute de la royauté. L'École républicaine, à travers ses livres d'histoire, donne une image positive du pouvoir monarchique. Il n'est pas absurde d'y voir le laboratoire du citoyen-sujet de la Ve République, cette « monarchie républicaine ». À tout le moins de comprendre, en partie, comment des électeurs, formés à l'école de la République parlementaire, se sont prononcés en faveur d'une Constitution qui confère des pouvoirs très étendus à un seul homme. La Constitution de 1958, révisée par référendum portant sur l'élection au suffrage universel direct

Marie-Antoinette, une nouvelle icône ? En 2006, Sophia Coppola réalise *Marie-Antoinette*, un film consacré à la reine éponyme, de son arrivée à la cour de France pour son mariage avec le Dauphin, futur Louis XVI, à la Révolution de 1789. On mesure aisément, et avec un brin d'étonnement, l'attraction que la dernière reine de France a pu exercer sur une jeune et brillante réalisatrice américaine. Au-delà du destin d'une femme et surtout de ses partis pris filmiques et historiographiques, Sophia Coppola propose sa vision d'une société politique, celle de la monarchie dite absolue. Et si le Nouveau Monde partait enfin à la découverte de l'Ancien ?

du président de la République en 1962, marque la fin d'une certaine France politique. La pratique politique issue de la crise du 16 mai 1877, fondée sur la prépondérance de l'Assemblée, et qui eut valeur de dogme sous la IIIe et la IVe République, a volé en éclats.

Au-delà de la confiance témoignée au général de Gaulle, les votes exprimés lors des deux référendums (1958 et 1962) témoignent de la nouvelle France politique qui se dessine. L'expression de « monarchie républicaine » employée par Maurice Duverger ne prête plus aujourd'hui à polémique, tant il est vrai que la Constitution de la Ve République confère au président des pouvoirs quasi monarchiques. Élu au suffrage universel, celui-ci dispose, « par délégation du peuple, durant la durée de son mandat, de la souveraineté que lui a confiée la nation » (S. Berstein). Sûre d'elle-même, la République laisse le champ ouvert aux images de la royauté qui ne manquent pas de peupler la société française, qui n'a pas attendu d'être en « monarchie républicaine » pour célébrer ses rois. Dès la fin du XIXe siècle, l'affiche publicitaire fait entrer les rois dans le quotidien des Français. Vers 1900, sur une lithographie de Philippe Chapellier, Henri IV abandonne son destrier et s'éloigne du Pont-Neuf à bicyclette, bâton de commandement dans la main droite : « Enfin ! il est descendu de son cheval pour monter une Régina. » Près d'un siècle plus tard, la publicité détourne la maxime « L'exactitude est la politesse des rois » prêtée à Louis XIV en « Je m'excuse, c'est l'heure de ma Suze » : le roi que l'on voit de dos a quitté incontinent les courtisans qui n'en peuvent mais – le propos ne manque pas d'audace, surtout quand c'est le château de Vaux-le-Vicomte, propriété de Fouquet disgracié, qui sert de décor en lieu et place de Versailles…

Le vocabulaire, notamment celui des journalistes, use à l'envi de mots ou expressions qui sonnent comme autant de résurgences de la royauté. Le nouveau président de la République élu a reçu l'onction du suffrage universel, soit un sacre républicain. En son temps, Georges Pompidou fut considéré comme le « dauphin » du général de Gaulle ; plus récemment, il suffit de l'incident cardio-vasculaire de Jacques Chirac pour que la presse intronise « dauphin » un Dominique de Villepin, alors Premier ministre. Les chefs de l'État qui se sont succédé à l'Élysée ont tous été sensibles à la mise en scène de leur fonction et de leur pouvoir. Ressuscitant la cour des rois sans la nommer, ils ont veillé au respect d'une certaine étiquette comme ils ont eu soin de dispenser leurs faveurs – le « bon plaisir » de François Mitterrand est resté dans bien des mémoires de conseillers. À la croisée des intérêts des citoyens et des préoccupations de leurs gouvernants, la commémoration de l'avènement de Hugues Capet en 1987 témoigne de l'attraction qu'exerce la royauté sur la société française. L'immense succès de cet événement s'inscrit dans un double contexte, celui de l'intérêt du public pour les biographies historiques, à commencer par celles de ses anciens rois, et pour les histoires de France, et celui de la géopolitique qui consacre la France comme puissance moyenne. Dès lors la tentation est grande d'exalter l'identité nationale, surtout quand l'événement convoqué, l'avènement de Hugues Capet, est créateur de consensus. Colloques et manifestations se multiplièrent – on en compta pas moins de soixante-dix en Picardie, vécue comme le berceau de la royauté capétienne.

Et aujourd'hui ? Les Français sont attachés à leur histoire, c'est là une « passion française », à certains de leurs rois, très certainement, à un monarque-président, la question mérite d'être posée. Quand le président est inaccessible, les Français pétris d'égalitarisme le rejettent, quand il se fait trop proche, trop semblable, ils s'en éloignent tout autant. Difficile équilibre qui demande une connaissance aiguë de la France, des Français et de leur histoire.

Bibliographie

Ouvrages généraux et thématiques

– Maurice Agulhon, Georges Duby, François Furet, Emmanuel Le Roy Ladurie, *Histoire de France Hachette*, 5 vol., Hachette, 1987-1991

– Jean Barbey, *Être roi. Le roi et son gouvernement en France de Clovis à Louis XVI*, Fayard, 1992

– Colette Beaune, *Naissance de la nation France*, Gallimard, 1985

– Colette Beaune et François Avril, *Le miroir du pouvoir*, Collection Banque nationale de Paris, 1990

– Colette Beaune, *Éducation et culture du début du XIIe siècle au milieu du XVe siècle*, Sedes, 1999

– Lucien Bély (dir.), *Dictionnaire de l'Ancien Régime*, PUF, 1996

– Lucien Bély, *La société des princes XVIe-XVIIIe siècle*, Fayard, 1999

– Yves-Marie Bercé (dir.), *Les monarchies*, PUF, 1997

– Serge Berstein et Michel Winock (dir.), *Histoire de la France politique*, 4 vol., Seuil, 2000-2004

– Jean Boutier (dir.), *Atlas de l'histoire de France*, 3 vol., Autrement, 2005-2007

– André Burguière et Jacques Revel, *Histoire de la France*, 4 vol., Seuil, 1989-1993

– Joël Cornette, *Le roi de guerre. Essai sur la souveraineté dans la France du Grand Siècle*, Payot, 1993

– Fanny Cosandey, *La reine de France. Symbole et pouvoir XIVe-XVIIIe siècle*, Gallimard, 2000

– Annie Duprat, *Histoire de France par la caricature*, Larousse, 1999

– Annie Duprat, *Les rois de papier. La caricature de Henri III à Louis XVI*, Belin, 2002

– Alain Erlande-Brandenbourg, *Le roi est mort. Étude sur les funérailles, les sépultures et les tombeaux des rois de France jusqu'à la fin du XIIIe siècle*, École des Chartes, 1975

– Jean Favier, *Dictionnaire de la France médiévale*, Fayard, 1993

– Claude Gauvard, Alain de Libera, Michel Zink (dir.), *Dictionnaire du Moyen Âge*, PUF, 2002

– Ralph E. Giesey, *Le roi ne meurt jamais. Les funérailles royales au temps de la Renaissance*, Flammarion, 1987

– *Histoire de France illustrée : 2 000 ans d'images*, Larousse, 1984-1988

– *Journal de la France et des Français. Chronologie politique, culturelle et religieuse de Clovis à 2000*, Gallimard, 2001

– Jacques Julliard (dir.), *La mort du roi. Essai d'ethnographie comparée*, Gallimard, 1999

– Pierre Nora (dir.), *Les lieux de mémoire*, 7 vol., Gallimard, 1984-1992

– Guillaume Picon et autres, *L'ABCdaire des Rois de France*, Flammarion, 2000

– Denis Richet, *La France moderne : l'esprit des institutions*, Flammarion, 1973

– Jean-Paul Roux, *Le roi. Mythes et symboles*, Fayard, 1995

– Jean-Pierre Rioux et Jean-François Sirinelli (dir.), *Histoire culturelle de la France*, 4 vol., Seuil, 1997-1998

– Jean-François Sirinelli (dir.), *Dictionnaire de l'histoire de France*, Larousse, 2006

– Jean-François Solnon, *La Cour de France*, Fayard, 1987

Les Mérovingiens

– Bruno Dumézil, *La reine Brunehaut*, Fayard, 2008

– Stéphane Lebecq, *Les origines franques, Ve-IXe siècle*, Seuil, 1990

– Régine Le Jan, *Les mérovingiens*, PUF, 2006

– Michel Rouche, *Clovis*, Fayard, 1996

– Ian Wood, *The Merovingian Kingdoms, 450-751*, Longman, 1994

Les Carolingiens

– Geneviève Buhrer-Thierry, *L'Europe carolingienne : 714-888*, Sedes, 1999

– Jean Favier, *Charlemagne*, Fayard, 1999

– Robert Folz, *Le couronnement impérial de Charlemagne*, Gallimard, 1964, rééd. 2008

– Pierre Riché, *Les Carolingiens, une famille qui fit l'Europe*, Hachette, 1997

– Laurent Theis, *L'héritage des Charles*, Seuil, 1990

Les Capétiens

– John W. Baldwin, *Philippe Auguste et son gouvernement : les fondations du pouvoir royal en France au Moyen Âge*, Fayard, 1991

– Louis Carolus-Barré, *Le procès de canonisation de saint Louis (1272-1297)*, École française de Rome, 1995

– Colette Beaune et Henri Bresc (dir.), *Royautés imaginaires XIIe-XVIe siècles*, Actes du colloque organisé par le Centre de recherche d'histoire sociale et culturelle (CHSCO) de l'université de Paris X-Nanterre, Anne-Hélène Allirot, Gilles Lecuppre et Lydwine Scordia (éd.), Brépols, 2005

– Monique Bourin et Michel Parisse, *L'Europe de l'an mil*, Hachette, 1999

– Carlrichard Brühl, *Naissance de deux peuples. Français et Allemands*, Fayard, 1994

– Philippe Contamine (dir.), *Histoire de la France politique*, Seuil, 2002

– Robert Delort (dir.), *La France de l'an Mil*, Seuil, 1990

– *La France romane*, catalogue de l'exposition du musée du Louvre, RMN, 2005

– Georges Duby, *Le Dimanche de Bouvines, 27 juillet 1214*, Gallimard, 1973

– Jean Favier, *Philippe le Bel*, Fayard, 1978

– Jean Flori, *Philippe Auguste. La naissance de l'État monarchique*, Tallandier, 2002

– Danielle Gaborit-Chopin, *Regalia. Les instruments du sacre des rois de France. Les « honneurs de Charlemagne »*, catalogue d'exposition du musée du Louvre, RMN, 1987

– Olivier Guillot, Alain Rigaudière, Yves Sassier, *Pouvoirs et institutions dans la France médiévale*, vol. 1, Armand Colin, 1994

– Jacques Le Goff, *Saint Louis*, Gallimard, 1996

– Paul Lehugeur, *Histoire de Philippe le Long roi de France (1316-1322)*, Sirey, 1931

– Régine Le Jan, *Histoire de la France. Origine et premier essor, 480-1180*, Hachette, 2002

– Éric Le Nabour, *Les rois maudits. L'enquête historique*, préface de Colette Beaune, Perrin, 2005

– *Lumières de l'an mil en Orléanais, autour du millénaire d'Abbon de Fleury*, catalogue de l'exposition d'Orléans, Brepols, 2004

– Élisabeth Magnou-Nortier (dir.), *Pouvoirs et libertés au temps des premiers Capétiens*, 1992

– François Menant (dir.), *Les Capétiens. Histoire et dictionnaire (987-1328)*, Bouquins, 1999

– Charles Petit-Dutaillis, *Étude sur la vie et le règne de Louis VIII (1187-1226)*, E. Bouillon, 1894

– Dominique Poirel, *Philippe le Bel*, Perrin, 1991

– Jean Richard, *Saint Louis*, Fayard 1983

– Gérard Sivéry, *Louis VIII, le lion*, Fayard, 1995

– Gérard Sivéry, *Philippe III le Hardi*, Paris, Fayard, 2003

– Gérard Sivéry, *Philippe Auguste*, Perrin, 2003

– Laurent Theis, *L'avènement d'Hugues Capet, 3 juillet 987*, Gallimard, 1984

– Laurent Theis, *Robert le Pieux, le roi de l'an Mil*, Perrin, 1999

Les Valois

– Christopher T. Allmand, *La Guerre de Cent ans. L'Angleterre et la France en guerre, 1300-1450*, Payot, 1989

– Françoise Autrand, *Charles VI*, Fayard, 1986

– Françoise Autrand, *Charles V*, Fayard, 1994

– Jacqueline Boucher, *Société et mentalités autour de Henri III*, Champion, 2007

- Jean Boutier, Alain Dewerpe, Daniel Nordman, *Un Tour de France royal : le voyage de Charles IX (1564-1566)*, Aubier, 1984
- Raymond Cazelles, *La société politique et la crise de la royauté sous Philippe VI de Valois*, Librairie d'Argences, 1958
- Raymond Cazelles, « Jean le Bon : quel homme ? quel roi ? », *Revue historique*, 251, 1974
- Raymond Cazelles, *Société politique, noblesse et couronne sous Jean le Bon et Charles V*, Droz, 1982
- Pierre Chevallier, *Henri III, roi shakespearien*, Fayard, 1985
- Ivan Cloulas, *Catherine de Médicis*, Fayard, 1984
- Ivan Cloulas, *Henri II*, Fayard, 1985
- Jean Favier, *La guerre de Cent Ans*, Fayard, 1980
- Jean Favier, *Louis XI*, Fayard, 2001
- Ivan Gobry, *Charles VII. La reconquête de la France*, Tallandier, 2001
- Jean Jacquart, *François Ier*, Fayard, 1981
- Arlette Jouanna, *La France du XVIe siècle*, PUF, 1997
- Arlette Jouanna, Jacqueline Boucher, Dominique Biloghi, et autres, *Histoire et dictionnaire des guerres de religion*, Bouquins, 1998
- Paul M. Kendall, *Louis XI*, Fayard, 1974
- Robert J. Knecht, *Un prince de la Renaissance. François Ier et son royaume*, Fayard, 1998
- Didier Le Fur, *Louis XII, un autre César*, Perrin, 2001
- Didier Le Fur, *Marignan, 13-14 septembre 1515*, Perrin, 2004
- Didier Le Fur, *Charles VIII*, Perrin, 2006
- Didier Le Fur, *Henri II*, Tallandier, 2008
- Jean-Marie Moeglin, *Les bourgeois de Calais, essai sur un mythe historique*, Paris, Albin Michel, 2002
- Nicolas Le Roux, *Un régicide au nom de Dieu : l'assassinat d'Henri III*, Gallimard, 2006
- Thierry Pécout, *Charles V et les premiers Valois*, Tallandier, 2001
- Robert Sauzet (dir.), *Henri III et son temps*, Vrin, 1992
- Michel Simonin, *Charles IX*, Fayard, 1995

Les Bourbons

- Michel Antoine, *Louis XV*, Fayard, 1989
- Jean-Pierre Babelon, *Henri IV*, Fayard, 1989
- Bernard Barbiche et Ségolène de Dainville-Barbiche, *Sully : l'homme et ses fidèles*, Fayard, 1997
- François Bluche, *Louis XIV*, Fayard, 1986
- François Bluche, *Louis XV*, Perrin, 2000
- François Bluche (dir.), *Dictionnaire du Grand siècle*, Fayard, 2005
- Michel Carmona, *Marie de Médicis*, Fayard, 1988
- Olivier Chaline, *Le règne de Louis XIV*, Flammarion, 2005
- Pierre Chevallier, *Louis XIII, roi cornélien*, Paris, Fayard, 1988
- Joël Cornette, *Chronique du règne de Louis XIV*, Sedes, 1997
- Fanny Cosandey et Isabelle Poutrin, *Monarchies espagnole et française*, Atlande, 2001
- Madeleine Foisil, *L'enfant Louis : l'éducation d'un roi, 1601-1617*, Perrin, 1996
- *Henri IV et la reconstruction du royaume*, RMN, 1989
- Françoise Hildesheimer, *Richelieu*, Flammarion, 2004
- *L'Histoire*, « Louis XVI. Faut-il le réhabiliter ? », dossier du n° 303, novembre 2005
- Emmanuel Le Roy Ladurie, *Saint-Simon ou le système de la cour*, Fayard, 1997
- Évelyne Lever, *Louis XVI*, Fayard, 1985
- Évelyne Lever, *Marie-Antoinette*, Fayard, 1991
- Maurice Lever, *Louis XV, libertin malgré lui*, Payot, 2001
- Arnaud de Maurepas, Florent Brayard, *Le XVIIIe siècle*, « Les Français vus par eux-mêmes », Bouquins, 1996
- Jean Meyer, *Le Régent*, Ramsay, 1985
- Roland Mousnier, *L'assassinat d'Henri IV : 14 mai 1610*, Gallimard, 1964
- Mona Ozouf, *Varennes. La mort de la royauté, 21 juin 1791*, Gallimard, 2005
- Stanis Perez, *La santé de Louis XIV*, Champ Vallon, 2007
- Jean-Christian Petitfils, *Louis XVI*, Perrin, 2005
- André Zysberg, *La Monarchie des Lumières*, Nouvelle histoire de la France moderne, Seuil, 2002

De la République aux Bonaparte

- Jacques-Olivier Boudon, *Le Consulat et l'Empire*, Perrin, 2001
- Dimitri Casali (dir.), *Napoléon*, Larousse, 2004
- François Furet, *La Révolution française*, Gallimard, 2007
- François Furet et Mona Ozouf (dir.), *Dictionnaire critique de la Révolution française*, Flammarion, 1988 et 1992
- Sudhir Hazareesingh, *La légende de Napoléon*, Tallandier, 2005
- Annie Jourdan, *La Révolution, une exception française ?*, Flammarion, 2004
- Thierry Lentz, *Le grand Consulat 1799-1804*, Fayard, 1999
- Thierry Lentz, *Nouvelle histoire du Premier Empire*, 3 vol., Fayard, 2002-2007
- Jean-Clément Martin, *La Révolution française*, Belin, 2004
- Jean-Clément Martin, « La Révolution », *La Documentation photographique*, n° 8054, La Documentation française, 2006
- Nathalie Petiteau, *Napoléon, de la mythologie à l'histoire*, Seuil, 1999
- Albert Soboul (dir.), *Dictionnaire historique de la Révolution française*, PUF, 1989
- Jean Tulard, *Napoléon*, Fayard, 1977

Restauration et monarchie de Juillet

- Guy Antonetti, *Louis-Philippe*, Fayard, 1994
- José Cabanis, *Charles X, roi ultra*, Gallimard, 1972
- François Furet, *Terminer la Révolution. De Louis XVIII à Jules Ferry (1814-1880), La Révolution, t. 2, Histoire de France Hachette*, Hachette, 1988
- Philip Mansel, *Louis XVIII*, Perrin, 2004
- Emmanuel de Waresquiel et Benoît Yvert, *Histoire de la Restauration 1814-1830*, Perrin, 1996

IIe République et second Empire

- Maurice Agulhon, *1848 ou l'apprentissage de la République, 1848-1852*, Nouvelle histoire de la France contemporaine, 1992
- Éric Anceau, *Napoléon III*, Tallandier, 2008
- Louis Girard, *Napoléon III*, Fayard, 1986
- Alain Plessis, *De la fête impériale au mur des fédérés, 1852-1871*, Nouvelle histoire de la France contemporaine, 1979
- Jean-Claude Yon, *Le Second Empire : politique culture, société*, Armand Colin, 2004

La royauté en République

- Serge Berstein et Michel Winock, *L'invention de la démocratie, 1789-1914*, vol. 3, Seuil, 2003
- Serge Berstein et Michel Winock, *La République recommencée de 1914 à nos jours, Histoire de la France politique*, vol. 4, Seuil, 2004
- *L'Histoire*, « Les Français et le roi de Clovis à Mitterrand », dossier du n° 184, janvier 1995
- *L'Histoire*, « Le dossier Mitterrand », dossier du n° 253, avril 2001
- *L'Histoire*, « Le président de la République », dossier du n° 258, octobre 2001
- Claude Lelièvre, *Les rois de France, enfants chéris de la République*, Bartillat, 1999
- Jean-François Sirinelli, *Histoire des droites en France, 1. Politique*, Gallimard, 1992

Index

Crédits

8 et 9 (reprise pages 4-5 haut) : Basilique royale de Saint-Denis – Ph. © Manuel Cohen / The Picture Desk • 10 :Bibliothèque nationale de France, Paris – Ph. Coll. Archives Nathan • 13 ht g :Bibliothèque nationale de France, Paris – Ph. Coll. Archives Larbor • 13 d :Basilique Saint-Denis – Ph. © Jean-Paul Dumontier / Akg-images • 13 bas g : Bibliothèque nationale de France, Paris – Ph. Coll. Archives Nathan • 14 :Bibliothèque nationale de France, Paris – Ph. Coll. Archives Larbor • 17 :Bibliothèque nationale de France, Paris – Ph. © Aisa / Leemage • 19 ht : Bibliothèque nationale de France, Paris – Ph. © Archives Larbor • 19 bas g :Biblioteca Marciana, Venise – Ph. © Costa / Leemage • 19 m d :Staatsbibliothek zu Berlin – Handschriftenabteilung, Berlin – Ph. © Ruth Schacht / RMN • 20 : Archives nationales, Paris – Ph. R. J. Segalat © Archives Larbor • 21 : Collection particulière – Ph. © Archives Larousse • 22 et 23 (reprise page 5 bas) : Basilique royale de Saint-Denis – Ph. © Manuel Cohen / The Picture Desk • 24 : Châteaux de Versailles et de Trianon, Versailles – Ph. © Gérard Blot / RMN • 26 : Bibliothèque nationale de France, Paris – Ph. Coll. Archives Larbor • 27 :Châteaux de Versailles et de Trianon, Versailles – Ph. © Gérard Blot / RMN • 28 : musée de l'Histoire de France, Paris – Ph. © Agence Bulloz / RMN • 29 : Bibliothèque nationale de France, Paris – Ph. Coll. Archives Larbor • 31 : Musée d'Orsay, Paris – Ph. © Hervé Lewandowski / RMN • 32 : Bibliothèque nationale de France, Paris – Ph. Coll. Archives Larousse • 33 : Bibliothèque nationale de France, Paris – Ph. O. Ploton © Archives Larousse • 34 : Bibliothèque nationale de France, Paris – Ph. Coll. Archives Larbor • 37 : The British Library, Londres – Ph. Coll. Archives Larbor • 38 : Bibliothèque nationale de France, Paris – Ph. Coll. Archives Larousse • 39 ht : Bibliothèque nationale de France, Paris – Ph. Coll. Archives Larbor • 39 bas g : Ph. O. Ploton © Archives Larousse • 39 bas d : Ph. © Roger–Viollet • 40 : Bibliothèque nationale de France, Paris – Ph. Jeanbor © Archives Larbor • 41 : Musée du Louvre, Paris – Ph. © Photo Josse / Leemage • 42 : Bibliothèque nationale de France, Paris – Ph. Coll. Archives Larbor • 44 et 45 : The British Library, Londres – Ph. © British Library / Akg-images • 46 : Musée de Tesse, Le Mans – Ph. © Photo Josse / Leemage • 47 : Archives nationales, Paris – Ph. © Costa / Leemage • 48 : Chapelle de Sainte-Radegonde, Poitiers – Ph. © Photo Josse / Leemage • 49 : Abbaye de Fontevraud – Ph. © Angelo / Leemage • 50 : The British Library, Londres – Ph. Coll. Archives Larbor • 51 : Bibliothèque Sainte–Geneviève, Paris – Ph. © Akg-images • 52 : Bibliothèque nationale de France, Paris – Ph. Coll. Archives Larbor • 54 : Bibliothèque nationale de France, Paris – Ph. Coll. Archives Larbor • 55 : Musée de l'Histoire de France, Paris – Ph. Jean–Loup Charmet © Archives Larbor • 56 : Musée Condé, Chantilly – Ph. © Aisa / Leemage • 57 : The British Library, Londres – Ph. © Heritage Images / Leemage • 59 : Bibliothèque de l'Arsenal, Paris – Ph. © Photo Josse / Leemage • 60 : Bibliothèque nationale de France, Paris – Ph. Coll. Archives Nathan • 61 bas : Musée du Louvre, Paris – Ph. © Jean-Gilles Berizzi / RMN • 62 g : Musée du Louvre, Paris – Ph. © Photo Josse / Leemage • 62 ht d : Musée du Louvre, Paris – Ph. © Martine Beck–Coppola / RMN • 62 bas : Ph. © Thierry Ascencio–Parvy / Collections de la Bibliothèque municipale de Rouen • 63 : provenant de l'abbaye de Saint–Denis. Musée du Louvre, Paris – Ph. © Daniel Arnaudet / RMN • 64 ht g : Bibliothèque nationale de France, Paris – Ph. Coll. Archives Nathan • 64 ht m : Ph. Coll. Archives Nathan • 64 ht d : Ph. Coll. Archives Nathan • 64 m g : Ph. Coll. Archives Larbor • 64 m m : Ph. Coll. Archives Nathan • 64 m d : Ph. Coll. Archives Nathan • 65 ht : Bibliothèque nationale de France, Paris – Ph. Coll. Archives Larbor • 65 bas : Manufacture de Porcelaine, Sèvres – Ph. © Photo Josse / Leemage • 66 : Basilique Saint–Denis – Ph. © Jean–Paul Dumontier / Akg-images • 69 : Bibliothèque nationale de France, Paris – Ph. © Photo Josse / Leemage • 70 : Musée national du Moyen Age – Thermes de Cluny, Paris – Ph. © Franck Raux / RMN • 72 : Bibliothèque nationale de France, Paris – Ph. © Photo Josse / Leemage • 73 : Bibliothèque nationale de France, Paris – Ph. Coll. Archives Nathan • 74 ht : Bibliothèque nationale de France, Paris – Ph. Coll. Archives Nathan • 74 bas : Bibliothèque nationale de France, Paris – Ph. © Photo Josse / Leemage • 75 : Bibliothèque nationale de France, Paris – Ph. Coll. Archives Larousse • 77 : Bibliothèque de la Sorbonne, Paris – Ph. © Bridgeman-Giraudon • 78 : Bibliothèque nationale de France, Paris – Ph. Coll. Archives Larbor • 79 : Ph. © Jose Fuste Raga / Corbis • 81 : Musée Condé, Chantilly – Ph. © Photo Josse / Leemage • 82 : Pernes les Fontaines – Ph. © Gusman / Leemage • 83 : Galerie nationale d'Art moderne, Rome – Ph. © Costa / Leemage • 85 : Bibliothèque nationale de France, Paris – Ph. © Photo Josse / Leemage • 86 : Bibliothèque nationale de France, Paris – Ph. © Photo Josse / Leemage • 87 ht : Ph. © Leemage • 87 m : Bibliothèque nationale de France, Paris – Ph. Coll. Archives Larousse • 87 bas : Musée national du château de Versailles, Versailles – Ph. H. Josse © Archives Larbor • 88 : Bibliothèque nationale de France, Paris – Ph. © Photo Josse / Leemage •91 : The British Library, Londres – Ph. © Heritage Images / Leemage • 92 : Bibliothèque nationale de France, Paris – Ph. Coll. Archives Larbor • 93 : Bibliothèque nationale de France, Paris – Ph. Coll. Archives Larbor • 94 : Ph. © Bibliothèque vaticane – Archives Larbor • 95 ht : Bibliothèque nationale de France, Paris – Ph. Coll. Archives Larbor • 95 bas : Bibliothèque municipale de Toulouse – Ph. © Selva / Leemage • 96 : Ph. © British Library, Londres / Akg-images • 96 et 97 : Musée du Louvre, Paris – Ph. © D. Arnaudet / RMN • 97 : Musée du Louvre, Paris – Ph. H. Josse © Archives Larbor • 99 : Châteaux de Versailles et de Trianon, Versailles – Ph. © Gérard Blot / RMN • 100 : Bibliothèque nationale de France, Paris – Ph. Coll. Archives Larbor • 101 : Bibliothèque municipale de Toulouse – Ph. © Selva / Leemage • 103 g : Bibliothèque nationale de France, Paris – Ph. Coll. Archives Larbor • 103 d : Bibliothèque nationale de France, Paris – Ph. Coll. Archives Larbor • 104 et 105 (reprise pages 6–7 haut milieu) : Basilique royale de Saint–Denis – Ph. © Manuel Cohen / The Picture Desk • 106 : Bibliothèque municipale de Toulouse – Ph. © Selva / Leemage • 108 : Bibliothèque nationale de France, Paris – Ph. © Photo Josse / Leemage • 109 : Bibliothèque nationale de France, Paris – Ph. Coll. Archives Nathan • 110 : Bibliothèque nationale de France, Paris – Ph. O. Ploton © Archives Larousse • 111 : Musée Condé, Chantilly – Ph. © Photo Josse / Leemage • 112 ht : Bibliothèque nationale de France, Paris – Ph. Coll. Archives Larousse • 112 m : Bibliothèque nationale de France, Paris – Ph. Coll. Archives Larbor • 113 : Musée des arts décoratifs, Paris – Ph. © Selva / Leemage • 115 : Musée du Louvre, Paris – Ph. H. Josse © Archives Larbor • 116 : Bibliothèque nationale de France, Paris – Ph. Coll. Archives Larbor • 117 : Musée du Louvre, Paris – Ph. © Thierry Le Mage / RMN • 118 : Ph. © Canterbury Cathedral, Kent, UK / Bridgeman-Giraudon • 119 : The Brtish Library, Londres – Ph. © Heritage Images / Leemage • 120 ht et 123 : Bibliothèque nationale de France, Paris – Ph. © Photo Josse / Leemage • 120 bas : Ph. © E. Cambier / Musée de l'Armée, Paris – Distt. RMN • 121 ht g : Musée Condé, Chantilly – Ph. Hubert Josse © Archives Larbor • 121 bas : Musée du Château de Versailles – Ph. © Photo Josse / Leemage • 122 : Musée d'Orsay, Paris – Ph. © Hervé Lewandowski / RMN • 124 : Bibliothèque nationale de France, Paris – Ph. Coll. Archives Larbor • 125 : Bibliothèque nationale de France, Paris – Ph. © Photo Josse / Leemage • 127 : Bibliothèque Sainte-Geneviève, Paris – Ph. Studio Ethel © Bibliothèque Sainte–Geneviève • 128 : Musée de l'Histoire de France, Paris – Ph. © Agence Bulloz / RMN • 129 : Musée du Louvre, Paris – Ph. © Daniel Arnaudet / Jean Schormans / RMN • 130 ht : Musée Carnavalet, Paris – Ph. © G. Dagli Orti / The Picture Desk • 130 bas : Ph. © Stuart Westmorland / Corbis • 131 ht : Bibliothèque nationale de France, Paris – Ph. Coll. Archives Larbor • 131 m : Bibliothèque nationale de France, Paris – Ph. Coll. Archives Larousse • 131 bas : Bibliothèque nationale de France, Paris – Ph. Coll. Archives Larousse • 133 : Ph. Coll. Archives Larbor • 134 : Musée d'Orsay, Paris – Ph. © Gérard Blot / RMN • 135 : Bibliothèque nationale de France, Paris – Ph. © Aisa / Leemage • 136 : Musée du Prado, Madrid – Ph. © Agence Bulloz / RMN • 137 : Bibliothèque nationale de France, Paris – Ph. Coll. Archives Nathan • 138 : Bibliothèque nationale de France, Paris – Ph. © Photo Josse / Leemage • 139 : Victoria and Albert Museum, Londres – Ph. Sally Chappell © Archives Larousse • 140 : Bibliothèque nationale de France, Paris – Ph. Coll. Archives Larousse • 141 ht g : Château de Blois – Ph. © Bulloz / RMN • 141 ht d : Ph. © C. Moutarde / Musée de l'Armée, Paris, Dist. RMN • 141 m : Château de Versailles – Ph. © RMN – Droits réservés • 141 bas : Château de Blois – Ph. © G. Dagli Orti / The Picture Desk • 142 : Panthéon, Paris – Ph. © Photo Josse / Leemage • 145 : Bibliothèque nationale de France, Paris – Ph. Coll. Archives Nathan • 146 : Collection privée – Ph. © Bianchetti / Leemage • 147 : Bibliothèque nationale de France, Paris – Ph. Coll. Archives Larbor • 149 ht : Musée du Louvre, Paris – Ph. H. Josse © Archives Larbor • 149 bas : Archives nationales, Paris – Ph. © Archives Larbor • 150 : Ph. © Reproduced by permission of the State Hermitage Museum, St Petersburg / Corbis • 151 ht : Musée Royal des Beaux Arts, Anvers – Ph. Coll. Archives Larousse • 151 bas : Musée du Louvre, Paris – Ph. © Photo Josse / Leemage • 153 : Ph. © François Vizzavona / RMN • 155 : Bibliothèque des Arts décoratifs, Paris – Ph. © Selva / Leemage • 156 : Ph. © Bibliotheque Municipale, Arras / Bridgeman-Giraudon • 157 : Ph. © Musées départementaux de Loire–Atlantique, Nantes – Archives Larbor • 158 : Ph. © Bianchetti / Leemage • 160 : Musée Condé, Chantilly – Ph. © R.G. Ojéda / RMN • 161 ht g : Ph. © Wojtek Buss / Hoa–Qui / Eyedea Presse • 161 ht d : Ph. © C. Boisvieux / Hoa–Qui / Eyedea Presse • 162 : Ph. © Wojtek Buss / Eyedea Presse • 162 ht et 163 : Ph. © R. Gaillarde / Gamma / Eyedea Presse • 163 bas : Musée du Louvre, Paris – Ph. © Photo Josse / Leemage • 164 : Musee Condé, Chantilly – Ph. © Photo Josse / Leemage • 166 et 167 : Châteaux de Versailles et de Trianon – Ph. © Daniel Arnaudet / RMN • 168 : Châteaux de Versailles et de Trianon – Ph. © RMN– droits réservés • 169 : Musée du Louvre, Paris – Ph. © René-Gabriel Ojéda / RMN •170 ht : Ph, © Heritage Images / Leemage • 170 m : Musée du Louvre, Paris – Ph. © Erich Lessing / Akg-images • 170 bas : Bibliothèque nationale de France, Paris. Ph. Coll. Archives Larbor • 171 ht : Musée national des châteaux de Versailles et de Trianon, Versailles – Ph. © Archives Larbor • 171 bas : Musée national des châteaux de Versailles et de Trianon, Versailles – Ph. © Photo Josse / Leemage • 173 : Châteaux de Versailles et de Trianon – Ph. © Gérard Blot / RMN • 174 : Bibliothèque nationale de France, Paris – Ph. Coll. Archives Larbor • 175 : Bibliothèque nationale de France, Paris – Ph. © Photo Josse / Leemage • 176 g : Galerie des Offices,

Crédits

Florence – Ph. © Nicola Lorusso / Archives Alinari, Florence, Dist. RMN • 176 et 177 : Musée du Louvre, Paris – Ph. © Angelo / Leemage • 178 : Bibliothèque nationale de France, Paris – Ph. Coll. Archives Nathan • 179 ht g : Château de Sceaux – Ph. O. Ploton © Archives Larousse • 179 ht d : Archives nationales, Paris – Ph. Jeanbor © Archives Larbor • 179 bas : Bibliothèque nationale de France, Paris – Ph. Coll. Archives Larbor • 180 : Kunsthistorisches Museum, Vienne – Ph. © Archives Nathan • 182 : Bibliothèque nationale de France, Paris – Ph. Coll. Archives Larousse • 183 : Châteaux de Versailles et de Trianon – Ph. © Gérard Blot / RMN • 184 : Ph. © Bianchetti / Leemage • 185 : Bibliothèque nationale de France, Paris – Ph. Coll. Archives Larbor • 186 : Palais Farnèse, Rome – Ph. © Bridgeman-Giraudon • 187 : Basilique Saint–Denis – Ph. © Hervé Champollion / Akg-images • 188 : Bibliothèque nationale de France, Paris – Ph. Coll. Archives Larousse • 188 et 189 : Musée d'Orsay, Paris – Ph. © H. Lewandowski / RMN • 190 : Musée des Augustins, Toulouse – Ph. © Photo Josse / Leemage • 191 : Musée du Château de Compiègne – Ph. © Photo Josse / Leemage • 193 : Musée de l'armée, Paris – Ph. © Musée de l'armée, Paris, Dist. RMN • 194 : Bibliothèque nationale de France, Paris – Ph. Coll. Archives Larbor • 195 : Musée Condé, Chantilly – Ph. © René-Gabriel Ojéda / RMN • 196 : Ph. Coll. Archives Nathan • 197 : Bibliothèque nationale de France, Paris – Ph. Coll. Archives Larousse • 198 ht g : Bibliothèque nationale de France, Paris – Ph. Coll. Archives Larbor • 198 bas : Musée du Louvre, Paris – Ph. © Photo Josse / Leemage • 199 ht : Musée de la Légion d'Honneur, Paris – Ph. © Photo Josse / Leemage • 199 bas : Basilique de Saint–Denis – Ph. © Manuel Cohen / The Picture Desk • 200 : Musée des Beaux–Arts, Lausane – Ph. © Photo Josse / Leemage • 203 : Galerie des Offices, Florence – Ph. © 1990. Photo Scala, Florence – courtesy of the Ministero Beni e Att. Culturali • 204 : Musée de Cluny, Paris – Ph. © Selva / Leemage • 205 : Archives nationales, Sienne – Ph. © Costa / Leemage • 206 : Bibliothèque municipale de Rouen – Ph. © Photo Josse / Leemage • 207 : Musée du Château de Versailles – Ph. © RMN – Droits réservés • 209 : Bibliothèque nationale de France, Paris – Ph. Coll. Archives Larousse • 210 : Musée Carnavalet, Paris – Ph. Luc Joubert © Archives Larbor • 211 : Musée des Beaux–Arts, Rennes – Ph. © Bridgeman-Giraudon • 212 : Ph. © Bianchetti / Leemage • 213 : Bibliothèque nationale de France, Paris – Ph. Coll. Archives Larbor • 214 ht d : Ph. © Roger–Viollet • 214 bas g : Musée du Château, Blois – Ph. © Photo Josse / Leemage • 215 ht : Musée de la Révolution française, Vizille – Ph. Coll. Archives Larbor • 215 bas : Bibliothèque nationale de France, Paris. Ph. Coll. Archives Larbor • 216 et 217 (reprise page 6 bas) : Basilique royale de Saint–Denis – Ph. © Manuel Cohen / The Picture Desk • 218 : Musée national du Château de Pau – Ph. © René-Gabriel Ojéda / RMN • 220 : Archives nationales, Paris – Ph. © Archives Larbor • 221 : Musée national du Château de Pau – Ph. © Sorbé / RMN • 222 : Musée Condé, Chantilly – Ph. H. Josse © Archives Larbor • 223 : Musée national du Château de Pau – Ph. © René-Gabriel Ojéda / RMN • 224 : Ph. © Collection privée / Lauros / Bridgeman-Giraudon • 225 : Musée Carnavalet, Paris – Ph. © Bridgeman-Giraudon • 226 : Bibliothèque Mazarine, Paris – Ph. Jeanbor © Archives Larbor • 227 : Bibliothèque nationale de France, Paris – Ph. Coll. Archives Larbor • 229 : Ph. Coll. Archives Larousse • 230 : Musée du Louvre, Paris – Ph. © Thierry Le Mage / RMN • 231 : Bibliothèque nationale de France, Paris – Ph. © Archives Charmet / Bridgeman-Giraudon • 232 : Musée des Beaux–Arts, Caen – Ph. © Photo Josse / Leemage • 233 : Bibliothèque nationale de France, Paris – Ph. © Roger–Viollet • 234 : Bibliothèque nationale de France, Paris – Ph. O. Ploton © Archives Larousse • 235 : Châteaux de Versailles et de Trianon – Ph. © Gérard Blot / RMN • 236 g : Basilique Saint–Denis – Ph. © Angelo / Leemage • 236 bas d : Bibliothèque nationale de France, Paris – Ph. Coll. Archives Larbor • 237 ht : Musée du Louvre, Paris – Ph. © Photo Josse / Leemage • 237 bas : Musée du Louvre, Paris – Ph. © Konstantinos Ignatiadis / RMN • 238 : Châteaux de Versailles et de Trianon – Ph. © Gérard Blot / RMN • 240 : Bibliothèque nationale de France, Paris – Ph. Coll. Archives Larbor • 241 : Musée de Tessé, Le Mans – Ph. © Musées du Mans – Archives Larbor • 242 : Musée du Louvre, Paris – Ph. Hubert Josse © Archives Larbor • 243 : Collection von Muralt, Zurich – Ph. O. Ploton © Archives Larousse • 245 : Châteaux de Versailles et de Trianon – Ph. © Photo Josse / Leemage • 246 g : Châteaux de Versailles et de Trianon – Ph. © Gérard Blot / RMN • 246 d : Châteaux de Versailles et de Trianon – Ph. © Gérard Blot / RMN • 247 : Collection particulière Ph. © Archives Larbor – DR • 248 ht : Musée du Louvre, Paris – Ph. © RMN – Droits réservés • 248 bas : Musée national du Château de Versailles – Ph. Luc Joubert © Archives Larbor • 249 ht : Musée du Louvre, Paris – Ph. © Photo Josse / Leemage • 249 bas : Ph. © Leemage • 251 : Musée du Château de Versailles – Ph. Hubert Josse © Archives Larbor • 252 : Châteaux de Versailles et de Trianon – Ph. © Gérard Blot / RMN • 254 : Ph. © Costa / Leemage • 255 : Musée des Beaux–Arts, Nantes – Ph. © Bridgeman-Giraudon • 256 : Alte Pinakothek, Munich – Ph. Hubert Josse © Archives Larbor • 257 : Heeresgeschichtliches Museum, Vienne – Ph. © Akg-images • 258 : Bibliothèque nationale de France, Paris – Ph. Coll. Archives Larbor • 259 ht : Collection particulière – Ph. © Guillo / Archives CDA / Akg-images • 259 bas : Musée national du Château de Pau – Ph. © R. G. Ojéda / RMN • 260 : Bibliothèque nationale de France, Paris – Ph. O. Ploton © Archives Larousse • 263 g : Musée national du Château de Versailles – Ph. H. Josse © Archives Larbor • 263 d : Musée Carnavalet, Paris – Ph. © Archives Larbor • 264 g : Ph. © Bianchetti / Leemage • 264 d : Bibliothèque nationale de France, Paris – Ph. O. Ploton © Archives Larousse • 265 : Musée Carnavalet, Paris – Ph. Jeanbor © Archives Larbor • 266 g : Archives nationales, Paris – Ph. © Akg-images • 266 d : Musée des Beaux–Arts, Quimper – Ph. © Lylho / Leemage • 267 : Bibliothèque nationale de France, Paris – Ph. Coll. Archives Nathan • 268 ht : Bibliothèque nationale de France, Paris – Ph. Coll. Archives Larousse • 268 bas : Musée Carnavalet, Paris – Ph. Coll. Archives Larousse • 269 ht g : Ph. O. Ploton © Archives Larousse • 269 m : Musée d'art et d'Histoire, Saint–Denis – Ph. © Bridgeman-Giraudon • 269 bas : Ph. © Archives Larousse • 270 et 271 (reprise page 7 haut droite) : Musée national du Château de Versailles – Ph. Hubert Josse © Archives Larbor • 272 : Châteaux de Versailles et de Trianon – Ph. © Gérard Blot / RMN • 274 : Ph. O. Ploton © Archives Larousse • 275 : Bibliothèque nationale de France, Paris – Ph. Coll. Archives Larbor • 276 : Châteaux de Versailles et de Trianon – Ph. © RMN – Droits réservés • 277 : Musée Carnavalet, Paris – Ph. Michel Didier © Archives Larbor • 279 g : Ph. © Paris – Musée de l'Armée, Dist. RMN – Droits réservés • 279 d : Conseil d'Etat, Paris – Ph. © Archives Larousse • 280 : Musée du Louvre, Paris – Ph. Hubert Josse © Archives Larbor • 281 : Musée du Louvre, Paris – Ph. Hubert Josse © Archives Larbor • 282 : Ph. Coll. Archives Larbor • 283 : Château de Grosbois – Ph. Hubert Josse © Archives Larbor • 284 et 285 (reprise page 7 milieu droite) : Musée national du château de Versailles – Ph. © Photo Josse / Leemage • 286 : Châteaux de Versailles et de Trianon – Ph. © RMN – Droits réservés • 289 : Châteaux de Versailles et de Trianon – Ph. © RMN – Droits réservés • 290 : Musée d'Histoire et des Guerres de Vendée, Cholet – Ph. Studio Golder © Archives Larbor • 291 : Ph. Coll. Archives Larousse • 292 : Collection particulière – Ph. © Photo Josse / Leemage • 293 : Bibliothèque nationale de France, Paris – Ph. © E. Lessing / Akg-images • 294 ht g : Ph. O. Ploton © Archives Larousse • 294 m : Bibliothèque Sainte-Geneviève, Paris – Ph. © Bridgeman-Giraudon • 295 ht : Bibliothèque nationale de France, Paris – Ph. Coll. Archives Larousse • 295 bas : Ph. © El Meliani / RMN • 297 : Châteaux de Versailles et de Trianon – Ph. © Franck Raux / RMN • 298 : Châteaux de Versailles et de Trianon – Ph. © Bridgeman-Giraudon • 299 : Musée Carnavalet, Paris – Ph. © Photo Josse / Leemage • 300 : Musée du Louvre, Paris – Ph. © Thierry Le Mage / RMN • 301 : © Musée Carnavalet / Roger–Viollet • 302 : Châteaux de Versailles et de Trianon – Ph. © RMN – Droits réservés • 304 : Musée Carnavalet, Paris – Ph. Coll. Archives Larousse • 305 : Châteaux de Versailles et de Trianon – Ph. © RMN – Droits réservés • 306 : Bibliothèque nationale de France, Paris – Ph. Coll. Archives Larousse • 307 : Châteaux de Versailles et de Trianon – Ph. © Gérard Blot / RMN • 308 : Bayerisches Nationalmuseum, Munich – Ph. Coll. Archives Larousse • 309 ht : Kunsthistorisches Museum, Vienne – Ph. © E. Lessing / Akg-images • 309 bas : Musée du Louvre, Paris – Ph. © Aisa / Leemage • 310 et 311 (reprise page 7 bas droite) : Château de Compiègne – Ph. © RMN – Droits réservés • 312 : Musée du Val de Grace, Paris – Ph. © Photo Josse / Leemage • 314 : Maison Littéraire de Victor Hugo, Bièvres – Ph. © Jean Bernard / Leemage • 315 : Bibliothèque nationale de France, Paris – Ph. Coll. Archives Larbor • 316 : Musée du Louvre, Paris – Ph. © Jacques L'Hoir / Jean Popovitch / RMN • 317 : Ph. © Selva / Leemage • 318 et 319 : Ph. © Raymond Piat / Gamma / Eyedea Presse • 320 : Ph. © Musée Carnavalet, Paris / Bridgeman-Giraudon • 322 : Ph. © Coll. Taponier / Photo12.com • 323 : Bibliothèque nationale de France, Paris – Ph. Coll. Archives Larousse • 325 : Musée de l'Armée, Paris – Ph. © Archives Larbor • 326 : Ph. Michel Didier © Archives Larbor © Adagp, Paris 2008 • 327 ht : Ph. © Nivière / Aslan / Villard / Sipa • 327 m : Ph. O. Ploton © Archives Larousse • 329 : Ph. Prod DB © Columbia – American Zoetrope / DR

Photogravure Nord-Compo Villeneuve d'Ascq

Imprimé en Espagne par Graficas Estella

Dépôt légal novembre 2008

302029-01/11006998- Octobre 2008